헤르만 헤세의 사랑

헤르만 헤세의 사랑

베르벨 레츠 지음

김이섭 옮김

순 수 함 을   열 망 한   문 학 적   천 재 의   이 면

자음과모음

나의 사상이나 예술관 때문에
내 인생에서, 혹은 여성들과의 관계에서 종종 어려움에 봉착한다.
나는 사랑을 부여잡을 수도, 인간을 사랑할 수도,
삶 자체를 사랑할 수도 없다.

헤르만 헤세

일러두기

원서에서는 주인공인 마리아와 루트, 니논 세 여성의 성(姓)을 헤르만 헤세와의 결혼 전후에
따라 명확히 구분하고 있지만, 인물 혼선의 우려가 있어 본서에서는 하나의 성으로 통일·표
기했다. (예: 마리아 베르누이/마리아 헤세는 마리아 베르누이로, 루트 벵거/루트 헤세는 루
트 벵거로, 니논 아우슬렌더/니논 돌빈/니논 헤세는 니논 돌빈으로 통일함.) 그 외 인물에 관
해서는 원서의 표기를 따랐다.

서문

누구나 그를 안다. 그의 이름은 헤르만 헤세Hermann Hesse. 나 또한 그를 안다고 생각했다. 몬타뇰라에 은둔한 채 동양의 사상에 심취한 노년의 현자. 젊은 혈기의 카멘친트, 진리를 찾아 헤매는 싱클레어, 절망에 몸부림치는 황야의 이리, 그 자신의 말처럼 "냉혹하리만치 처절한 자아 분석"을 게을리하지 않는 시인.

이미 전 세계의 수많은 독자가 그의 작품을 읽었고, 지금도 여전히 그가 쓴 시와 소설이 읽히고 있다. 가족과 친구에게, 낯선 사람들에게, 그리고 여성들에게 보낸 수많은 편지 또한 독자들의 사랑을 받고 있다. 수천 장에 이르는 헤세의 편지는 그의 저술 활동이나 감정 상태, 구상과 계획, 고민과 난관 등을 숨김없이 그대로 드러낸다. 어쩌면 편지의 수신인뿐만 아니라 미지의 독자들이 언젠가는 그가 쓴 편지를 읽게 되리라는 믿음이 있었는지도 모른다. 더러는 헤세가 살아 있을 때 출간되었고, 더러는 오랫동안 세상의 빛을 보지 못했다.

헤세가 세상을 떠난 뒤에 그의 부인 니논 돌빈Ninon Dolbin이 헤세의 어린 시절과 청소년 시절의 기록들을 정리해 펴냈다. 헤세가 동시대의 유명 인사들과 주고받은 편지도 두루 모아 출간했다. 헤세의 편지에서 나는 헤세의 여인들과 그의 결혼 생활, 갈등, 이혼에 관해 알게 되었다. 그의 불안정한 심리 상태와 망설임 없이 내뱉는 고백에 당혹감을 느끼기도 했다. 그리고 그와 평생을 함께하기로 결심했던 여인들에 대한 그의 냉정한 평가는 나를 무척 혼란스럽게 만들었다. 절대 결혼하지 않겠다고 줄기차게 강변했던 헤세는 세 번이나 결혼식을 올렸다. 1904년 마리아 베르누이Maria Bernouille와, 1924년 루트 벵거Ruth Wenger와, 그리고 1931년 니논 돌빈과.

이들 가운데 자신의 기억을 기록으로 남긴 여인은 루트 벵거가 유일하다. 이혼한 지 거의 반세기가 지난 뒤였다. 그녀는 "내가 헤르만 헤세의 인생에서 가진 존재의 의미가 그의 모든 전기에서 지워지거나 전혀 언급되지 않았다"라고 회상했다. 그녀의 글에는 서운함과 불쾌감이 짙게 배어 있었다.

나는 궁금해졌다. 어째서, 어째서 헤세의 부인들은 잘 알려져 있지 않은 걸까? 1926년 가을, 후고 발Hugo Ball이 사무엘 피셔Samuel Fischer의 의뢰로 헤세 전기를 쓰려고 할 때, 헤세는 자신의 결혼 이야기가 다루어지지 않기를 원했다. 헤세의 전기는 1927년 여름에 그의 쉰번째 생일을 기념해 출간하기로 되어 있었다. 1926년 10월 13일, 헤세는 자신의 의견을 후고에게 분명히 밝혔다. "나의 첫번째 결혼은 꼭 필요하다면 짧게 기술할 수 있을 만큼 어느 정도 세월이 흘렀다고 생각합니다. 하지만 나의 두번째 결혼은 아직 언급할 단계가 아닙니다." 후고는 헤세의 의견을 존중했다. 그래서 그가 집필한 자서전에는 루트 벵거에 대해 한마디도 적지 않았다. 단지 『클링조어의 마지막 여름』에 등장하는 실제 인물들을 묘사하면서 루트의 존재를 은 밀하게 내비쳤을 뿐이다. "이 이야기에 등장하는 인물 가운데 '산의 여왕'과 카레노에 있는 그녀의 '앵무새 집'은 실제로 존재 한다. 나는 분명히 그렇다고 생각한다."

후고는 마리아 베르누이뿐 아니라 그녀와 헤세의 세 아들도 잘 알았다. 그는 헤세의 첫번째 결혼을 기술하면서 신중하고도 호의적인 자세를 견지했다. 그리고 예리한 통찰력과 세밀한 필 치로 전기를 집필해나갔다. 하지만 그리 간단한 문제가 아니었 다. 그는 1919년 헤세가 테신에서 시작한 새로운 삶을 마리아 의 "심각한 정신이상" 탓으로 돌렸다. 그녀 때문에 "시인 헤세 가 가정, 사회와 마지막 연결 고리"를 끊었다고 보았기 때문이 다. 이 문장은 세인世人의 기억에서 오랫동안 지워지지 않았다. 헤세 전기에서 마리아의 역할은 언제나 정신병과 결부되었다. 정신이 이상한 여인, 정신분열증을 앓는 여인, 정신병원에 감금 된 "광기의 여인". 하지만 후고가 헤세 전기를 집필하던 시기에 마리아의 정신 상태는 그렇게 나쁘지 않았다. 하지만 그는 헤 세의 바람대로 더 이상 그녀의 운명을 언급하지 않기로 했다.

후고가 일찍 세상을 떠나자 헤세는 자신의 전기를 다른 작 가가 집필하고 수정하는 것을 허락했다. "내 삶에 대한 후고의 고찰은 어쩌면 지나치게 병력病歷에 초점이 맞추어져 있는지도 모른다. 만일 지금 그가 살아 있다면, 이전과는 전혀 다르게 받 아들였을 것이다. 그리고 정신적인 문제를 중점적으로 다루지 도 않았을 것이다." 하지만 이 말은 이전에 그가 했던 발언과 모순되는 것이었다. 1926년 헤세는 이렇게 말한 적이 있다. "만일 내 전기가 나름대로 의미를 갖는다면, 그건 개인적으로 치유 불가능한 노이로제, 그런데도 힘겹게 억눌려 있는 노이로제가 '정신적인 인간'의 증상인 동시에 '시대 영혼'의 증상이라는 사실일 것이다." 전기가 출간된 뒤 헤세는 후고의 분석을 긍정적으로 평가했다. "예술이라는 영역에서 내가 형제라고 부르는 누군가에게 이해되었다는 사실이 나에게 커다란 기쁨을 안겨주었다."

후고는 생전에 니논 돌빈을 잘 알지 못했다. 헤세와 결혼한 지 20년이 지난 1952년, 그의 일흔다섯번째 생일에 니논은 사람들이 "고독한 헤세의 은둔자적 삶"에만 지나치게 집착한다고 불만을 털어놓았다. 그 시기에 출간된 또 다른 전기에서 첫번째 부인과 두번째 부인의 이름은 언급되었지만, 니논의 이름은 어디서도 찾아볼 수 없었다.

지금은 헤세의 삶과 관련 인물들의 기록이 모두 공개되어 있다. 얼마든지 '근접 촬영'도 가능하고, 언제라도 사실을 확인할 수 있다. 그러나 "쓰인 것은 진실과 다소 다르다"라는 토마스 베른하르트Thomas Bernhard의 진술은 여전히 유효하다.

차례

마리아

마리아 베르누이, 1903년경

1.

1904년 6월. 마리아 베르누이는 결심했다. 그래, 여기가 내가 살 곳이다. 어쩌면 천장이 낮은, 낡고 허름한 이 집은 오랫동안 그녀가 찾아오기를 기다리고 있었는지도 모른다. 가옥과 예배당 사이에 서 있는 분수대에서는 물이 졸졸 흘러내리고 있었다. 마리아는 분수대 모퉁이에 앉아 자신을 홀로 남겨둔 채 달갑지 않은 표정을 지으며 서둘러 발걸음을 옮기는 농부의 뒷모습을 물끄러미 바라보았다. 늙은 농부의 이름은 요제프 헤퍼였다. 조금 전까지만 해도 그는 먼지투성이 장화를 신고 바젤 사투리를 쓰는 낯선 여자를 아무 말 없이 찬찬히 훑어보았다. 마리아는 아침 일찍 외닝겐을 떠나 헤멘호펜으로 향했다. 거기서 그녀는 근사해 보이는 목사관을 찾아냈다. 하지만 교회 재산은 임대가 불가능하다는 말만 들었다. 그래서 그녀는 다시 발걸음을 재촉해 주변의 다른 집들을 둘러보았다. 초여름의 더위와 반복되는 헛수고로 그녀의 몸과 마음은 지칠 대로 지쳐 있었다.

5월 말에 그녀는 『위버링거 제보텐Überlinger Seeboten』에 광고를 실었다. 바덴 주州 경계에 접한, 보덴 호숫가에 위치한 임대주택을 구한다는 광고였다. 그녀는 바젤에 머물며 연락이 오기만을 손꼽아 기다렸다. 그리고 연락받기 무섭게 서둘러 위버링겐으로 향했다. 그곳에서 그녀는 자그마한 빌라를 둘러보았다. 하지만 바다가 보이지 않을뿐더러 집 안도 썰렁해 보였다. 정원은 오랫동안 가꾸지 않았는지 황폐했다. 그리고 무엇보다 임대료가 비쌌다. 메어스부르크는 그녀의 마음에 들지 않았다. 온통 포도밭인 데다 호숫가 전망도 그리 좋지 않았다. 외닝겐과 가까운 방겐에 있는 저택은 "비좁은 병영"처럼 느껴졌다.

마리아는 울딩겐에서 마음에 드는 집을 발견했다. 하지만 마을 사람들은 젊은 여자가 약혼자도 없이 혼자서 집을 구하러 다니는 게 마음에 들지 않는지 고개를 설레설레 흔들기만 했다. 그녀는 에미스호펜 근처의 베른라인에서 농장을 운영하고 있는 에밀 슈트라우스Emil Strauss를 찾아갔다. 마리아는 그에게 조언을 부탁했다. 그녀의 아버지가 이미 헤세와 약혼하는 것을 허락했고 약혼 신고도 마친 상태였다. 그들의 결혼은 더 이상 문제될 게 없었다. 슈트라우스는 그녀에게 가이엔호펜에 있는 아담한 저택을 추천해주었다.

그녀는 다시금 길을 나서 회리Höri로 향했다. 첼러 호수와 운터 호수 사이에 있는 반섬이었다. 그리고 외닝겐에서 헤멘호펜을 지나 가이엔호펜에 도착했다. 그녀의 눈앞에 갈대로 뒤덮인 아름다운 호수가 펼쳐졌다. 스위스 국경 너머로 산등성이가 보였다. 저 멀리 에셴츠와 슈텍보른 마을이 한눈에 들어왔다. 그래, 바로 이곳이다. 마침내 그녀는 마음에 드는 집을 찾았다고 생각했다. 하지만 이내 실망하고 말았다. 이미 4월에 여학생 기숙학교가 입주해 있었기 때문이다.

마리아는 배가 고팠다. 그래서 음식점을 찾기 위해 예배당이 보이는 곳으로 걸어갔다. 예배당 옆에 서 있는 커다란 보리수 아래 분수대가 있었다. 그때 낡고 허름한 농가가 그녀의 눈길을 사로잡았다. 농가 건물에는 방이 다섯 개 있었는데, 작은 방은 비어 있었다. 아래층의 널찍한 방에는 큰 식탁이 놓여 있었다. 그 옆으로 약간 작은 방이 있었다. 위층에는 어둡고 낮은 각목 천장 아래 방이 세 개 있었다. 지하에는 "엄청나게 서늘한 창고"가 있었다. 물은 분수대에서 길어 오면 된다. 밤에는 등불을 켜면 되고, 겨울에는 난로를 피우면 된다. 집 주변에는 꽃과 채소를 심을 수 있다. 위층의 앞쪽 방에서는 바다를 훤히 내려다볼 수 있다. 그녀는 이 방에 남편의 작업실을 만들면 좋겠다고 생각했다. 그녀의 남편은 헤르만 헤세였다.

농부 헤퍼는 그녀의 설득에 쉽게 넘어가지 않았다. 어쩌면 혼자 집을 보러 다니는 당찬 여자가 낯설게 여겨졌는지도 모른다. 그는 그녀에게 남편이 누군지 물어보았다. 그녀는 작가라고 대답했다. 그리고 자신은 바젤에서 언니와 함께 '미술과 사진 아틀리에'를 운영하고 있다고 이야기해주었다. 늙은 농부는 어깨를 으쓱하더니 이해할 수 없다는 듯이 고개를 흔들었다. 하지만 마리아는 물러서지 않았다.

"난 내가 아는 사람들을 모두 보내 그를 성가시게 할 거예요. 그러면 그 사람도 결국 두 손을 들고 말 거예요." 마리아는 바젤로 돌아오는 길에 헤세에게 편지를 썼다. 1904년 6월 21일의 일이다. "이 낡고 운치 있는 농가가 마음에 들어요. 숨이 막힐

헤세 가족이 1904년부터 1907년까지 거주했던 집

정도로 꽉 들어찬 곳보다는 이렇게 탁 트인 곳이 좋아요. 그런
데 그런 곳을 얻기가 여간 힘든 게 아니에요. 그래도 난 포기하
지 않을 거예요. 반드시 이 늙은 농부의 마음을 돌려놓고 말 거
예요." 드디어 그녀의 바람이 이루어졌다. 헤세의 스물일곱번
째 생일 하루 전인 7월 3일의 일이다. 그녀는 칼프에 머물던 헤
세에게 이 기쁜 소식을 전했다. "이젠 우리도 보금자리를 가질
수 있게 되었어요!"

　고집 센 늙은 농부의 마음을 돌리는 데는 건축가 한스 힌더
만Hans Hindermann과 친구들의 도움이 컸다. 그들은 가이엔호펜
에서 멀지 않은 호른에 살고 있었다. 그녀는 헤세에게 보낸 편

지에 이렇게 적었다. "그 농부가 무척 상냥해졌어요. 임대 계약
서를 작성하고 서명까지 마쳤답니다. 우리는 1년에 150마르크
만 지불하면 되어요." 농가는 그렇게 잘 보전된 상태가 아니었
다. 지붕과 창문은 바람이 새어 들지 않도록 손을 보아야 했고,
집 안 구석구석 페인트칠을 새로 해야 했다. 하지만 그런 수고
쯤은 마리아에게 전혀 문제가 되지 않았다. 그녀는 행복한 예
감이 담긴 편지를 헤세에게 보냈다. "그 집이 당신 마음에 꼭 들
거예요."

헤세는 결혼식을 마친 뒤에 신혼집으로 들어갔다. 그는 이
삿짐에서 구부러진 못을 꺼내 돌 위에 올려놓고는 두들겨 펴기
시작했다.

*

사실 마리아는 헤세를 잘 알지 못했다. 두 사람은 너무 오래 떨
어져 있었고, 함께한 시간도 그리 많지 않았다. 그런데도 그녀는
반드시 헤세와 결혼해 행복한 가정을 꾸리겠노라고 다짐했다.

1902년에 마리아가 헤세를 처음 만났을 때, 그녀는 서른네
살의 '노처녀'였다. 그녀는 부모의 뜻에 따라 배우자를 정하는
정략적인 결혼 풍습에 회의적이었다. 그녀의 언니들은 벌써 몇
년 전에 결혼했다. 베르타Bertha는 알베르트 폰 브룬Albert von Brunn
과 결혼했고, 아나Anna는 튀빙겐 신학교의 학장이자 목사인 에
두아르트 루트비히 그멜린Eduard Ludwig Gmelin과 결혼했다. 하지만

마리아는 결혼에 별로 관심이 없었다. 시대가 바뀌어 여성들도 취리히 대학이나 베른 대학, 제네바 대학에서 교육받을 수 있게 되었다. 그녀는 대학에서 공부하는 대신 전문적인 직업교육을 받고 싶어 했다. 사진이라는 새로운 매체가 그녀의 관심을 끌었기 때문이다.

이미 1866년 베를린에서는 빌헬름 아돌프 레테Wilhelm Adolf Lette가 '여성들의 직업 활동을 위한 협회'를 설립했다. 처음에는 상업이나 의류업을 중심으로 교육이 이루어지다가 1890년에 당크마르 슐츠-헹케Dankmar Schultz-Hencke가 '사진 교육 과정'을 추가로 개설했다. 이 과정으로 여성들도 사진 촬영에 필요한 학문적 지식과 실기 능력을 키울 수 있게 되었다. 마리아가 투치아Tuccia라는 아명을 가진 그녀의 막내 여동생 마틸데Mathilde와 함께 베를린에서 사진 기술을 익힌 것은 분명해 보인다. 하지만 제2차 세계대전 중에 협회의 기록 보관소에 폭격으로 화재가 나는 바람에 관련 자료가 모두 소실되고 말았다.

1900년경 마리아와 투치아는 직업교육을 마치고 바젤로 돌아왔다. 그리고 보임라인가세 14번지에 사진 아틀리에를 열었다. 이들은 스위스에서 최초로 직업교육을 받은 여류 사진사가 되었다. 이들 자매는 어색하고 인위적인 사진보다는 가능하면 편안한 분위기에서 자연스러운 사진을 찍으려고 했다. 베르누이 자매는 해마다 열리는 미술 전시회에 그들이 찍은 사진을 출품했다. 이들은 사람들이 사진술을 예술로 인정해주기를 바랐다. 당시만 해도 여전히 보수적인 예술관이 팽배해 있었기 때문에 사진 분야는 그 가치를 제대로 인정받지 못했다.

얼마 지나지 않아 마리아의 아틀리에는 젊은이들의 모임 장소가 되었다. 함께 문학작품을 낭독하기도 하고, 음악을 연주하기도 하고, 여러 주제로 토론을 하기도 했다. 건축가 한스 힌더만, 그리고 투치아가 사랑한 엔지니어 루돌프 뵈링거Rudolf Böhringer도 함께했다. 이 모임에는 미술가와 음악가가 정기적으로 참석했다. 어느 날, 몸이 마른 젊은이가 짧게 자른 머리에 둥근 테 안경을 쓰고 나타났다. 바텐빌Wattenwyl의 고서점에서 점원으로 일하는 헤르만 헤세였다. 그는 이미 시와 단편소설을 출간한 어엿한 작가였다. 그로부터 20여 년의 세월이 흐른 뒤, 헤세의 친구이자 전기 작가인 후고는 이렇게 증언했다. "이 무렵에 그는 심리적으로 과도하게 억눌려 있었다. 겉으로 보기에도 어색하고 서툴렀다. 그는 아버지에게서 엄격한 양심을, 어머니에게서 찬송가를 배웠다. 슈바르츠발트의 소도시에서 자란 그에게는 특정한 습관과 태도가 몸에 배어 있었다. 그는 넥타이를 제대로 매지 않았다. 약간 소심한 듯한 표정과 서투른 몸놀림은 다른 사람의 눈에 두드러지게 보일 정도였다. 또한 헤세는 춤추는 법을 몰랐다. 농담도 하지 않고, 상냥하게 인사하지도 않았다. 여성의 손등에 입을 맞추거나 연애편지를 쓰는 법도 몰랐다. 몸짓이나 손짓이 너무 부자연스러웠다. 슈바벤의 소도시 출신이라 그런지 세상과 동떨어진 은둔자적 생활 습관에 익숙한 것처럼 보였다. 독학의 경험은 그에게 평생 부정적인 영향을 미쳤다."

3년 전에 바젤에 온 새로운 방문객 헤세는 시립 기록 보관소를 관리하는 루돌프 바커나겔Rudolf Wackernagel 박사 가족, 그리고 목사의 미망인 에스터 라 로슈-슈톡마이어Esther La Roche-Stockmeyer 가족과 교류했다. 바젤은 오래전에 헤세의 아버지 요하네스 헤세Johannes Hesse가 부인과 자녀들과 함께 살던 곳이다. 당시 요하네스 헤세는 바젤 선교협회에서 일하고 있었다. 1883년 이들 가족은 브레츠빌에서 멀지 않은 곳에 위치한, 시 참사관 사라신의 레히텐베르크 영지에서 함께 여름을 보냈다. 라 로슈 자매에 대한 헤세의 관심은 어쩌면 그 시기에 생겨났는지도 모른다. 그리고 어쩌면 그런 질문을 마리아가 헤세에게 했는지도 모른다. 누가 더 마음에 드는지. 그림을 그리는 마리Marie? 아니면 피아노를 치는 엘리자베트Elisabeth? 엘리자베트는 그녀의 어머니가 주관하는 '가정음악의 밤'에 그랜드피아노 앞에 앉아 음악을 연주하곤 했다.

마리아도 피아노를 쳤다. 가끔 그녀는 바이올린을 연주하는 손님의 반주를 도와주었다. 그녀는 쇼팽을 좋아했다. 헤세는 "깊은 내면에서 우러나와 영혼을 적셔주는 쇼팽의 신비로운 속삭임이 아니었다면, 피아노 치는 소리를 견디지 못했을 것이다"라고 고백하기도 했다. 헤세는 쇼팽 외에 베토벤을 좋아했다. 어쨌든 그는 자그마한 체구의 활달한 여류 사진사가 마음에 들었다. 물론 피아노 연주도 마음에 들었다. 헤세와 마리아의 공통분모는 음악이었다. 마리아는 기회가 있을 때마다 헤세를 아틀리에로 초대했다. "이번 목요일에 친구 여럿이 차를 마

엘리자베트 라 로슈 / 헤르만 헤세(마리 라 로슈가 그린 그림) /
마리아 베르누이, 1903년경

시러 오기로 했어요. 당신도 꼭 오시기 바랍니다."

이 무렵 헤세는 소설 『페터 카멘친트Peter Camenzind』를 집필하고 있었다. 이 작품에서도 예술가들이 여류 화가 아글리에티의 아틀리에로 모여든다. "거의 모두 무명의 예술가들이었다. 이미 잊혔거나, 인기를 얻지 못한…… 그들은 만족스러운 표정을 지으며 흥겹게 어울렸다. 그 광경이 왠지 나를 서글프게 했다. 우리는 차를 마시고 버터를 바른 빵을 먹고 햄과 샐러드를 먹었다."

카멘친트나 그의 작가 헤세가 베르누이 자매의 아틀리에를 즐겨 찾지는 않았다. 하지만 작중인물이나 작가 모두 예술가 모임에 자주 모습을 드러냈다. 나중에 카멘친트는 그곳을 떠나 방랑의 길에 나서지만, 헤세는 마리아의 연애편지나 초대장을 받아 들고는 서둘러 아틀리에를 찾았다. 마리아와 헤세 두 사람은 함께 아스파라거스를 먹거나 산책로를 거닐었다. 시간이 지날수록 두 사람의 친밀감은 커져만 갔다. 서신 교환 횟수도 늘어나고 내용도 차츰 은밀해졌다. "오늘 12시에 나한테 올 수 있나요? 그럼 15분가량 우리만의 시간을 가질 수 있을 거예요."

헤세가 그녀의 초대를 받아들였는지 확인할 방법은 없다. 1942년 11월, 아스코나 저택에 화재가 발생하는 바람에 거의 모든 편지가 소실되었기 때문이다.

●

목소리

내가 누군가를 사랑한 지도 벌써 여러 해가 되었습니다. (…) 하
지만 얼마 전부터 나는 저녁마다 한 여인을 만나고 있습니다. 자
그마한 체구에 머리카락이 검은, 매력적이면서도 거친 야생마
같은 여인입니다. (…) 나는 자유 시간을 그 여인과 함께 보냅니
다. 기껏해야 내 턱수염에 닿을 정도로 자그마한 여인이지만 그
녀의 열정적인 키스는 나를 거의 질식하게 만듭니다. 물론 나는
결혼할 생각이 전혀 없습니다. 결혼에 대한 소질도 없는 거 같고
요. 대신에 나는 이미 다 녹슬어버린 사랑의 기술을 다시금 되살
리고 있는 중입니다.

1903년 6월 4일, 바젤에서 헤르만 헤세가 케스코 코모Cesco Como에게 보낸 편지

당신이 나의 전부라는 사실을 날마다 뼈저리게 느끼고 있답니
다. 당신이 내 곁에 없으면 나는 외로움에 어쩔할 바를 모르겠어
요. 그렇다고 해서 내가 철없이 당신에게 하소연한다고 생각하
지 않았으면 좋겠어요. 그건 부정할 수 없는 사실이니까요.

1903년 9월 15일, 마리아 베르누이가 헤르만 헤세에게 보낸 편지

요즘 저는 결혼을 진지하게 생각하고 있습니다. 오래전부터 사귀어온 여자 친구가 있거든요. 우리는 서로 좋아하는 사이입니다. 그녀가 저보다 나이는 훨씬 많지만 저와 잘 어울리는 거 같아요. 하지만 지금 당장 결혼 여부를 결정하지는 않을 거예요. 저는 아직 경제적인 능력도 없고, 결혼에도 여전히 두려움을 느끼고 있으니까요. (⋯) 제가 드리는 말씀을 그냥 개인적인 차원으로 이해해주시기 바랍니다. 지금은 아무 이야기도 하고 싶지 않아요. 언제 결혼하게 될지도 모르면서 이렇게 무작정 기다려야 한다는 게 무척 힘드네요. 그러다 보면 제 여자 친구를 더 이상 젊다고 말할 수 없게 되겠지요.

1903년 6월, 바젤에서 헤르만 헤세가 아버지 요하네스 헤세에게 보낸 편지

얼마 전에 아버지가 『페터 카멘친트』를 다 읽고 나시더니 당신에게 아주 나쁜 인상을 갖게 되었다고 말씀하시더군요. 그래서 우리 결혼을 허락할 수 없다는 거예요. (⋯) 지금으로선 그냥 조용히 기다리는 수밖에 없을 거 같아요. 시간이 지나다 보면 어떻게든 방법이 생기겠지요.

1903년 9월 19일, 바젤에서 마리아 베르누이가 헤르만 헤세에게 보낸 편지

지금까지 내가 찾던 걸 드디어 여기서 발견했다네. 적막과 고독. (⋯) 사랑하는 여인과 멀리 떨어져 있는 게 힘들긴 하네. 그러다

보니 우편요금이 제법 많이 드는군. 이번 겨울에 결혼할 수 있으면 좋겠는데 아버지께서는 단호하게 안 된다고 말씀하시는 거야. 물론 내 수중에 돈이 별로 없어서 난 돈을 벌어야 한다네. 경제적 여력만 있다면, 그 늙은 양반에게 더 이상 물어보지도 않을 걸세.

1903년 10월 11일, 칼프에서 헤르만 헤세가 슈테판 츠바이크Stefan Zweig에게 보낸 편지

나는 상상조차 할 수 없답니다. 우리가 남들처럼 그런 사소한 일로 다투고 불평하고 삐친다는 게 말이에요. 그건 보통 부부들이 결혼 생활을 하다 보면 으레 겪게 되는 일이라고 하더군요. 하지만 우리가 결혼을 위해 얼마나 힘겹게 여기까지 왔는데요. (…) 우리가 함께할 날들을 선물이라고 생각하기로 해요. 그리고 지금 우리가 떨어져 있는 이 시간을 통해 우리의 사랑이 보다 더 견고해질 수 있다고 믿기로 해요.

바젤에서 마리아 베르누이가 헤르만 헤세에게 보낸 편지

나의 장인은 정직하고 경건한 사람입니다. 내가 그의 딸을 사랑하는 방식을 그는 이해하고 받아들입니다. 하지만 내가 경제적인 능력도 없이 그녀와 결혼하려는 걸 못마땅하게 생각한답니다. (…) 독자들이 내 소설을 어떻게 받아들일지가 매우 중요합니다. 이 작품이 성공을 거두지 못한다면, 결혼을 포기해야 할지도

모르니까요.

1903년 10월 26일, 칼프에서 헤르만 헤세가 케스코 코모에게 보낸 편지

그리 오래 기다리지 않아도 될 거라고 믿어요. 초겨울보다 지금 사업이 더 잘되고 있거든요. 이 사업이 우리에게 조금은 보탬이 될 거예요. 지금은 초창기라서 당분간 내가 맡고 있는 게 좋을 것 같아요. 지금 그만두는 건 아니라는 생각이 들어서요. 온종일 사업에만 골몰하지 않고서도 잘해나갈 수 있는 방법을 찾아봐야겠어요. 조금만 더 기다려보기로 해요. 아무튼 걱정하지 마세요. 모든 일이 다 잘될 테니까요.

바젤에서 마리아 베르누이가 헤르만 헤세에게 보낸 편지

내 애인은 가련한 그레트헨이 아닙니다. 인생 경험이나 교육, 지성에서 결코 나에게 뒤지지 않습니다. 모든 면에서 그녀는 독립적이고 강인한 여성입니다.

1903년 6월 21일, 바젤에서 헤르만 헤세가 케스코 코모에게 보낸 편지

우리의 미래를 생각만 해도 난 정말 행복하답니다. 아름다운 결혼 생활이 될 거예요. 우리에겐 온전하고 화목한 삶을 살아갈 수 있는 소양이 충분하다고 생각해요. 우리의 결혼 생활이 사소한

문제로 위태로워지는 일은 결코 없을 거예요.

1903년 12월 31일, 바젤에서 마리아 베르누이가 헤르만 헤세에게 보낸 편지

그래요. 이제 결혼이 코앞으로 다가왔네요. 친구들은 축하 인사를 건네고 신부는 짐을 꾸리고 있답니다. 지금 내 기분은 참 묘합니다. 아직도 내가 열두 살짜리 어린 소년 같다는 생각이 들기 때문입니다. 사람들이 나를 진지하게 받아들이는 게 놀랍기만 합니다. (…) 결혼을 하면, 부인과 함께 신혼살림을 차리겠지요. 사람들이 그렇게 하듯이 말입니다. (…) 어쩌면 나로서는 위험한 선택을 하는 건지도 모릅니다. 하지만 내 여인은 매우 노련하고 원만한 사람입니다. 그래서 난 모든 일이 다 잘될 거라고 믿고 있답니다.

1904년 6월 26일, 칼프에서
헤르만 헤세가 헬레네 포이크트-디더릭스Helene Voigt-Diederichs에게 보낸 편지

1904년 여름, 헤세는 마리아 베르누이와 결혼식을 올린다. (…) 그녀는 시인 헤세보다 아홉 살이나 더 많았다. 그 나이에 헤세의 어머니는 아들 헤세를 낳았다. 체구나 기질, 음악에 대한 열정에서 마리아 베르누이는 헤세의 어머니를 떠올리게 한다.

후고 발의 헤세 전기

2.

마리아는 헤세의 어머니를 잘 알지 못했다. 헤세는 어머니에 관한 이야기를 거의 하지 않았다. 헤세가 처음으로 마리아의 아틀리에를 방문하기 전인 4월, 그의 어머니는 세상을 떠났다. 그녀는 오랫동안 병으로 고생했다. 처음에는 골연화증骨軟化症 때문에 걷기가 힘들었다. 그러다가 병세가 심해지는 바람에 거의 2년 동안 침대에 누워 지냈다. 그 뒤로도 신장병 때문에 고통스러운 나날을 보내야만 했다. 그녀가 살아 있었다면, 1902년 10월에는 예순 살이 되었을 것이다. 헤세는 어머니의 장례식에 참석하지 않았다. 어머니의 오해와 독선은 예민한 아들의 자존감에 커다란 상처를 입혔다. 헤세의 『낭만적인 노래들Romantische Lieder』이 출간되고 나서 얼마 뒤, 어머니 마리아Maria는 아들에게 편지를 썼다. 그녀는 그의 시 가운데 마음에 들지 않는 게 더러 있다고 했다. 그리고 시에 담겨 있는 사랑의 이야기가 순수해 보이지 않는다고 덧붙였다. 헤세의 시에서 '불협화음'을 감지한 어머니는 헤세가 어렸을 때 그랬듯이 훈계를 이어나갔다. "만일 네가 신을 찾았다면, 신이 주신 아름다운 재능을 온전히 그에게 바쳐야 하는 거란다. 그래야 이 늙은 어미의 마음이 조금이나마 편해질 거 같구나."

칼프에서 (왼쪽부터) 마룰라, 한스, 마리아, 헤르만, 요하네스, 아델레 헤세, 1899년

헤세는 『헤르만 라우셔가 남긴 글과 시Hinterlassene Schriften und Gedichte von Hermann Lauscher』에서 실제의 어머니와는 "전혀 다른" 어머니를 만들어냈다. "나는 여전히 당신을 바라봅니다. 나를 향해 아름다운 머리를 숙이고 있는 나의 어머니. 가냘픈 몸매와 부드러운 자태, 너그러운 품성을 지닌 당신. 비할 데 없이 아름다운 갈색 눈을 지닌." 작품 속의 어머니는 현실 세계와 꿈의 세계, 동화와 전설의 세계를 이어주는 마법의 언어를 지니고 있었다.

마리아 베르누이도 이 작품을 읽었다. 그리고 죽은 어머니의 어두운 그림자가 아들에게뿐만 아니라 그들의 결혼 생활에도 짙게 드리울 거라는 사실을 예감했다.

아버지 요하네스 헤세는 아직 생존해 있었다. 그는 칼프에서 선교 문서를 발간하고, 『성경의 축복이 이교도 세계에서 어떻게 전해졌는가Vom Segengang der Bibel durch die Heidenwelt』라는 저서를 집필했다. 그는 과민하고 병약했다. 가족들은 집 안에서 큰 소리로 이야기하지도 못했고, 모두 함께 식탁에 앉아 식사하는 것도 한없이 조심스럽기만 했다. 요하네스가 겪는 "히스테리를 동반한 경련" 때문에 아이들은 마음껏 뛰놀지도 못했다.

젊은 시절에 요하네스는 인도에서 선교사로 활동했지만, 3년도 되지 않아 인도를 떠나야만 했다. 현지의 기후 조건과 생활환경이 그에게 맞지 않았기 때문이다. 바젤의 선교협회는 요하네스 헤세를 칼프에 있는 헤르만 군데르트Hermann Gundert 박사에게 보냈다. 군데르트 박사는 20년 넘게 인도에서 선교 활동을 한 경험을 바탕으로 선교 문서를 발간하고 있었다. 거기서 요하네스는 그의 딸을 만났다. 그녀의 이름은 마리아 이젠베르크Maria Isenberg였다. 인도에서 태어난 그녀는 슈바벤과 스위스에서 성장했다. 그리고 남편 샤를 이젠베르크Charles Isenberg와 함께 인도에서 선교 활동을 하다가 남편이 세상을 떠나자 두 아들을 데리고 아버지 집으로 돌아왔다. 그녀는 집안 살림을 맡아 하면서 홀아버지의 편집 일을 도왔다. 1874년 그녀는 요하네스 헤세와 결혼식을 올렸다. 그녀가 부모 집으로 돌아온 지 1년이 지난 뒤였다. 요하네스는 스물일곱 살이었고, 마리아 이젠베르크는 남편보다 다섯 살 더 많았다.

두 사람은 연이어 자녀를 낳았다. 아델레Adele, 헤르만, 마룰

라Marula, 그리고 한스Hans가 세상에 태어났다. 게르트루트Gertrud
는 태어난 지 얼마 되지 않아 세상을 떠났다. 요하네스는 만성
두통에 시달렸다. 아이들은 엄격한 아버지에게서 경건주의와
기도, 복종하는 법을 배웠다. 부모가 들려주는 '인도 이야기'는
무척 흥미로웠다. 아이들은 할아버지가 산스크리트어를 연구
하거나 인도-영어 사전을 편찬하는 모습을 옆에서 지켜보았
다. 헤르만 군데르트의 넓은 서재는 아이들에게 개방되어 있었
다. 아이들은 "갓 만들어진 교정쇄에서 나는 냄새, 아마포와 마
분지, 접착제 냄새"에 익숙해졌다. 아이들은 방문객들이 들려
주는 신비로운 이야기에 귀를 기울였다. 전 세계에서 선교 활
동을 하던 사람들이 할아버지를 찾아와 들려주는 이야기는 신
비롭기만 했다. "칼프는 나골트 강변에 위치한 시골풍의 소박
한 작은 도시였다. 당시만 해도 슈바르츠발트에서 벌목한 전나
무들이 뗏목에 실려 영국이나 네덜란드로 운반되었다. 인접한
숲, 물레방아, 갈대가 무성한 강변, 뗏목꾼들, 방랑객들과 주민
들, 이 모두는 하나의 작은 우주였다. 슈바벤에서뿐만 아니라
전 세계 어디서나 볼 수 있는."

　1903년 9월 6일, 헤르만 헤세는 마리아와 함께 칼프로 향했
다. 그녀를 아버지 요하네스와 누이 아델레, 마룰라, 남동생 한
스에게 소개하기 위해서였다. 부활절 즈음 헤세의 가족은 그녀
의 존재를 알게 되었다. 4월 8일, 헤세가 이탈리아 피렌체에서
부모 집으로 편지를 보냈기 때문이다. "얼마 전에 저랑 친한 여
류 화가가 바젤을 떠나 이탈리아로 이민을 간다면서 작별 모임

에 친구들을 모두 초대했답니다. 그리고 부활절을 기념해 다 함께 피렌체로 여행을 가자고 제안했습니다. 저는 같이 갈 생각이 전혀 없었답니다. 그런데 여행을 떠나기 바로 전날, 또 다른 여류 화가인 베르누이 양이 저보고 같이 가자고 하는 겁니다."

헤세가 "베르누이 양"이라고 소개한 사람은 다름 아닌 "내 아내" 마리아였다. 전혀 예상치 못한 소식에 헤세 가족은 모두 놀랐다. 헤세가 가장 좋아하는 누이 아델레, 그리고 친구들도 그가 칼프에 도착하기 얼마 전에야 그의 동반 여행을 알게 되었다. 불과 몇 주 전까지만 해도 헤세는 결혼할 생각이 전혀 없다고 말했다. 가족들이 과연 마리아를 어떻게 받아들일지? 누이들의 호기심은 어느 정도일지? 아버지의 다정한 미소를 기대해도 될지? 헤세는 전혀 알 수 없었다. 다행히 어느 누구도 결혼에 반대하지 않았다. 그래서 헤세는 바젤에서 법무관으로 일하고 있는 마리아의 아버지 프리츠 베르누이Fritz Bernouille에게 청혼서를 보냈다. 9월 23일, 헤세는 그의 짤막한 답장을 받아들었다. "당신의 작가라는 직업을 인정할 수 없습니다. (…) 내 딸과의 결혼을 허락할 수 없습니다."

*

베르누이 가문은 헤세를 받아들이지 않았다. 베르누이는 바젤에서 명망 높은 가문이었다. 하지만 헤세는 어린 시절에 수학 공부를 열심히 한 편이 아니었기 때문에 베르누이라는 이름이 그에게 특별한 의미로 다가오지 않았다. 주州 시험에 합격해 마울브론 기숙학교에 입학한 헤세는 신학을 공부하거나, 라틴어와 그리스어로 된 문장을 읽거나, 히브리어 문법을 익히는 데 주력했다. 헤세의 기숙사방 '헬라스'에서는 어린 학생들이 열심히 단어와 문법을 암기하고 고전 작품을 번역했다. 헤세는 칸슈타트 고등학교에서도 베르누이의 미적분·확률·수열·역제곱에 관한 공식을 배우지 않았을는지도 모른다.

베르누이 가계家系를 거슬러 올라가면, 15세기 플랑드르 지방에 이른다. 또 다른 계보는 스페인 브루고스로 이어지는데, 16세기 초에 프랑스 툴루즈로 이주한 유대 혈통의 후손도 있었다. 베르누이의 확실한 시조始祖는 벨기에 안트베르펜에서 의료 활동을 한 신교도 레온 베르누이Leon Bernoulli로 간주된다. 그의 아들 야코프는 1570년에 신앙적인 이유로 마인 강에 위치한 프랑크푸르트로 이주했다. 17세기, 야코프의 아들 니콜라우스가 바젤에 정착했다. 그곳에서 향신료 상점을 운영하던 그는 얼마 뒤에 시 참사회 의원으로 선출되었다. 그리고 도시 귀족 가문의 딸과 결혼했다. 이들 부부의 두 아들은 수학과 자연과학 분야에서 두각을 나타냈다. 그리고 두 세대를 내려오면서 걸출한 학자들이 배출되었다. 베르누이 가문은 바젤 대학뿐 아니라 이탈리아의 파두아 대학과 베른 대학, 페터스부르크 대학, 그리고 베를린 대학에서도 탁월한 연구 업적을 남겼다. 라이프니츠와 뉴턴의 논쟁에서는 라이프니츠 편에 서기도 했다. 유체역학이나 기체역학·탄성역학·편광각·파동광학 같은 현대 물리학은 베르누이 가문의 연구와 실험에 힘입어 한층 더 발전했다. 베르누이 가문은 프리드리히 대제, 황실의 귀족들과도 교류했다. 18세기의 위대한 학자들과도 서신을 주고받았다. 군주나 고위 성직자들처럼 베르누이 가문을 호칭하는 데는 로마숫자를 붙였다.

마리아는 베르누이의 혈통인 요한 2세의 후손이다. 요한 2세는 바젤에서 법학과 수학, 물리학 분야에서 이름을 떨쳤다. 여행을 즐긴 그의 아들 요한 3세는 베를린에서 왕실 천문학자로 일하며 방대한 분량의 서신과 수많은 여행 기록을 남겼다. 요한 2세의 또 다른 아들 야코프 3세는 상트페테르부르크에서 수학과 물리학을 가르쳤다. 그리고 수학자인 레온하르트 오일러의 손녀와 결혼했다. 그다음 세대부터는 두드러진 인물이 그리 많이 배출되지 않았다. 하지만 자연과학이나 예술, 건축과 법학 분야에서 가문의 명맥을 이어갔다. 마리아의 할아버지는 형사 재판소 소장이었고, 그녀의 아버지는 법무관이었다. 잘츠부르크에서 음악을 공부한 아버지 프리츠는 음악 지식이 풍부한 악보 수집가였다.

프리츠 베르누이는 자신의 가문과 헤르만 헤세의 가문 사이에 엄청난 간극이 존재한다고 믿었는지도 모른다. 군데르트 가문과 헤세 가문은 성경 공부와 선교, 신에 대한 올바른 인식과 구원을 가장 중요한 소명으로 받아들였다. 반면에 베르누이 가문은 철저한 과학적 분석과 실험, 자연법칙의 체계적 연구에 몰두했다.

마리아의 서신과 어린 시절에 대한 회상에는 그녀의 종교적 입장이 잘 드러나 있지 않다. 그녀의 가족은 신교도였다. 그녀는 바젤의 성St 알반 교회에서 세례를 받았다. 그녀보다 한 살 어린 남동생 프리츠는 신학을 공부했지만 종교에 대한 회의 때문에 목회자의 길을 걷지 않았다. 마리아는 프리츠에게 항상 다정다감하게 대했다. 반면에 그녀의 형부인 튀빙겐 신학자 에두아르트 루트비히 그멜린에게는 냉소적 태도를 숨기지 않았다. 그녀와 헤세는 교회에서 결혼 예식을 치르지 않고 호적사무소에서 혼인신고만 했다. 헤세 부부의 자녀들 역시 세례를 받지 않았다.

마리아는 노년이 되어서도 여전히 자연을 사랑하고 새로운 기술을 알고 싶어 했다. 그녀는 사진술의 이론과 실제, 그리고 이 새로운 매체를 통한 예술적 표현 가능성에도 관심을 보였다. 힘든 육체 활동도 꺼리지 않았다. 그녀는 며칠에 걸쳐 베른의 산악 지대를 등반하고, 바닷가에서 수영을 하고, 스포츠용 썰매를 탔다. 또한 당시 새로운 겨울 스포츠로 각광받기 시작한 스키도 즐겼다. 그녀는 베르누이 가문의 음악적 재능을 물려받았다. 덕분에 경제적으로 어려운 시기에는 피아노 교습으로 생활비를 벌었다. 때로는 호텔이나 살롱에서 피아노를 연주하기도 했다. 영화관에서 상영하는 무성영화나 요양소에서 진행하는 율동을 통한 인지 학습 시간에 피아노로 반주하기도 했다.

*

마리아는 아버지의 완강한 반대에 부딪혔다. 전혀 예상하지 못한 일이었다. 반면 칼프에서 헤세의 가족은 그녀를 반겨주었다. 헤세의 아버지와 여동생들은 무거운 짐을 내려놓은 듯 홀가분해 보이기까지 했다. 헤세를 곁에서 돌보아줄 누군가가 있다는 건 참으로 다행스러운 일이었다. 가족들은 문제아였던 헤세의 어린 시절에 대해 조심스럽게 입을 열었다. 학교생활에 적응하지 못해 마울브론 기숙학교에서 무단결석하고, 결국에는 학교 공부를 포기해야만 했다는 암울한 이야기였다. 하지만 그건 마리아에게 새로운 사실이 아니었다. 헤세는 그녀에게 자신이 젊은 시절에 경험한 방황과 고뇌를 숨김없이 글로 표현할 거라고 말한 적 있었다. 그가 존경하는 에밀 슈트라우스의 소설 『친구 하인Freund Hein』 같은 '청춘 이야기'로 말이다.

마리아는 헤세의 아버지를 사진에 담았다. 헤세의 누이 아델레와 마룰라, 남동생 한스의 사진도 찍었다. 그러고 나서 바젤로 돌아갔다. 칼프에 남아 있던 헤세는 자신이 일하던 고서점에 사직서를 제출했다. 그는 얼마 동안 휴식을 취한 뒤에 소년 한스 기벤라트에 관한 이야기를 쓸 계획이었다. 『수레바퀴 아래서Unterm Rad』라는 이름으로 불릴 소설이었다.

마리아는 부푼 꿈을 안고 바젤로 돌아왔다. 하지만 그녀의 아버지는 그녀와 헤세의 결혼을 허락할 수 없다는 태도를 고수했다. 다른 가족들도 두 사람의 결혼에 부정적인 반응을 보였다. 마리아는 이 같은 분위기를 헤세에게 알려주었다. "나의 두 자매는 당신에게 별로 호감을 보이지 않고 있답니다. 목사 부인인 언니가 굳이 안 해도 될 말을 편지에 써서 보내는 바람에 일이 더 어렵게 되어버렸어요." 마리아의 세 자매는 모두 헤세와 결혼하는 것을 반대했다. 베르타 폰 브룬, 아나 그멜린, 그리고 에마 베르누이Emma Bernouilli. 결혼한 지 얼마 되지 않아 남편과 사별한 베르타는 자녀들과 함께 바젤에 살고 있었다. 독신인 에마는 부모 집에서 살림을 도와주고 있었다. 그녀는 헤세가 아틀리에를 드나들 때부터 알고 지내던 사이였다. 튀빙겐에 사는 아나가 이 무렵 헤세를 만났는지는 분명하지 않다.

마리아는 의연하게 대처했다. 먼저 여동생 투치아를 우군으로 끌어들인 뒤에 오빠 아돌프의 마음을 돌려놓았다. 포도주를 판매하는 아돌프는 스페인 여성 테레지아Theresia와 결혼해 바젤에 거주하고 있었다. 마침내 언니 베르타를 설득하는 데도 성공했다. "어제저녁에 오랫동안 큰언니랑 이야기를 나누었답니다. 큰언니는 나한테 다정하게 대해주었어요. 큰언니는 머지않아 아버지도 결혼을 허락하실 테니까 너무 걱정하지 말라고 위로해주었답니다." 작은언니 아나의 마음을 돌리기 위해 마리아는 10월에 바덴바덴으로 향했다. 아나는 그곳에서 휴양하고 있었다. 마리아는 헤세에게 카를스루에서 만나자고 했다. 그녀는 마치 모종의 음모를 꾸미기라도 하듯 프랑스어로 편지를 썼다. 카를스루에 도착한 헤세는 기차역에서 멀지 않은 '그뤼너 호프'에서 마리아와 하룻밤을 보냈다. 10월 20일에 쓴 마리아의 편지에는 "우리의 호텔 방"이라는 단어가 들어 있다. 마리아는 헤세와 함께할 미래를 낙관했다. 이제는 모든 게 확실해졌다. 아무것도 어느 누구도 두 사람을 떼어놓을 수 없을 것 같았다.

마리아는 헤세에게 편지를 썼다. "아나는 내가 당신이 지닌 시인의 영혼을 이해하지 못할 거라고 걱정하네요. 당신의 창작이 나 때문에 헛수고가 될지 모른다고 생각하는 거 같아요. (…) 당신은 내가 얼마나 당신 곁에 머물고 싶어 하는지 잘 알고 있을 거예요. 당신의 은밀한 발걸음을 나지막하게, 조심스럽게 따라 걷고 싶어요. 그리고 당신이 내게 보여주는 부드럽고 아름다운 모든 것을 나의 수줍은 손으로 모두 만져보고 싶어요."

베를린에 있는 피셔 출판사에서 출간한 『페터 카멘친트』는 다행히 세간의 호평을 받았다. 이 소설이 성공을 거둔다면, 두 사람은 별다른 어려움 없이 결혼식을 올릴 수 있을 게 분명했다. 마리아의 편지에는 희망이 가득했다. 그녀는 헤세에게 아름다운 선율을 들려주기 위해 쇼팽의 피아노곡을 연습했다. 바젤의 가을 박람회에 가서는 신혼살림에 필요한 가재도구를 장만했다. "예쁜 잔과 접시, 작은 냄비를 제법 많이 샀어요. 모두 우리 신혼살림을 위한 거예요."

하루가 멀다 하고 바젤에서 칼프로 편지가 날아들었다. 마리아는 남매와 친구들에 대해 수다를 늘어놓았다. 그리고 아틀리에 모임, 음악 연주회, 친구들과의 소풍, 사진 작업, 전시회에 대해서도 이야기했다. 물론 가족 이야기도 빠지지 않았다. 에마는 아버지를 모시고 툰 호숫가에 있는 슈피츠로 떠났다. 우울증을 앓고 있는 마리아의 어머니가 그곳에서 요양하고 있었다. "지난밤에 나는 당신 꿈을 꾸었답니다. 하지만 당신은 독서에 몰두한 나머지 나한테 눈길 한번 주지 않더군요. 꿈이기에 망정이지 실제로 그러면 가만두지 않을 거예요."

마리아는 다시 한 번 헤세를 만나려고 했다. 12월 중순에 취리히에서 『페터 카멘친트』 낭송회가 열릴 예정이었다. 마리아는 그에게 바젤에 들르라고 청했다. 그러면 두 사람이 아틀리에에서 오붓한 시간을 나눌 수 있었을 것이다. 하지만 헤세는 머리와 눈이 아프다는 핑계로 그녀에게 가지 않았다. 그녀는 여행을 떠나기 전까지 헤세가 완쾌되기를 빌었다. 그리고 헤세가 바젤로 오는 대신에 자신이 취리히로 가면 되겠다고 생각했다. 그녀는 헤세에게 약속했다. "당신에게 걱정을 끼치지 않을게요. 당신이 바쁠 때 내가 어떻게 해야 하는지 누구보다 잘 알고 있으니까요."

마리아는 여행 경비를 마련했다. 그리고 아버지에게 그럴듯한 핑계를 대고는 취리히로 떠났다. 그곳에서 헤세를 만나고 바젤로 돌아온 마리아는 곧바로 그에게 편지를 썼다. "집에 잘 도착했어요. 아무도 눈치채지 못했답니다." 하지만 동시에 그녀는 불안감을 감추지 못했다. "사랑하는 헤르만, 도대체 왜 나는 당신에게서 아무런 소식도 듣지 못하는 건가요? 난, 당신이 지금 집에 머물고 있는지, 아니면 아직 여행을 하고 있는지 전혀 모르고 있어요. (…) 건강이 좋지 않아 편지를 쓰지 못하는 거라면, 당신 누이들을 통해서라도 당신 이야기를 듣고 싶어요." 그녀는 크리스마스와 가족 축제, 섣달 그믐날, 1904년에 대한 희망을 편지에 적었다. "나는 우리가 머지않아 함께할 거라고 굳게 믿어요."

헤세는 답장을 보내지 않았다. 1월 7일, 마리아는 헤세에게 편지를 띄웠다. "당신이 너무 보고 싶어요. 아무래도 내가 당신한테로 가야겠어요." 그녀는 불안한 생각이 들었다. "내 편지가 당신 기분을 상하게 했나요? 그래서 나한테 편지를 보내지 않는 건가요? 아니면 지금도 눈 때문에 고생하고 있나요? 제발 나한테 소식 좀 전해주어요!" 바로 다음 날 헤세의 편지가 그녀에게 도착했다.

1904년 1월 9일, 마리아는 다시금 펜을 들었다. "사랑하는 헤르만, 내가 당신을 몰아세웠다면 정말 미안해요. 당신을 제대로 이해하지 못하고 내 생각만 한 것 같네요. 내가 당신을 본의 아니게 구속했다는 걸 이제야 깨달았어요. 그러면 안 되는데 말이에요. 이제 더 이상 당신을 붙잡으려고 애쓰지 않을 거예요. 당신의 예술적인 발전을 위해서라도 내가 당신을 놓아주어야 한다는 걸 잘 알고 있으니까요. 이제 나 같은 사람은 잊도록 해요. 내 생각은 하지 말고 당신의 성공과 행복만 생각해요. 당신을 향한 나의 사랑이 당신에게 도움이 될 거라고 믿었는데, 오히려 정반대로 되고 말았네요."

그건 헤세의 용서를 구하는 사과 편지였다. 이 편지에는 평생 두 사람의 관계를 결정짓는 내용이 담겨 있었다. "당신이 원하는 대로 해요. 난 당신을 사랑하는 마음으로 모든 걸 받아들일 테니까요."

*

이 편지를 받아 든 헤세는 무슨 생각을 했을까? 혹시라도 이번 기회에 마리아와 관계를 정리해야겠다고 생각하지는 않았을까? 그녀는 헤세에게 자유를 주었고, 헤세는 자유롭기를 원했다. 아니, 어쩌면 그렇지 않았는지도 모른다. 고향 도시 칼프를 누구보다 사랑한 헤세이지만 아버지 집은 점점 더 비좁게만 느껴졌다. 그는 자신을 둘러싼 굴레에서 벗어나고 싶은 강한 충동을 느꼈다. 아버지의 만성두통과 우울증은 가족 모두를 힘들게 했다. 지금 헤세가 바라보고 있는 아버지의 모습이 장차 헤세 자신의 모습이 될지도 모르는 일이었다. 여동생 마룰라는 아버지를 모시고 프로이덴슈타트에 있는 요양원 '종려 숲'으로 떠났다. 경건주의자들의 집회 장소인 그곳에서 요하네스 헤세는 몇 년 전부터 부인이나 딸들과 함께 요양을 하곤 했다. 헤세와 누나 아델레는 칼프에 남아 있었다.

헤세는 생기발랄한 목소리로 재미있는 이야기를 들려주는 마리아의 품이 그리웠을지도 모른다. 그는 대도시에서 벗어나 전원에서 자연과 벗하며 소박한 삶을 영위하기 바랐다. 그것은 헤세가 『페터 카멘친트』에서 묘사한, 그리고 자신이 그토록 존경하는 에밀 슈트라우스에게서 발견한 삶이기도 했다. 헤세의 편지를 읽고 난 마리아는 뛸 듯이 기뻐했다. "당신이 언제나 나와 함께하겠다니 정말 고마워요."

마리아는 칼프로 가서 헤세를 만났다. 그리고 두 사람의 미래에 대해 구체적으로 이야기를 나누었다. 무슨 일이 있어도 1904년에는 결혼할 것이다! 바젤로 돌아온 마리아는 아버지의 결혼 승낙을 얻기 위해 노력했다. 헤세는 마울브론 기숙학교 시절의 트라우마를 극복하기 위한 작업으로『수레바퀴 아래서』를 집필해나갔다. 마리아는 눈 덮인 겨울의 낭만을 즐겼다. 혼자 눈썰매를 타면서도 언젠가는 헤세와 함께 "언덕을 따라 내달리는" 꿈에 부풀어 있었다. 썰매를 타다가 발목을 다치기도 했지만, 마리아는 그 어느 때보다 행복했다. 헤세 작품의 필사는 이제 그녀의 몫이 될 것이다!

5월 초에 마리아의 아틀리에에서 사진 전시회가 열렸다. 비스바덴과 드레스덴에서도 그녀와 여동생의 사진이 전시되었다. 마리아는 헤세에게 편지를 보내 전시회에서 겪었던 일들을 이야기했다. 어쩌면 그녀는 헤세가 전시회에 나타나기를 내심 기대했는지도 모른다. 하지만 그녀가 헤세에게 보낸 편지에는 그런 내용이 적혀 있지 않다. 그녀는 헤세의 결정을 존중하려고 했다. 두 사람이 언제 다시 만날지도 헤세의 뜻에 따르려고 했다. 2월, 헤세는 빌헬름 셰퍼와 함께 슈투트가르트에 있는『프랑크푸르터 알게마이네 차이퉁Frankfurter Allgemeine Zeitung』을 찾아가 일자리를 알아보았다. 튀빙겐과 우라흐에서도 일자리가 있는지 둘러보았다. 헤세는 슈바벤 지역의 알프스 산악 지대로 이사하고 싶어 했다. 뮌헨에서 그는 예술가 친구인 헤르만 하스Hermann Haas, 막스 부허러Max Bucherer를 만났다. 4월 초, 마리아도 헤세를 만나기 위해 뮌헨으로 향했다. 하지만 뮌헨에서 그녀는 실망감에 사로잡혔다. 헤세가 그녀보다 친구들과 함께 있는 걸 더 좋아하는 것처럼 보였기 때문이다. 헤세는 그녀에게 친구 하스와 셋이서 함께 살자고 제안하기까지 했다.

마리아는 이 같은 제안을 곧바로 거부하지는 않았다. 바젤로 돌아온 그녀는 4월 20일에 쓴 편지에서 조심스럽게 이야기를 꺼냈다. 헤세의 제안을 받아들일 수 없다는 내용이었다. "셋이서 함께 살다 보면 언젠가는 문제가 생길 수밖에 없을 거예요. 그렇게 되면 아무도 선뜻 책임지려고 하지 않을 거고요. 어쩌면 하스가 우리 때문에 소외감을 느낄지도 몰라요. 아니면 내가 그런 느낌을 받게 될지도 모르고요." 마리아는 헤세에게 도시가 아닌 시골에서 살기로 하지 않았느냐고 물었다. 그리고 이렇게 멀리 떨어져 이야기하다 보면 문제가 더 복잡해질지도 모르니 빨리 만나자고 청했다. "결혼을 서두르기 위해서라도 만나야 해요." 마리아의 여동생 투치아와 에마는 아버지를 모시고 루가노에서 휴가를 보내고 있었다. 마리아는 여동생들이 아버지를 설득 중이라는 사실을 헤세에게 전해주었다. 예전에 베르타와 아나가 아버지에게서 5000스위스프랑이 넘는 결혼준비금을 받았다는 사실, 아버지가 자녀들에게 매년 1000프랑을 생활비로 대준다는 사실도 이야기했다.

일주일이 지난 뒤에 마리아는 또다시 헤세에게 편지를 썼다.

"솔직히 말해 난 슈바벤 지방이 별로 마음에 들지 않아요. (…) 슈바벤의 알프스 지대는 물이 많지 않잖아요. 적어도 여름에는 집 안의 욕조에 들어앉아 물놀이를 하고 싶지 않다고요." 그녀는 바덴 주의 슈바르츠발트를 선호했다. 보덴 호수나 라인 강변을 끼고 있는 스위스 마을도 그녀가 추천한 장소였다. "거기는 경치가 멋지고 생활하는 데도 별로 돈이 들지 않아요." 스위스 마을은 바젤에서 그리 멀지 않았다. 스위스 국영철도를 타고 가면 40분이면 족했다.

헤세는 고민에 빠졌다. 그는 마리아가 적극적으로 결혼을 추진하는 데 상당한 부담을 느꼈다. 마리아의 아버지는 이미 두 사람의 결혼을 승낙하고 결혼 준비금까지 주기로 약속한 터였다. 마리아는 가족과 친구들에게 결혼 사실을 빨리 알리려고 했다. 헤세는 조금 더 기다렸다가 가을에 결혼식을 올리자고 제안했다. 청첩장을 인쇄하는 일도 뒤로 미루자고 했다. 5월 9일, 마리아는 헤세에게 편지를 보냈다. "청첩장은 좀 더 생각해보기로 해요. 결혼하면 당연히 책임과 의무가 따르는 법이지요. 우리는 잘해낼 수 있을 거예요. 결혼은 평범한 사람이라면 누구나 다 하는 거잖아요." 오순절에 마리아는 칼프로 가서 헤세를 만났다. 그리고 두 사람의 혼인을 공식적으로 발표하기로 했다.

바젤로 돌아온 마리아는 5월 27일에 청첩장을 예약해놓았다. 그리고 헤세에게 결혼에 필요한 서류를 준비하라고 일러두었다. "출생증명서와 병역 기록증, 결혼 서약서가 필요해요. 당신이 결혼하겠다는 약속을 적은 문서 말이에요. 결혼 서약서는 공증을 받아야 해요." 마리아는 주위 사람들의 축하 인사와 화환, 선물을 받았다. 결혼 준비금도 미리 마련해놓았다. 그녀는 이불이 얼마나 길어야 할지, 솜털 이불이 좋을지 아니면 말털 이불이 좋을지 헤세에게 물어보았다. 헤세는 이종사촌 파울 군데르트Paul Gundert에게 편지를 썼다. "축하해주어서 고마워. 어쩌면 결혼이 내 인생에 짐이 될지도 모르지만, 그래도 한번 힘을 내서 잘 버텨보려고 한다네."

*

모든 일이 순조롭게 진행되었다. 마리아는 신혼집을 구하기 위해 분주하게 돌아다녔다. 친구들의 도움도 받았다. 기차를 타고 샤프하우젠으로 간 뒤, 거기서 다시 증기선을 타고 콘스탄츠와 메어스부르크, 슈타인 암 라인을 둘러보았다. 그리고 마침내 가이엔호펜에서 마음에 드는 집을 찾아냈다. 마리아는 헤세에게 신혼 가구를 주문했다는 사실을 알려주었다. "떡갈나무로 만든 가구는 무척 예쁘답니다. 자연 그대로 결을 살려 밝은색 왁스를 칠했어요." 뮌헨에 사는 헤르만 하스는 헤세가 도안한 책상을 만들어주었다. 마리아는 피아노와 사진 장비를 신혼집으로 가져가기로 했다. 그리고 결혼 신고에 필요한 서류들을 챙겼다. 헤세는 칼프에 남아 『수레바퀴 아래서』를 집필했다. 출판사의 의뢰를 받아 보카치오Boccaccio와 성 프란체스코Saint Francesco에 관한 글도 집필했다. 결혼에 관한 모든 일은 마리아에게 맡겼다.

헤세는 여전히 안질眼疾과 두통에 시달렸다. 마리아는 그에게 전문의를 찾아가라고 권했다. 그리고 절대 과로하지 말라고 일렀다. "지금 당신은 정원에 앉아 있나요? 아니면 베란다에 앉아 있나요? 난 당장이라도 당신 곁으로 가고 싶어요. 그리고 당신한테 모든 걸 이야기해주고 싶어요. 지금까지 못 했던 이야기들을 당신 귀에 대고 나지막하게 속삭이고 싶어요. 당신 그거 알아요? 내가 예감하는 우리의 밝은 미래 말이에요. 아마 당신도 어렴풋이 느끼고 있을 거예요. (…) 얼마 전 치과에 가서 치료를 받았어요. 그런데 지금까지 내가 경험하지 못했던 일이 일어났어요. 잠시 정신을 잃고 말았어요. 한 번도 그런 적이 없었는데 말이에요."

헤세는 마리아의 편지를 받고도 바젤에 가지 않았다. 마리아의 결혼 준비를 도와줄 생각도 하지 않았다. 무엇보다 그녀의 아버지를 찾아 인사를 드려야 한다는 게 달갑지 않았다. 프리츠 베르누이는 지난가을에 헤세가 보낸 청혼 편지를 여전히 불쾌하게 생각했다. "아버지는 당신이 무례하다고 생각하세요. 젊은 사람이 나이 든 사람에게 하는 예의가 아니라는 거예요." 마리아의 아버지는 딸의 결혼식에 참석하지 않기로 마음먹었다. 예의 없는 젊은이를 굳이 만나고 싶지 않았던 것이다. 마리아의 아버지는 가족과 함께 해마다 여름휴가를 보내는 슈피츠로 떠났다. 마리아는 가이엔호펜으로 떠났다. 그녀는 페인트공에게 신혼집을 도색하는 일을 맡기고, 운송업자에게는 이삿짐을 나르는 일을 맡겼다. 이삿짐은 모두 한꺼번에 옮기기로 했다. 그렇지 않으면 나중에 국경을 넘을 때 엄청난 관세를 물어야 하기 때문이었다.

그해 8월 2일, 헤르만 헤세와 마리아 베르누이는 바젤에서 결혼식을 올렸다. 마리아의 오빠 아돌프가 결혼 증인을 섰다. 여동생 투치아는 피로연을 준비했다. 헤세의 가족은 아무도 결혼식에 참석하지 않았다. 헤세는 빈에 거주하는 동료 슈테판 츠바이크에게 편지를 썼다. "장인어른이 우리 결혼을 못마땅하게 여기는 바람에 서둘러 결혼식을 치렀네. 아마 그 늙은 양반은 멀리서도 투덜대고 있을 걸세. 하지만 언젠가는 분을 가라앉히겠지. 이젠 나도 어엿한 신랑이라네. 당분간 떠돌이 생활은 꿈도 꾸지 못할 거야."

결혼식 당일 저녁, 신혼부부는 바젤을 떠나 외딴 시골 가이엔호펜으로 향했다. 전기 작가 후고는 이렇게 썼다. "헤세가 결혼 대신에 국제도시 파리로 건너가 그곳의 거대한 흐름에 몸을 맡겼다면 더 좋았을지도 모른다. (…) 낭만주의자 헤세가 자신의 삶을 영위하고 문학적 재능을 발현하기 위해 목가적인 환경이 필요했는지는 모를 일이다."

3.

"시간에 쫓기다 보니 이제야 소식을 전하게 되었네요. 우리는 이번 화요일에 결혼했어요." 1904년 8월 5일, 헤르만 헤세는 투르가우 주에 있는 슈텍보른에서 가족들에게 편지를 보냈다. 헤세 부부는 샤프하우젠으로 신혼여행을 떠났다. 라이넥에서는 마리아의 여자 친구를 만났고, 콘스탄츠에서는 결혼 생활에 필요한 물품을 구입했다. 그리고 막 호텔에 들어선 터였다. "내일 가이엔호펜으로 돌아가면 거기서 다른 가재도구들을 장만하려고 해요. 아직 가구가 도착하지 않았기 때문에 서두르지는 않을 거예요." 편지에서 헤세는 즐거운 신혼여행에 대해 이야기했다. 마리아와 함께 여유롭게 호숫가를 거닐기도 했다. 마리아의 배통背痛은 크게 문제 되지는 않았다. 콘스탄츠에 있는 의사는 과로 때문이라는 진단과 함께 마사지를 받으라고 처방했다. "우리는 지금 호숫가에 있는 호텔에 앉아 있어요. 그리고 앞으로 우리가 살아갈 시골 마을을 떠올리며 행복에 젖어 있답니다."

다음 날, 헤세 부부는 배를 타고 호수를 가로질러 가이엔호펜으로 돌아왔다. 그리고 "텅 빈 농가에서 책상과 의자도 없이" 새로운 삶을 시작했다. 헤세는 손상된 지붕과 바닥을 수리했다. 생필품과 공구를 구입하기 위해 노를 저어 슈텍보른까지

갔다. 헤세가 살 마을에는 빵집 외에 다른 상점이 하나도 없었다. 배를 타고 집으로 돌아오는 길에는 세관을 거쳐야 했다. "난 벌써 부엌살림에 필요한 가재도구의 세율을 다 외웠답니다. 물론 구입한 물건을 몰래 들여올 수 있다면 더 좋겠지만요." 헤세는 작은 배를 하나 구입해 낚시를 하고 싶어 했다. 나골트 강가에 걸터앉아 낚싯대를 드리우던 한스 기벤라트가 그랬던 것처럼. 『수레바퀴 아래서』에서 헤세는 "은밀한 환희와 사냥꾼의 열정으로 내 가슴이 마구 뛰었다"라고 묘사했다. 몇 주 뒤, 헤세의 소원이 이루어졌다. "작은 배 하나가 호수에 정박해 있답니다. 친구들이 나에게 선물해준 거예요. 그 배를 타고 난 자주 호수로 나갑니다. 이따금 민물고기를 낚는 낚시 도구를 싣고 낡은 삼각돛을 올리고 말입니다."

증기선은 하루에 한 번 오가고, 그나마 겨울에는 운항하지 않았다. 그럴 때는 스위스 지역에선 기차가, 독일 지역에선 우편마차가 유일한 교통수단이었다. 그런데도 헤세는 가이엔호펜에서의 삶에 만족했다. 1904년 9월 11일, 그는 슈테판 츠바이크에게 보낸 편지에서 "재미있는 농촌 생활"에 대해 이야기했다. 조용한 분위기와 신선한 공기, 아름다운 가축과 예쁜 과일, 소박한 사람들에 대해서도 이야기했다. 헤세는 동료들을 가이엔호펜으로 초대했다. "여긴 완전히 시골이야. 그러다 보니 빈이 점점 더 멀고 낯설게만 느껴진다네."

헤세 부부는 집 안을 수리하고 정리하느라 분주하게 움직였다. "우리는 위층 방의 무두질하지 않은 지붕 들보를 검붉은 색으로 칠했답니다. 우리 집에서 가장 멋진 아래층 방들의 벽에는 색칠하지 않은 전나무 목재가 둘러져 있어요. 견고한 난로가 놓여 있는 벽은 벤치 위로 낡은 녹색 포석鋪石이 부착되어 있고요. 부엌의 아궁이 불 덕분에 여긴 제법 따뜻하답니다. 우리가 맨 처음 키우던 고양이가 이 자리를 무척 좋아했어요." 드디어 기다리던 가구가 도착했다. 서재도 깔끔하게 정리되었다. 마리아는 읍내에서 카를리네라는 소녀를 데려왔다. 이제부터는 그녀가 마리아의 집안일을 거들어줄 것이다. 헤세 부부는 "시골풍의, 소박하고 자연스러운, 꾸밈없는, 그리고 유행을 따르지 않는 삶"을 살았다. 그들이 모범이라고 여기는 존 러스킨John Ruskin이나 윌리엄 모리스William Morris, 레프 톨스토이Lev Tolstoy가 그랬던 것처럼.

9월 말경, 마리아는 또다시 가이엔호펜을 떠났다. 헤세는 부인을 배에 태워 슈텍보른에 데려다주었다. 거기서 그녀는 증기선을 타고 샤프하우젠으로 가서 다시 기차를 타고 바젤로 향했다. 바젤에서는 운송업자와 납품업자를 만나 손해배상에 관한 일을 처리하고, 신혼살림에 필요한 물품을 구입했다. 9월 20일, 그녀는 헤세에게 엽서를 띄웠다.

"즐거운 마음으로 필요한 물건들을 구입하고 있어요. 정말이에요. (…) 목요일 전까지 돌아갈 수 있을지 모르겠네요. 아버지 집에 들러 내 물건들을 챙겨 오려고요." 다음 날 그녀는 또다시 엽서를 보냈다. "너무 무리해서 그런지 무척 힘이 드네요. 좀 천천히 해야겠어요." 가져갈 물품이 너무 많아 투치아가 가이엔호펜까지 마리아와 동행했다. 9월 27일, 마리아는 또다시 부모 집을 방문했다. 바젤에 도착한 첫날 밤, 그녀는 여자 친구를 만나 오랫동안 수다를 떨었다. "만일 내가 방구석에 틀어박혀 있었다면, 그녀는 분명 나한테 앙갚음을 했을 거예요. 나도 꿈쩍 않고 누워 있는 걸 좋아하지 않아요. 하지만 몸이 마음대로 움직여지지 않네요."

마리아는 부모 집에 머물면서 치료를 위해 마사지나 화산니火山泥 찜질을 받았다. 10월 15일, 바젤로 마리아를 찾아간 헤세는 슈테판 츠바이크에게 짧은 편지를 보냈다. "오늘 짧게 소식을 전하는 걸 용서하기 바라네. 자네 생각은 많이 하고 있어. 그런데 아내는 아프고 할 일이 산더미같이 쌓여 있다 보니 마음이 편치 않다네." 마리아는 헤세가 바젤에 머물기를 바랐다. 그래서 미리 친구들에게 부탁해 헤세가 작업하기에 편한 방을 빌려놓았다. 하지만 헤세는 그녀의 제안을 받아들이지 않았다. 10월 25일, 장인어른의 여든번째 생신을 축하하는 가족 모임에 헤세는 나타나지 않았다. 베르타 폰 브룬과 그녀의 자녀들, 아나와 에두아르트 루트비히 그멜린, 아돌프 베르누이와 테레지아 베르누이-코마스, 에마와 투치아, 마리아의 남동생 프리츠 등 다른 가족은 모두 참석했다. 프리츠는 우울증 치료를 위해 한동안 요양소에 머물렀는데, 이 무렵에는 투치아를 도와 아틀리에를 운영하고 있었다.

10월 말, 마리아는 프리츠와 함께 식물원에서 산책을 즐겼다. 그녀는 머지않아 남편 곁으로 돌아갈 꿈에 부풀어 있었다.

하지만 담당 의사가 그녀에게 목욕과 주사를 병행하라는 처방을 내리는 바람에 바젤에 남아 있게 되었다. 남편의 안부를 걱정하던 마리아는 가정부 카를리네에게 헤세의 "찢어진 양말"을 바젤로 보내도록 했다. 11월 20일, 마리아는 남편에게 편지를 썼다. "엄마가 당신 양말을 꿰매주실 거예요. (…) 항상 조심해야 해요. 설마 이런 날씨에 그 작은 배를 타고 호수로 나가지는 않겠지요?" 그녀는 남편이 보고 싶었다. 하지만 의사의 처방에 따라 열기욕熱氣浴을 하고 전기요법으로 아픈 부위를 치료받아야 했다.

마리아는 헤세에게 호수의 차갑고 음습한 안개를 조심하라고 당부했다. 그리고 콘스탄츠에 올 때는 보온병을 챙겨 오라고 일러두었다. 그녀는 고양이 가죽으로 헤세의 해진 옷을 기웠다. 바젤에서 열리는 음악회에 초대했지만, 헤세는 답장을 보내지 않았다. 12월 6일, 마리아는 헤세에게 편지를 보냈다. "행여 어디 아픈 데나 없는지 걱정되네요. 내가 지금 당신 곁에 있을 수 없다는 게 너무 마음이 아프답니다." 그리고 그녀는 자신이 꾸었던 악몽에 대해 이야기했다. 꿈속에서 그녀는 헤세의 뒤를 쫓아갔다. 좁은 창문을 비집고 집 안으로 들어가서는 좁은 널빤지 위에서 넘어지지 않기 위해 바둥거렸다. 마침내 목회자들과 신학에 관한 질문을 주고받고 있는 헤세를 발견했다. 하지만 헤세는 그녀에게 고개 한 번 돌리지 않았다. "내가 당신에게 전혀 중요치 않은 사람이라는 사실을 깨달을 때까지 기다렸어요. 혼자 건물 계단에 앉아 괴로워하다가 잠에서 깨어났답니다." 투치아가 서럽게 우는 그녀를 위로해주었다. 12월 11일, 마리아는 치료를 중단하고 헤세에게 돌아가겠다고 통보했다. "당신은 내가 얼마나 당신과 우리 집을 그리워하고 있는지 모를 거예요."

헤세 부부에게는 1904년 겨울이 가장 행복한 시간이었는지 모른다. 헤세는 창작에 몰두하고, 마리아는 남편 곁에서 시중을 들었다. 저녁에는 둘이 함께 책을 읽었다. 헤세는 여송연呂宋煙을 피우며 포도주를 마셨고, 마리아는 슈만의 소곡小曲을 연주했다. 부드러운 선율이 흐르는 가운데 불그레한 빛을 띤 촛불이 희미하게 빛났다. 헤세는 지난 시절을 회상해보았다. 지금까지 살아오면서 가장 즐거웠던 날은 언제였을까? 이 안락한 삶이 정녕 행복한 것일까? 시민적인 삶을 경멸했던 자신이 시민적인 삶을 산다는 게 모순은 아닐까? 헤세는 농부와 낚시꾼, 시골 우편배달부, 떠돌이에 대해 편지를 썼다. 음식을 차려주고 책을 읽어주고 피아노 연주를 들려주는 아내에 대해서도 썼다. 헤세가 산책이나 낚시를 하다가 늦게 돌아오면 그녀는 언제나 포근한 미소로 그를 반겨주었다. 가이엔호펜, 교회 광장, 오래된 집. 목가적인 세계였다. 하지만 헤세는 가끔 그 세계를 벗어나곤 했다.

1905년 1월 중순, 헤세는 취리히로 여행을 떠났다. 산악 지대와 괴셰넨에서 하이킹을 했다. 마리아는 그에게 털이 두툼한 장화와 동상에 바르는 연고, 스키 안경을 보내주었다. 물론 그녀에게도 기분 전환이 필요했다. 그녀는 가이엔호펜으로 찾아온 에마와 프리츠를 데리고 눈 덮인 호숫가를 거닐었다. 그리

'예술가 친구'들과 함께한 마인츠 여행, 1905년

고 며칠 동안 바젤에 머물며 가족과 함께 시간을 보냈다. 마리아의 부모는 마침내 딸의 결혼을 현실로 받아들였다. 1905년 4월, 마리아는 자신이 임신했다는 사실을 알게 되었다. 아이는 12월에 태어날 예정이었다.

헤세 부부는 "라인 강변에 있는 예술가 친구들"과 함께 마인츠로 여행을 떠났다. 네 명의 여성은 테가 넓고 멋지게 꾸민 모자를 쓰고 단체사진을 찍었다. 그중 마리아는 밝은 색깔의 수수한 모자를 썼다. 모자를 약간 뒤로 젖힌 덕분에 그녀의 얼굴이 훤히 드러났다. 그녀는 줄무늬가 있는, 밝고 수수한 투피스를 입었다. 그리고 짙은 색 숄을 두른 채 카메라를 바라보며 행복하게 웃고 있다. 그녀 옆에는 헤세가 서 있다. 옷깃이 빳빳한 양복을 입고, 머리에는 모자를 쓰고, 팔에는 외투를 걸쳤다. 그의 표정은 무척 엄숙해 보인다. 마리아가 임신했는지는 겉으로 드러나 보이지 않는다.

가이엔호펜에서는 헤세 부부가 오래전부터 꿈꿔온 전원생활이 다시금 시작되었다. 숲 속을 산책하기도 하고, 호수에서 물놀이와 뱃놀이를 즐기기도 했다. 그리고 집 주위의 좁다란 정원을 정성스레 가꾸었다. 옛 친구도 만나고 새 친구도 사귀면서.

4.

헤세가 보덴 호수에 정착하게 된 결정적 계기는 그가 존경해마지않는, 자신보다 열 살가량 위인 작가 에밀 슈트라우스의 영향이 컸다. 포르츠하임에서 태어난 슈트라우스는 일찍 학업을 포기했다. 그리고 돈과 명예를 좇는 현대인과 도시 생활에 염증을 느낀 나머지 자신과 뜻을 같이하는 사람들과 함께 오버라인에 집단 거주지를 세웠다. 하지만 자신의 개혁적 구상이 실패로 돌아가자 미련 없이 독일을 떠났다. 그는 스위스와 이탈리아를 여행한 뒤, 1892년 배를 타고 브라질로 향했다. 튀빙겐의 서점에서 수습생으로 일하던 헤세에게 브라질은 매력적인 이민지였다.

그로부터 10년 뒤인 1902년, 슈트라우스는 남아메리카에서 독일로 돌아왔다. 그리고 에미스호펜 근처에 있는 베른라인의 농가에 정착했다. 그는 1903년부터 헤세와 우호적 관계를 이어갔다. 마리아가 신혼집을 구하러 다닐 때도 슈트라우스의 도움을 받았다. 슈트라우스가 오스트리아의 음악가 가문에서 태어났다는 사실, 브라질의 이주민이었다는 사실, 전위예술가들의 모임에 참여했다는 사실이 헤세의 관심을 끌었다. 슈트라우스는 드레스덴-헬레라우에 있는 예술가 모임과 프리드리히스하겐 모임에도 관여했다. 마리아가 보덴 호수로 거처를 정하기 전에 헤세는 헬레라우로 이사할 생각을 하기도 했다.

남부 독일 언어권에 속한 동료 가운데 우겔Ugel이라고 불리는 의사 루트비히 핑크Ludwig Finckh가 있었다. 튀빙겐 시절부터 헤세의 절친한 친구였던 그는 1905년에 헤세를 따라 가이엔호펜으로 이사했다. 호수 건너편으로 보이는 스위스의 에어마팅겐에는 카를-하인리히 마우러Karl-Heinrich Maurer가 살고 있었다. 그는 저널리스트로 활동하면서 '아들러'라는 레스토랑을 운영했다.

마리아와 헤세는 징겐 출신의 카를 후크Karl Huck와도 친분을 쌓았다. 후크는 나중에 헤세 부부의 가정의家庭醫가 되었다. 그의 부인 이다 후크-굴덴슈Ida Huck-Guldenschuh는 사투리로 시를 쓰는 작가였다. 그녀는 마리아의 평생지기로, 끈끈한 우정을 나누었다. 음악을 사랑하는 헤세 부부는 알프레트 슐렝커Alfred Schlenker와 만나는 것을 특히 중요하게 생각했다. 콘스탄츠 출신인 슐렝커는 의사이면서 작곡가였는데, 헤세는 그를 위해 오페라 대본을 써주었다. 헤세는 그를 통해 가곡을 작곡하는 젊은 스위스 청년 오트마르 쇠크Othmar Schoeck를 알게 되었다. 쇠크는 헤세의 시에 어울리는 곡을 많이 만들었다. 그리고 헤세 부부를 유명한 음악가들에게 소개해주기도 했다.

수많은 방문객이 가이엔호펜으로 몰려들었다. 바젤에서는 작가 야코프 샤프너Jakob Schaffner와 목판 예술가 막스 부허러가 찾아왔다. 1907년에 헤세의 저택 '암 에를렌로'를 건축한 한스 힌더만도 있었다. 뮌헨에서는 출판업자인 알베르트 랑겐Albert

가이엔호펜에서 헤르만 헤세와
마리아 베르누이, 1905년경

Langen과 게오르크 밀러Georg Müller, 루트비히 토마Ludwig Thoma가 찾
아왔다. 야코프 바서만Jakob Wassermann, 카를 하우프트만Carl Haupt-
mann, 슈테판 츠바이크, 빌헬름 셰퍼Wilhelm Schäfer도 있었다. 셰퍼
는 저명한 예술 잡지 『라인란트Rheinland』 발행인인데, 헤세는 그
잡지에 글을 쓰기도 했다. 『페터 카멘친트』로 일약 유명해진 작
가를 보기 위해 구경꾼이 몰려들었다. 헤세는 성가신 구경꾼들
때문에 현관문에 알림판을 붙여놓아야 했다. "초대받지 않았거
나 미리 방문을 통지하지 않은 사람은 돌아가시기 바랍니다."

하지만 그를 흠모하는 독자들의 편지까지 막을 수는 없었다.
1904년 말, 헤세는 대공국 바덴의 관할 지방청에 가이엔호펜을
위한 개인 사서함을 신청했다. 6년 뒤인 1910년 2월, 헤세가 받
은 편지 가운데 체르노비츠에서 온 편지가 있었다. 『페터 카멘
친트』를 읽은 열다섯 살짜리 여고생이 보낸 편지였다. 그녀의
이름은 니논 아우슬렌더Ninon Ausländer였다. 그로부터 16년 뒤, 헤
세는 그녀를 만나고, 1931년 그녀와 결혼을 하게 된다.

●

목소리

가이엔호펜에서 헤세는 고향을 등 뒤로 두고 호수 건너편의 꿈과 그리움이 넘치는 푸른 언덕을 마주했다. 그건 기분 내키는 대로 정한 게 아니었다. 언덕 너머로 골이 깊은 스위스가 있었고, 그 너머로는 이탈리아가 있었다. 어린 시절의 추억과 낯선 세상을 향한 동경이 헤세의 결정에 영향을 미친 것이다.

빌헬름 셰퍼

헤세는 자그마한 농가에 살고 있답니다. 푸른 들판에는 몇 그루의 과일나무가 서 있습니다. 맞은편에는 작은 교회가 있고요. 헤세의 부인과 나는 저녁이면 보차 놀이를 했습니다. (…) 밤에는 포도주를 마셨지요. 헤세 부인은 쇼팽과 슈만을 연주했어요. (…) 그녀는 소박하고 온순한 여성입니다. 특징이라고는 찾아볼 수 없는 평범한 여성이라고나 할까요. 그녀는 남편이 원하는 걸 모두 다 들어준답니다. 우리가 농담 삼아 이야기하는 것보다 훨씬 더 순종적인 여성이지요.

1906년 6월 11일, 드레스덴에서
야코프 샤프너가 루이제 헤셀링Luise Hesseling에게 보낸 편지

오늘 저녁에 에마가 놀러 왔어요. 내가 슈텍보른으로 가서 그녀를 데려왔답니다. 에마는 좋은 물건들을 한 아름 가져왔어요. 포도하고 무화과, 누가, 린제르 토르테, 파스타. 트렁크에 들어갈 수 있는 만큼, 세관 몰래 들여올 수 있는 만큼 가져왔답니다.

1905년 11월 9일, 가이엔호펜에서 마리아 베르누이가 헤르만 헤세에게 보낸 편지

우리 생애에 가장 아름다웠던 날들이 아니었을까? 『페터 카멘친트』로 유명해진 헤세는 젊은 시인이 누릴 수 있는 영광을 만끽했다. (…) 나는 조그만 집을 하나 샀다. (…) 우리는 가이엔호펜의 낙원에서 살았다. 세상일에는 전혀 신경 쓰지 않은 채 뜨거운 햇살 아래 우정을 나누었다.

루트비히 핑크

따사로운 햇살이 비치는 여름날 아침이었다. 스물여덟번째 생일날 나는 음악 소리에 놀라 일찍 잠에서 깨어났다. 나는 내의만 입은 채 창가로 달려갔다. 창문 아래에는 내 친구인 루트비히 핑크가 서 있었다. 그의 옆에는 마을 사람들로 구성된 취주악단吹奏樂團이 행진곡과 성가곡을 연주하고 있었다. 호른과 클라리넷의 음전音栓이 아침 햇살을 받으며 유난히 반짝거렸다.

헤르만 헤세

루트비히 핑크는 자신이 기르는 세인트버나드 강아지를 '이졸다'라고 불렀다. 당나귀의 이름은 '룸프'였다. 핑크는 '카바레 시인'이라고 해도 무방한 인물이다. 그는 튀빙겐 시절부터 헤세와 친분이 있었다. 지금은 보덴 호수에서 헤세 집 가까이 살고 있다. (…) 함께 낚시도 하고, 배도 타고, 정원도 가꾸고 아이들도 키웠다. (…) 그들은 아메리카 인디언처럼 살았다. 운터제가 모두 그들의 세상이었다. 슈타인 암 라인에서 콘스탄츠까지, 그리고 라돌프첼에서 슈텍보른 너머에 이르기까지. (…) 그들은 돛단배를 소유하고 있었다. 자연과 어우러져 나비를 쫓아다니기도 했다. 그들은 사냥꾼의 삶, 낚시꾼의 삶을 살고 있다. (…) 헤세는 방관자였고 동조자였고 소심한 왕자였다. 그는 사람들 앞에서 슈바벤의 사투리와 속어를 입 밖에 내려고 하지 않았다.

후고 발의 헤세 전기

낡고 허름한 우리 집은 눈 속에 파묻혀 있었다. 스키화를 착용한 헤세 부인 마리아가 우리 집 앞에 서 있었다. 이번 겨울은 삽으로 나를 꺼내야 할 정도로 눈이 많이 내렸다. 우리는 서둘러 콘스탄츠에서 스노슈즈를 구입했다. 스노슈즈는 당시만 해도 보기 드문 물건이었다.

루트비히 핑크

당시에 내가 '농부'라는 말을 어떻게 이해하고 있었는지 잘 기억나지 않는다. 어쨌든 내가 농부와는 전혀 다른 기질을 지니고 있다는 사실은 분명해 보인다. 어쩌면 내가 타고난 성향은 유목민이나 사냥꾼, 방랑자, 외톨이에 더 잘 어울렸는지도 모른다. (…) 내가 농부 생활에 대해 잘못 생각했다기보다 내가 진정으로 원하는 삶이 농부의 삶이 아니었다는 사실이 문제였다. 한마디로 말해 내 안에 잠재된 본능적 충동과는 거리가 먼 삶을 살았던 것이다. 내가 얼마만큼 부인이 바라는 대로 살았는지는 확실하게 말할 수 없다. 그 시절을 회상해보면, 결혼 초기에 그녀가 나에게 미친 영향은 내가 인정했던 것보다 훨씬 더 컸는지도 모르겠다.

헤르만 헤세

5.

1905년 8월 28일, 헤세는 가이엔호펜에서 알렉산더 폰 베르누스에게 편지를 썼다. "아이는 새해에 태어날 거라네. 나는 잘 지내고 있어. 하지만 구경꾼이 너무 많이 몰려드는 바람에 올 여름은 엉망이 되고 말았다네. 그래서 기분 전환을 위해 그럴싸한 여행을 했지. 주로 도보 여행이었어. 엥가딘과 베르겔, 생고타르 언덕. 글은 거의 쓰지 못했네. (…) 하늘이 도와준다면 겨울에는 잘될 거라고 생각하네."

헤세는 바젤과 빈, 뮌헨, 슈투트가르트, 베를린에 사는 친구들에게 편지를 썼다. 그리고 가이엔호펜으로 놀러 오라고 청했다. 정작 초대한 손님들이 오면 처음에는 반가워하다가 이내 냉담해졌다. 그리고 마리아에게 방문객들을 떠맡긴 뒤 혼자 어디론가 떠나버리곤 했다. 1905년 여름에는 그라우뷘덴에서 하이킹을 즐겼다. 가을에는 뮌헨과 빈, 프라하를 방문했다. 첫아들 브루노Bruno가 태어난 12월에는 휴양을 위해 클로스터스를 찾았다. 마리아는 헤세에게 사랑스러운 아기와 축하객, 축하 선물에 대해 이야기했다. 그리고 언제나 그랬듯이 헤세의 안부를 걱정했다. "썰매를 타는 게 당신에게 기분 전환이 되었으면 좋겠어요. 호텔 경비 따위는 신경 쓰지 마세요. 당신이 마음 편히 즐길 수만 있다면, 하루에 9프랑쯤은 아깝지 않으니까요." 섣달 그믐이 되어서야 헤세 부부는 브루노와 함께 가이엔호펜으로 돌아왔다.

헤세의 변덕 때문에 쉽지 않았던 결혼 생활은 아이 때문에 한층 더 힘들어졌다. 마리아는 아이를 키우느라 헤세에게 소홀할 수밖에 없었다. 헤세는 기회가 있을 때마다 여행을 떠나려고 했다. 칼프에 있는 가족을 방문하거나 뮌헨에 있는 동료들을 찾아갔다. 뮌헨에서는 풍자 잡지『짐플리치시무스Simplicis-simus』를 공동으로 발행했다. 1906년에는 알베르트 랑겐, 루트비히 토마, 콘라트 하우스만Conrad Haussmann과 함께 잡지『메르츠März』를 발행했다. 발행인은 헤세가 맡기로 했다.『짐플리치시무스』와『메르츠』는 "대도시 베를린에 대한 일종의 저항이었다. 프로이센의 군국주의에 내재된 편협함과 오만함, 그리고 독일 황제 빌헬름 2세에 대한 저항이기도 했다". 이들은 "프로이센의 패권에 맞서 남부 독일이 자기 목소리를 내야 한다"라고 믿었다. 이들 모임에서 헤세는 새로운 친구들을 만났다.『짐플리치시무스』발행인 라인홀트 게헤브Reinhold Geheeb, 풍자 작가 올라프 굴브란손Olaf Gulbransson, 그리고 헤세의 뒤를 이어 잡지『메르츠』의 발행을 맡게 될 테오도어 호이스Theodor Heuss.

마리아는 아이를 돌보고 집안 살림을 꾸리고 헤세를 찾아오는 손님들을 맞았다. 그리고 헤세가 브루노와 함께 있는 모습, 호숫가에 서 있는 친구들, 전원의 아름다운 풍경을 사진기에 담았다. 그녀는 헤세의 변덕과 화증火症을 이해하고 포용하기 위해 부단히 노력했다. 6월, 헤세는 뮌헨에 있는 잡지사 동료들과 함께 바이에른 남부 지방을 여행했다. 마리아는 브루노를 데리고 부모와 가족이 머물고 있는 슈피츠의 여름 별장으로 떠났다. 거기서 여동생 투치아와 함께 산악 하이킹을 하고 툰 호수에서 수영을 즐겼다. 브루노는 보모인 구스테가 돌보아주었다. 마리아는 툰과 메를리겐에서 "고풍스럽고 멋들어진 가옥들"에 매료되었다. 이때의 아름다운 기억 때문일까. 그로부터 6년 뒤, 헤세 부부는 베른 주의 멜헨뷜베크에 있는 화가 알베르트 벨티Albert Welti의 저택을 빌린다.

7월이 되어 가이엔호펜으로 돌아온 헤세 부부는 행복한 시간을 보냈다. 7월 23일, 헤세는 가이엔호펜에서 파울 군데르트에게 편지를 썼다. "이번 여름엔 이곳에 머물 생각이네. (…) 호숫가에 누워 따사로운 햇살을 받으며 말일세. 브루노는 건강하고 살이 통통하다네."

가을이 다가오자 호숫가는 습한 안개로 뒤덮였다. 가이엔호펜에는 또다시 긴장이 감돌았다. 헤세 부부의 농가에서 그리 멀지 않은 곳에 살고 있던 친구들, 루트비히 핑크나 막스 부허로도 헤세의 우울한 기분을 풀어주지 못했다. 헤세는 자신의 집이 너무 좁고 초라하다고 느꼈다. 수도 시설을 갖춘 집과 욕실, 널찍한 정원을 꿈꾸었다. 하지만 그가 인세로 벌어들이는 수입으로는 어림도 없었다. 그동안 『수레바퀴 아래서』가 출간되어 형편이 좀 나아지기는 했지만 건축 비용을 감당하기에는 충분하지 않았다.

가이엔호펜에서 큰아들 브루노와 헤르만 헤세, 1906년

이번에도 마리아가 나섰다. 그녀는 바젤로 가서 아버지에게 건축 비용을 이자 없이 빌려달라고 졸랐다. 프리츠 베르누이는 손자의 재롱 덕분에 닫힌 마음을 열었다. 헤세는 '암 에를렌로'의 대지를 사들이고 직접 건축설계에 착수했다. 1907년 1월 24일, 헤세는 야코프 샤프너에게 편지를 썼다. "올봄 이곳에 집을 지으려고 한다네." 고향 집에도 기쁜 소식을 알려주었다. "장인어른이 건축 비용을 이자도 받지 않고 빌려주기로 했어요. 그래서 우리는 새로 지을 집을 조금 일찍 상속받은 유산이라고 생각하고 있답니다. 그래도 수천 마르크를 더 구해야 해요. 새집을 짓고 꾸미는 데 최대 2만 마르크가량이 들 거예요. 건축하는 데만 어림잡아 1만 6000마르크가 소요될 거고요. 거기다가 가구도 구입해야 하고, 울타리도 세워야 하고, 정원도

새로 정비해야 합니다. 새로 짓는 집의 위치는 정말 좋아요. 분수대가 가까이에 있거든요. 그리고 3분이면 읍내에 닿을 수 있어요. 양쪽으로 펼쳐진 호수의 전경이 한눈에 들어온답니다."

헤세는 희망에 부풀었다. 그는 들뜬 기분으로 호숫가에서 겨울을 즐겼다. 스케이트도 타고 눈사람도 만들었다. 돛을 단 썰매를 타고 "기차가 달리는 속도로" 호수 위를 마구 내달렸다. 그러나 봄이 되어서도 공사가 계속 지연되는 바람에 헤세의 심기가 불편해지기 시작했다. 힌더만의 설계가 끝난 지는 이미 오래였다. 건축 노동자들도 미리 고용해두었다. 그런데도 시공 날짜가 자꾸만 뒤로 미루어졌다.

헤세는 가이엔호펜을 벗어났다. 1907년 3월 10일, 마리아는 뮌헨에 있는 헤세에게 편지를 썼다. "아직 땅 고르기 작업을 시작도 못 했어요. 날씨마저 궂어서 정말 속상해요. 올겨울은 무척이나 우울하고 짜증 나네요." 마리아가 처음으로 불만을 토로한 것이다. "할 수만 있다면 당장이라도 짐을 싸서 남쪽으로 여행을 떠나고 싶어요. (…) 목요일 저녁에는 내가 혼자라는 생각 때문에 너무 힘들었어요." 하지만 헤세에게는 편히 쉬다가 돌아오라고 말했다.

가이엔호펜으로 돌아온 헤세는 변덕스러운 날씨와 집 짓는 문제 때문에 심기가 또 불편해졌다. 4월 1일, 그는 테신으로 떠났다. 그리고 로카르노에 있는 베츠 박사의 요양소 '몬티'에 머물렀다. 마리아는 가이엔호펜에 남아 공사 현장을 둘러보았다. 헤세에게 온 편지를 정리하고, 헤세의 일정표를 조율했다. "모든 건 남편이 하는 방식대로 했지만 최대한 예의를 갖추고 친절하게"처리하려고 했다. 이가 나기 시작한 브루노는 투정을 부려댔다. 힌더만은 그녀에게 어떤 널빤지를 주문할지, 난로용 타일은 어떤 색깔이 좋을지 물었다. 마리아도 며칠 동안 브루노를 데리고 보모와 함께 가이엔호펜을 떠나기로 했다.

헤세는 바젤에서 휴식을 취하고 있던 마리아에게 볼멘소리를 했다. 베츠 박사가 처방한 식이요법이 마음에 들지 않았기 때문이다. 마리아는 가이엔호펜으로 다시 돌아와 징겐에 있는 후크 박사를 찾아갔다. 그리고 후크 박사가 추천한 식이요법을 헤세에게 알려주었다. 아침에는 우유를 마시고, 고기는 적게 먹고, 채소와 견과류를 많이 먹으라고 조언했다. 그리고 무엇보다 몸을 따뜻하게 해야 한다고 강조했다.

마리아는 부허러에게 헤세의 말동무가 되어달라고 부탁했다. 그리고 헤세에게 빨리 집으로 돌아오라고 말했다. "맛있는 승아 푸딩을 준비했어요. 당신이 편히 쉬도록 해줄 테니 걱정하지 마세요."

하지만 헤세는 돌아오지 않았다. 그는 요양소를 떠나 인근의 아스코나로 거처를 옮겼다. 벨기에의 기업가 아들인 앙리 외덴코벤과 그의 여자 친구 이다 호프만이 운영하는 '자연 치유를 위한 요양소 몬테 베리타'에서 머물기로 한 것이다. 그곳에서 헤세는 부허러에게 편지를 썼다. "자네도 여기 한번 와보면 좋을 걸세. 제법 얻는 게 많을 거야. 알프스 산, 호수, 섬, 사람의 손이 거의 닿지 않은 바위산. 난 벌거벗은 채로 일광욕과 열

몬테 베리타에서 헤르만 헤세

기욕을 즐기고 있다네. (…) 어쨌든 난 여기에 잠시 더 머물 생각이야. (…) 나무로 만든 움막에서 나 혼자 머물고 있다네. 드넓은 초원에서 충분한 안식과 자유를 만끽하면서 말일세. 난 매우 절제하며 지내고 있어. 금욕주의자나 채식주의자처럼. 여기서는 그리 어려운 일이 아니네. 난 자유의지에 대한 나의 절대적 신념은 거의 다 잃어버렸다네. 지금은 급진적인 혁명가들의 원초적 상태로 차츰 되돌아가고 있어."

마리아는 공사 현장에서 건축기사와 일꾼들을 독려했다. 그녀는 헤세에게 온 우편물을 전송轉送하거나 읽고 답장을 썼다. 그리고 얼마 전 출간된 『이편에서Diesseits』 증정본을 가족과 친구들에게 보내주었다. 5월에 가이엔호펜으로 돌아온 헤세는 더딘 공사 때문에 기분이 언짢아졌다. 7월 2일, 헤세는 낡은 농가에서 자신의 서른번째 생일을 맞이했다. 며칠 뒤에 그는 요제프 빅토르 비트만에게 편지를 썼다. "이제 난 서른 살이 되었네. 지금이 나에겐 무척 힘든 시기라네. 요양을 한 덕분에 조금씩 나아지고는 있지만 몸과 마음이 여전히 편치 않다네. 세속적인 쾌락을 즐기던 젊은이가 술자리와 술잔, 여송연과 커피를 포기해야 한다면, 마지못해 하기보다는 그에 상응하는 가치관에 따라 하는 게 좋다고 생각하네. 몇 달 전부터 나는 그런 문제로 고민하고 있다네."

가을에 헤세 부부는 새로 지은 집으로 짐을 옮겼다. 하지만 헤세의 기분은 별로 나아지지 않았다. 11월에 마리아는 브루노를 데리고 바젤로 가서 부모 집에서 열흘 동안 머물렀다. 살림살이에 필요한 물품을 구입하기도 하고 음악회에 가기도 했다. 오랜만에 그녀는 아틀리에의 모임에 참석해 친구들을 만났다. 헤세는 쉬첸그라벤에 있는 마리아의 부모 집을 찾지 않았다. 그는 이미 1년 전에 시작했지만 아직 미완성으로 남아 있는 작품을 마무리하려고 했다. 그 작품의 이름은 『게르트루트Gertrud』였다. 1907년 겨울, 헤세는 엘리자베트 라 로슈Elisabeth La Roche에 대한 짝사랑을 떠올리며 괴로워했다. 결코 잊지 못할 경험이었다. 헤세는 글쓰기로 당시의 아픔을 극복하려고 했다. 12월 초, 마리아가 브루노를 데리고 집으로 돌아왔지만 헤세의 심리 상태는 별로 나아지지 않았다. 12월 8일, 헤세는 예전에 자신이 바젤에서 하숙했던 집의 주인인 루돌프 바커나겔-부르크하르트에게 편지를 썼다. "우리 가족은 잘 지내고 있습니다. 저는 아주 좋지는 않지만 그래도 어느 정도 익숙해졌답니다. 제 두뇌와 시력이 남아 있는 한 창작에 모든 걸 다 쏟아부으려고 합니다. 하지만 가끔은 회의에 빠지기도 합니다. 제가 신중하게 생각하지 않았다면, 지금 하는 일을 내팽개치고 이탈리아의 수도원으로 도망쳤을 겁니다."

●

목소리

혜세는 언제나 국외자이고 손님일 수밖에 없었다. 자기 집에 있을 때조차도 마찬가지였다. 그는 아이들이 떠드는 소리나 부인의 다정함조차 부담스럽게 받아들인다. 그는 괴벽과 변덕, 두통과 정신적인 열병을 앓고 있다. 가족은 그에게 성가신 존재일 뿐이다. 납세고지서나 토지대장, 일상적인 대화조차도 그의 기분을 상하게 만든다. 심지어 그는 그런 일로 몸져눕기까지 한다.

후고 발의 헤세 전기

혜세는 자기 기분 내키는 대로 행동합니다. 그는 3개월 동안 자기만의 세계에 파묻혀 살고 있습니다. 부인이 곁에 있는 것도 눈치채지 못할 정도로 말입니다. 그는 책을 읽고 글을 쓰며 자기 일에 몰두하고 있습니다. (…) 그러다가도 갑자기 마음이 바뀌면 짐을 챙겨 슈바벤에 사는 독실한 숙모를 찾아갑니다. (…) 얼마 뒤에는 뮌헨에 모습을 나타냅니다. 그는 세련되고 우아한 불경스러움에 목말라 있습니다. 개구쟁이처럼 제멋대로 행동하며 시내를 돌아다닙니다. (…) 어느 날 그는 작별 인사도 없이 갑자기 사라져버립니다. 그리고 얼마 뒤, 가이엔호펜에서 혜세가 보낸 편지가 도착

합니다. '내 짐 좀 부쳐주게나. 난 지금 집에 와 있다네.'

1906년 6월 11일, 드레스덴에서 야코프 샤프너가 루이제 헤셸링에게 보낸 편지

헤세는 집에 돌아오지 않겠다는 생각으로 짐을 꾸려 어디론가 떠난 적이 있다. 그의 친구 크눌프처럼 더 넓은 세상을 경험하기 위해서였다. 그는 시골길을 따라 걷다가 누군가를 만났다. 이웃 마을에 사는 헤세의 술친구였다. 두 사람은 함께 여정에 나섰다. (…) 밤늦게 헤세는 그림엽서를 부쳤다. '유럽의 여러 문화 도시를 여행하다가 지금 이츠낭에 도착했어요. 그래서 당신에게 안부를 전하는 거예요.' 이츠낭은 라돌프첼 방향으로 운터제에 위치한 인근 도시다. 다음 날, 헤세는 집에 돌아와 필기대筆記臺에 서서 글을 쓰고 있었다. (…) 우편배달부가 헤세가 보낸 그림엽서를 부인에게 건네주었다.

루트비히 핑크

일요일 오후, 내가 우주 공간의 어느 작은 섬에 와 있는 게 아닌가 하는 착각이 들었어요. 그래서 내 곁에 아무도 없을 거라는 생각은 하고 싶지 않아요.

1909년 10월 25일, 가이엔호펜에서 마리아 베르누이가 헤르만 헤세에게 보낸 편지

평온함과 고요함, 조화로움과 대리석 같은 매끈함에 대한 열망, 그것이 헤세의 마음을 사로잡았다. 이러한 열망은 헤세 부인의 본질적인 성품과도 일맥상통한다. 평범하지 않은 베르누이 여인에게서 헤세는 자신이 사랑하고 또 두려워했던 어머니의 목소리를 들었다. (…) 헤세는 자신을 에워싼 새로운 환경을 받아들이지 않았다. (…) 그는 조용히 일어나 외투를 걸치고 모자를 눌러쓰고는 지팡이를 손에 든 채 어둠 속으로 유유히 사라졌다.

후고 발의 헤세 전기

6.

새로 지은 집은 향토색 짙은 스위스 양식으로 꾸며졌다. "소박하고 전원적이며 건강한 삶, 자족하는 삶"은 헤세 부부가 오래전부터 꿈꾸어왔던 삶이었다. 마리아는 "약간 시골티가 나는 멋들어진 집, 이끼가 긴 지붕과 오래된 나무가 있는 집"에서 살고 싶어 했다. 새집은 낡은 농가보다 훨씬 더 크고 쾌적했다. "아이들과 가정부, 손님들을 위한 공간도 충분하답니다. 책장과 장롱은 이미 다 들여놓았고요. 이제는 분수대에 가서 물을 길어 오지 않아도 됩니다. 집 안에 수도 시설을 설치해놓았거든요. 지하에는 포도주와 과일을 저장할 수 있는 창고를 만들었답니다. 아내가 사진 작업을 할 수 있게 암실도 만들었어요." 몇 년 뒤 헤세는 아름답고 즐거웠던 그 시절을 이렇게 회상했다. 하지만 하수관이 막혀 고생한 일, 서재에 있는 난로가 폭발한 일도 떠올렸다. 1907년 겨울에 폭발 사고가 일어나자 헤세는 손가방을 꾸려 서둘러 집에서 나왔다. 그리고 라돌프첼에 가서 연관공鉛管工에게 수리를 부탁하고는 이내 뮌헨으로 떠났다.

마리아는 기술자의 도움을 받아 난로를 수리했다. 그녀는 살림을 꾸리고 아이를 돌보고 정원을 가꾸느라 정신이 없었다.

에를렌로에 있는 저택

그녀가 암실을 이용하는 시간은 점점 더 줄어들었다. 가정부들이 그녀의 일을 분담하고 손님들을 돌보아주었다.

봄이 되어 헤세는 정원에서 땀 흘려 일했다. 두둑과 화단을 만들고 나무를 심었다. 너도밤나무와 물열매 관목, 딸기도 심었다. 채소 씨와 꽃씨, 해바라기 씨도 뿌렸다. 헤세는 달리아도 키워보기로 마음먹었다. 그가 쓴 편지에는 자신이 흘린 땀에 대한 자부심이 짙게 배어 있었다. "나 혼자서 채소와 꽃을 심고, 내 꽃밭에 물과 거름을 주고, 잡초를 뽑았답니다."

1908년 5월 15일, 마리아는 베른에 머물던 헤세에게 편지를 썼다. 거기서 헤세는 화가 알베르트 벨티를 방문하고 있었다. "정원의 꽃과 나무가 당신을 무척 보고 싶어 하네요." 1908년

10월 초에는 빈에 머물던 헤세에게 편지를 보냈다. "오늘 달리아를 모두 잘라냈어요. 밤새 시들어버렸거든요." 10월 13일에도 편지를 보냈다. "달리아를 모두 모래상자에 넣어둘까요?" 그 편지에서 마리아는 9월에 사과를 수확한 일, 10월에 과일을 지하실에 넣어둔 일을 자세하게 적었다. 10월 25일, 마리아는 다음 해 봄에 뿌릴 채소 씨를 주문했다. 그리고 종자 상인에게 이미 수확한 채소를 어떻게 저장해야 할지 물어보았다. 헤세는 부모 집을 방문했다. 그의 가족은 칼프에서 코른탈로 이사한 뒤였다. 그는 10월에 잠시 뮌헨에 들렀다가 잘츠부르크를 거쳐 빈으로 갔다. 그리고 며칠 뒤에 다시 뮌헨으로 돌아왔다. 헤세가 가이엔호펜에 도착한 것은 11월이었다.

1909년 헤세는 5개월가량 집을 떠나 있었다. 4월 11일, 부활절 일요일에 마리아는 첼에 머물던 남편에게 편지를 썼다. "어제는 화단의 절반이나 양파 모종을 옮겨 심었어요." 6월과 7월, 헤세는 신경과민 때문에 바덴바일러에 있는 프랭켈Fraenkel 박사의 '빌라 헤트비히'에서 요양했다. 7월 11일, 마리아는 헤세에게 편지를 썼다. "얼마 전엔 나의 사촌들이 와서 정원 아래쪽의 뙈기를 갈아엎고 잔디를 파종했어요. 사촌 셋이 달라붙어 잘 끝냈답니다. (…) 이삭들이 어느새 훌쩍 자랐어요. 오늘도 완두콩을 수확했는데, 감자는 이번에 처음 거두어들였어요."

때는 바야흐로 가을걷이 철이었다. 마리아는 과일을 따서 잼을 만들었다. 바덴바일러에 머물던 남편에게는 딸기를 보내주었다. "딸기를 따자마자 곧바로 10시 우편으로 보내는 거예요."

잡초 뽑는 일도 힘들었지만, 브루노와 하이너Heiner를 돌보는 일도 여간 힘든 게 아니었다. 브루노는 이제 거의 네 살이었다. 하이너는 1909년 3월 1일 바젤에서 태어난 아기였다. 3월 3일, 마리아는 출산 후 곧바로 남편에게 편지를 썼다. 헤세가 문학 낭송회에 참석하기 위해 프랑크푸르트에 체류하던 중이었다. "다행히 아무 탈 없이 출산했어요. 힘든지도 모르겠어요." 그녀는 헤세에게 부담을 주고 싶지 않았다. 헤세가 또다시 신경이 예민해져 있었기 때문이다. 7월 21일, 마리아는 바덴바일러에 있던 헤세에게 편지를 보내 자신의 속마음을 드러냈다. "이제야 좀 여름을 즐길 수 있을 거 같네요. 그 전까지는 일에 신경 쓰느라 정신이 없었어요."

마리아가 임신했을 때나 하이너가 태어났을 때나 헤세는 여행을 하고 있었다. 그래서 그녀를 돕기 위해 자매들이 가이엔호펜을 찾았다. 남동생 프리츠는 집안일과 정원 일을 거들어주었다. 가을에 헤세는 강연을 하기 위해 괴팅겐과 브레멘, 오스나브뤼크로 떠났다. 브라운슈바이크에서는 빌헬름 라베를 만나고, 바르멘에서는 사촌 군데르트를 만났다. 그러고는 계속 프랑크푸르트로 여행을 했다. 마리아는 프리츠와 함께 정원에서 수확하는 데 온정신을 쏟았다. 11월 9일, 그녀는 프랑크푸르트로 편지를 보냈다. "당신이 주문한 나무들이 이틀 전에 도착했어요. 다행히 피셔가 150마르크를 송금해주었기에 망정이지 그렇지 않았다면 나무 대금을 지불하지 못할 뻔했어요." 마리아는 나무 심는 법을 가르쳐달라고 농부에게 부탁했다. "프리

츠가 나무를 다 심었다고 방금 전
에 이야기해주었어요. 그냥 놔두어
도 2주 동안은 괜찮을 거라고 하네
요. 어제는 달리아를 쌓아놓고 잘
라냈어요. 제법 그럴싸하게 수확을
한 거 같아요."

마리아의 편지에서 불만의 목소
리는 찾아볼 수 없다. 그녀는 언제
나 헤세의 기분을 즐겁게 해주기
위해 노력했다. 그녀는 헤세에게
온 편지를 읽고 답장을 쓰거나 그
편지를 헤세에게 전송해주었다. 그

가이엔호펜에서
브루노, 하이너와 헤르만 헤세, 1909년

리고 그에게 깨끗한 셔츠와 양말, 채소 바구니를 우편으로 보
내주었다. 그녀와 두 아이가 잘 지내고 있다는 소식도 전해주
었다.

11월에 마리아는 프랑크푸르트로 향했다. 급성맹장염에 걸
린 헤세가 수술을 받아야 했기 때문이다. 12월 초가 되어서야
헤세는 겨우 몸을 움직일 수 있었다. 집을 비운 지도 두 달이 지
나고, 아이들을 못 본 지가 꽤 되었는데도 헤세는 가이엔호펜
으로 돌아오기를 꺼렸다.

1909년 12월 15일, 헤세는 슈바벤의 친구인 빌헬름 프릭에
게 편지를 썼다. "나는 지금 건강해져서 다시 집에 돌아왔다네.
여전히 신경이 예민하지만 말일세. 불만족과 고독감, 우울한 감정이 나를 점점 더 힘들게 하는 거 같아. 하루하루가 고통의 연속이라네. (…) 포도주를 마셔도 별로 도움이 되지 않아."

마리아는 남편이 크리스마스 축제를 준비하다 보면 기분이 좋아질 거라고 생각했다. 12월 21일, 헤세는 크리스마스트리를 찾기 위해 눈으로 뒤덮인 숲 속 길을 걸었다. 그리고 저 멀리 펼쳐진 검은 호수를 바라보며 빌헬름 라베에게 소식을 전했다. "요즘에는 몸과 마음이 전혀 편치 않답니다."

*

마리아가 헤세와 결혼한 지 5년의 세월이 흘렀다. 그녀는 두 자녀와 함께 "아름다운 자연과 아름다운 전경, 그리고 아름다운 저택에서" 살고 있었다. 남편 헤세는 작가로서 커다란 성공을 거두었다. 하지만 헤세 부부의 결혼 생활은 점점 더 힘들어져 갔다. 결혼식을 올린 지 얼마 뒤, 헤세는 오스트리아 빈에서 발간하는 『노이에 프라이에 프레세Neue Freie Presse』의 '가을밤'이라는 문예란에 기고문을 보냈다. 그가 젊은 시절에 만난 여인들에 대한 추억이 담긴 글이었다. "열병에 지친 내 두 눈 위로 그대가 섬세하고 다정한 여인의 얼굴을 드리울 때, 그대는 무척 아름다웠다오. 그대가 나와 더불어 옛 추억이 담긴 노래에 귀 기울일 때, 그대는 무척 아름다웠다오. 그대가 고개를 숙인 채 아무 말 없이 그대의 깊은 눈으로 어둠 속을 바라볼 때, 그대는 무척 아름다웠다오. 밝고 이지적인 이마 위로 헝클어진 곱슬머리를 드리운 채." 기고문의 말미에서 헤세는 꿈에서 벗어나 현실로 돌아와 있었다. "충분하다. 이제 되었다! (…) 내 청춘연가靑春戀歌는 내일 다시 읽게 될 것이다. 나의 아내도 나와 함께 읽을 것이다. 행여 내게 의문이나 근심이 생긴다면, 그녀가 내게 해답을 가르쳐줄 것이다." 어쩌면 헤세는 자신이 젊은 시절에 "무릎을 꿇고 기꺼이 내 모든 걸 바치겠다"라고 고백했던 여인들에 대해서도 마리아에게 털어놓았는지 모른다.

엘리제Elise는 헤세가 1892년에 바트 볼에서 만난 첫사랑이다. 당시 헤세는 신학교 예비 과정인 마울브론 기숙학교에서 쫓겨난 열다섯 살의 사춘기 소년이었다. 헤세의 부모는 아들을 바트 볼에 사는 블룸하르트 목사에게 위탁했다. 블룸하르트 목사는 환자의 몸에 손을 얹어 치유의 기적을 일으키는 사람이었다. 하지만 아무리 훌륭한 목사라 해도 헤세가 자신보다 일곱 살이나 많은 여인을 사랑하는 걸 막을 수는 없었다. 헤세는 사랑하는 소녀를 자신의 성으로 납치하는 기사에 관한 시를 썼다. "숲에는 온통 아름답고 자그마한 장미뿐이다. 행여 나의 선물, 나의 전령傳令이 되어줄 수 있을까."

그로부터 10년 뒤, 헤세의 분신인 페터 카멘친트는 산에 핀 들장미를 꺾어 사랑하는 소녀의 문 앞에 놓아둔다. 카멘친트가 자신의 모습을 숨기는 반면, 헤세는 젊은 여인에게 자신의 사랑을 고백했다. 하지만 실연의 상처를 입은 헤세는 스스로 목숨을 끊으려고 했다.

1895년 5월 중순, 헤세는 마리아에게 어린 시절의 추억을 들려주었다. "그건 사랑 이야기였지요. 그때 난 반항적인 기질을 가진 데다 심리도 불안정하고 우울했답니다. 어떨 때는 무척 즐겁고 들떴지만, 어떨 때는 염세적인 감정에 빠져 암울했어요." 헤세의 부모는 아들을 슈테텐에 있는 정신병원에 입원시켰다. 헤세는 자신이 감옥에 갇혀 있는 죄수 같다고 느꼈다. 그는 절망적인 심정으로 부모에게 편지를 썼다. "내가 미쳤다고 말하는 바로 그 사람이 미친 겁니다." 그리고 칸슈타트에 있는 고등학교에 입학하게 해달라고 간청했다. 헤세는 "거기서 콜프Kolb 가족과 인연을 맺었다. 그들은 어머니가 되어주었고 누이가 되어주었다."

예전에 헤세가 자신의 이복형 테오도어 이젠베르크Theodor Isenberg를 방문한 적이 있었다. 대학생이던 이젠베르크는 콜프 가정에서 하숙하고 있었다. 거기서 헤세는 목사의 미망인과 그녀의 딸 오이게니Eugenie를 알게 되었다. 오이게니 콜프는 헤세보다 스무 살이나 많았다. 그녀는 헤세가 사랑했던 엘리제에 대해서도 잘 알고 있었다. 헤세가 자살 시도를 했을 때 그에게 위로의 편지를 보내기도 했다.

헤세의 부모는 아들을 칸슈타트의 고등학교에 입학시켰다. 헤세는 서신 교환에서 보여준 호감 때문에 오이게니가 자신을 받아들일 거라고 믿었다. 하지만 그녀 역시 헤세의 연정을 받아들이지 않았다. 헤세로서는 전혀 예상하지 못한 일이었기에 오랫동안 마음의 상처로 남을 수밖에 없었다. 헤세는 다시금 엘리제를 향한 그리움을 담아 야상곡夜想曲을 썼다. "사랑스럽고 부드러운 어린아이의 입술, / 화관을 둘러쓴 듯한 금발의 곱슬머리, / 하얀 드레스, 하얀 두 손, / 온화하면서도 진지하고 명료한 눈빛, / 그 모습을 둘러싼 이른 아침의 여명, / 가벼운 들장미 다발. / 나의 첫사랑은 그렇게 남아 있다. / 내 가슴속에 살포시 쓰여 있다."

젊은 시절의 열정이었다. "아름다운 룰루Lulu"와의 경험 또한 그랬다. 룰루는 키르히하임에 있는 술집 주인의 조카딸이었다. 그녀의 이름은 율리 헬만Julie Hellmann이다. 1899년에 헤세와 튀빙겐의 '프티 세나클' 친구들은 그녀와 함께 여행을 떠났다. 제법 오랜 시간이 흐른 뒤에 루트비히 핑크는 가이엔호펜에서 그 시절을 회상했다. 그들이 얼마나 룰루를 좋아했는지, 그녀와 헤어질 때 얼마나 아쉬웠는지. 이틀 예정으로 계획한 그들의 여정은 열흘이나 계속되었다. 헤세는 그 뒤로 몇 달이 지나도록 그녀에게 푹 빠져 있었다. 그녀에게 "어리석은 편지들"을 보내기도 한 헤세는 야상곡에서 그녀를 위한 시를 썼다. 그리고 『헤르만 라우셔가 남긴 글과 시』에서는 '아름다운 룰루를 위한 화관花冠'이라는 장章을 헌정했다.

마리아는 룰루뿐 아니라 엘리자베트 라 로슈를 향한 헤세의 연정에 대해서도 알고 있었다. "마치 흰 구름처럼 / 푸른 하늘에 서 있다, / 그토록 고요하고 아름답고 밝은, / 그대는 엘리자베트."

하지만 엘리자베트는 헤세에게 별다른 관심을 보이지 않았다. 헤세가 쓴 「엘리자베트에게 보낸 편지들Briefe an Elisabeth」은 그녀에게 발송되지 않았다. 대신에 『헤르만 라우셔가 남긴 글과 시』와 『시인 - 그리움이 담긴 책Der Dichter - Ein Buch der Sehnsucht』에 그녀에 대한 헤세의 감정이 기록되어 있었다.

헤세는 바젤에서 엘리자베트 라 로슈를 알게 되었다. 하지만 이미 그녀는 젊은 유부남 바이올린 연주자와 사랑에 빠져 있었다. 두 사람은 가정 음악회에서 함께 음악을 연주하던 사이였다. 두 사람을 둘러싼 염문이 사람들의 입에 오르내렸다. 그래서 엘리자베트는 사랑하는 사람을 뒤로하고 그 도시를 떠나기로 했다. 나중에 그녀는 그 시절의 아픔을 이렇게 회상했다. "그건 너무 잔인했습니다. 당시는 세기의 전환기였는데, 사람들은 스물네 살의 처녀가 스스로 자신의 운명을 개척할 수 있다고 생각하지 않았습니다. 저는 어머니와 언니들의 도움을 받을 수밖에 없었습니다." 가족들은 그녀를 영국으로 보냈다. 3년 동안 그녀는 부유한 귀부인들의 이야기 상대를 하면서 생활비를 벌었다. 학생 기숙사에서 음악을 가르치기도 하고, 귀족 자제들의 가정교사로 일하기도 했다. 바젤로 돌아온 그녀는 헤세가 마리아와 결혼해서 독일에 살고 있다는 사실을 듣게 되었다.

엘리자베트는 화가인 언니 마리를 따라 뮌헨으로 거처를 옮겼다. 거기서 이사도라 덩컨Isadora Duncan을 만난 그녀는 자신이 가야 할 길을 찾게 되었다. 그녀는 무용수가 되기로 마음먹고 열심히 표현 무용을 익혔다. 그녀는 1909년부터 1919년까지 이탈리아 피렌체에서 무용 학교를 운영했다. 피에졸레에서는 축제극을 위한 무용 안무가로 활동했다. 1920년부터 1921년까지는 바젤 시립극장에서 두 번의 공연 시즌을 보냈다. 그러고는 다시 이탈리아로 돌아갔다. 1927년에 그녀는 후고의 헤세 전기를 읽고 나서야 비로소 젊은 시인 헤세가 그녀를 짝사랑했다는 사실을 알게 되었다.

*

1902년에 마리아가 헤세를 만날 때만 해도 엘리자베트를 향한 헤세의 가슴앓이는 진정된 것처럼 보였다. 마리아에게 엘리자베트는 헤르만 라우셔 같은 존재였다. 라우셔 뒤에는 작가 헤세가 숨어 있었다. 헤세는 결코 추억에서 자유롭지 못했다. 그는 『수레바퀴 아래서』에서 에마와 한스 기벤라트의 만남을 묘사하며 유년 시절의 혼란스러웠던 심리 상태를 파헤쳤다. 에마는 "다정하게 바라보는 짙은 눈"과 "입맞춤하고 싶은 아름다운 입술"을 가진 소녀였다. 1906년 겨울에 집필하기 시작한 『게르트루트』에서 헤세는 엘리자베트 라 로슈에 대한 연정을 다시금 소재로 다루었다. 이 작품의 여주인공 게르트루트의 프랑스식 성﹡인 슈발리에는 엘리자베트 라 로슈를 연상시킨다. 그런데 게르트루트라는 이름은 시집 『낭만적인 노래들』에서도 이미 언급된 적이 있다.

헤세는 그 이름을 선택한 이유를 이렇게 밝혔다. "지금 나는 게르트루트라는 이름을 쓰고 있다. 그리고 조용히 그 이름을 부르고 있다. 그 이름은 나를 포근히 감싸며 내 인생에서 잊을 수 없는 신성한 순간들을 하나둘씩 불러낸다." 1906년 늦가을, 헤세가 이 소설을 집필하던 시기에 마리아는 어린 브루노를 데리고 바젤로 떠났다. 헤세는 가정부와 함께 가이엔호펜에 남았다. 마치 마리아가 곁에 있으면 자신의 이야기를 펼칠 수 없기라도 한 듯이.

『게르트루트』의 1인칭 서술자는 무능한 엔지니어다. 예전에 서점 수습생이던 헤세가 바커나겔 박사의 초대를 받았던 것처럼, 이 작품에서 서술자는 나겔슈미트 박사의 초대를 받는다. 그리고 거기서 게르트루트를 만난다. "그녀는 섬세하고 부드러운 소녀였다. 나와 키가 비슷했다. 아니, 나보다 약간 더 컸다. 그녀는 가냘픈 몸매와 갸름하고 아름다운 얼굴의 소유자였다." 서술자는 그녀를 집까지 데려다준다. 그녀는 남편과 사별한 어머니와 함께 살고 있었다. 그는 게르트루트에 대해 별로 아는 것이 없었다. 그녀가 음악을 사랑한다는 사실, 피아노를 즐겨 친다는 사실, 그리고 그녀를 흠모하는 남자가 많다는 사실을 알고 있을 뿐이다. 상사병에 걸린 그는 건강을 회복하지만 이내 그녀를 향한 짝사랑에 가슴 아파한다. 발명가로서 성공하기 위해 노력해보지만 그의 시도는 계속 실패하고 만다. "성공을 위한 나의 노력은 그리 오래가지 못했다. 왜냐하면 게르트루트가 나를 옭아매고 있었기 때문이다."

서술자는 소심한 태도를 버리고 그녀에게 다가가려고 결심한다. 그런데 갑자기 그녀의 어머니가 세상을 떠난다. 그녀는 바젤을 떠나 런던에서 새로운 삶을 시작하려고 한다. 서술자와 작별 인사를 나누는 게르트루트는 자신을 연모하는 사람의 마음을 알지 못하는 것처럼 보였다. 예전에 엘리자베트 라 로슈가 그랬던 것처럼. 마침내 서술자는 그토록 바라던 발명에 성공한다. 하지만 헤세는 여기서 집필을 중단했다. '암 에를렌로'의 대지를 매입한 뒤에는 1907년 봄부터 신축을 위한 구상에 몰두했다. 그리고 머리를 식히기 위해 뮌헨으로 가서 『메르츠』의 동료들을 만나 그들과 함께 로카르노로 향했다. 헤세는 몬테 베리타에서 휴식을 취하면서 새집으로 이사할 날을 기다렸다.

1907년 말, 드디어 새집이 완공되었다. 서재도 갖추어졌고 책상도 구비되었다. 헤세는 다시금 엘리자베트 이야기를 집필하기 시작했다. 바젤이 이야기의 중심지였다. 헤세는 여류 화가 게르트루트를 사랑한 젊은 건축가 아돌프 바이어Adolf Beyer 뒤에 자신을 감추었다. 두번째 원고에서 작가는 게르트루트의 성을 플락스란트로 바꾸었다. 이에 대해 볼커 미헬스Volker Michels는 헤르더의 신부 카롤리네가 결혼하기 이전의 성姓 플락스란트를 연상시킨다고 말한 적이 있다.

바이어는 루돌프 하우아이젠과 친분을 맺는다. 하우아이젠은 바젤에 세워질 연회장의 건축설계를 위임받는다. 이 장면은 헤세와 건축가 하인리히 예넨Heinrich Jennen의 우정을 떠올리게 한다. 헤세는 바젤에 머물던 초기에 예넨과 같은 아파트에 거주한 적이 있었다. 소설에서는 바이어와 하우아이젠 모두 게르트루트 플락스란트를 연모한다. 바이어는 미아 벤델의 아틀리에에서 그녀를 처음 만난다. 미아가 "피곤해 보이는 얼굴에 야위고

빼빼 마른, 냉소적인 30대 여인"인 데 비해, 아름답고 부유하고 발랄한 스물두 살의 게르트루트는 남성들의 사랑을 한몸에 받는 숙녀였다.

바이어는 여류 예술가들과 차를 마시며 담소를 즐긴 뒤에 아틀리에를 떠난다. 이때 한 여성이 "두 사람이 무척 잘 어울린다"라고 말한다. 그러자 미아가 흥분해서 이의를 제기한다. "게르트루트하고 바이어가 잘 어울린다고? 상상력도 풍부하셔라. 무기력하고 지나치게 예민한 남자와 생기발랄한 숙녀가 어울린다니!" 하지만 그녀가 자기주장을 굽히지 않자 "자그마한 노처녀"는 급기야 눈물을 보이기까지 한다. 그제야 그 여성은 미아가 건축가를 사랑한다는 사실을 깨닫고 그녀를 위로해준다.

어쩌면 미아 벤델이라는 인물에게서 여류 화가 마리 라 로슈를 찾아낼 수 있을지도 모른다. 엘리자베트의 언니 마리 라로슈가 헤세를 짝사랑했다고 알려져 있기 때문이다. "키가 작고 나이 든 숙녀"에게서 마리아를 떠올리는 것도 그리 엉뚱한 상상은 아닐 것이다. 마리아의 여권에는 그녀의 키가 "겨우 헤세의 수염까지" 닿을 정도인 154센티미터라고 적혀 있다.

게르트루트의 사랑을 얻지 못한 바이어는 스스로 목숨을 끊는다. 반면에 하우아이젠은 포기하지 않고 끈질기게 구애를 시도한다. 하지만 게르트루트는 그녀의 예술가적 재능을 하우아이젠이 존중하지 않는다고 느낀다. 그래서 "자신을 이해해주고 자신의 재능을 믿어주는" 다른 남자에게 마음의 문을 연다. 여기서 『게르트루트』의 두번째 원고는 끝이 나고, 1908년까지 미완성으로 남아 있었다.

*

그로부터 1년이 지났다. 헤세는 이 소설의 세번째 원고를 마무리했다. 앞서 집필한 미완성 원고들과 달리 자서전적인 구도에서 어느 정도 벗어나 있었다.

이번에도 주인공은 1인칭 서술자였다. 음악가 고트프리트 쿤은 썰매를 타다가 사고를 당해 불구가 된다. 그는 음악원을 졸업하기에 앞서 저명한 가수 하인리히 무오트를 알게 된다. 준수한 외모를 지닌 무오트는 오페라에서뿐 아니라 여성들 사이에서도 인기가 높았다. 하지만 자신의 장애에 열등감을 느끼는 쿤은 방구석에 틀어박혀 작곡에만 몰두한다. 어느 날, 음악회에서 바이올린 이중주곡을 연주한 쿤은 부유한 공장 주인인 임토르의 가정 음악회에 초대받는다. 여기서 그는 임토르의 딸 게르트루트를 만난다. 그녀는 "젊고 세련된 나무처럼 날씬하고 건강한, 채 스무 살이 되지 않은" 소녀였다. 그녀는 쿤의 음악에 관심을 보인다.

게르트루트를 사랑하게 된 쿤은 조심스럽게 그녀에게 다가간다. 하지만 그가 무오트를 임토르의 집에 데리고 간 날, 그의 사랑과 꿈은 한순간에 무너지고 만다. 게르트루트는 무오트와 결혼해 함께 뮌헨으로 떠난다. 뮌헨에서 무오트는 경력을 쌓고 인기를 얻는다. 몇 년이 지난 뒤, 쿤은 자신이 작곡한 오페라 공연에서 무오트 부부를 다시 만난다. 그리고 두 사람이 결코 행복하지 않다는 사실을 깨닫는다. 술에 빠진 무오트와 절망에 빠진 게르트루트. 무오트는 자살하고 게르트루트는 아버지의 집으로 돌아온다. 쿤은 "나의 삶과 그녀의 삶에서 되돌릴 수 있는 건 아무것도 없다"라는 사실을 받아들인다. "그녀는 나의 친구다. 내가 불안하고 고독한 시간을 보내고 침묵에서 벗어나 가곡이나 소나타를 작곡한다면, 그건 누구보다 우리 두 사람의 노래가 될 것이다."

첫번째와 두번째 원고에서 젊은 남자들은 게르트루트에게 다가갈 용기를 보이지 않았다. 그들은 젊은 시절의 헤세처럼 "결혼을 두려워하는, 환상에 사로잡힌, 자아도취적인, 세상 물정에 어두운, 시골 촌뜨기 같은 독신주의자들"이었다. 후고는 이렇게 덧붙였다. "그들은 여인들을 범접할 수 없는, 성스러운 여신들의 반열에 올려놓으려고 한다. 이 젊은이들은 여자 친구에게서 위로받고, 인도받고, 보호받고 싶어 한다. 동시에 자신들이 사랑하는 존재가 어리석은 착각에 지나지 않는다고 생각한다. 그들은 억압된 심리의 소유자들이다. 그들의 사랑은 결코 이루어지지 않는다."

젊은 여인들은 자신을 연모하는 남자들에게서 벗어나 다른 길을 간다. 런던에서 예술가로서의 삶을 살거나 다른 남자와 결혼을 한다. 세번째 원고에서 헤세는 게르트루트 임토르를 "인물보다는 상징"으로 설정했다. 그리고 동시에 "쿤이 자신의 전인적 발전을 위해 필요로 하는 자극제"의 역할을 그녀에게 맡겼다. 게르트루트는 창의적이고 내성적인 작곡가와 고답적이고 외향적인 가수의 긴장 관계에서 분명한 태도를 취하지 못한다. 이들의 관계 설정은 무오트의 죽음으로 보다 더 분명해진다. 쿤의 치명적인 열정은 수면 아래로 가라앉고, 그가 연모하던 여인은 이성적인 친구에서 좋은 친구로 바뀐다. 그럼으로써 게르트루트는 그녀의 여성성뿐 아니라 치명적인 매력마저 상실하게 된다. 후고는 『페터 카멘친트』 같은 작품에서 이미 이러한 사실을 인식하고 있었다. "친구는 밝은 빛을 띤 영혼 가까이에 있다. 그리고 그가 바로 연인이다. 낭만주의자들의 영혼은 그 자체가 여성이기 때문이다."

1909년 4월, 헤세가 반어적으로 "멋진 통속소설"이라고 부른 『게르트루트』는 예술가의 숙명과 결혼의 속박 사이의 모순을 보여주었다. 그리고 3년 뒤, 헤세는 『로스할데Rosshalde』에서 이러한 모순을 다시금 적나라하게 드러냈다. "도대체 예술가나 사상가에게 결혼을 할 수 있는 능력이 있기나 한 겁니까?"

7.

보덴 호숫가의 겨울, 음습하고 차디찬 안개, 방문객의 발길도 끊긴 단조로운 일상. 헤세는 아버지에게 편지를 썼다. "우리는 그런대로 잘 지내고 있습니다. (…) 저는 태양과 여름, 자유를 갈망하고 있습니다. 그래서 더 열심히 일에 몰두하고 있습니다. 나중에 마음 편히 여행을 다니려고요."

1910년 1월, 헤세는 아버지를 방문했다. 나이가 들어 기력이 약해진 요하네스 헤세는 칼프의 출판사를 운영하기 힘들어졌다. 그는 독신인 딸 마룰라와 함께 코른탈에 있는 신교의 경건주의 공동체에서 생활하고 있었다. 헤세는 누나 아델레를 무척 보고 싶어 했다. 그녀는 1906년 목사인 이종사촌 헤르만 군데르트와 결혼해 호르프 위에 있는 호파우에 살고 있었다. 헤세는 누나 집에서 잠시 머문 뒤 편집 동료들을 만나러 뮌헨으로 갔다. 이해에 알베르트 랑겐이 운영하는 출판사에서 『게르트루트』를 발간하기로 되어 있었다.

마리아는 자녀들과 함께 가이엔호펜에 있었다. 헤세에게 보낸 편지에서 그녀는 슐렝커 가족, 핑크 가족과 함께한 "보름달이 뜬 밤의 썰매 타기"에 대해 이야기했다. 그리고 콘스탄츠에서 스키화를 구입한 이야기며 벌써부터 스키 여행이 기다려진다는 이야기도 덧붙였다. 그녀는 여행사에서 안내 책자를 받아들고 가족 여행을 구상하기 시작했다. 헤세에게는 스키 탈 때 입을 두꺼운 옷을 준비하라고 일러두었다. "스키를 제대로 타려면 스웨터만으로는 부족해요." 집안일을 돕던 가정부가 병에 걸렸지만, 마리아는 그녀를 대신할 사람을 찾지 못했다.

뮌헨 여행을 마치고 돌아온 헤세는 체르노비츠에서 어느 여학생이 보낸 편지를 받았다. 편지에는 『페터 카멘친트』에 대한 감상이 적혀 있었다. 여느 편지와 달리 의례적인 인사말이나 맺음말도 없었다. "카멘친트를 쓰신 분, 그리고 그 자신이 바로 카멘친트이신 분에게 진심으로 감사드립니다." 소녀는 편지의 말미에 이렇게 썼다. "이 두 사람이 하나이기 때문에 저는 당신의 작품에서 큰 선물을 받았습니다. 그것은 바로 새로운 것에 대한 깨달음입니다. 자연 속에서, 인간 영혼 속에서의 소멸. 고요한 자아 망각, 그리고 황홀한 시간. 니논 아우슬렌더."

마리아가 그 편지를 읽었더라도 전혀 놀라지 않았을 것이다. 그녀는 헤세를 존경하는 독자들이 보낸 편지들을 수없이 읽어보았기 때문이다. 오히려 그녀가 의아하게 생각한 것은 헤세의 창작을 처음부터 이해하고 격려해준 여인과 서신 교류가 거의 없다는 사실이었다. 그녀의 이름은 헬레네 포이크트-디더릭스였다.

슐레스비히-홀슈타인 출신인 그녀는 헤세보다 한 살 위였다. 그녀는 1897년 한 잡지에서 헤세의 시를 처음 읽었다. 당시 미혼이던 헬레네는 앙엘른에 있는 부모의 농장 마리엔호프에

헬레네 포이크트가 헤세에게 보낸 사진, 1898년 / 율리(룰루) 헬만, 1899년경

서 살고 있었다. 1897년 12월, 그녀는 자신의 처녀작『슐레스비히-홀슈타인의 시골 농부들—민중의 생활상Schleswig-Holsteiner Landleute』을 튀빙겐에 머물던 헤세에게 보냈다. 그녀에 대한 헤세의 호칭은 "존경하는 숙녀"에서 얼마 뒤 "사랑하는 친구"로 바뀌었다. 헤세는 그녀에게 자신의 가족과 유년 시절에 대해, 자신의 문학적인 포부에 대해 이야기했다.

1898년 3월 1일, 헬레네가 보낸 편지가 "사랑하는 친구"에게 도착했다. "이제 나는 신부입니다. 미소를 지으면서도 동시에 눈물을 흘리는." 헤세는 아쉬움이나 실망감을 드러내지 않았다. "나는 당신의 약혼자를 잘 알고 있을 뿐 아니라 발행인으로서의 능력을 높게 평가하고 있습니다." 헬레네는 마음이 한결 가벼워졌다. 그녀가 결혼한 이후에도 두 사람은 편지뿐 아니라 사진을 주고받으며 우정을 나누었다. 1899년에 디더릭스 부부는 헤세의 시집 『자정이 지난 시간Eine Stunde hinter Mitternacht』을 출판했다. 그건 "당신과 내 아내가 나누는 우정 때문이 아니라 내가 당신의 문학적인 재능을 높이 평가하기 때문"이었다. 하지만 헤세의 작품은 출판사를 운영하는 디더릭스에게 경제적으로는 도움이 되지 않았다. 헤세의 시집은 발행된 첫해에 겨우 쉰다섯 권밖에 팔리지 않았다.

헬레네 포이크트-디더릭스와 헤세는 계속 활발히 교류했다. 그녀는 라이프치히의 일상생활과 딸 루트의 출산에 대해 이야기했다. 헤세는 바젤로 이사하려는 계획과 새로운 작업, 음악회와 전시회에 대해 이야기했다. 그리고 1900년 말, 라이히 서점에서 소량으로 출간된 『헤르만 라우셔가 남긴 글과 시』를 보내주었다. 그 이전인 8월 16일에는 오이겐 디더릭스에게 『헤르만 라우셔가 남긴 글과 시』에 들어 있는 단편 「공주 릴리아Prinzessin Lilia」를 보냈다. 연말까지 다른 단편들도 보내주겠다는 약속을 했다. 하지만 크리스마스 무렵에 디더릭스 부부는 이미 다른 출판사에서 출간된 『헤르만 라우셔가 남긴 글과 시』를 받았다.

12월 21일, 헬레네는 헤세에게 편지를 보냈다. "나는 종종 당신이 쓴 책들을 손에 쥐고는 단어 한 마디 한 마디에 현絃을 튕겨봅니다. 그런데 지금 난 당신과 헤르만 라우셔를 즐길 만한 여유가 없습니다. 이 편지를 쓰기 전에는 그러려고 했지만 말이에요. 다행히 지금은 마음도 평화롭고 주위도 조용해졌답니다. 하지만 당신 책보다는 크리스마스 축제에 대해 수다를 떨고 싶네요." 어쩌면 그녀는 라우셔-헤세에게 관심을 보이고 싶지 않았는지도 모른다. 그녀의 냉담한 반응은 "아름다운 룰루"와 엘리자베트를 연모하는 헤세의 감정을 상하게 했다. 12월 26일, 헤세가 보낸 편지에는 헬레네와의 관계에 대한 불안감이 배어 있다. "당신에게서 멀리 떨어져 있는 나의 과묵한 우정이 당신의 변화무쌍하고 다양한 인생의 한 모퉁이에 조용히 깃들 수 있을지 모르겠네요. (…) 나를 위해 짧은 수다를 나눌 자리라도 남겨놓기를 바랄게요."

하지만 헤세는 라이프치히에 살던 헬레네를 찾아갈 생각이 전혀 없었다. 새해에 그는 산악 하이킹과 이탈리아 여행을 할 계획이었다. 그의 작품 속 젊은 주인공들이 그런 것처럼 헤세는 공간적으로 멀리 떨어져 있을 때만 여성들과 친분을 나눌 수 있었고, 그들에게 예의를 갖출 수 있었다. 헬레네는 차츰 헤세의 관심에서 멀어져갔다. 베를린에 있는 유명 출판사 사무엘 피셔가 『페터 카멘친트』를 출간했다. 그리고 마리아는 성공한 작가 헤세의 부인이 되었다. 이제 헤세는 젊은 시절의 사랑과 방황에서 벗어났다. 헬레네와의 관계는 더 이상 이어지지 않았다.

*

헤세는 작가로서 성공하고 부인과 함께 멋진 저택과 정원을 소유했다. 그런데도 그는 마음이 편하지 않았다. 친구들의 우정에도 의심과 불만이 생겼다. "핑크는 결혼하고 나서 친구들에게 무관심해졌습니다. 양봉을 시작한 뒤로는 예술에 관심조차 두지 않고 있습니다. 그는 동시에 두 가지 일을 할 수 있는 사람이 아닙니다. 그래서 그는 여행을 떠날 생각을 하지도 않는 겁니다." 헤세에게는 여행이 꼭 필요했다. 1910년, 그는 발렌제 상류에 있는 암덴으로 여행을 떠났다. 그리고 1907년에 몬테 베리타에서 그랬던 것처럼 맨몸으로 암벽을 기어올랐다. 1910년 5월, 헤세는 또다시 바덴바일러에 있는 프랭켈 박사의 요양소를 찾았다. 프랭켈 박사는 "영혼의 불균형이나 실제 경험이 신경 이상과 심리 불안의 원인이 될 수 있다"라고 믿는 인물이었다. 헤세는 그를 신뢰했다. 아버지에게 보낸 편지에서 그를 "매우 지적이며 사려 깊고 경험이 풍부한 의사"라고 소개했다.

가이엔호펜은 여느 때와 다르지 않았다. 마리아는 아이들을 돌보고 정원을 가꾸었다. "잔디밭의 쇠뜨기가 사람 키만큼 자랐답니다." 친구들과 손님들이 잡초를 뽑고 꽃에 물을 주는 일을 거들었다. 마리아는 헤세에게 보낸 편지에서 아이들이 뛰노는 모습, 친구들과 호숫가를 거닐고 라이헤나우 섬으로 소풍을 갔던 일, 그리고 고양이가 새끼를 낳았다는 소식을 전했다.

가이엔호펜으로 돌아온 헤세 앞에서 아이들이 시끄럽게 떠들며 뛰어다녔다. 하이너는 옹알이를 하기 시작했다. 부치라는 아명을 가진 큰아들 브루노는 장난꾸러기였는데 거짓말을 곧잘 했다. 마리아는 큰아이가 작은아이를 때릴 때도 화를 내지 않고 부드럽게 타일렀다. 헤세는 자신이 "교육자로서 무능하다"라는 사실을 새삼 깨달았다. 그는 어린 시절에 경험한 부모의 엄격한 교육을 회상하면서 아버지에게 편지를 썼다. "어쨌든 아이들의 자유로운 성향을 꺾는 건 옳지 않다고 생각합니다. 물론 저도 좀 더 얌전하고 착한 아들을 원하지만요."

그해 가을에 헤세는 해가 지기 전까지 정원에서 일을 했다. 흙을 파헤치고 거름을 뿌리고 모랫길을 냈다. 행여 토끼들이 갉아 먹을까 봐 새로 심은 나무들 주위에 보호망을 둘렀다. 저녁에는 마리아가 책을 낭송했다. 헤세 부부는 체스를 두고, 내년 봄을 위해 "매혹적인 식목 계획"도 세웠다. 12월이 되자 아이들은 집 안 구석구석을 헤집고 다녔다. 헤세 부부는 가이엔호펜을 떠나기로 했다. 마리아는 아이들을 데리고 바젤의 부모 집으로, 헤세는 취리히와 하이델베르크, 프랑크푸르트로 떠났다. 헤세는 빌헬름 프리크에게 편지를 썼다. "1월에는 뮌헨에서 보낼 예정입니다. 앞으로도 겨울에는 될 수 있으면 도시에서 보내고 싶습니다. 하지만 원하는 대로 되지는 않을 거 같네요. 도시에서 살려면 돈이 많이 들거든요. 그래도 아이들이 성가시게 굴지만 않으면 그럭저럭 견딜 만합니다."

1911년 1월, 헤세는 바이에른 남부 지방에서 하이킹을 즐겼다. 마리아도 가이엔호펜에서 아이들과 함께 즐거운 시간을 보냈다. 썰매를 타고, 신형 바인딩을 장착한 스키도 탔다. "넘어질 때 신발이 저절로 벗겨지는 거 있죠." 마리아는 임신 중이었다. 그런데도 2월에 헤세와 함께 그라우뷘덴에서 스키 휴가를 보낼 계획을 세웠다. 새 아기는 마리아의 마흔세번째 생일 전인

7월에 태어날 예정이었다.

4월에 헤세는 다시 한 번 이탈리아로 여행을 떠났다. 그곳에서 음악을 하는 친구들이 그를 초대했기 때문이다. 헤세의 친구들인 폴크마르 안드레아Volkmar Andreae, 프리츠 브룬Fritz Brun, 일로나 두리고Ilona Durigo는 '취리히 혼성 합창단'과 함께 밀라노 음악원에서 바흐의 〈마태 수난곡St. Matthew Passion〉을 공연하기로 되어 있었다. 안드레아가 지휘를 맡고 브룬이 '예비' 지휘자로 내정되어 있었다. 브룬은 당시를 이렇게 회상했다. "우리는 무대 연습을 빼먹었답니다. 그리고 존슨과 셰프리트의 권투 경기를 담은 기록영화를 보기 위해 영화관에 갔지요. 하지만 그다음 날에는 얌전하게 공연에 참석했습니다."

자유분방한 여행 친구들에게는 그리 놀라운 일도 아니었다. 공연이 끝나기 무섭게 그들은 쇼크와 함께 볼로냐와 피사로 떠났다. 그리고 트라지메노 호수와 카스틸리오네를 지나 움브리아에 도착했다. 여행 사진에는 양복과 외투를 걸치고 모자를 눌러쓴 친구들의 쾌활한 모습이 담겨 있다. 헤세 일행은 소박하고 아담한 숙소에서 하룻밤을 묵었다. 아시시에서는 영국 아가씨들 때문에 호텔에서 도망치기도 했다. 토스카나의 선술집에서는 자동 오락기 앞에 앉아 게임을 즐기기도 했다. 마침내 그들은 오르비에토와 스폴레토에 다다랐다. 마리아는 거기서 헤세가 보낸 엽서를 받아들었다. "사랑하는 당신에게. 아름다운 별들이 반짝이는 오르비에토의 하늘을 보며 돌로 지은 방에서 잠을 청해봅니다. 창문 밖으로 조용하고 적막한 골목길과 자그마한 분수대, 정원이 보이네요. 이 아름다운 전경을 당신과 부치에게 꼭 보여주고 싶군요."

이틀 뒤인 4월 28일, 헤세는 또다시 편지를 보냈다. "사랑하는 당신에게. 스폴레토는 내가 이탈리아에서 본 도시 가운데 가장 아름다운 곳이랍니다. 나는 생각해보았지요. 이 아름다운 도시에서 그림 같은 자연경관을 바라보며 한두 달쯤 지낼 수 있다면 얼마나 좋을까 하고 말입니다. 우리 둘만이라도 좋고 아이들과 함께라도 좋겠지요. 우리가 신문이나 잡지에 사진과 수필을 게재한다면, 수입이 제법 괜찮을 테니 한번 잘 생각해봅시다. (…) 당신과 아이들에게 입맞춤을 보내며. 당신의 헤르만이."

정말 대단한 발상이었다. 이탈리아에서 남편 작가와 아내 사진사가 함께 창의적인 작업을 한다! 두 사람이 공동으로 책을 펴내도 좋을 것이다!

마리아는 감동했다. 그래서 곧바로 남편에게 답장을 썼다. "몇 달 동안 이탈리아의 아름다운 전원 마을에서 편히 쉴 수만 있다면 얼마나 좋을까요. 나도 함께하고 싶어요. 그럼 우리 집은 세를 놓아야겠네요. 운터제에 거주하는 사람 가운데 집을 빌리려는 사람이 많거든요. 여행 경비는 걱정하지 않아도 될 거 같아요."

5월, 헤세는 가이엔호펜으로 돌아왔다. 마리아는 보이지 않고, 브루노와 하이너, 보모만 집에 있었다. 마리아가 남긴 쪽지에는 그녀가 바젤에 머물고 있다는 내용이 담겨 있었다. 그녀의 어머니는 암 수술과 항암 치료를 받느라 몸이 무척 쇠약해졌다. 그녀의 아버지는 자녀들을 모두 불러 모았다. 미국에서 뵈링어와 함께 살고 있는 투치아도 돌아와 있었다.

헤세는 몹시 화를 냈다. 그에게 온 편지들이 어지럽게 흩어져 있었다. 정원도 방치되어 있었다. 아이들은 오랫동안 기다리던 아버지를 성가시게 했다. 새로 들어온 가정부 아나는 헤세가 좋아하는 요리를 할 줄 몰랐다. 하지만 마리아는 어머니의 병세가 악화되는 바람에 바젤에 더 머물 수밖에 없었다.

심기가 불편해진 헤세는 여행 친구인 프리츠 브룬에게 편지를 보냈다. "난 비록 가난하더라도 젊고 패기 넘치는 자유로운 영혼이었으면 좋겠네. 가진 거라고는 고작해야 책 스무 권, 장화 두세 켤레밖에 없다고 해도 말일세. 은밀한 시들이 가득 담긴 상자만 있으면 더 바랄 게 없다네. 하지만 지금 난 가장이라네. 내 집을 소유하고 있고 독자들의 사랑을 받고 있지." 이탈리아의 남쪽 하늘에 대한 꿈은 가이엔호펜의 현실과 부딪혀 산산조각 나고 말았다.

마리아가 아기를 출산하기 전에 몇 주 동안 어떻게 지냈는지는 알 수 없다. 단지 어머니가 세상을 떠났다는 사실, 아이가 태어나자마자 헤세가 인도 여행을 떠나려고 했다는 사실만 알 수 있을 뿐이다. 헤세는 친구인 화가 한스 슈투르체네거Hans Sturzenegger와 함께 여행을 떠나기로 했다. 마리아가 유아용품을 갖추고 실내용 유모차의 덮개를 새 천으로 갈아 씌우는 동안, 헤세는 선상에서 쓸 카드와 열대지방에서 입을 옷, 그리고 여행하면서 읽을 책을 준비하고 있었다.

7월 26일, 헤세 부부의 막내아들 마르틴Martin이 태어났다. 그리고 한 달 뒤, 헤세와 슈투르체네거는 게누아로 떠났다. 거기서 콜롬보로 가는 '아이텔 프리드리히 왕자'호에 승선했다. 헤세의 다른 친구들은 인쇄된 공지문을 받았다. "헤르만 헤세 씨가 열대지방으로 여행을 떠났기 때문에 몇 달 동안은 답장을 할 수 없습니다." 1911년 9월 3일부터 적용되는 내용이었다. 게누아에서 헤세는 뮌헨에 사는 친구 라인홀트 게헤브에게 시를 써 보냈다. "아무 말 없이 나는 이 항구를 떠나노라."

마리아는 다섯 살배기 브루노와 두 살배기 하이너, 그리고 젖먹이 아기와 가이엔호펜에 있었다. 정원에서는 과일과 채소가 무르익어갔다. 바쁜 추수철이 다가왔는데 가정부 아나와 보모는 '암 에를렌로' 저택을 떠나버렸다. 9월 29일, 마리아는 남편에게 편지를 썼다. "그녀는 우리의 호의를 저버리고 떠났답니다. 당신이 그녀를 나보다 훨씬 더 친절하게 대해주었는데 말이에요. 내가 그것 때문에 얼마나 서운했는지 당신은 알기나 하나요?" 마리아는 기분도 안 좋고 몸도 힘들었다. 갓난아기를 돌보는 일도 별로 기쁘지 않았다. 세상을 떠난 어머니 생각에 슬픔이 밀려왔다. 10월, 아델레 군데르트가 가이엔호펜을 찾아왔다. 그리고 브루노를 호파우에 있는 목사관으로 데려다주었다. 아델레는 자식이 없었기 때문에 마리아를 몹시 부러워했다. 마리아는 자책했다. "내가 우리 아기 마르틴을 좀 더 기쁜 마음으로 수태하지 않은 게 너무 부끄럽네요."

아델레는 브루노를 데리고 친할아버지가 거처하는 코른탈

막내아들 마르틴과 마리아 베르누이 /
가이엔호펜에서 마르틴을 바라보고 있는 브루노와 하이너 헤세, 1911년

에 들렀다가 호파우에 있는 목사관으로 갔다. 두 달쯤 뒤, 군데
르트 목사가 마르틴을 가이엔호펜으로 데려다주었다. 마리아
는 11월 중순에 일꾼을 불러 정원을 가꾼 뒤에 가이엔호펜을
떠났다. 그리고 12월 초까지 하이너와 마르틴과 함께 바젤에
머물렀다.

그즈음 헤세는 실론 섬과 페낭 섬, 쿠알라룸푸르, 싱가포르,
말레이 반도, 수마트라 섬을 여행했다. 하지만 건강도 좋지 않
았고, 매운 음식과 습한 더위를 견디기도 힘들었다. 현지인들
과 소통하는 데도 어려움을 겪었다. 헤세가 마주한 풍경과 도
시, 사람들은 어린 시절에 부모와 할아버지 군데르트가 들려주
던 인도의 환상적인 모습과는 사뭇 달랐다. 그런데 헤세는 왜
이렇게 먼 곳을 찾아온 걸까? 헤세를 잘 아는 후고는 그 이유를

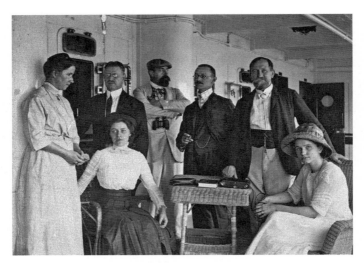

'아이텔 프리드리히'호의 선실에서 찍은 사진. 가운데가 헤르만 헤세,
그의 왼편에 있는 사람이 한스 슈투르체네거, 1911년

이렇게 추측했다. "어쩌면 어머니의 고향을 보기 위해서였는지
도 모른다. 어쩌면 어린 시절의 환상에서 벗어나기 위해서였는
지도 모른다. 어쩌면 자신과 아버지, 어머니를 묶어놓은 최후의
고통스러운 결속에서 벗어나려고 했는지도 모른다. (…) 어쩌
면 결혼 생활의 불협화음이 인도에 대한 환상 때문이라고 생각
했는지도 모른다. 어쩌면 그는 자신을 억누르는 악몽과 내면의
모순에서 벗어나 집으로 돌아가려고 했는지도 모른다." 어쨌든
인도에 대한 열광적인 숭배와 환상, 마법은 사라졌다. 실망과
좌절을 경험한 헤세는 지친 몸으로 계획한 예정보다 일찍 유럽
으로 돌아왔다.

유럽으로 향하는 배 위에서 그는 스위스인 부부를 만났다. 오랫동안 열대지방에 살았던 알리체Alice와 프리츠 로이트홀트Fritz Leuthold였다. 이들 부부는 그 뒤로 헤세와 돈독한 우정을 나누며 그의 든든한 후원자가 되었다. 시인 헤세는 자신의 작품에서 로이트홀트 부부를 '동방 순례자'의 대열에 합류시켰다.

●

목소리

내가 처음 방문했을 때 헤세는 아직 자그마한 농가에 살고 있었다. 나는 나중에 헤세 부부가 마을 어귀에 새로 지은 집보다 그 집이 더 마음에 든다. (…) 내가 두번째로 예고도 없이 찾아갔을 때는 창의 덧문에 페인트칠을 하고 있었다. (…) 나는 헤세 부부와 점심 식사를 함께했다. 넓은 호수와 콘스탄츠의 대성당이 바라다보였다. 정말 아름다운 전경이었다. 하지만 헤세는 이렇게 말했다. "이런 멋진 경치도 오래 보면 그냥 무대장치처럼 느껴질 뿐이라네."

빌헬름 슈센Wilhelm Schussen

이곳 가이엔호펜은 매우 숙명적인 곳이다. 왜냐하면 헤세가 그곳에 거주함으로써 바덴의 시민이 되었기 때문이다. 헤세는 카를스루에의 주민들이 그의 명성을 좇아 그에게 바짝 달려드는 위험을 감수해야 했다. 은둔자적 삶에 익숙한 그는 세속적인 관심을 달가워하지 않았다. 그래서 그는 발트 해海 출신처럼 보이고 싶어 했다. 실제로도 아버지의 혈통은 그렇다. 헤세는 향토 예술에서 색다른 상像을 만들어냈다. 그의 문학과 인생에서 상당한 비중을 차지하는 이탈리아를 포함시켜보면, 그 사실은 보다 분명해진다. 헤세에게는 '순례자나 방랑자'의 느낌이 짙게 배어 있다. 그는 어느 곳에서도 고향을 느끼지 못했다. 그래서 두 나라의 국경에 둥지를 틀고 있는지도 모른다. 그는 언제라도 남쪽으로 떠날 준비가 되어 있었다.

빌헬름 셰퍼

사람들은 방랑자의 꿈이 이루어졌다고 말할지 모른다. 한때 가난했던 서점 수습생이 이제는 보덴 호숫가의 저택에서 사랑하는 부인과 두 아이와 함께 살고 있다. 아름다운 정원과 나룻배, 엄청난 판매 부수. 그는 작가로서도, 시민으로서도 성공했다. 마침내 그는 평화롭고 행복한 삶을 살 수 있게 되었다. 하지만 놀랍게도 이 기이한 인간의 내면에는 무언가가 꿈틀거리고 있었다.

슈테판 츠바이크

제 아내는 이달 말쯤 아이를 출산할 예정입니다. 출산이 순조롭게 끝나면 저는 지체 없이 여행을 떠나려고 합니다. 얼마 동안은 아무도 닿을 수 없는 곳으로 사라질 겁니다. 이미 싱가포르로 가는 배편을 예약해놓았습니다. 제 친구가 저와 함께 떠날 예정입니다. 우리는 함께 수마트라 섬을 여행할 계획입니다. 그러고 나서는 쿠알라룸푸르 근처의 원시림에서 한동안 나비를 잡으며 지내고 싶습니다.

1911년 7월 9일, 가이엔호펜에서 헤르만 헤세가 콘라트 하우스만에게 보낸 편지

난 당신이 열대지방의 풍토에 잘 적응하기를 바랐어요. 당신이
지금 여행을 멈춘다면 너무 아쉬울 거 같아요. 그리고 이 겨울에
집으로 돌아오면 추위 때문에 힘들지도 몰라요. 겨울 동안에는
열대지방에서 지내는 게 나을 거예요.

1911년 11월 10일, 가이엔호펜에서 마리아 베르누이가 헤르만 헤세에게 보낸 편지

전 지금 집에 와 있습니다. 눈부신 태양을 뒤로하고 고독한 황야
로 돌아온 게 무척 어리석게만 느껴집니다. 감기에 걸린 데다 인
후통으로 고생하고 있습니다. 지금 당장이라도 당신을 찾아뵙고
싶지만, 아내가 별로 달가워하지 않는 거 같습니다. 날씨도 너무
춥고요. 그래서 조금만 더 참으려고 합니다. (…) 제 집을 팔려고
하는데, 혹시 집을 구하는 사람이 없는지요? 주택과 정원, 목장,
모두 포함해 3만 마르크입니다. 집이 팔리면 장인어른에게 진 빚
을 갚으려고 합니다. 그럼 마음껏 넓은 세상으로 나갈 수 있겠지
요. 뮌헨이나 취리히로 이사를 갈까 생각하고 있거든요.

1911년 12월 25일, 가이엔호펜에서
헤르만 헤세가 알베르트 프랭켈Albert Fraenkel에게 보낸 편지

8.

1911년 말, 헤세는 인도와 동아시아 여행을 마치고 돌아왔다. 속세에서 벗어나 소박하고 전원적인 삶을 살고 싶어 했던 헤세 부부의 꿈은 수포로 돌아갔다. 어쩌면 새로운 보금자리를 짓기 전에 이미 그 사실을 예감했는지도 모른다. 1907년 1월 17일, 헤세는 칼프에 있는 가족에게 편지를 썼다. "새집을 건축하는 데 따르는 위험부담은 그리 크지 않습니다. 여기는 땅값이 무척 싸기 때문에 손해 볼 일도 없고요. 주택을 매매하는 것도 어렵지 않을 겁니다. 우리가 살고 있는 호숫가 주변은 머지않아 활기를 띠게 될 겁니다. 철도가 놓이면 피서객이 몰려오고 공장도 들어서겠지요. 이미 외지인들이 몰려와 집을 빌리거나 사려고 한답니다."

헤세 부부는 신문에 주택 매매 광고를 냈다. 앞으로 살게 될 집도 구하지 않고 지금 살고 있는 집을 내놓은 것이다. 헤세는 뮌헨이나 드레스덴으로 이사를 가고 싶어 했다. 1912년 6월, 헤세는 함께 『메르츠』의 편집을 맡고 있는 콘라트 하우스만에게 편지를 썼다. "아내가 원치 않아 슈바벤으로는 이사를 갈 수 없답니다. 전 모든 일을 아내의 뜻에 따라 하는 편입니다. 가급적 아이들이 스위스 국적을 갖도록 하려고 합니다." 헤세는 이사

갈 장소로 취리히를 생각했다. 바젤은 마리아의 고향 도시이지만, 헤세에게는 별로 좋은 기억이 남아 있지 않았다. 헤세는 야코프 샤프너에게 보낸 편지에서 바젤에 대한 반감을 드러냈다. "난 바젤을 별로 좋아하지 않는다네. 바젤에서 살던 시절을 떠올리면 그다지 유쾌하지 않거든. (…) 이달 말엔 며칠 동안 베른에 가 있으려고 한다네. 난 그 도시를 무척 좋아하지."

헤세 부부의 목적지는 스위스연방의 수도인 베른으로 결정되었다. 헤세는 베른에서 주 삼림감독관으로 일하는 발터 셰델린에게 좋은 거처를 물색해달라고 부탁했다. "도심으로 들어갈 생각은 없네. 그건 우리의 이상과 다르기 때문일세. 우리는 베른 근처에서 조용한 전원주택을 찾으려고 한다네."

1912년 봄에는 날씨가 서늘하고 비도 많이 왔다. 헤세는 불확실한 상황 때문에 몹시 시무룩해 있었다. 그는 "견딜 수 없는 우울감과 위장 장애"로 무척 힘들어했다. 오순절 일요일은 헤세가 별로 좋아하지 않는 날이었다. 그날 마리아와 약혼을 했기 때문이다. 헤세는 위층에서 이불을 뒤집어쓰고 누워 있었다. 아래층에서 아이들이 떠드는 소리가 들려왔다. 헤세는 갑자기 모든 게 부질없다는 생각이 들었다. 살던 집을 처분하고 새로운 거처를 마련하는 일, 물가가 비싼 베른으로 이사하는 일. 베른에서 생활하기 위해서는 "돈을 더 많이 벌어야" 했다. 6월에 헤세는 콘라트 하우스만에게 편지를 보냈다. "난 미래에 대한 계획도 희망도 없습니다. 내가 제대로 나이를 먹고 있는지도 잘 모르겠습니다. 여기서 영원히 은둔자처럼 사는 게 낫지 않을까 하는 생각이 들기도 합니다."

다행히도 헤세는 얼마 전에 세상을 떠난 화가 알베르트 벨티의 저택을 빌릴 수 있었다. 헤세는 베른 근처의 오스터문딩겐에 있는 벨티의 전원주택을 종종 방문했다. 벨티는 베른의 귀족 가문이었다. 임대료는 비싸지 않았지만, "죽은 사람의 냄새가 났기 때문에" 조금 꺼림칙했다. 하지만 곰곰이 생각해보니 단점보다는 장점이 많은 것 같았다. 베른의 귀족 저택은 시내에서 그리 멀지 않았다. 마법에 걸린 듯 신비로운 정원, 물이 졸졸 흘러내리는 분수대, 단풍나무와 떡갈나무, 너도밤나무가 무성한 작은 숲. 베른 시내에는 "친구들과 음악"이 있었다. 아이들이 다닐 만한 좋은 학교도 있었다. 헤세는 기꺼이 임대 계약서에 서명을 했다.

헤세는 가이엔호펜에서 이미 "정원과 목가적인 삶"이 헛된 꿈에 지나지 않는다는 결론을 얻었는지도 모른다. 나무들이 무성하게 자란 정원을 바라보며 그는 또다시 정든 보금자리를 떠나야 한다는 생각에 마음이 불안해지기 시작했다. 7월 23일, 헤세는 하인리히 볼프강 자이델에게 편지를 썼다. "여기서 내가 보낸 시간은 그런대로 멋지고 매력적이었다고 생각하네. 베른에서도 그렇게 살아갈 수 있을지는 모르겠네. 인적이 드문 황폐한 시골 별장을 빌렸는데, 정원과 고목들도 있고 도심에서도 멀리 떨어져 있어. 하지만 지금으로서는 이곳의 안락함이 새로 이사 갈 곳에 대한 기대감보다 훨씬 크다네."

1904년 낡은 농가에 입주할 때도, 1907년 새로 지은 집에 들어갈 때도 헤세는 마리아에게 모든 걸 맡겼다. 이번에도 이삿짐을 옮기는 일과 가이엔호펜의 살림을 청산하는 일은 전적으로 마리아의 몫이었다. 헤세는 여행 가방을 챙겨 에어마팅겐으로 갔다. 거기에는 친구 마우러Maurer가 운영하는 레스토랑 아들러가 있었다. 헤세는 친구와 함께 "호숫가에서 마지막 시간을 즐기고" 싶어 했다. 두 사람은 국도를 따라 드라이브를 하고, 시골 술집에 들어가 포도주를 마셨다. 헤세는 그때의 추억을 떠올렸다. "아름답고 차분한 이별이었습니다. 전혀 아쉽거나 부끄러워할 필요가 없는."

하지만 마리아의 작별은 아름답지도 차분하지도 못했다. 그녀는 바젤로 가서 베르타 폰 브룬에게 브루노를 맡기고, 툰에 있는 여동생 에마에게 하이너를 맡겼다. 그리고 다시 가이엔호펜으로 돌아와서는 막내아들 마르틴을 이다 후크에게 맡겼다. 베른에서는 벨티가 쓰던 물품과 가재도구 가운데 쓸 만한 것들을 챙겨두었다. 헤세를 위해 공구와 작업대도 얻어놓았다. 바덴바일러에서 프랭켈 박사의 치료를 받고 있던 헤세는 『로스할데』라고 불릴 새로운 소설의 집필을 시작했다. 작품의 제목은 이미 주요 무대가 어디인지를 암시하고 있었다. 쇼스할데는 베른 근처에 있는 벨티 별장의 대지를 일컫는 이름이었다.

1931년에 헤세는 『새집으로 들어가면서Beim Einzug in ein neues Haus』라는 비망록을 집필했다. 이 책에는 바덴바일러의 생활이 기록되어 있지 않았다. 그 대신에 융프라우의 산악 열차를 탔던 일과 그린델발트 계곡에 오르던 일을 기록해놓았다. 헤세는

"이틀 동안 툰 호숫가에서 휴식을 취한" 뒤에 "작별의 아쉬움을 털어버리고" 베른의 새집으로 들어갔다. "나는 수공업자들과 작업 인부들 사이에서 일에 몰두하고 있는 아내를 보았다. 취침과 식사를 간신히 해결할 정도로 열악한 상황이었다."

헤세가 인도 여행을 떠날 때 그랬던 것처럼 이번에도 친구들에게 인쇄된 안내문을 보냈다. 9월 15일부터 헤세의 주소지는 가이엔호펜이 아니라 베른에 있는 멜헨뷜베크 26번지였다. 독일이나 오스트리아에서 편지를 보낼 때는 국제우편요금을 지불해야 한다는 내용도 들어 있었다.

*

멜헨뷜베크에서 헤세 부부는 처음 몇 주 동안 짐을 정리하고 집 안을 꾸미느라 정신이 없었다. "자그마한 여러 개의 방에는 노란색 판벽에 틈이 벌어진 낡은 벽지가 둘러 있었다. 돌을 쌓아 만든 나선형 계단, 밝고 아름답고 아담한 응접실 외에 나머지는 초라할 정도로 소박해 보였다. 벽에는 옛 주인들의 초상화가 걸려 있었고, 사슴뿔과 사냥용 모자도 걸려 있었다." 베란다는 오래된 나무로 뒤덮여 있었다. 헤세는 거기 서서 잡초가 무성한 정원을 내려다보았다. 다 자란 과일과 시든 꽃들이 시야에 들어왔다. "앞으로 어떻게 해야 할지 곰곰이 생각해보았다. (…) 부지런하고 평화로운 삶을 떠올리며 열심히 살아야겠다는 각오를 다졌다."

멜헨뷜베크에 있는 저택

　새로운 환경이 헤세 부부의 새로운 출발을 가능하게 할지는
미지수였다. 1911년 여름, 헤세가 마리아와 갓난아기 마르틴을
남겨두고 인도로 여행을 떠났을 때부터 헤세 부부의 관계는 냉
랭해졌다. 헤세는 처음부터 결혼에 회의적이었다. 마리아는 자
칫 가정이 깨질지도 모른다는 생각에 점점 불안해졌다. 그래서
그녀는 환경의 변화를 통해 결혼 생활이 원만해지기를 바랐다.
마리아는 세번째 '보금자리'를 꾸미는 데 최선을 다했다. 브루
노가 오전에 등교하고 나면, 헤세는 마음 편히 『로스할데』 집필
에 전념했다.
　"평화롭고 행복한 삶"을 위한 전제 조건이 마련된 것처럼 보
였다. 하지만 지난 몇 년에 걸쳐 쌓인 갈등은 쉽게 사그라지지

않았다. 헤세는 마리아나 아이들과 지내는 생활이 점점 더 부담스러웠다. 마치 새장에 갇혀 있는 것만 같았다. 그마나 집에서 멀지 않은 곳에 기차역이 있다는 게 그에게 적지 않은 위로가 되었다. 마음 내키면 "언제라도 떠날 수 있었기" 때문이다.

새로운 작품에서 헤세는 시민적 삶과 예술가적 삶이 조화를 이룰 수 있는지를 주제로 다루었다. 새로 입주한 저택에서 결혼 생활이 파경에 이르게 되는 줄거리였다. "낡고 황폐한 영주의 저택, 풀로 뒤덮인 정원 길, 이끼 긴 벤치, 부서진 돌계단, 걷기 힘들 정도로 잡초가 무성한 공원." 이곳에 그림을 그리는 요한 베라구트Johann Veraguth가 살고 있었다. 그는 헤세처럼 유명한 예술가였다. 그의 부인 아델레는 두 명의 아들과 함께 웅장한 저택에서 살았다. 하지만 베라구트는 가정불화 때문에 정원 한가운데 아틀리에를 짓고 혼자 기거했다. 큰아들 알베르트는 "외지에 있는 학교"에 다녔고, 작은아들 피에르는 언제나 어머니 곁에 있었다. "베라구트 부부의 사랑하는 아들 피에르는 두 사람을 연결해주는 유일한 고리"였다. 원만하지 못한 결혼 생활은 베라구트의 창작 능력을 위축시키는 불협화음이었다. 어느 날, 수마트라 섬에서 농장을 운영하던 옛 친구 오토 부르크하르트가 베라구트의 집으로 놀러 온다. 그는 베라구트 부부의 소원한 관계를 눈치챈다. 그래서 의기소침해진 친구에게 동아시아 여행을 제안한다. 하지만 여행을 떠나기 전에 피에르가 뇌막염에 걸린다. 그의 부모는 어찌할 바를 모른 채 아들이 죽어가는 모습을 바라만 볼 뿐이다. "반항심과 격정에 사로잡힌"

베라구트는 "새로운 삶을 예감"하며 인도로 떠난다.

떠나기 전에 그는 부인에게 위로의 말을 건넨다. "모든 게 다 잘된 일이잖아요. 원망할 것도 없어요. 당신은 알베르트를 키우고, 나는 내 일을 하면 되니까요. 그러니 모든 걸 그냥 받아들이기로 해요. 당신도 이전보다는 더 행복해질 거예요." 이 소설을 읽은 마리아는 베라구트의 작별 인사를 자신과 무관하다고 생각했을지도 모른다. 소설에서 베라구트가 제안한 미래가 현실과는 전혀 달랐기 때문이다. 헤세는 슈투르체네거와 함께 인도를 여행했다. 그리고 슈투르체네거의 형제가 목재상으로 일하는 수마트라 섬에도 가봤다. 마리아는 쇼스할데에서 새롭게 시작한 인생이 실패하지 않기를 바랐다. 비록 소설에서 아델레 베라구트의 인생은 실패하지만 말이다. "그에게는 새로운 인생이 가능할지 모르지만, 그녀에게는 그렇지 않았다."

*

마리아는 집안일과 아이들의 양육을 도와줄 사람을 찾았다. 그리고 1912년 겨울에 남편 헤세와 함께 그린델발트로 스키를 타러 떠났다. 화창한 날씨와 맛있는 포도주에도 스키 여행은 별로 즐겁지 않았다. 산에는 거의 눈이 쌓여 있지 않았다. 헤세 부부는 스키화를 신어보지도 못한 채 집으로 돌아왔다. 헤세는 멜헨뷜베크의 일상생활에서 벗어나 또다시 여행을 떠났다. 1913년 봄에 그는 강연을 하러 바덴으로 갔다. 그리고 나서는 알프레트 슐렝커를 만나기 위해 콘스탄츠에 갔다. 3월 중순에는 작곡가인 오트마르 쇠크와 화가인 프리츠 비트만과 함께 이탈리아로 여행을 떠났다. 헤세는 비트만뿐 아니라 그의 부인인 사진사 그레트Gret와도 친한 사이였다. 1910년 그레트가 찍은 사진에는 전통적인 디자인의 양복과 조끼를 입은 헤세가 뻣뻣한 옷깃에 나비넥타이와 시계 목걸이를 매고 턱을 높이 쳐든 채 서 있다. 비슷한 시기에 마리아가 찍은 사진에서는 전혀 다른 모습을 하고 있다. 단추를 풀어헤친 셔츠, 코르덴 재킷, 찌그러진 모자. 헤세는 호숫가에서 친구들과 어울려 사진을 찍기도 하고, 정원에서 아이들과 함께 사진을 찍기도 했다. 헐렁하고 편한 옷차림으로, 아니면 벌거벗은 채로.

1913년 봄, 헤세가 북부 이탈리아로 여행을 떠나기 전에 체르노비츠에서 편지가 날아들었다. 니논이 보낸 편지에는 1913년 2월 1일자 우체국 소인이 찍혀 있었다. 편지에서 그녀는 가족과 친구들에 대한 이야기를 늘어놓았다. 그리고 자신이 읽은 책 가운데 특히 플라톤에 대한 감상을 적어 보냈다. 그녀는 고등학교 졸업시험을 앞두고 있었다. 헤세는 조금 늦기는 했지만 그래도 그녀에게 답장을 보내주었다.

헤세는 쇠크와 비트만과 함께 베르가모, 크레모나, 만토바, 파도바를 여행하고 다녔다. 마리아는 멜헨뷜베크 집의 봄맞이 대청소로 바빴다. 헤세가 집필한 『인도에서Aus Indien』 원고를 교정보던 마리아는 그에게 편지를 보내 말레이어 철자법을 물어보았다. 하지만 함께 이탈리아를 여행하기로 했던 계획은 언급

그레트 비트만이 찍은 사진 / 마리아 베르누이가 찍은 사진

하지 않았다.

　이해에 헤세 부부의 가족 여행은 이루어지지 않았다. 7월에 마리아는 아이들을 데리고 베른의 고산지대로 떠나 브리엔츠 호숫가를 거닐었다. 헤세는 스위스 루체른 근처에 있는 브루넨에 머물고 있었다. 거기서 작곡가 친구인 쇠크 가족이 운영하는 호텔 에르덴에 묵었다. 8월에 헤세는 멜헨뷜베크에 돌아왔다. 그리고 니논이 보낸 편지를 읽었다. 1913년 8월 8일에 보낸 편지였다. 이번에는 멀리 떨어진 체르노비츠가 아니라 인근의 장크트모리츠에서 보낸 편지였다. 그동안 고등학교를 졸업한 니논은 어머니와 함께 산악 지대에서 여름을 보내고 있었다. 그녀는 자신이 읽은 작품의 작가들에 대한 소감을 편지에 적어 보냈다. 괴테와 야콥슨Jacobson, 고트프리트 켈러Gottfried Keller, 그

리고 헤세. 그녀는 헤세의 "경이로운 인도 책"도 읽었다. 그리고 벨하겐 운트 클라징의 월간지에 수록된 『로스할데』의 앞부분도 읽었다. 그녀는 "결말이 어떻게 될지" 초조하게 기다리고 있다고 덧붙였다. 고등학교를 갓 졸업한 소녀의 편지는 그녀가 얼마나 예리하고 대담하게 문학작품을 분석하고 있는지를 잘 보여주었다. "제가 보기엔 로스할데가 한 단계 더 발전한 것 같습니다. 이전 작품에 자리 잡고 있던 신비로운 내면의 세계를 여기서 또다시 발견하게 됩니다. 하지만 그 언어는 보다 더 위대하고 강력합니다. 예전처럼 서정적인 차원에만 머물러 있지 않습니다."

헤세는 호텔 엔가디너호프에 묵고 있던 그녀에게 곧바로 편지를 띄웠다. 그리고 그녀를 베른으로 초대했다. 그녀의 어머니 기젤라 아나 아우슬렌더Gisela Anna Ausländer는 딸의 방문을 반대했지만 니논은 고집을 꺾지 않았다. 그동안 루체른으로 거처를 옮긴 니논은 헤세에게 기차로 두 시간 거리인 그곳까지 와줄 수 없는지 물었다. 하지만 두 사람의 만남은 이루어지지 않았다. 니논은 루체른에서 린다우를 거쳐 콘스탄츠로 향했다. 보덴 호수는 그녀의 여행지 가운데 "가장 아름다운 곳"이 되었다. 그녀는 호숫가에서 시인 헤세의 발자취를 따라 걸었다. 그리고 자신이 받은 감동과 영감을 자작시에 불어넣었다.

1913년 10월 16일, 헤세는 작품 낭송회를 위해 빈에 머물고 있었다. 니논은 헤세가 떠난 지 하루 뒤 빈에 도착했다. 12월에 그녀는 빈에서 그를 만나지 못한 안타까운 심정을 편지에 담아 보냈다. 그리고 그가 언제 다시 빈에 올지 물어보았다. 니논은 헤세를 직접 만나 이야기를 나누고 싶어 했다. 하지만 그녀의 적극적인 공세는 헤세로 하여금 뒤로 물러서게 만들었다. 헤세는 더 이상 그녀에게 답장을 보내지 않았다.

*

1913년 말, 마리아의 아버지 프리츠 베르누이는 오랜 투병 생활 끝에 바젤에서 숨을 거두었다. 마리아의 형제자매들은 쉬첸그라벤에 있는 부모 집의 살림을 정리해야 했다. 그 와중에 적지 않은 말다툼이 벌어졌다. 1914년 1월 12일, 마리아는 프랑크푸르트에 머물던 헤세에게 편지를 보낸다. "드디어 상속재산을 분배하는 일이 다 끝났어요. 전체적으로 잘 마무리된 거 같아 기쁘답니다. 그동안 흥분하기도 하고 지치기도 했거든요. 처음에는 큰언니 베르타의 생각이 우리와는 달랐기 때문에 그녀를 설득하느라 무척 힘들었어요. 작은언니 아나 때문에도 힘들었고요. 하지만 일이 다 끝나고 보니 서로 오해를 깔끔하게 푸는 과정이었다는 생각이 들어요." 마리아와 두 언니 사이에 무슨 갈등이 있었는지는 편지에 쓰여 있지 않았다.

베르누이 가문의 호주戶主를 결정하는 건 어려운 일이 아니었다. 큰아들 아돌프가 대대로 내려오는 저명한 수학자 요한 2세의 검劍뿐 아니라 베르누이 문중의 재산을 관리하기로 했다. 1914년, 그는 거액의 자산을 헝가리 국채를 사들이는 데 투자

했다. 그로부터 불과 몇 년 뒤에 오스트리아헝가리제국이 몰락하면서 국채는 휴지 조각으로 변하고 만다.

마리아는 가방에 부모 집에 있던 자기 그릇을 가득 넣어 멜헨뷜베크로 돌아왔다. 헤세는 프랑크푸르트, 에센, 바이마르 등등 한 달 내내 여행을 하고 있었다. 헤세는 감기에 걸려 고생했다. 유산을 둘러싼 갈등 때문에 마리아도 몹시 지쳐 있었다. 하이너도 병에 걸려 온종일 침대에 누워 있었다. 하지만 그녀는 헤세에게 보낸 편지에서 불평 한마디 하지 않았다. 오히려 남편의 마음을 편하게 해주기 위해 조언을 해주고 아이들 이야기도 들려주었다. 베른에서 열린 음악회와 친구들의 소식도 전해주었다. 마리아는 헤세가 돌아오면 함께 스키 여행을 떠나려고 했다. 1월 26일, 그녀는 헤세에게 편지를 보냈다. "이곳에 눈이 조금만 더 내린다면 굳이 여행을 떠날 필요는 없을 거예요. 하지만 스키를 탈 수 있을 만큼 그렇게 눈이 많이 내릴 거 같지는 않아요."

마리아는 아버지 덕분에 어려서부터 겨울 스포츠를 즐겼다. 아버지 프리츠는 자녀들을 데리고 썰매를 타러 가기도 하고 여름 휴가철이나 주말에는 여행을 떠나기도 했다. "아버지는 항상 가족과 함께 다녔어요. 우리는 어렸지만 집으로 돌아오는 길에 피곤하다고 울거나 불평하지 않았어요. 난 아버지에게 언제나 감사하고 있어요. 우리를 잘 훈련해주셨거든요. 나도 아버지처럼 우리 아이들을 그렇게 훈련하려고 합니다. 남편이 도와주지는 않지만 말이에요. 난 아이들을 데리고 일요일마다 소풍을 다녔어요. 그래서 베른의 주변을 토박이 주민들보다 더 잘 알게 되었지요."

3월, 헤세는 코른탈을 거쳐 집으로 돌아왔다. 『로스할데』 초판본이 도착해 있었다. 막내아들 마르틴은 그 작품에 등장하는 어린 피에르처럼 뇌막염에 걸렸다. 마리아는 병든 아들의 곁을 잠시도 떠나지 않았다. 하이너는 셰델린Schädelin 부부 집에 맡겨 놓았다. 브루노는 학교에 다니고 있었다. 헤세는 누나 아델레 군데르트에게 편지를 썼다. "마리아는 막내아들 옆에서 밤을 새우고 있답니다. 창문을 반쯤 가린 채로요. 그녀는 잠시도 아이 곁을 떠나지 않아요. 식사도 아들 곁에서 하고요. 마리아 말고는 아무도 아이 옆에 가까이 가질 않아요. 아마 몇 주 동안은 그렇게 지내야 할 거 같네요."

작품에 등장하는 베라구트와 달리 헤세는 병든 아이 곁을 지킬 생각이 없었다. 그는 아이의 병간호를 마리아에게 전적으로 맡겼다. 3월 16일, 그는 아버지에게 편지를 썼다. "마르틴의 병세는 크게 달라지지 않았어요. 그래도 이전보다 조금 나아진 거 같아요. 마리아는 너무 지쳐 있습니다. 하루 종일 아이 곁을 지키고 있거든요."

헤세에게는 아들의 병세보다 『로스할데』를 설명하는 게 더 중요했는지도 모른다. "이 소설을 쓰느라 무척 힘들었답니다. 하지만 그 때문에 제가 직면한 문제 가운데 가장 힘든 문제를 떨쳐낼 수 있었습니다. 이 책에 묘사된 불행한 결혼은 잘못된 선택 때문이 아니라 '예술가의 결혼'이라는 본질적 문제에 그

뿌리를 두고 있습니다." 소설에서와 달리 현실에서 헤세는 문제를 해결하기 위해 적극적 의지를 보이려고 했다. 하지만 『로스할데』에서처럼 마르틴의 병이 헤세의 불행한 미래를 예고했다. 헤세는 자신이 어렴풋이 예감한 결혼 생활의 결말을 이렇게 표현했다. "당시에 저는 결혼 생활을 끝내야겠다고 생각하곤 했습니다. 하지만 그게 말처럼 쉬운 일은 아니었습니다. 전 조용히 책상에 앉아 글을 쓰는 데 익숙하거든요. 이혼 때문에 법정에 서거나 변호사를 고용해야 하는 건 생각만 해도 끔찍한 일입니다. 당시에 제가 누군가를 사랑하게 되었다면 좀 더 쉽게 결정을 내릴 수 있었을 겁니다. 하지만 저의 타고난 본성은 제 자신이 생각하는 것보다 훨씬 나약하고 무기력했습니다."

하지만 그로부터 5년 뒤, 실제로 그런 일이 일어났다. 마리아와 헤어지고 난 뒤 새로운 사랑을 만난 것이다. 루트 벵거. 그녀는 공장장의 딸이었다. 1914년, 그녀는 스위스 로잔에 있는 가정 학교에서 "아름답고 세련된 프랑스어"를 배우고 있었다. 마리아는 『로스할데』의 아델레 베라구트처럼 아이들을 포기하려고 하지 않았다. 헤세 또한 베라구트와 다르지 않았다. "이 조용하고 참을성 많은 여자는 전혀 물러설 기미를 보이지 않았다. 그녀는 자신의 우월한 힘을 분명히 인식하고 있었다. 그녀는 나보다 우위에 있었다. 당시에 나는 그녀를 무척 미워했다. 그때의 앙금이 지금도 여전히 남아 있다."

3월 말, 헤세는 콘스탄츠에 사는 친구 슐렝커에게로 갔다. 그사이 마리아는 셰델린 부부에게 위탁했던 하이너를 집으로

베른에 있는 자택 정원에서 하이너와 함께한 헤세 부부

데려왔다. 그리고 시험을 보러 가는 브루노를 학교에 바래다주
고는 마르틴을 데리고 키르히도르프로 떠날 준비를 했다. 알리
체와 요하나 렝지에Alice und Johanna Ringier 자매가 마르틴을 보살펴
주기로 약속했다. 여행을 떠나기 전에 헤세는 마르틴을 다른
곳으로 데려다주라고 마리아에게 일러두었다. 그녀는 몇 주 동
안 병간호를 하느라 심신이 지쳤기 때문에 헤세의 뜻에 따르기
로 했다.

　1914년 4월 2일, 헤세는 가르도네 리비에라로 향했다. 그곳
에 있는 그랜드 호텔에서 사무엘 피셔를 만나기로 되어 있었
다. 헤세의 『로스할데』는 이미 뮌헨에서 알베르트 랑겐이 출판
했다. 피셔는 베스트셀러 작가의 다음 원고를 확보하려고 했

다.『로스할데』는 세간의 호의적인 반향을 불러일으켰다. 작품도 많이 팔려나갔다. 신랄한 비평으로 유명한 쿠르트 투콜스키 Kurt Tucholsky 조차 헤세의 작품을 긍정적으로 평가했다. "이제 그는 변했다. 나이가 든 것이다. 노력한 흔적이 역력하다. 책 표지에 헤세라는 이름이 쓰여 있지 않았다면, 우리는 그가 이 책을 쓴 저자라고 생각하지 못했을 것이다. 그는 우리가 알고 있는 헤세가 아니다. 분명 다른 사람이다. (…) 그는 고향의 천막을 거두고 어딘가로 떠났다. 어디로?" 피셔도 그것이 궁금했다. 그래서 그 길을 헤세와 같이 가고 싶어 했다.

헤세는 4월은 가르도네에서, 7월은 고향에서 보냈다. 마울브론에 있는 기숙학교를 둘러보고, 호파우에 사는 아델레와 매형 군데르트도 찾아갔다. 콘스탄츠에 사는 슐렝커와 가이엔호펜에 사는 핑크도 만나보았다. 마리아는 멜헨뷜베크에 남아 가정부와 함께 집 안을 청소하고, 남편에게 온 편지를 전송해주었다. 그리고 시간이 날 때마다 아이들과 함께 산책을 즐겼다. "아레 강에 다리를 만들고 제방을 쌓는 게 무척 즐겁답니다. 거기에 제법 많은 시간을 투자하고 있어요." 아버지 프리츠가 자녀들과 함께 그랬던 것처럼 마리아는 브루노와 하이너와 함께 슈피츠와 툰 호수 주변에 있는 산에 올랐다. 그녀는 어떻게든 헤세를 설득해 키르히호프에 있는 마르틴을 집으로 데려오고 싶어 했다. 멜헨뷜베크의 정원에서는 과일과 채소가 잘 자라고 있었다. "상추가 무성해지고, 시금치도 사람 키만큼 자랐답니다." 하지만 그녀의 주변에는 잡초 뽑는 것을 도와줄 사람이 없었다. 그런데도 마리아는 불평도, 힘들다는 내색도 하지 않았다. "당신이 여행 이야기를 들려주어서 기뻐요. 돌아올 때까지 즐겁게 여행하기를 바랄게요." 그녀는 자신의 생일을 기념해 "며칠 동안 산악 여행"을 하고 싶어 했다. "아직 확실하게 결정된 건 아니에요. 상황이 좋지 않으면 못 갈 수도 있어요."

1914년 8월 1일, 제1차 세계대전이 발발했다. 멜헨뷜베크로 돌아온 헤세는 베른에 있는 독일 영사관에 가서 자원입대했다. 하지만 약시弱視 때문에 복무 부적격 판정을 받았다.

●

목소리

우리가 영원할 거라고 믿었던 보금자리는 그리 오래가지 않았
다. 나는 가이엔호펜에 지쳐 있었다. 그곳에서의 생활은 내 인생
에 아무런 의미도 주지 못했다. 그래서 나는 자주 여행을 떠났
다. 바깥세상은 무척이나 넓었다. 나는 마침내 인도까지 이르렀
다. (…) 오늘날 심리학자들은 그런 걸 '도피'라고 규정한다. 물론
그런 측면을 부정할 수는 없다. 그건 한 걸음 뒤로 물러나 세상을
넓게 조망하기 위한 하나의 시도였다. (…) 이 모든 게 충분하지
않았다. 시간이 흐르면서 내면적 원인뿐 아니라 외부적 원인도
우리의 불행을 재촉했다. (…) 우리는 살고 있던 집을 처분해야겠
다고 생각했다. 그렇게 가이엔호펜의 결혼 생활이 한낱 일화로
남게 되었다.

헤르만 헤세

나는 헤르만 헤세를 방문했다. 그는 베른 시내에서 멀리 떨어진
곳에 살고 있었다. 헤세의 저택은 아래 강의 오른편 언덕 위에 강
을 등지고 있었다. 베른의 기차역보다는 오스터문딩겐의 기차역
에 가까웠다. 넓은 대지 한가운데 세워진 저택에서 그는 부인과

아이들과 함께 살고 있었다. (…) 아이들은 온종일 벌거벗은 채 야생마처럼 돌아다녔다. 머리부터 발끝까지 달랑 파란색 수영 팬티 하나만 걸치고 있었다.

로맹 롤랑Romain Rolland

마르틴은 얼마 전부터 믿기 힘들 정도로 흥분한 상태입니다. 최근에는 밤마다 소리를 지르며 깨어납니다. 그리고 침대에서 뛰쳐나와 두려움 때문인지 부들부들 떨기도 합니다. 우리도 여간 걱정되는 게 아닙니다. 여자 의사 선생님이 신경질환이라는 진단을 내렸어요. 지금 그 아이는 격리되어 있답니다. 마리아가 밤낮으로 아이 곁을 지키고 있어요. (…) 앞으로 어떻게 될지 당분간 지켜보아야 할 거 같아요. 상황이 호전되면 잠시 여행을 다녀올 생각입니다.

1914년 3월 초, 베른에서 헤르만 헤세가 아델레 군데르트에게 보낸 편지

막내 동생 마르틴은 종종 아팠다. 그가 뇌막염에 걸렸을 때, 엄마는 어두운 방 안에서 몇 주 동안이나 그 아이 곁을 떠나지 않았다.

하이너 헤세

마르틴을 시골집에 맡긴 게 벌써 세번째라네. 다른 건 모두 예전

과 다르지 않다네. 난 매일 두 차례씩 전쟁에 관한 전보가 실린 신문을 읽고 있어. 내 서재 벽에는 지도가 한 장 걸려 있다네.

1914년 12월 4일, 베른에서 헤르만 헤세가 오토 블뤼멜Otto Blümel에게 보낸 편지

나의 아버지는 막내 동생 마르틴과 함께 있는 걸 힘들어했다. 마르틴은 아버지의 예민한 감수성을 그대로 빼닮았다. 그 아이는 지나치게 신경질적이고 언제나 병약했다. 그리고 자주 소리를 질러댔다. 아버지는 "그 아이가 집을 나가지 않으면 내가 나가겠다"라고 어머니에게 말하곤 했다. 한 번이 아니라 여러 번 그랬다.

하이너 헤세

마르틴을 다시 집으로 데려오려고 했지만 잘 안 되었어요. 오늘 마리아가 그 아이를 다시 데려다주었답니다. 그 아이와 떨어져 지낸 기간이 다 합치면 16개월가량 됩니다. 저도 그리 잘 지내고 있진 않아요. (…) 선천적으로 인생을 어렵지 않게 살아가는 사람들이 있습니다. 하지만 인간은 결국 인간일 뿐이라고 생각합니다. 타고난 기질이나 천성을 바꿀 수는 없지요. 누구나 한 번쯤은 자신만의 고유한 삶을 살고 싶어 합니다. 비록 엉망진창이 되어버린 삶이라 할지라도 말이에요.

1916년 6월 5일, 베른에서 헤르만 헤세가 아델레 군데르트에게 보낸 편지

혜세의 키는 중간 정도였다. 외모는 남다른 데가 있었다. 둥근 머리에 눈썹은 별로 없었다. 수염은 적고 콧수염은 드문드문 나 있었다. 안경 너머의 냉정해 보이는 청회색 빛 눈. (…) 그는 프랑스어를 잘하지 못했다. 그런데도 나랑 세 시간이나 프랑스어로 이야기를 나눌 정도로 호의적이었다. (…) 그리 아름답지도 젊지도 않은 그의 부인은 지적이고 신중해 보였다. 그녀에게서 프랑스 여인의 분위기가 풍겼다. (…) 그는 무척 고립된 삶을 살고 있었다. 베른에 거주하는 몇 안 되는 친구들은 대부분 음악가였다. 그들 가운데 한 사람은 혜세의 여러 시에 곡을 붙여준 작곡자이자 지휘자였다.

로맹 롤랑

고향을 찾기 위해 그는 『페터 카멘친트』를 썼다. 바로 그런 이유 때문에 그는 가이엔호펜으로 거처를 옮겼다. 그리고 또다시 고향과 가족을 지키기 위해 보덴 호수를 떠나 베른으로 향했다. 이제 그는 새로운 과제와 어려움에 직면하게 되었다. 과도한 부담감에 짓눌린 그는 『수레바퀴 아래서』의 주인공 한스 기벤라트처럼 파멸의 나락으로 내몰리고 있었다.

후고 발의 혜세 전기

9.

"사프란은 시들고 갈란투스는 사라져버렸다. 오래된 목련만이 늦봄을 기다리며 홀로 외로이 피어 있었다." 1914년 봄에 헤세는 『꿈의 집 Das Haus der Träume』을 집필하기 시작했다. 헤세 자신이 밝힌 것처럼 멜헨빌베크가 다시 한 번 창작의 무대가 되었다. 그 무대를 중심으로 등장인물들이 모습을 드러냈다. 노년의 네안더와 그의 부인, 네안더 부부의 아들인 알프레트와 한스, 알프레트의 아내 베티. 베티라는 애칭으로 불리는 엘리자베트를 통해 헤세는 엘리자베트 라 로슈에 대한 연정을 되살렸다. 베티는 엘리자베트처럼 음악을 사랑했다. 풍부한 감성으로 피아노를 연주하고, "나지막하며 청아한 소녀의 목소리"로 노래를 부른다. 남편 네안더가 정원과 나무를 가꾸고 중국의 금언집을 탐독하는 동안, 그의 부인은 집 안을 청소하고 살림을 챙긴다. 하지만 그녀는 아델레 베라구트처럼 비참한 모습으로 그려지지는 않는다. 그녀는 남편을 잘 이해하고 매사에 "솔직하고 활기에 넘치는" 여인이다. 미완성으로 끝난 원고에서 늙은 부부의 갈등이나 반목은 나타나 있지 않다. 부모와 달리 두 형제는 서로 다른 성격과 성향을 지녔다. 알프레트는 진지하고 매우 세심한 공무원인 데 비해, 한스는 창의적인 사고를 지닌 건축가다. 알프레트와 한스 사이에 베티가 있다. 형제는 베라구트 부부의 두 아들과 비슷해 보인다. 아버지의 사랑을 받지 못한 형 알프레트와 아버지의 사랑을 독차지하는 동생 피에르.

헤세는 『게르트루트』를 통해 '음악가 소설'을, 『로스할데』를 통해 '화가 소설'을 선보였다. 그리고 『꿈의 집』에서는 형제와 베티의 삼각관계를 그리려고 했다. 베티는 자식도 없는 결혼 생활이 행복하지 않다고 한스에게 털어놓는다. 한스는 처음으로 그녀의 아름다움을 깨닫는다. "또다시 그녀의 머릿결이 그의 눈에 비쳤다. 목덜미에서 위로 빗어 올린 검은 머리. 일본의 대가들이 그린 그림에서 볼 수 있는 모간^{もかん}의 단정하고 우아한 모습이었다. 한스도 그런 그림을 가지고 있었다. 그리고 지금 베티에게서 바로 그런 극도의 완전무결함을 발견한 것이다." 이 이야기는 얼마 뒤에 중단되고 말았다. 1914년에 발발한 전쟁 때문에 헤세는 더 이상 창작에 전념할 수 없었다.

헤세는 8월에 받은 복무 부적격 판정에도 뷔르템베르크 시민으로서 언제든 군에 입대할 수 있는 준비를 하고 있어야만 했다. 10월 초, 헤세는 슈투트가르트로 여행을 떠났다. 거기서 그는 『메르츠』의 편집 동료인 친구 콘라트 하우스만을 만났다. 마리아는 주말이면 브루노와 하이너를 데리고 산책에 나섰다. 그리고 친구들과 함께 암벽 등반을 즐겼다. 그녀는 남편에게 편지를 보냈다. "우리는 별로 힘들이지 않고 정상에 올랐어요. 아직 등반 실력이 남아 있다는 게 기분 좋네요. 지금은 허벅다리에 약간 통증을 느끼고 있어요." 그녀는 헤세가 없는 틈을 이용해 마르틴을 집으로 데려왔다. "마르틴은 밤에 거의 대부분 조용히 지내고 있답니다."

10월 11일, 마리아는 보덴 호수로 가서 남편을 만나려고 했다. 하지만 정원 일이 그녀의 발목을 잡았다. 사과와 배를 거둬들여야 했기 때문이다. 10월 13일, 마리아는 콘스탄츠의 치과 의사인 슐렝커의 집에 머물던 헤세에게 편지를 보냈다. "오늘 과일을 전부 다 땄어요. 굵은 나뭇가지에 사다리를 대고 힘겹게 올라갔답니다. 너무 무서웠지만 그래도 꾹 참고 해냈어요." 마리아는 여행 계획을 접었다. 무엇보다 그녀의 여자 친구 이다 후크를 만날 수 없는 게 못내 아쉬웠다.

어쩌면 그녀의 선택이 옳았는지도 모른다. 콘스탄츠에서 헤세와 그의 친구 알프레트 슐렝커 사이에 말다툼이 벌어졌기 때문이다. 두 사람의 갈등은 헤세가 그곳을 떠날 때까지도 해소되지 않았다. 11월 초, 슐렝커가 헤세에게 화해의 편지를 보내왔다. 11월 10일, 헤세는 한결 가벼워진 마음으로 그에게 답장을 보냈다. "사랑하는 친구에게. 자네가 보낸 편지를 정말 기쁘게 받아 보았네. 난 벌써 오래전부터 자네에게 편지를 쓰려고 했다네. 하지만 그때 우리가 콘스탄츠에서 벌였던 부질없는 언쟁 때문에 여전히 내 감정을 추스르지 못하고 있었네. 지금도 나를 괴롭히고 있는 건 말다툼 자체가 아니라네. 그런 상황에서 친구들을 이해하려고 노력하기보다는 오히려 친구들이 나를 이해하는 걸 당연하게 받아들이는 나 자신이 너무도 싫었다네."

하지만 부인에게는 그렇게 하지 않았다. 그는 마리아의 보살핌에 익숙했다. 마리아는 그의 변덕스러운 기질과 우울한 기분을 기꺼이 받아주려고 노력했다. 그녀는 작품에 등장하는 크눌프처럼 불안스레 이리저리 떠도는 방랑자 헤세를 보았다.『크눌프: 삶의 세 가지 이야기Knulp: Drei Geschichten aus dem Leben Knulps』는 헤세가 1907년부터 1914년까지 7년에 걸쳐 완성한 작품이었다. 이 소설은 마리아에게 '시민적인 삶'을 거부하는 국외자적인 삶의 변명처럼 느껴졌다.

마리아는 오래전부터 헤세가 작품을 통해 일종의 가면 놀이를 하고 있다고 생각했다. 계속해서 배역이 바뀌고 새로운 실험이 이루어졌다. 헤르만 라우셔, 페터 카멘친트, 요한 베라구트, 크눌프. 이야기의 중심에는 언제나 남자들이 있었다. 비록 여자들이 갈등의 요인으로 작용하지만, 본질적으로 남자들의 이야기였다. 투콜스키는『로스할데』를 읽고 감명을 받았다. "이 책에서 또다시 남자들의 진정한 우정의 가치를 찾아볼 수 있다는 건 기분 좋은 일이다. 음흉한 계략이나 불순한 의도가 없는, 지배도 복종도 없는, 인간과 인간을 엮어주는 우정 말이다." 여러 작가가 헤세의 "무미건조하고 유치한 사랑 이야기"에 지루함을 느꼈다. 그런 작가 가운데 한 사람이 바로 평론가인 투콜스키 자신이었다. 2년 전에 그는『라인스베르크: 연인들을 위한 그림책Rheinsberg: Ein Bilderbuch für Verliebte』을 출간했다. 그리고 1931년에는 육감적인 사랑 이야기를 다룬『그립스홀름 성城, Schloss Gripsholm』을 펴내기도 했다.

*

마리아는 헤세의 신경과민 증세가 창작에 대한 열정 때문이라는 사실을 그와 결혼한 지 11년이 지난 뒤에야 비로소 깨닫게 되었다. 작품 속에서 헤세는 한 사람이 아니라 여러 사람이었다. 주인공들은 다양한 삶의 위기를 겪으면서 다양한 역할을 보여주었다. 시간이 지날수록 헤세의 문학적 변용은 보다 더 분명해졌다.

1914년에 발발한 전쟁은 헤세의 관심을 개인적인 문제에서 다른 곳으로 돌려놓은 것처럼 보였다. "나는 10월 초순에 뷔르템베르크와 보덴 호수에서 휴양을 했네. 그리고 전쟁을 통해 깨끗하게 정화된 공기를 호흡했다네. 나는 전쟁이 민중의 영혼에 도움이 된다고 믿네. 전쟁은 모든 걸 청결하게 만들고 단순하게 만드니까 말일세. 그 점을 높이 평가해야 할 걸세."

11월 중순, 헤세는 테신에 거주하는 친구 구스타프 감퍼Gustav Gamper에게 편지를 보내 몬테 베리타의 주민들에게 안부를 전했다. "난 채식주의자들이 결혼 생활을 하면서도 아이를 갖지 않는 건 불길한 시대 조류라고 생각하네. 그런데도 그들이 추구하는 이상을 언제나 긍정적으로 받아들이고 있다네." 헤세는 「크뇔게 박사의 최후Doktor Knölges Ende」에서 채식주의자들과 함께 생활했던 경험을 신랄한 풍자로 묘사했다. 감퍼에게 편지를 쓸 때만 해도 헤세는 몇 년 뒤 이 모임의 회원이 자신의 결혼 생활을 파경에 이르게 할 거라는 사실을 전혀 예감하지 못했다.

다행히도 멜헨뷜베크에서는 전쟁의 총성이 들리지 않았다. 10월, 마리아는 석탄을 비축하기 시작했다. 헤세는 신문으로 전쟁 상황을 파악하고, 서재에 붙여놓은 지도에 전선의 이동을 그려 넣었다. 저녁에 헤세 부부는 책을 읽고 일찍 잠자리에 들었다. 석유 재고가 충분하지 않았기 때문이다. 중립국 스위스에서도 땔감과 식료품의 통제 배급이 시행되었다. 그래도 헤세 부부에게는 창고에 저장해둔 과일과 채소가 있었다.

그러나 창작에 전념할 수 있는 상황이 아니었다. 그는 산에서 스키를 타며 겨울을 즐기고 싶었다. 1월 초, 헤세 부부는 그스타드로 스키 여행을 떠났다. 그런데 여행을 떠난 지 며칠 뒤 마리아가 사고를 당했다. 헤세는 친구 카를 하우스만에게 편지를 보냈다. "어제 아내가 스키를 타고 내려오다가 판자 울타리에 부딪쳐 무릎을 다쳤어요. 상처가 빨리 낫기만을 바라고 있답니다. 그렇지 않으면 이번 그스타드 여행이 악몽으로 변해버릴 테니까요. 오늘은 수북이 쌓인 눈 위로 하염없이 비가 내리고 있네요."

마리아의 부상은 생각보다 심각했다. 오랫동안 치료를 받아야 했기 때문에 여행을 중단하고 집으로 돌아왔다. 그리고 3월 중순, 바덴으로 휴양을 떠났다. 처음에는 가스트호프 춤 옥센에서 묵었다. 그러고 나서는 요양 호텔 베레나호프로 옮겨 목욕도 하고 안마도 받았다. 바젤에 사는 남동생 프리츠가 문병하러 마리아를 찾아왔다. 브라운 회사의 바덴 지점에서 일하는 한스 헤세는 마리아를 휠체어에 태워 공원을 산책했다. 마리아는 밤마다 진통제를 먹고 나서야 겨우 잠을 청할 수 있었다.

마리아는 남편에게 편지를 보내 요양 과정과 요양객들에 대해 이야기했다. 그리고 멜헨뷜베크에 대해 물어보았다. 헤세는 그녀를 안심시켰다. 마르틴은 키르히도르프로 돌아갔다. 헤세는 보모와 가정부를 구했다. 그래도 마리아는 집안일 때문에 여전히 신경이 쓰였다. "룸프 씨한테 마르멜루 잼을 한 통 주문할 수 있을 거예요. 아니면 자두 잼을 주문해도 되고요. 앵두를 담은 단지는 지하실 어딘가에 있을 거예요. 아니, 어쩌면 벌써 다 먹어버렸는지도 모르겠네요." 부활절이 되기 전, 헤세가 마리아를 문병했다. 4월 6일, 헤세가 떠나고 나서 그녀는 그가 집에 잘 도착했는지 물었다. 그리고 아이들과 함께 즐겁게 부활절 달걀 찾기를 했는지도 물었다. 4월 20일경, 마리아는 예전부터 친분이 있던 한스 부룬Hans Brun 박사의 개인병원 '임 베르글리'에서 치료를 받았다. 마리아는 브룬 박사의 가족과 개인적으로 가깝게 지냈다. 피아노도 연주하고 정원에서 일광욕도 즐겼다. 다행히 통증이 많이 사라져 걸을 때 별로 힘들지 않았다. 5월 1일, 마리아는 헤세에게 편지를 썼다. 그리고 여전히 주사를 맞고 있기는 하지만, 며칠 지나면 집에 돌아갈 수 있을 거라고 알려주었다. "여기로 나를 데리러 올 수 있나요? (…) 이삼일 뒤에 당신이 온다면 개인병원 자동차를 타고 호수 주변을 드라이브할 수 있을 거예요."

마리아가 오랫동안 집을 떠나 있었는데도 헤세 부부의 관계는 괜찮아 보였다. 여름에 그들은 브루노와 하이너를 데리고 칸더슈테크로 휴가를 떠났다. 날씨가 궂었지만 헤세는 긴장이나 불만을 드러내지 않았다. 다음은 그가 하우스만에게 보낸 편지다. "난 지금 칸더슈테크의 숲 속에 있는 별장에서 친구들과 함께 있다네. 비는 하염없이 주룩주룩 내리고 있어. (⋯) 내가 앉아 있는 창문 너머로 구름이 흘러가고, 그 뒤로는 눈 덮인 산과 바위가 보인다네. 다른 사람들은 저녁 식사에 필요한 식자재를 구하러 마을로 내려갔다네. 그동안 나는 아이들에게 마술을 보여주고 시도 읊어주었지. 이곳은 춥긴 하지만 그래도 무척이나 상쾌하다네."

여행에서 돌아온 헤세는 또다시 베른에 있는 독일 영사관을 찾아갔다. 볼테렉Woltereck 교수는 독일 전쟁 포로들에게 읽을거리를 제공하는 기관을 만들어보라고 헤세에게 제안했다. 이 기관은 1918년 전쟁이 끝날 때까지 유지되었고, 수많은 독일 포로에게 서적을 공급하는 임무를 수행했다. 1915년 9월 말, 헤세는 외가 쪽 친척인 마틸데 슈바르첸바흐Mathilde Schwarzenbach에게 편지를 썼다. "난 지금 베른을 거쳐 프랑스로 가는 '포로들을 위한 도서'의 감독을 맡고 있습니다. 슈투트가르트에 가서 소장 목록을 살펴보았는데 책이 무척 많더군요. 장서들을 체계적으로 관리하고 보충하는 데 적지 않은 어려움이 있답니다." 헤세의 서재는 작업실로 바뀌었다. 여기서 그는 도서 기증을 위한 청원서와 도서 목록을 작성하고 『포로 총서Gefangenenbücherei』를 만들었다. 얇은 단행본에 헤세 자신이 쓴 단편소설도 집어넣었다. 헤세는 격주로 발행되는 『독일 전쟁 포로들을 위한 일요판 전령傳令, Sonntagsboten für deutsche Kriegsgefangene』의 편집을 맡았다. "한동안 즐겁게 할 수 있을지 모르지만 계속해서 하기는 힘들 겁니다. 그럴 바에는 차라리 독일 군대에 입대하는 게 나을지도 모르겠어요."

헤세는 전쟁이 끝날 때까지 군 복무를 면제받았다. 그는 열정적으로 임무를 수행했다. 다음은 헤세가 카를 하우스만에게 보낸 편지다. "생각했던 것보다 개인적으로 훨씬 잘 지내고 있습니다. 지금은 어느 정도 버틸 만합니다. 잠을 충분하게 자지는 못하지만 그래도 잘 버티고 있습니다. 작업도 효율적으로 할당해 진행하고 있습니다. 물론 전 기획에는 소질이 없습니다. 나중에라도 기획 따위는 전혀 할 생각이 없습니다."

하지만 헤세의 몸과 마음은 지쳐 있었다. 1915년 9월 20일, 니논이 빈에서 보내온 편지에도 답장하지 않았다. 니논은 전쟁터로 변한 체르노비츠를 떠나 부모와 여동생 릴리와 함께 빈에 피신해 있었다. 그녀는 헤세가 답장을 보내주지 않아 몹시 서운했다. 『크눌프』를 감명 깊게 읽은 니논은 헤세가 그녀를 기억하고 있는지 매우 궁금했다. 그로부터 몇 달이 지난 뒤에 헤세는 그녀에게 엽서 한 장을 보냈다. 1915년 12월 25일자 일간지 『슈투트가르터 노이에스 타게블라트Stuttgarter Neues Tageblatt』에 게재된 「전장으로 보내는 편지Brief ins Feld」도 함께 보냈다. 하지만 그녀의 안부를 묻지는 않았다. 이번에는 니논이 답장을 보내지 않았다. 그리고 1918년 3월에 가서야 헤세에게 편지를 보내 그를 빈으로 초대했다.

＊

1916년 1월 13일, 헤세는 또다시 징병검사를 받았다. 다음 날 그는 음악가 친구인 프리츠 브룬에게 소식을 전했다. "검사를 담당한 의사가 나를 '야전 근무 불능'이라고 하더군. (…) 폐기종肺氣腫을 확인했거든. 혈관이 경화되는 증상도 있다고 하네." 의사의 진단은 헤세를 우울하게 만들었다. 어둡고 차가운 겨울 날씨는 헤세의 우울증을 악화시켰다. 전쟁이 발발할 당시 헤세가 보여주었던 낙천적인 모습은 온데간데없었다. 다른 예술가들처럼 헤세는 전쟁이 사회의 병리 현상을 치유하는 데 기여할 수 있을 거라고 믿었다. 하지만 벌써 오래전에 그는 자신의 생각이 잘못되었다는 걸 깨달았다. 솜 강에서 벌어진 대규모의 물량전, 치열한 해상 전투, 전선에서 들려오는 음울한 소식들이 그를 짓눌렀다. 멜헨빌베크의 개인적인 위기가 전쟁의 집단적 광기 때문에 한층 더 고조되었다.

헤세는 마음의 짐을 덜고 머리를 식히기 위해 다보스로 떠났다. 이번에는 혼자 스키 여행을 즐기기로 했다. 마리아는 지난겨울에 스키 사고로 오랫동안 재활 치료를 받은 터라 남편과 동행할 엄두를 내지 못했다. 그녀는 집에 남아 볼테렉 박사와 함께 포로들을 위한 도서 목록을 정리하고, 『독일 전쟁 포로들을 위한 일요판 전령』을 펴냈다.

2월 1일, 마리아는 남편에게 편지를 보냈다. "가능하면 다보스에 오래 머무르도록 해요. 볼테렉 박사도 당신이 서둘러 돌아올 필요는 없다고 말했으니까요." 며칠 뒤에 헤세는 취리히에 있는 '하우스 울름베르크'로 가서 마틸데 슈바르첸바흐의 집에 묵었다. 슈피겔가세에 위치한 다다이즘의 근거지 '카바레 볼테르'는 후고가 에미 헤닝스Emmy Hennings와 다른 망명 예술가들과 함께 설립한 모임이다. 처음에 헤세는 이 모임에 별로 관심을 보이지 않았다. 1926년에 후고는 당시 상황을 이렇게 회상했다. "헤세는 르네 시켈레René Schickele, 푀르스터Foerster, 요한 빌헬름 뮐론Johann Wilhelm Muehlon처럼 공화주의를 표방하는 이주자들과는 거의 개인적인 교류를 하지 않았다. 1917년에 베른을 방문했을 때, 나는 헤세가 근처에 살고 있다는 사실을 전혀 몰랐다. 정치적인 토론 모임에서 헤세라는 이름은 거의 들을 수 없었다." 카바레 볼테르와 갤러리 다다의 이주자들, 그리고 베른에서 발간되는『프라이에 차이퉁Freie Zeitung』의 편집자들은『노이에 취르허 차이퉁Neue Zürcher Zeitung』에 실린 헤세의 사설「오 친구들이여, 이런 말투는 삼가시길O Freunde, nicht diese Töne」에 전적으로 동의했다. 후고가 그런 사실을 확인해주었다. "이 글에서 헤세는 유럽의 예술가들과 사상가들을 되살려냈다. 아주 작은 평화라도 보존하기 위해, 자신들이 살고 있는 땅에서만이라도 평화를 보존하기 위해."

프랑스의 동료 작가 로맹 롤랑이 멜헨빌베크로 헤세를 찾아왔다. 두 사람은 평화의 숭고한 가치를 공유했다. 하지만 독일 언론은 헤세에 대한 분노의 목소리를 높였다. 유명 작가 헤세는 조국을 배신한 기회주의자로 낙인찍혔다. 중립국 스위스로 이주한 망명자들도 헤세처럼 폭력과 살인 행위를 거부하는 "조국의 배신자들"이었다.

헤세는 『이력서Lebenslauf』에서 자신의 외로운 심정을 드러냈다. "작가들이 전쟁을 축복하는 사설을 쓰고, 교수들이 전쟁을 선동하고, 유명 시인들이 전쟁과 관련된 시를 쓰는 걸 보면, 나 자신이 점점 더 비참해지는 걸 느낀다." 이미 1909년에 『게르트루트』에서 학교 교사 로제는 제자에게 이렇게 말했다. "자네는 광기에 사로잡혀 있어. 그래, 시대의 유행처럼 되어버린 질병에 걸린 거란 말일세. 교양 있는 사람들에게서 쉽게 찾아볼 수 있는. (…) 패륜광悖倫狂과도 유사하고, 개인주의나 허구적인 고독이라고도 부를 수 있겠지."

헤세는 고독한 삶이나 일에만 몰두하는 삶도 현실도피처럼 바람직하지 않다는 사실을 잘 알고 있었다. 게다가 그에겐 가정적인 문제와 과도한 업무 때문에 신경쇠약의 징후가 나타나기 시작했다. 1916년 3월 8일, 헤세의 아버지 요하네스 헤세의 죽음은 헤세의 정신 질환에 결정적인 동인을 제공했다. 어머니의 장례식에 참석하지 않았던 헤세는 아버지의 부음을 접한 즉시 코른탈로 달려갔다. 경건주의와 신비주의가 숨 쉬고 있는 아버지의 세계로 다시금 돌아온 것이다. 헤세는 여러 면에서 아버지를 빼닮은 아들이었다. 아버지의 죽음은 헤세에게 미해결로 남아 있던 예전의 갈등을 다시금 분명하게 보여주었다. 헤세는 독일과 스위스 국경에 접한 뢰라흐에서 40여 시간을 머물다가 집으로 돌아왔다. 그리고 얼마 뒤에 신경 발작을 일으켰다.

집에서는 회복되기 어려워 보일 정도로 증상이 심각했다. 그 래서 헤세는 독일 영사관에서 휴가를 얻어 3월 20일 남부 지방 으로 휴양을 떠났다. 1907년처럼 헤세의 목적지는 마조레 호수 였다. 헤세는 로카르노의 파르크 호텔에 여장을 풀었다. 그리 고 호수 주변을 산책하고, 인근 산에서 하이킹을 했다. 로조네, 아스코나, 론코 소프라 아스코나 등 여전히 아름다운 추억으로 남아 있는 이전의 여행지를 다시 한 번 둘러보았다.

마리아는 헤세에게 편지를 보내 베른의 음악회와 아이들, 집 안 청소에 대해 이야기했다. 헤세의 서재는 말끔하게 정리되었 다. 4월 1일, 마리아는 헤세에게 브루노를 데리고 로카르노로 오라고 제안했다. 마르틴과 하이너는 키르히도르프에 사는 렝 지에 자매가 맡아주기로 되어 있었다. 헤세가 로카르노에서 만 나고 싶지 않으면, 피어발트슈타트 호숫가에 있는 브루넨에서 만나도 좋다고 말했다. 하지만 헤세는 마리아의 제안을 거절하 고 브루넨으로 떠났다. 4월 7일, 마리아는 헤세에게 편지를 썼 다. "당신의 건강이 좋지 않아 걱정이군요. 브루노와 함께 있는 게 당신에게 부담이 되지 않기를 바랄 뿐이에요. 우리는 내일 떠날 거예요. (…) 여행 준비를 미리 해두도록 해요."

하지만 헤세 부부는 만나지 못했다. 헤세는 로카르노의 호텔 이 마음에 들지 않았다. 취재기자가 성가시게 구는 바람에 기 분이 상했고, 마리아와 아이들 때문에 신경이 곤두서 있었다. 작품을 쓸 엄두도 나지 않았다. 요양소에서 푹 쉬는 것만이 유 일한 해법이었다. 헤세는 루체른 위쪽에 있는 존마트를 택했

요제프 베른하르트, 에른스트 모르겐탈러가 그린 소묘, 1920년경 /
헤르만 헤세가 연필로 그린 자화상, 1919년경

다. 거기서 그는 전기요법으로 치료를 받았다. 그를 치료한 젊은 의사는 카를 구스타프 융Carl Gustav Jung의 제자인 요제프 베른하르트 랑Josef Bernhard Lang이었다. 랑 박사와 헤세는 열두 차례에 걸쳐 심리 상담을 진행했다. 은둔자적 생활을 영위하는 베네딕트 교단에 속한 랑 박사는 가톨릭 출신답게 '자기 면죄自己免罪'를 엄격하게 배제했다. 그는 "외부의 삶에서 벌어지는 모든 사건에 대한 해석과 책임은 개인 자신에게 있다"라는 확신을 가지고 있었다. 헤세에게 랑 박사는 이해심이 많은 친구였다. 그의 도움으로 헤세는 대화와 연상 작용, 꿈의 기록을 통해 무의식의 세계로 들어가는 길을 발견했다.

마리아는 헤세에게 편지를 보내 소식을 전했다. 집에 돌아온 마르틴은 건강이 제법 좋아졌다. 마리아는 브룬이 지휘하는 음악회에 갔다. 4월 29일에는 헤세를 위로하는 편지를 썼다. "몸도 편치 않은데 주변이 너무 시끄럽다니 걱정이네요. 하지만 잘 견디다 보면 분명 나아질 거예요. 기쁨은 아무 데서나 공짜로 얻는 게 아니잖아요. 당신이 건강을 회복하는 대로 온전한 기쁨을 누릴 수 있을 거예요. 절대 실망하거나 포기하지 마세요. 분명히 더 나아질 테니까요. 조금 느리더라도 말이에요." 마리아는 정원에 대해서도 이야기했다. "이제 무엇부터 해야 할지 잘 모르겠어요. 상추 묘상苗床 두 개와 양배추 묘상 두 개를 준비해놓았답니다. 완두콩을 모종하기에 너무 이른 시기는 아니겠지요." 마리아는 헤세가 영국에서 주문한 꽃씨에 관한 안내서를 번역하느라 영어 사전을 펴 들었다. 5월 8일에는 콩 모종을 꽂아놓고, 19일에는 토마토 묘목을 옮겨 심었다. 저녁에는 대부분 정원에서 일했다. 저녁 날씨는 서늘하고 아이들의 방해도 없었다. 마리아가 매일 밤마다 물을 준 덕분에 "콩이 땅을 헤집고 머리를 드러냈다".

마리아는 헤세에게 온 서신을 정리하고 볼테렉 박사와 공동 작업을 계속해나갔다. 1916년 6월 16일, 마리아는 헤세에게 편지를 보내『독일 전쟁 포로들을 위한 일요판 전령』을 러시아에 있는 독일군 포로수용소에 얼마나 보내야 하는지 물었다. 헤세는 그 일에 별로 관심이 없었다. 5월 21일, 헤세는 친구 셰텔린에게 속내를 털어놓았다. "인간은 변화를 경험한 뒤에도 이전과 똑같은 인간일 뿐이라네. 난 두 번씩이나 그런 위기를 경험했다네. 『헤르만 라우셔가 남긴 글과 시』를 집필할 때, 그리고 서른 살 무렵 아스코나에 있을 때. 세번째 위기는 인도 여행을 떠날 때 찾아왔지. 그리고 커다란 앙금만 남겨놓았다네. (…) 난 시인으로서 인생의 쓴맛을 맛보고 온갖 어려운 일을 겪었다네. 그렇게 해서라도 계속 앞으로 나아갈 수 있는 길을 찾으려고 했지. 바로 그걸세. 10년 전에 나에게 도움을 주었던 금욕적 삶은 이제 더 이상 도움이 되지 않는다네. 보다 더 종합적이고 구속救贖적인 해결책을 찾아보아야 할 거 같아."

헤세에게는 부모의 엄격한 교육과 종교적 양심과의 갈등이 가장 큰 문제였다. 다음은 후고의 진술이다. "헤세는 어린 시절부터 종교적인 상징의 세계를 지니고 있었다. 하지만 오랫동안 의혹의 시선과 냉혹한 환경 때문에 그 세계는 숨겨져 있었다. 그리고 언젠가 그 세계가 드러날 때를 기다리고 있었다. 헤세를 치료하는 의사에게는 경직된 삶과 고독한 삶을 용해하는 것이 무엇보다 중요한 과제였을 것이다."

헤세가 좋아하는 누나 아델레는 동생의 고통을 안타까워했다. 그녀는 헤세가 아버지를 꼭 빼닮았다고 생각했다. 헤세는 그녀에게 편지를 보냈다. "내가 아버지를 닮았다고 누나가 말할 때마다 난 그걸 전혀 다르게 받아들입니다. 난 내가 번민이나 감정적인 부분, 단점에서 상당 부분 아버지와 비슷하다고 생각합니다. 가끔은 예전에 아버지가 나한테 한 것과 똑같은 말이나 행동을 아내와 아이들에게 하는 나 자신을 발견하곤 합니다. (…) 어떤 면에서는 내가 고민이나 감수성을 아버지로부터 물려받았다는 사실, 그래서 나만의 책임이 아니라는 사실이 나한테 위로가 되기도 합니다. 하지만 다른 면에서는 이러한 감정이 나를 괴롭힙니다. 벗어나고 싶어도 벗어날 수 없으니까요. 그렇기 때문에 아버지는 나에게 위안이 아니라 예리한 가시나 따가운 질책 같다는 생각이 듭니다." 헤세 부부의 막내 아들 마르틴도 지나칠 정도로 감수성이 예민한 아이였다. 마르틴은 헤세가 어린 시절에 경험했던 갈등과 모순을 그의 앞에서 생생하게 재현하고 있었다.

6월 말, 헤세가 멜헨뷜베크로 돌아왔을 때 마리아는 마르틴을 키르히호프에 데려다주었다. 그리고 여름방학을 맞은 브루노와 하이너와 함께 아델보덴으로 여행을 떠났다. 헤세는 일주일에 한 번씩 랑 박사를 만나기 위해 루체른으로 갔다. 8월 8일, 마리아는 남편에게 편지를 보냈다. "당신이 루체른에서 브뤼닝을 거쳐 우리한테 올지도 모른다고 생각했어요. 하지만 힘들게 여기까지 와서 잠깐 보고 다시 가야 한다는 게 마음에 걸리네요."

마리아가 아이들과 함께 여행에서 돌아오자 이번에는 헤세가 여행을 떠날 준비를 했다. 8월 초에 그는 테신에 사는 친구에게 편지를 썼다. "테신에 대한 향수가 무척 크다네. 이번 가을에 그곳에 갈 수 있을지는 잘 모르겠어. 병치레와 전쟁 업무 틈새에서 거의 반쪽짜리 인생을 살고 있다네. 신선한 공기를 한 입 가득 넣을 수 있었으면 좋으련만."

*

헤세가 직면한 문제는 언제나 똑같았다. 은둔자적 평화를 추구하는 그에게 가족은 창작과 사유를 방해하는 존재일 뿐이었다. 마리아와 아이들이 집을 떠날 때쯤 그의 "남아 있던 신경은 거의 다 소진된" 상태였다. 그래서 헤세는 여행을 떠나기로 했다. 예전처럼 움브리아의 수도원을 다시 찾고 싶지는 않았다. 이번에 그의 목적지는 테신이었다. 남쪽 하늘 아래 아름다운 풍경과 전원, 산악 하이킹, 물놀이를 즐길 수 있는 호수. 테신은 이탈리아에서 멀지 않았다. 스위스와 이탈리아를 가로지르는 국경은 브리사고 뒤쪽으로 마조레 호수와 맞닿아 있었다.

9월 2일, 베른에 남아 있던 헤세는 발이 시릴 정도로 몸이 좋지 않았다. 이탈리아어를 사용하는 스위스의 최남단 주 테신은 헤세에게 따사로운 햇볕을 약속했다. 지난 3월, 로카르노에서 헤세는 숙박 시설을 운영하던 힐데가르트 노이게보렌Hildegard Neugeboren이라는 젊은 여성을 알게 되었다. 1973년에 그녀는 헤세와 얽힌 인연을 이렇게 회상했다. "제가 헤세에게 숙소를 제공해주었지요. 그는 9월에 여기 와서 한 달가량 머물렀답니다." 헤세가 묵던 정자는 여행 손님들이 거처하는 빌라 노이게보렌에서 조금 멀리 떨어져 있었다. 힐데가르트의 어머니는 오래전부터 몬테 베리타의 주민들과 친분을 쌓아왔다. 그녀는 로카르노의 위쪽에 있는 몬티 델라 트리니타의 포도원을 사들여 '채식주의자들을 위한 숙박 시설'을 세웠다. 1917년에 정신과 의사 펠릭스 융Felix Jung 박사와 결혼한 그녀의 딸이 그곳의 운영을 이어받았다.

헤세는 일주일에 한 번씩 랑 박사를 면담했다. 랑 박사를 만나러 가는 길에 브루넨의 호텔 에덴에 들러 쇠크 가족을 만났다. 그리고 거기서 고트하르트를 거쳐 로카르노-몬티로 갔다. 헤세는 자신이 묵던 정자를 "힐데가르트의 작은 산골 집"이라고 불렀다. 헤세는 주변에 있는 산에 오르기도 하고, 아스코나에서 몬테 베리타의 친구들을 만나기도 했다. 그들 가운데 야코프 플라흐Jakob Flach도 있었다. 플라흐는 다재다능한 젊은 학생인데, 사람들은 그를 '쾨비'라는 애칭으로 불렀다. 헤세는 "낭만적인 분위기가 감돌고 담쟁이덩굴이 무성한 산속의 작은 집"에서 그와 함께 묵기도 했다.

헤세는 삽화 작가인 친구 오토 블뤼멜에게 편지를 보냈다. "자네가 남쪽 마을 테신의 풍경을 잘 알고 있는지 모르겠네. 이곳은 참으로 풍요롭고 아름다운 곳이라네. 세련되었다기보다는 조금 거칠고 드센 느낌이라고나 할까. 산꼭대기까지 듬성듬성 이어진 밤나무 숲, 자작나무가 자라는 바위산, 그리고 알프스산." 헤세는 이곳에서 평화로운 안식을 누렸다. 앞으로도 기회가 되면 자주 힐데가르트의 산골 집을 찾기로 마음먹었다.

헤세가 떠난 뒤로 마리아는 발열 증세로 몸져누웠다. 그런데도 그녀는 『독일 전쟁 포로들을 위한 일요판 전령』을 교정하고, 헤세의 단편소설 「사이클론Der Zyklon」의 교정쇄를 읽었다. 그리고 헤세에게 "나비 물품들"을 보내주었다. 헤세는 나비에 관한 전문 지식을 갖춘 열정적인 수집가였다. 산책을 하다가 우연히 발견한 나비는 그의 채집 목록에 들어 있지 않았다. 9월 13일, 마리아는 헤세의 건강을 염려하는 편지를 보냈다. "난 당신이 식사를 제대로 하고 있는지 항상 걱정되어요. 배낭을 메고 돌아다니는 게 멋지고 좋은 일이기는 하지만, 집에 돌아와서는 영양이 풍부한 음식을 섭취하세요. 그렇지 않으면 몸이 허약해질지도 모르니까요." 마리아는 나중에 헤세에게 취사도구를 가져다주겠다고 약속했다.

마리아는 건강을 회복했다. 가을 방학 때 아이들이 머물 곳을 알아보고, 정원에 있는 마지막 과일도 거두어들였다. 그러고 나서 9월 19일경, 로카르노로 떠났다. 여행 가방에는 산악 하이킹을 위해 징이 박힌 신발을 넣었다. 마리아는 헤세의 숙소에서 멀리 떨어진 곳에 여장을 풀었다. 남편의 심기를 건드리지 않기 위해서였다. 힐데가르트 융-노이게보렌은 그녀를 이렇게 회상했다. "그녀는 옆모습이 아름답고 매우 사랑스러운 여인이었습니다. 베토벤을 아주 훌륭하게 연주했지요. (…) 두 사람 사이에는 종종 다툼이 있었습니다. 커피를 마시고 나서 산책을 나갈 때 특히 더 그랬던 것 같아요. 헤세는 부인이 곧바로 나갈 채비를 하지 않고 꾸물대는 걸 무척 싫어했어요."

아침 식사를 마치고 산책에 나설지, 아니면 그냥 정자에 머물러 있을지는 헤세 마음 내키는 대로였다. 그가 외출하려고 할 때 준비가 되어 있지 않으면 몹시 화를 냈다. 가끔은 옆에 있는 사람들조차 헤세가 짜증을 내는 이유를 알지 못했다. 1916년, 마리아는 아직 미혼인 힐데가르트에게 이렇게 물은 적이 있다. "당신이 헤르만을 가질래요?" 힐데가르트는 헤세를 잘 알고 지내는 여느 여성들과 다르지 않게 대답했다. "누구도 헤세를 가질 수 없잖아요. 그냥 이해하려고 노력하는 거겠지요."

마리아는 헤세를 이해하려고 노력했고, 그를 '갖게' 되었다. 헤세는 이미 자신의 창작 활동을 위해 여행과 혼자만의 공간이 필요하다는 사실을 그녀에게 밝혔다. 그리고 자신의 행동을 해명하는 것을 좋아하지 않는다고 말했다. 그는 절대로 자신의 소신을 굽히지 않을 것이다. 그리고 주변의 여성들과는 일정한 거리를 둘 것이다. 그를 사랑하거나 그를 작가로서 숭배하는 여자들에게도 분명한 메시지를 보여줄 것이다. 1916년에 어느 젊은 여자가 그에게 처녀시집 『초원의 노래Wiesenlieder』를 보내왔다. 그녀의 이름은 엘리자베트 루프Elisabeth Rupp였다.

이번에도 엘리자베트라는 이름을 가진 여인이었다. 그녀는 니논처럼 헤세를 흠모했다. 그녀의 나이는 니논보다 일곱 살 위였다. 법학을 전공한 엘리자베트 루프는 「죽음에 대한 권리: 형법에 관한 연구논문Das Recht auf den Tod: Eine strafrechtliche Studie」으로 박사 학위를 받았다.

그녀는 슈바벤 지방의 작은 도시 로이틀링겐에서 태어났다. 헤세의 절친한 친구인 루트비히 핑크는 그녀와 동향이었다. 그녀가 튀빙겐의 '프티 세나클'에 속한 오스카 루프Oskar Rupp와 혈연관계인지, 아니면 우연히 성이 같은 건지는 알 수 없다. 어쨌든 핑크와 엘리자베트는 어린 시절부터 서로 알고 지내는 사이였다. 핑크의 부모 집과 엘리자베트 루프의 조부모 집은 서로 이웃해 있었다. 그녀는 핑크에게 헤세에 관해 물어보았고, 헤세의 작품을 관심 있게 읽었다. 그리고 헤세를 만나고 싶어 했다.

엘리자베트 루프, 1917년

헤세도 그녀에게 엽서를 보내 호감을 표시했다. "시의 내면에서 울려 퍼지는 부드러운 음성이 헤세를 감동시켰을 것이다. 그리고 그의 긍정적인 평가를 이끌어냈을 것이다." 엘리자베트 루프를 연구한 에바 치머만Eva Zimmermann의 증언이다. 하지만 이해에, 그리고 다음 해에 헤세는 자신의 일로 바빴기 때문에 다른 사람에게 관심을 보일 여유가 없었다. 엘리자베트 루프는 독일 포로들을 위한 지원 활동에 동참했다. 1917년 10월 7일, 풀링겐에서 그녀의 시와 헤세의 시에 관한 강연회가 열렸다. 루프는 개최 비용을 전액 부담하고, 강연회의 수익금 180마르크를 베른의 '전쟁 포로 도서본부'에 기부했다.

헤세와 엘리자베트 루프가 주고받은 서신은 별로 남아 있지 않지만, 에바 치머만이 두 사람의 관계를 설득력 있게 재구성했다. 엘리자베트 루프는 1918년에 출간한 두번째 서정시집 『구름. 초원. 세계Wolke. Wiese. Welt』를 헤세에게 보냈다. 1919년부터 헤세는 자신이 공동 발행하는 잡지 『비보스 보코Vivos voco』에 그녀의 기고문을 게재했다.

1920년에 두 사람은 처음으로 만났다. 그녀와의 만남으로 헤세의 삶은 근본적인 변화를 경험하게 된다.

10.

헤세는 심리 치료를 시작하고 나서 몇 주 뒤에 요제프 베른하르트 랑에게 편지를 보냈다. "『수레바퀴 아래서』가 출간된 지 벌써 몇 년이 지났는데, 어제 우연히 그 책의 한 장*을 읽게 되었습니다. 그리고 내가 쓴 책들을 거의 읽지 않았다는 사실을 깨닫게 되었지요. 더러는 초판이 발행된 뒤로 한 번도 읽지 않았더군요. 이제는 내 책들을 하나하나 들여다볼 생각입니다. 그러면 예전에 내가 경험했던 일들을 보다 더 선명하게 기억할 수 있을 테니까요."

여기서 말하는 "예전의 경험"은 청소년 시절의 동성애적 경험을 가리킨다. 소설 『수레바퀴 아래서』에서 주인공 한스 기벤라트가 그의 친구 헤르만 하일너와 나눈 감정이 바로 그것이다. "헤르만 하일너는 천천히 팔을 뻗어 서로 얼굴이 거의 닿을 때까지 한스의 어깨를 잡아당겼다. 한스는 갑자기 다른 사람의 입술이 자신의 입술에 닿을 때 느껴지는 두렵고도 놀라운 감정에 빠져들었다. (…) 두 소년에게는 몇 주 동안 놀라운 날들이 계속되었다. (…) 한스는 한층 더 부드럽고 온화하고 다감해졌다. 하일너는 이전보다 더 강인한 남성적인 분위기를 풍겼다. (…) 일찍 성숙해진 두 소년은 우정을 나누며 미지의 세계를 향해 조심스럽게 발을 내디뎠다. 그들은 예감에 찬 수줍음으로 첫사랑의 부드러운 비밀을 미리 맛보았던 것이다."

부끄러움 많은 한스와 용감하고 상상력이 풍부한 하일너. 이들처럼 서툴고 어설픈 시골 소년 페터 카멘친트와 세상 물정에 밝은 리하르트도 우정을 맺는다. 두 소년은 이탈리아로 여행을 떠나 토스카나와 움브리아 지역을 떠돌아다닌다. 그리고 "우리가 서로 필요하다는 사실, 각자의 삶에 안정감을 줄 수 있다는 사실을 이전보다 훨씬 더 분명하게" 깨닫는다.

취리히 역에서 두 소년은 다시 만날 날을 기약하며 작별 인사를 나눈다. 리하르트는 "나에게 입맞춤하기 위해" 두 번이나 기차에서 내려 플랫폼에 서 있는 카멘친트에게 다가간다. "그는 창문 밖으로 고개를 내밀고는 나를 향해 오래도록 고개를 끄덕인다." 그로부터 2주일 뒤, 리하르트는 강물에 빠져 목숨을 잃는다. 카멘친트는 절망감에 사로잡힌다. 『수레바퀴 아래서』에서 한스는 학교에서 쫓겨나 고향으로 돌아간 친구 하일너를 애타게 기다린다. 하지만 "그에게서는 편지 한 장 오지 않았다."

"첫사랑의 부드러운 비밀"을 뒤로한 채 한스는 에마라는 소녀를 만난다. 그리고 격정과 당혹감이 뒤섞인 황홀한 경험을 하게 된다. 카멘친트는 "손님을 환대하는 현인들의 집"에서 피아노를 치는 소녀 엘리자베트를 만난다. 카멘친트의 이탈리아 이야기에 귀를 기울이던 그녀는 "당신은 시인이군요"라고 말한다.

미술관에서 카멘친트는 산수화를 감상하고 있던 그녀를 발견한다. 그 그림에는 "서늘하고 청명한 하늘" 위로 "독창적인 상아색 구름"이 떠 있었다.

카멘친트는 소녀의 아름다움과 예술 작품의 아름다움이 하나라고 느낀다. "분명히 엘리자베트는 이 그림을 이해했을 것이다. 그녀는 그림을 감상하는 데 몰두해 있었기 때문이다. (…) 나는 그녀가 고개를 돌려 나에게 말을 걸지도 모른다고 생각했다. 그렇게 되면 그녀의 아름다움은 이내 사라지게 될 것이다. 그래서 나는 그곳을 아무 말 없이 서둘러 빠져나왔다."

한스 기벤라트가 에마와 그랬던 것처럼 젊은 헤세도 바트 볼에서 엘리제라는 소녀와 격정적인 연애를 했다. 그리고 키르히하임에서는 '룰루'라고 불리는 율리 헬만을 가슴 깊이 연모했다. 하지만 페터 카멘친트처럼 헤세는 엘리자베트 라 로슈를 먼발치에서 바라보기도 했다. 마리아는 자신감에 넘치고 자신의 감정을 숨기지 않는 여인이었다. 그녀는 헤세가 선택한 고독한 삶 속으로 과감하게 뛰어들었다. 그럼으로써 그녀는 헤세가 창작을 위해 그어놓은 선을 넘어서고 말았다. 처음에는 그러한 사실을 깨닫지 못했다. 그녀는 좋은 아내, 좋은 어머니이고 싶었을 뿐이었다. 그녀는 헤세를 놓치고 싶지 않았다. 그래서 그의 은둔자적인 삶과 방랑자 같은 삶을 받아들였다.

베른에서 마리아는 여성 피아니스트를 만나 함께 피아노를 연주했다. 마리아는 프리츠 브룬이 지휘하는 음악회에서 그녀보다 나이가 들어 보이는 한 여성을 알게 되었다. 그리고 그녀를 멜헨빌베크로 초대해 함께 차를 마셨다. 그녀는 클라라와 로베르트 슈만의 딸이었다.

1916년 가을, 집으로 돌아온 헤세는 전쟁 포로들이 읽을 책을 조달하는 일을 계속해나갔다. 그리고 일주일에 한 번씩 요제프 베른하르트 랑과 심리 상담을 하기 위해 루체른으로 갔다. 헤세는 랑 박사에게 편지를 쓰고 전화도 하는 등 그와의 만남을 애타게 기다렸다. 겨울에 랑 박사를 만나러 갈지, 아니면 스키를 타러 갈지 고민하기도 했다. 하지만 1917년 1월 말, 현역으로 군에 입대하는 문제 때문에 어느 것도 할 수 없었다. 헤세는 징집 명령에 응할 생각이 전혀 없었다. 한스 브룬 박사처럼 친분 있는 의사들은 헤세에게 유리한 진단서를 작성해주었다. 볼테렉 박사는 헤세가 휴가를 얻을 수 있도록 도와주었다.

휴가를 얻은 헤세는 장크트모리츠 위쪽에 있는 샨타렐라로 떠났다. 그리고 거기서 치료도 받고 스키도 타고 그림도 그렸다. 헤세는 랑 박사의 심리 분석과 임상 치료를 적극적으로 받아들였다. 의사의 소견서 덕분에 헤세는 "건강이 회복될 때까지 무기한 휴가"를 얻었다. 2월 말, 헤세는 랑 박사에게 편지를 보냈다. 장크트모리츠에서 "군대 문제 때문에" 슈토이블리Stäubli 박사와 가깝게 지낸다는 내용이었다. "당신이 나를 위해 써준 의학적 진단서나 소견서를 윗선에서는 인정하지 않고 있답니다. 그래서 브룬 박사나 다른 의사들에게 도움을 청하고 있습니다. (…) 당신 생각을 자주 합니다. 그리고 항상 고맙게 생각하고 있어요. 당신 부인에게도 인사를 전합니다."

랑 박사는 답장을 보내 부인 카롤리나Karolina의 안부도 전해주었다. 랑 박사의 부인은 카를리라는 애칭으로 불렸다. 의사 랑과 환자 헤세의 관계는 무척 가까워졌다. 랑 박사는 환자를 치료하는 의사에서 "사랑하는 친구"가 되었다. 두 사람의 관계에는 젊은 시절의 동성애적 감정도 포함되어 있었다. 마리아는 남편 헤세의 변화를 감지했지만, 제대로 이해하지는 못했다. 그녀는 프로이트나 융의 저서를 읽은 적이 없었다. 헤세가 『데미안Demian』을 통해 새로운 돌파구를 마련하는 사이, 그들의 결혼 생활은 종착역을 향해 달려가고 있었다.

*

1917년 2월, 마리아는 아이들과 함께 멜헨뷜베크에 있었다. 그녀는 헤세가 머물고 있는 장크트모리츠로 거의 매일 편지를 보냈다. 볼테렉 박사는 헤세가 앞으로도 계속 휴가를 즐길 수 있을 것이라고 그녀에게 알려주었다. 마리아는 헤세에게 이 기쁜 소식을 즉시 전했다. 추위를 이길 수 있도록 따뜻한 물을 끓여 마실 수 있는 소형 취사도구도 함께 보내주었다.

마리아는 아이들과 함께 눈썰매와 스키를 탔다. 남동생 프리츠와는 툰 호수로 소풍을 갔다. 프리츠는 누나의 아이들에게 아버지 역할을 대신해주려고 노력했다. 마리아는 브루노가 다니게 될 상급 학교를 물색하고 다녔다. 베른에서 오스터문딩겐까지 통학하는 문제도 생각해보았다. 헤세가 브루노의 입학에 관심을 보였는지는 마리아의 편지에 나타나 있지 않았다. 3월 초, 헤세는 랑 박사에게 편지를 보냈다. "이달 중순까지만 여기 머무를 생각입니다. 그러고 나서는 당신한테 가려고 합니다. 루체른 근처에서 일주일가량 머물거나 적어도 한두 차례 상담을 받으려고요."

3월 6일, 마리아는 남편에게 편지를 썼다. "여기『독일 전쟁 포로들을 위한 일요판 전령』의 앞뒤 호(號)를 보내요. (…) 내가 편집을 제대로 했는지 모르겠네요. 목록은 내가 임의로 정해보았어요. 당신이 원하면 얼마든지 바꿀 수 있답니다. 나도 이제 단편이나 사설을 옮겨 배열하는 건 어느 정도 할 줄 알아요. 빼야 할 내용이 있으면 이야기해주세요." 마리아는 하급 고등학교 입학시험을 치르는 브루노를 데리고 수험장으로 떠났다.

마리아는 헤세가 장크트모리츠에서 스키 여행을 마치고 집에 돌아오기를 기다렸다. 하지만 3월 말에 그녀는 헤세가 더 오래 밖에 머물고 싶어 한다는 사실을 알게 되었다. 25일, 그녀는 로카르노로 편지를 띄웠다. "사랑하는 당신에게. 엽서 보내주어서 고마워요. 지금 당신이 무얼 원하는지 알 거 같아요. 난 당신이 좀 더 편안하고 안락한 숙소에 묵었으면 좋겠어요. (…) 목요일 저녁에 볼테렉 박사에게 전화가 왔어요. 프리드리히 장군과 의논을 했다는군요. 그리고 그 결과를 나한테 알려주었어요. 영사관에서 당신에게 포로들을 위한 도서 공급 업무를 맡기기로 했대요. 그리고 급료와 업무 수행에 필요한 각종 물품도 지급해준다는군요."

마리아의 편지를 받아 든 헤세는 안도의 한숨을 내쉬었다.

"심기가 불편하고 잠도 제대로 자지 못해 하루 종일 자살을 생각하던" 터였다. 그는 호텔에서 나와 힐데가르트 노이게보렌이 운영하는 정자로 거처를 옮겼다. 거기서 쾨비라는 애칭으로 불리는 야코프 플라흐, 화가이자 시인인 구스타프 감퍼를 다시 만났다. 힐데가르트의 정원 일을 도와주고 그녀와 산책도 하고 그림도 그렸다. 감퍼는 쾨비의 바이올린을 빌려 첼로를 연주하고 오트마르 쇠크는 피아노를 연주했다. 헤세는 아침에 기분이 안 좋다가도 저녁 무렵이면 기분이 풀어지곤 했다. 플라흐는 당시의 상황을 이렇게 기억했다. "그는 우리한테 책을 읽어주고 재미있는 이야기도 들려주었다. 우리는 발리스 시가를 피우며 스위스 독일어로 담소를 즐겼다." 플라흐는 "보이지 않는 악마"와 싸워야 했던 헤세에 대한 기억을 떠올렸다. "그는 무척 지쳐 있었다. 그에게 온 편지를 모두 읽어야 하는 것도 부담되는 일이었다. 정신과 의사는 그를 괴롭게 만들었다. 그는 가족에 대한 걱정 때문에 한층 더 힘들어했다. 종족 살인의 광기는 여전히 끝이 보이지 않았다." 플라흐도 스위스의 국경 수비를 담당해야 하는 병역 의무자였다.

그런데도 4월은 헤세에게 즐거운 시간이었다. 베른에서 마리아가 진눈깨비를 맞으며 정원을 가꾸는 동안, 헤세는 "매우 멋지고 부지런하고 만족스러운" 3주를 보냈다. 그는 의사의 권유에 따라 자신의 꿈과 환상을 언어로만 표현하지 않고, 스케치와 그림으로 바꾸어 표현했다. 그리고 자신의 고통스러운 영혼에 안식과 충족을 부여할 수 있는 가능성을 풍경화에서 발견했다. 1917년 4월 21일, 헤세는 셰렐린에게 편지를 썼다. "난 그림을 그리거나 스케치를 하면서 하루하루를 보내고 있다네. 날씨가 좋을 때는 매일 아침 9시나 10시부터 오후 5시나 6시까지 들판에 나가 쉬지 않고 수채화를 그린다네. 어떤 때는 두 장을 그리기도 하네. 그림이 잘 그려지지 않을 때도 있지만 그러려니 한다네." 헤세는 그림을 랑 박사에게 보내고 마리아에게도 보냈다. 남편의 그림을 받아 든 마리아는 무척 기뻐했다. "사랑하는 당신에게. 호숫가에 있는 당신의 아름다운 처소가 나에게 동경을 불러일으켰답니다. 나도 그곳에 꼭 가보고 싶네요. 아, 내게 날개가 있다면 얼마나 좋을까요. (…) 그럼 분명히 당신에게 날아갔을 텐데."

하지만 집안일과 아이들이 그녀의 동경을 가로막았다. 그녀는 남편이 건강하고 안정된 모습으로 돌아오기를 바랐다. 하지만 5월 8일, 헤세가 랑 박사에게 보낸 편지는 몸과 마음이 편치 않은 모습을 떠올리게 한다. "우울한 데다 밤잠도 설치고 머리도 너무 아픕니다." 마리아도 헤세의 편지를 받은 것 같다. 5월 9일, 그녀는 헤세에게 위로의 편지를 보냈다. "당신 때문에 내 마음이 아프네요. 불쌍한 당신, 또다시 건강이 좋지 않다니. 하지만 날씨 때문에 기분이 가라앉더라도 언제든 다시금 기분이 좋아질 수 있는 거잖아요. 희망의 끈을 놓아서는 안 되어요. 기분이라는 게 내려갈 때가 있으면 올라갈 때도 있으니까요. 당신이 생각하는 것처럼 그렇게 밑바닥까지는 떨어지지 않을 거예요." 마리아는 하급 고등학교에 입학한 브루노가 자전거를 타고 학교에 간다는 것, 그녀가 아이에게 자전거를 사주었다는 것, 그리고 아이가 학원에서 자전거 타는 법을 배웠다는 것을 전해주었다. 하지만 그녀 자신이 심한 감기 때문에 몹시 힘들다는 것, 교감 동통疼痛에 걸려 한쪽 귀가 들리지 않는다는 것은 말하지 않았다. 헤세는 남쪽 하늘 아래서 따사로운 햇살을 즐기고 있었지만, 가이엔호펜의 냉습한 날씨로 아이들은 감기로 고생하고 있었다. 마리아는 가벼운 옷가지들을 챙겨 그에게 보냈다. "당신 여름옷을 보냅니다."

따뜻한 날씨 덕분에 헤세의 기분이 좋아졌다. 엘리자베트 루프가 보낸 편지도 헤세의 기분을 들뜨게 만들었다. 5월 25일, 그녀는 "멋진 정원과 우리의 고풍스러운 저택"이 있는 로이틀링겐으로 헤세를 초대했다. "나는 며칠 동안 전쟁 따위는 잊고 지냈답니다. 라일락과 붉은 가시덤불, 들꽃과 더불어 지냈으니까요. 어때요, 매력적이지 않나요?" 하지만 6월에는 헤세가 일주일에 한 번씩 정신과 치료를 받기로 되어 있었다. 그래서 그는 거의 네 달 만에 멜헨뷜베크로 돌아왔다. 1917년 5월 31일, 정부에서 보낸 공문이 도착했다. "국민군의 병역의무가 있는 작가 헤르만 헤세를 전쟁 기간 동안 상사 계급이 없는 공무 대리인으로 임명합니다." 그리고 "전쟁 급료 규정에 따라" 경제적 지원을 약속한다는 내용도 들어 있었다.

외부적 불확실성은 제거되었다. 헤세는 랑 박사와 함께 내면의 세계를 측량하는 작업을 계속해나갔다.

*

1917년 여름, 헤세는 루체른에 있는 랑 박사를 정기적으로 찾아가거나 취리히에서 만났다. 취리히의 견직물 공장주 로베르트 슈바르첸바흐Robert Schwarzenbach의 딸인 마틸데Mathilde는 헤세에게 숙소를 제공해주었다. 그녀는 예술가와 문학가, 음악가를 후원하는 미혼 여성이었다. 7월 9일, 랑 박사는 일기장에 이렇게 기록했다. "우리는 오랫동안 정신분석에 관한 이야기를 나누었다. (⋯) 헤세의 동성애적 성향이 나에게 전이된 데 대해서도 이야기했다." 헤세는 전쟁 포로들을 위한 도서 작업 때문에 시간적 여유가 별로 없었다. 그런데도 그는 랑 박사에게 일주일에 두 번씩 정신분석을 진행하자고 제안했다.

7월 말, 마리아는 브루노와 하이너를 데리고 아델보덴으로 소풍을 떠났다. 여름방학을 맞은 아이들의 기분 전환을 위해서였다. 그보다 큰 이유는 집에서 창작에 몰두하고 있는 헤세를 방해하지 않기 위해서였다. 헤세는 베른과 루체른, 취리히를 오가며 바쁘게 지냈다. 그리고 『꿈의 일기Traumtagebuch』와 소설 『데미안: 에밀 싱클레어의 젊은 날Demian: Die Geschichte Emil Sinclairs Jugend』을 집필하기 시작했다. 이 소설은 1917년 9~10월에 걸쳐 베른에서 쓰였다. 헤세는 원고의 장이 하나씩 완성될 때마다 랑 박사에게 보여주었다. 10월 말, 헤세는 랑 박사에게 편지를 썼다. "어제는 당신한테 싱클레어의 마지막에서 두번째 장을 보냈습니다. 오늘은 마지막 장을 힘들게 마쳤답니다." 헤세는 과로 때문에 생겨난 "미칠 것 같은 치통"을 호소하기도 했다.

그로부터 얼마 뒤에 헤세는 완성된 원고에 『데미안』이라는 제목을 붙여 에밀 싱클레어라는 익명의 젊은 작가 이름으로 베를린에 있는 사무엘 피셔에게 보냈다. 싱클레어 뒤에 실제로 누가 있는지는 마리아와 랑 박사만 알고 있었다. 독일 당국은 헤세가 집필한 모든 정치적 표현물의 발행을 금지하고 있었다. 그래서 헤세는 전쟁을 반대하는 글을 여러 차례 필명으로 출간했다. 에밀 싱클레어는 프리드리히 휠덜린Friedrich Hölderlin의 친구이자 박해받던 공화주의자 이자크 폰 싱클레어Isaak von Sinclair를 연상시켰다.

발행인 피셔와 편집인 오스카 뢰르케Oskar Loerke, 헤트비히 피셔Hedwig Fischer는 이때까지 헤세가 쓴 원고를 거의 다 읽었지만, 싱클레어라는 이름 뒤에 헤세가 있다는 사실을 전혀 알아차리지 못했다. 헤세는 『데미안』에서 기존 작품과는 근본적으로 다른 인생 편력을 보여주었다. 이 작품에서 그는 부모를 통해 알게 된 인도가 아니라 신비주의적인 아브락사스의 제례 의식을 받드는 동양으로 향했다. 그리고 내면의 체험을 형상화하기 위해 꿈의 세계와 심리 분석을 작품에 끌어들였다. 작품에서 랑 박사는 자아의 비밀을 푸는 데 도움을 주는 파이프오르간 연주자 피스토리우스로 형상화되었다. 전쟁의 카타르시스적 효과를 기대하던 헤세는 전쟁이 끝나기 1년 전에 이미 파국적 결말을 예견하고 있었다.

『데미안』은 피셔가 발행하는 잡지 『디 노이에 룬트샤우Die

Neue Rundschau』에 처음 게재되었다. 그리고 1919년에 정식으로 출간되었다. 이 작품은 최고의 처녀작에 주어지는 '폰타네상賞'을 수상했다. 토마스 만Thomas Mann은 이 작품에 대해 다음과 같이 회상했다. "제1차 세계대전이 끝난 직후에 신비로운 싱클레어의 『데미안』이 불러온, 전기가 흐르는 듯한 충격을 잊을 수 없습니다. 이 작품은 놀라울 정도의 면밀함으로 시대의 본질과 청춘을 관통했습니다. 젊은이들은 심오한 삶의 도래를 알리는 계시자가 나타났다고 감격해마지않았습니다." 전위예술가들이 '향토 예술가'라고 비난하던 헤세가 싱클레어 뒤에 숨어 있다는 사실은 어느 누구도 예상하지 못했다. 적어도 이 소설이 출간된 지 1년 뒤에 오토 플라케Otto Flake가 비밀을 폭로하기 전까지는 그랬다. 그리고 헤세는 자신이 수상한 폰타네상을 되돌려주었다.

마리아가 이 소설을 어떻게 받아들였는지는 알 수 없다. 아마도 그녀는 싱클레어의 어린 시절과 청소년 시절에서 남편 헤세를 발견했을 것이다. "부드러운 광채와 명료함, 청결함이 이 세계에 속해 있었다. 여기에는 상냥하고 친근한 이야기, 깨끗하게 씻은 손, 순백한 셔츠, 선량한 도덕이 깃들어 있었다. 여기서 아침마다 찬송이 울려 퍼졌다. (⋯) 의무가 있었고, 죄책감이 있었고, 양심의 가책과 참회가 있었다. 용서와 선의, 사랑과 존경, 성경과 지혜가 있었다." 이처럼 밝은 세계 가까이에 또 다른 세계가 있었다. 어두운 세계에는 거짓말과 도둑질, 잔인함과 욕정이 있었다. 두 세계의 경계는 멀지 않았다. 아주 사소한 계기로도 손쉽게 경계를 뛰어넘어 검은 유혹에 빠져들 수 있었다. 젊은 시절의 헤세처럼 에밀 싱클레어도 문제아였다. 술에 취해 일탈을 하고, 학교생활에 적응하지 못하고, 가족과도 갈등을 겪었다. 싱클레어의 친구 막스 데미안의 존재, 그의 어머니 에바 부인, 피스토리우스, 그노시스의 상징과 교의敎義, 이러한 것들이 마리아에게는 낯설고 당혹스러웠다. 그 세계는 그녀가 들어갈 수 없는 미지의 세계였다.

심리 치료를 시작한 시기에 헤세는 친구 셰델린에게 속마음을 털어놓았다. "분명한 사실은 정신 질환에 대한 철저한 분석을 통해 나 자신에게 되돌아올 수 있다는 거네. 내가 변화되고 단련되지 않으면 이 좁고 지옥 같은 굴을 빠져나올 수 없어." 『데미안』에는 "새는 알을 깨고 나와야 한다"라고 쓰여 있다. 이 소설의 작가 헤세는 정신분석을 시작한 첫해에 변화된 모습을 작품의 언어로 새롭게 구현해냈다.

이전에도 헤세는 랑 박사의 도움으로 자신의 정신적 문제뿐 아니라 신체적 문제까지 탐구하려고 했다. 발트 해 출신의 할머니 예니 아그네스 라스Jenny Agnes Lass를 괴롭혔던, 그리고 아버지의 신경질적 기질과 허약한 체질을 통해 이어져온 두통과 우울증이 유전적인 근원이었다. 하지만 어머니의 음악성과 창의성, 외할아버지 군데르트의 언어능력, 그리고 바이센슈타인 출신인 친할아버지 헤세의 유머감각, 모계母系인 뒤부아 조상들의 전원생활과 원예에 대한 취향, 프랑스어를 사용하는 스위스 지방의 포도 재배, 이 모든 것이 헤세를 이끌고, 촉진하고, 때로는 억압했다.

그 가운데도 헤세의 어머니 마리아의 영향이 가장 컸다. 다음은 후고의 증언이다. "그녀의 열정은 손을 댈 수도 발을 들여 놓을 수도 없는 영역이다. 그녀는 시를 사랑하고, 그녀 자신도 시를 쓴다. 그녀는 아름답고 환희에 찬 목소리로 담시譚詩를 낭송한다. 그녀는 내세에 닻을 내리고 있는 요제프 폰 아이헨도르프Joseph von Eichendorff를 사랑한다. 그녀는 타고난 이야기꾼이다. 음악을 사랑하는 그녀는 낭랑한 종소리 같은 목소리를 지니고 있다. 근본적으로 그녀는 시편과 찬송가를 좋아한다. 따뜻하면서도 냉정한 분위기가 그녀를 감싸고 있다. 그녀의 프랑스적인 칼뱅파의 핏줄은 절대적이며 궁극적이고 지고한 열정을 담고 있다. 아들 또한 어머니의 열정을 품고 있다. 그녀에게 결혼은 선교와 복음 전파를 위한 현실적 방안이다. 그녀의 사랑은 신으로부터 받은 것이며 신을 위한 것이다. (…) 헤세의 어머니는 모든 감각적 충동과 자아도취적 이기심에서 벗어나 있다. 관능적 쾌락이나 무절제한 행위, 제어하지 못한 흥분, 과도한 방종이 그녀의 마음을 상하게 할 것이다. 그러면 그녀는 냉정과 이질감을 느낀 나머지 다른 세계로 사라지고 말 것이다."

감수성이 예민한 아들 헤세에게 가족의 경건주의는 감당하기 힘든 구속이었다. 그는 부모의 성경과 찬송가, 기도에서 신을 찾지 못했다. 육체적 본능과 욕망을 부정하는 교육을 받아들일 수도 없었다. 헤세는 마울브론의 기숙학교에서, 슈테텐의 정신병원에서, 칸슈타트의 고등학교에서 저항하고 또 저항했다. 1893년 1월 20일, 헤세는 체념과 경멸이 담긴 편지를 어머니에게 보냈다. "아무튼 전 당신을 동정합니다. 당신이 걱정과 연민의 정으로 나를 생각하는 게 나로서는 정말 불편하고 무익하기 때문입니다. (…) 내가 지난해 경험한 환멸과 사랑의 고통 때문에 괴로워할 거라고 생각하신다면, 그리고 자살 시도를 후회할 거라고 생각하신다면, 그건 정말 잘못 생각하신 겁니다."

어머니는 헤세의 "한층 더 음울한 열정"이 깨어나지 않도록 신에게 기도했다. 그녀는 성모 마리아와 같은 이름을 가지고 있었다. 그리고 성모 마리아처럼 순결하고 성스러운 마음의 소유자였다. 아들은 더욱 혼란스러워졌다. 밤마다 깜짝 놀라 잠에서 깨어났다. 열 살 때도 소변을 가리지 못하고 이불에 오줌을 쌌다. 그는 자신을 더럽다고 생각했고, 죄책감에 시달렸다. 헤세는 반항과 체념 사이를 오가며 스스로 고립되어갔다. 부모의 엄격한 교육 때문에 갈등은 점점 더 깊어만 갔다. 그는 자기 자신을 정당화해야 한다는 강박관념에 사로잡혔다. 어머니의 사랑을 얻기 위해 노력했지만 허사였다. 후고는 헤세의 어머니에 대해 이렇게 증언했다. "헤세가 신학교 시절에 겪은 갈등은 무한한 사랑을 보여주는 어머니의 상징을 향한 무지하고도 광적인 사랑이었다. 현실 세계에서 그 어머니는 냉정한 모습으로 신앙 일기를 쓰던 어머니였다."

헤세는 정신분석으로 갈등의 근원을 인식할 수 있었다. 소설에서는 막스 데미안의 어머니인 에바 부인을 통해 갈등을 형상화했다. 에바 부인은 여성의 원형이며 어머니의 본질적인 상징이다. 싱클레어는 그녀와 "내면의 심오한 관계"를 맺는다. "그의 내면적인 신비로운 꿈, 그의 '도플갱어', 보다 높은 자아인 데미안만이 그녀를 알고 그녀를 사랑한다." 싱클레어는 그 자신이 친구 데미안을 사랑하는 건지, 아니면 그의 어머니를 사랑하는 건지 굳이 알려고 하지 않았다."

그것은 "마법"이다. "그는 언제나 인생을 처음부터 다시 시작한다. 그리고 마법에 필적할 만한 가치를 내놓지 못한다. 그는 언제나 고집이 세고 무기력한 아이일 뿐이다." 헤세는 여성들의 보호와 후견을 받는 어린아이로 남아 있고 싶어 했다. 그것이 여성들에 대한 헤세의 본질적인 요구였다. "그것은 딜레마였다. 헤세의 부인이 꿈의 이미지 속에서 사라지고 나면, 죄책감과 고통만이 남게 된다. 하지만 그녀가 꿈의 이미지와 다른 모습을 보이면, 그녀는 낯설고 적대적인 세계에 속하게 된다." 헤세의 부인 마리아는 그 자신의 어머니와 비슷하게 보이는 또 다른 마리아였다. 헤세의 작품에서 실연의 아픔을 겪는 소년들은 여인들을 "범접할 수 없는 여신들과 성인聖人들의 대臺" 위에 올려놓는다.

『데미안』에서 싱클레어는 공원에서 한 젊은 여인을 만난다. 그는 첫눈에 그녀에게 반하고 만다. 훤칠한 키에 날씬하고 맵시 있게 차려입은 그 여인은 총명한 소년의 얼굴을 가진 자웅동체의 존재다. 싱클레어는 말을 걸지 않고 멀찌감치 떨어져 상像으로서만 그녀를 연모한다. 그는 그녀를 베아트리체라는 이름으로 부른다. 싱클레어가 그린 그녀의 얼굴은 친구 막스 데미안의 얼굴이기도 하고, 자신의 얼굴이기도 하다. 그리고 "자신의 한 조각 운명"이기도 하다. 하지만 그 상은 점점 희미해지고 "꿈속의 연인"으로 바뀐다. 그 환영 앞에서 싱클레어는 눈물을 흘리기도 하고 저주를 퍼붓기도 한다. 그는 그녀를 어머니라고 부른다. 그리고 연인, 악마, 창녀, 흡혈귀, 살인자라고 부른다. "그 상이 때로는 부드러운 사랑의 꿈속으로, 때로는 음탕한 황무지로 그를 유혹했다. 그에게는 너무 좋은 것도 너무 나쁜 것도 아니었다." 여성의 원형, "위대한 어머니"인 에바 부인이 싱클레어의 삶 속으로 들어온다. "그녀의 눈빛은 충만함으로 가득 찼고 그녀가 건네는 인사는 귀향을 의미했다." 이 작품에 등장하는 인물들의 이름은 우연히 붙여진 것이 아니다. 성경에 나오는 에바, 인류 최초의 어머니 에바와 더불어 유혹과 타락이 시작되었다. 그리고 성모 마리아와 더불어 이 세상의 모든 죄악이 정화되었다. 처녀 수태, 순결, 지고한 순수함. 평생 동안 헤세는 죄인들의 대변자인 마돈나에 대한 존경심을 잃지 않았다. 친구 요제프 엥레르트Joseph Englert, 에미와 후고는 헤세를 이해했다. 하지만 헤세의 세번째 부인 니논은 유대인이었기 때문에 가톨릭의 신화로서의 마리아를 역사적·지리적 차원에서만 이해했다.

*

마리아는 13년 넘게 이어져온 헤세의 도피 행각에 지쳐버렸다.

헤세가 여행이나 휴양을 위해 집을 떠나 있을 때면, 마리아 혼자서 살림과 육아를 책임져야 했다. 헤세의 신경질적 반응도 그녀가 감당해야 할 몫이었다. 또한 그녀는 막내아들 마르틴 때문에 힘들어했다. 쉰 살에 접어든 여인에게 갱년기는 또 다른 고통이었다. 그녀보다 거의 열 살이나 어린 남편 헤세는 심리 분석에 빠져 있었다. 그리고 섹스에 대한 환상과 동성애적 욕망을 드러냈다. 1917년 12월, 랑 박사는 헤세에게 편지를 썼다. "우리 관계를 터놓고 이야기하는 게 좋을 거 같네요." 1918년 1월에도 랑 박사는 "우리 관계 때문에 생겨나는 어려움"을 이야기했다. 헤세의 답장은 명쾌하지 않았다. "당신과 나의 관계에 새롭게 이야기할 건 없습니다. (…) 친구가 많기는 하지만, 나는 근본적으로 사람들과 진중하게 관계를 맺지 못하는 편입니다. 그래서 외톨이 같은 생활이 습관처럼 된 거 같습니다." 헤세에게 마리아와 가정은 관심 밖이었다. 1925년에 그는 "나는 전적으로 나 자신과 나 자신의 운명에만 몰두했다"라고 회상했다.

전쟁 포로들에게 도서를 공급하는 작업은 헤세에게 부담이었다. 전쟁이 끝나기 전 마지막 겨울인 1917년 겨울, 스위스에서도 식량과 석탄이 부족해졌다. 헤세는 여동생 마룰라에게 편지를 썼다. "내년 겨울에 전쟁이 끝나지 않으면 난방을 할 수 없을지도 몰라. (…) 그렇게 되면 난 모든 걸 접어두고 테신으로 갈 거야. 거긴 날씨도 따뜻하고 혹독한 추위도 없으니까." 편지에 마리아와 아이들에 관한 언급은 없었다. 하지만 헤세의 새로운 삶이 시작될 장소는 분명해졌다.

1918년 3월, 처음으로 헤세는 열두 살이 된 브루노와 함께 여행을 떠났다. 먼저 랑 박사를 만나기 위해 루체른으로 갔다. 그러고 나서는 로카르노-몬티에 있는 힐데가르트의 정자를 찾았다. 헤세는 그녀와 함께 배낭에 회화 도구를 챙겨 야외로 나갔다. 그들과 함께한 야코프 플라흐는 그때를 이렇게 회상했다. "우리는 숲 속 길을 걸어 올라갔다. 봄의 초원을 거닐며 대화를 나누기도 하고 아무 말 없이 걷기도 했다. 그리고 예배당과 활짝 핀 꽃, 구부러진 전봇대를 화폭에 담았다." 이 시기에 헤세는 화가인 에른스트 크라이돌프Ernst Kreidolf의 지도를 받아 수채화를 그리기 시작했다.

마르틴은 멜헨뷜베크에 돌아와 있었다. 그런데 하이너가 풍진에 걸리는 바람에 집안 분위기는 그리 밝지 않았다. 마리아는 봄맞이 대청소를 하느라 분주했다. 헤세가 돌아오기 전에 서재를 말끔히 정리하고, 집 안도 깨끗하게 청소해야 했다. 3월 29일, 그녀는 헤세에게 편지를 썼다. "어제하고 그제는 당신 서재를 정리했어요. 온종일 하이너를 돌보고 서재와 부엌을 왔다 갔다 하느라 정신이 없었어요. 늘 하는 일이지만 그림하고 물건이 워낙 많다 보니 정리하는 게 여간 힘들지 않네요." 하지만 헤세는 예정보다 오래 테신에 머물기로 했다. 브루노의 개학 날짜가 다가왔기 때문에 헤세는 아이를 기차에 태워 집으로 보내기로 했다. 마리아는 브루넨에 있는 고트하르트 역 건너편에서 브루노를 기다렸다. 그리고 마르틴을 키르히도르프에 데려다주고는 하이너가 거처할 집을 알아보았다.

헤세는 항상 마리아가 계획성이 부족하다고 불평했다. 하지만 마리아는 상황에 따라 움직이다 보니 그럴 수밖에 없노라고 해명했다. "당신은 내가 약속이나 계획을 너무 쉽게 바꾼다고 화를 내지요. 하지만 예기치 못한 상황이 자주 벌어지기 때문에 될 수 있으면 유연하게 일처리를 해야 한답니다." 마리아는 베른에 있는 독일 영사관에 제출할 남편의 병역 카드를 준비해두었다. 그리고 테신에 머물고 있는 남편과 아들 마르틴을 위해 식권을 보내주었다. 전쟁이 막바지로 치달으면서 생필품이 가정마다 할당되었다. 마리아는 정원의 흙을 갈아엎고 감자를 심었다. 베르타 폰 브룬이 그녀를 도와주었고, 가끔은 남동생 프리츠도 찾아왔다. 1918년 3월 26일, 야코프 플라흐는 일기에 이렇게 적었다. "나는 땅을 갈고 힐데가르트는 감자를 심었다. 헤세 부부의 큰아들은 흙을 덮었다. 그리고 작은아들은 작은 정원을 만들어 그 주위에 대나무 울타리를 둘렀다."

마리아는 헤세의 우편물을 로카르노로 보냈다. 니논이 보낸 편지도 전해주었다. 오랫동안 연락이 없던 니논은 빈에서 헤세에게 소식을 전했다. 그동안에 그녀는 의학 공부를 그만두고 고고학과 미술사를 전공했다. 편지를 보낸 바로 그달, 그녀는 이혼남인 교량 건설 기술자 베네딕트 프레트 돌빈Benedikt Fred Dolbin을 만났다. 하지만 그 사실을 알리지 않은 채 헤세를 빈에서 열리는 작품 낭송회에 초대했다. 하지만 헤세는 빈으로 여행을 떠나거나 그녀와 서신을 주고받을 여유가 없었다. 4월 11일, 헤세는 친구 플라흐와 함께 아들 마르틴을 데리고 기차역으로 갔다. 거기서 아들을 기차에 태워 집으로 돌려보냈다. 그리고 플라흐와 함께 아스코나의 작은 동굴로 하이킹을 떠났다. 마리아는 피어발트슈테트 호숫가에 있는 브루넨에서 브루노를 기다렸다. 그리고 아들을 데리고 루체른으로 가서 호텔 킨틀리에 묵었다. 얼마 뒤에 멜헨빌베크로 돌아온 마리아는 남편에게 편지를 썼다. "루체른에서 랑 박사 가족과 함께 있었어요. 랑 박사와는 오랫동안 대화를 나누었답니다. 그러고 나니 마음이 훨씬 가벼워지더군요. 이제 어느 정도 방향이 보이는 거 같아요."

하지만 『데미안』을 읽고 난 마리아는 불안해졌다. 그녀의 남편 헤세가 어머니를 묘사한 부분이 마음에 걸렸다. 어머니의 상. 아니, 두 개의 어머니 상. 속세에서 벗어난 성스러운 상과 물질적인 육신의 상. 랑 박사는 그녀에게 정신분석의 세계를 설명했을 것이다. 즉, 어린아이가 태어나서 처음 몇 년 동안은 이 세상의 것과 저세상의 것을 분리해 경험하지 못한다는 사실, 사춘기 시절에 "음울한 욕정"이 깨어나면서 두 개의 상이 분리된다는 사실. "그러고 나서 발효되는 시기에는 타고난 성향이 커다란 혼란을 겪게 된다. 노이로제로 변질될 수 있고 신경증이 유발될 수도 있는 상황에 처하게 된다. 그래서 불안에 떨기도 하고 깜짝 놀라 잠에서 깨어나기도 한다. 악몽을 꾸거나, 불경스럽게 행동하거나, 미지의 근원에 악의적인 의심을 가질 수도 있다." 정신분석은 이처럼 내면적인 변화 과정을 인식하는 것이고, 그럼으로써 이전의 부정적인 힘을 긍정적인 힘으로 변화시켜 개성화個性化의 길로 나아가게 만드는 것이다.

랑 박사 또한 그 길로 나아갔다. 마리아를 만난 지 며칠 뒤, 그는 테신에 머물고 있던 헤세를 찾아갔다. 그를 위해 헤세는 힐데가르트의 숙소에서 걸어서 10분 거리에 있는 호텔 알 사소에 방을 예약해두었다. 두 사람은 닷새 동안 함께 시간을 보냈다. 산책도 하고, 그림도 그리고, 이야기도 나누었다. 랑 박사의 편지와 꿈의 기록들을 들여다보면, 누가 의사이고 누가 환자인지 헷갈린다. 4월 22일, 랑 박사는 헤세에게 편지를 썼다. "지난 며칠 동안 당신이 나로 하여금 획기적인 변화를 경험하도록 도와준 데 대해 고맙게 생각합니다. 비록 내가 여전히 방향을 찾지 못하고 있더라도, 이전의 상태로 돌아가지는 않을 겁니다. 이 길만이 앞으로 나아가는 길이니까요. 아직 발을 내디뎌보지 못한 미지의 세계일지라도 말입니다."

헤세는 엽서를 띄워 5월 말까지 로카르노에 머물 예정이라고 말했다. 거기서 헤세의 길은 '새로운 정신분석'으로 이어졌다. 헤세가 만난 새로운 정신분석가는 몇 년 전부터 몬테 베리타의 모임에 속해 있던 인물이었다. 힐데가르트 융-노이게보렌과 야코프 플라흐도 그를 잘 알고 있었다. 헤세는 정신분석가 요하네스 놀Johannes Nohl의 도움을 받아 영혼의 혼돈으로부터 벗어나려고 했다. 놀은 호텔 타마로가 있는 아스코나 광장에 거주하고 있었다. 5월 7일, 마리아는 헤세에게 편지를 보냈다. "당신이 정신분석을 시작했다니 나도 무척 궁금해지네요. (…) 근데 아스코나에 있는 그 정신분석가는 랑 박사를 통해 알게 된 건가요? 혹시 그 사람이 융의 제자는 아닌가요?"

놀은 카를 구스타프 융의 제자도 아니고, 프로이트의 제자도 아니었다. 정신분석 기법에서 그는 프로이트에 가까웠다. 요하네스 놀은 무정부주의자고, 별로 이름이 알려지지 않은 작가였다. 신비주의와 그노시스파에 대해서는 풍부한 식견을 지니고 있었다. 놀은 오토 그로스Otto Gross를 열광적으로 추종했다. 오토 그로스는 섹슈얼리티와 동성애를 영혼의 기록이자 정치적 해방의 시작이라고 해석했다. 놀과의 만남은 후일 헤세 부부에게 치명적 결과를 야기한다.

*

헤세는 바덴바일러에서 알베르트 프랭켈 박사에게, 루체른에서는 베른하르트 요제프 랑 박사에게 심리 치료를 받았다. 그리고 아스코나에서는 이 남자에게 자신을 맡겼다. 프랭켈 박사와 랑 박사가 신경학과 정신병학을 전공한 의사인 데 비해, 1883년에 베를린에서 태어난 무정부주의자 요하네스 놀은 기이하고 현란한 개성의 소유자였다. 그는 자신의 아버지가 교사로 일하는 베를린 고등학교를 간신히 졸업하고 대학에 진학해 신학과 철학을 전공하다가 중도에 포기했다. 그리고 에리히 뮈잠Erich Mühsam을 만나 동성애적 관계를 맺었다. 뮈잠은 가난한 놀에게 경제적 도움을 주었다. 두 사람은 함께 이탈리아와 프랑스, 스위스를 여행했다. 놀은 독일 당국과 스위스 주 경찰에게 쫓겨 다니기도 했다. 고소당해 체포되었다가 무죄로 방면

요하네스 놀과 에리히 뮈잠

된 뒤에는 또다시 도피 생활을 했다. 베를린과 뮌헨에서 보헤미안 생활을 하고, 몬테 베리타에 거주하기도 하고, 스위스 전역을 떠돌아다니기도 했다. 아스코나에서 그는 '멋진 시인'으로 통했다. 길게 늘어뜨린 검은 곱슬머리, 움푹 들어간 뺨, 아마포로 만든 흰 양복, 무릎 부분까지 내려오는 검은 외투, 챙이 넓은 검은 모자. 제1차 세계대전이 발발하기 전에 그는 아스코나에서 오토 그로스를 통해 심리 분석 기법을 익혔다. 다음은 알브레히트 괴츠 폰 올렌후젠Albrecht Götz von Olenhusen의 증언이다. "분명히 놀은 그에게서 자유분방한 섹슈얼리티, 가정과 직업 내지 국가의 전통적 억압과 관습으로부터의 자아 해방에 관한 분석적 토대를 배웠다."

올렌후젠은 놀이 "정신분석의 지도자로서 제자와 추종자들에게 둘러싸인 채 지극히 미심쩍은 역할을 수행하고 있었다"라고 기록했다. 1919년에 아스코나로 이주한 프리드리히 글라우저Friedrich Glauser는 이렇게 적었다. "저 뒤에 있는 성城 안에 심리 분석가들이 살고 있다. 그들의 지도자는 요하네스 놀이라는 인물이다. 몇몇 친구와 그들의 부인이 그의 주위를 둘러싸고 있다. 그들은 매일 아침 커피를 마시고 버터 빵을 먹으며, 지난밤에 꾸었던 꿈의 콤플렉스와 억압 심리, 성욕에 관해 분석한다."

1907년부터 헤세는 몬테 베리타의 주민들과 교류했다. 1918년 4월에 로카르노에서 랑 박사를 만난 뒤로 그는 여러 차례 요하네스 놀에게 정신분석을 의뢰했다. 힐데가르트 융-노이게보렌의 진술에 따르면, 헤세는 놀의 정신분석에 완전히 매료되었다. 그를 만날 때면 언제나 "완전히 기진맥진한 상태로" 힐데가르트의 정자로 되돌아왔다.

그해 봄, 마리아는 집과 정원을 가꾸고 아이들을 돌보느라 여념이 없었다. 5월 17일, 그녀는 테신에 머물고 있던 헤세에게 편지를 보냈다. "난 지금 정신없이 바쁜데 할 일은 태산같이 쌓여 있어요. 그래도 내가 할 수 있는 일은 별문제 없이 잘하고 있답니다. 당장 급하지 않은 건 뒤로 미루어놓았어요. 정원은 잡초 때문에 볼썽사나워졌어요. 오늘은 토마토와 콩과 다른 여러 작물을 심었답니다. 양배추도 심었고요."

시간이 지나면서 생필품은 점점 더 부족해졌다. 정원은 더이상 여가 시간을 즐기는 장소가 아니라 가족의 생계를 위한 노동 현장이 되었다. 마리아는 집에서 기르던 고양이가 죽었다는 소식과 하이너가 바이올린을 배운다는 소식을 헤세에게 전했다. 그리고 헤세의 장염 치료를 위해 주문한 소포를 받았다는 소식도 전했다. 그 소포에는 관장을 위한 가루약, 죽 요리법, 보리 낟알들이 들어 있었다.

멜헨뷜베크로 돌아온 헤세는 6월 말에 랑 박사에게 소식을 전했다. "당신의 정신분석과 놀의 정신분석이 어떻게 다른지를 생각해보았습니다. 그는 직접적인 연상 작용을 집중적으로 추구합니다. 다른 직관적인 부분은 잘 모르겠지만, 정신분석 기법 부분에서 그는 프로이트에 가까운 거 같습니다." 하지만 놀은 누구보다 강한 오토 그로스의 추종자였다. 그는 부부 사이의 자유분방한 섹슈얼리티와 노골적인 개방성의 기본 원칙을 고수했다. 마리아와 헤세도 그의 처방을 받았다. 아스코나에서 돌아온 헤세는 "이전에 자신이 저질렀던 한때의 경망스러운 일탈 행위"를 마리아에게 털어놓았다. 그녀는 일종의 "병리학적 흥분 상태"에 빠지고 말았다. 그녀는 헤세가 놀에게 조종된다고 생각했다. 결혼 생활을 어떻게 지속해야 할지 막막해졌다. 집안일도 손에 잡히지 않았다. 화가 난 헤세는 랑 박사에게 편지를 썼다. "아내의 정신장애는 그녀의 나이나 갱년기와 무관하지 않다고 생각합니다."

어느 날 마리아는 현관문을 두드리는 거지를 집으로 들여놓았다. 초라한 행색의 거지를 성인처럼 떠받드는 모습을 본 헤세는 더욱 심기가 불편해졌다. 마리아는 거지의 모습으로 찾아온 사람이 신이기 때문에 마음과 정성을 다해 섬겨야 한다고 말했다. 격분한 헤세는 그녀에게 비난을 퍼부었다. 하지만 그녀는 한 치도 물러서지 않았다. 그녀가 소리를 지르거나 울부짖었는지도 모른다. 그리고 남편 헤세를 꽉 붙잡고 놓아주지 않았는지도 모른다. 7월 말에 헤세는 랑 박사에게 편지를 보냈다. "그 남자는 떠나고 나의 아내는 안정을 되찾았습니다. 일상적인 대화에서는 특별히 이상하거나 불안한 기색이 보이지 않습니다. (…) 이 일로 나는 완전히 지쳐버렸습니다. 가족과 집, 아내, 모든 게 이전보다 훨씬 더 지겨워졌습니다."

랑 박사도 자신의 결혼 생활을 구속이라고 느끼고 있었다. "인생 후반에 결혼 생활을 감당할 여력이 조금이라도 남아 있다면, 어떻게든 견디어내야 하지 않을까요?" 1918년 여름, 헤세는 임상 치료를 통해 자신이 느끼는 중압감과 피로감을 마리아에게 이해시킬 수 있다고 믿었다. 그래서 8월에 랑 박사를 멜헨뷜베크로 초대했다. 그리고 뒤이어 놀도 초대했다. 1918년 9월 26일, 헤세는 랑 박사에게 편지를 썼다. "9월 초에 놀 씨를 초대했어요. 우리 집에 열흘가량 머물렀는데, 나보다는 집사람하고 더 오래 정신분석을 진행했답니다. 그런데 그게 우리 관계를 더 혼란스럽고 위험하게 만들어버렸어요. (…) 지금은 어느 정도 안정되긴 했지만, 앞으로 어찌 될지는 모르겠습니다."

*

마리아는 남편과 결혼 생활, 아이들, 그리고 무엇보다 자기 자신을 위해 아스코나에서 정신분석을 계속하기로 했다. 이번에는 마르틴도 데려가려고 했다. 놀이 마르틴을 직접 보고 아이의 상태를 확인하게 할 생각이었다. 아이를 키르히호프에 맡겨야 할지, 집에서 키워야 할지 확인해보고 싶었다. 헤세는 당황했다. 지금까지 자신의 권리라고 여겨온 휴식과 휴양을 마리아가 그녀 자신을 위해 요구하고 나섰기 때문이다. 정신분석에 관한 놀의 관심은 헤세에게서 벗어나 마리아에게로 향했다. 10월 초, 마리아는 놀을 따라 아스코나로 갔다. 헤세는 그녀에게 불만을 토로했다. "난 당신이 정신분석을 시작한 뒤로 나나 다른 일에 전혀 관심을 보이지 않는다고 느꼈어요. 그리고 모든 책임을 오로지 내게만 떠넘기려 한다는 인상도 받았고요."

놀은 멜헨뷜베크에서 헤세 부부의 결혼 생활을 분석했다. 각자에 대한 불만과 비방, 책임 소재가 주제로 다루어졌다. 헤세만 성적으로 만족스럽지 않은 것이 아니었다. 마리아 또한 처음부터 실망이 컸다. 헤세와 마리아는 상대방에 대한 아쉬운 감정을 털어놓았다. 놀과 마리아는 부부 갈등의 원인이 어머니에 대한 헤세의 이중적 관계 때문이라고 결론지었다. 하지만 헤세는 그들의 주장을 받아들이지 않았다. 갈등은 증폭되고, 그렇게 놀은 멜헨뷜베크를 떠났다.

그가 떠난 뒤에 헤세는 집 안을 살펴보았다. 그는 잡지뿐 아니라 면도용 비누와 면도날이 없어진 사실을 확인했다. 마리아가 떠날 차비를 하는 동안, 헤세는 없어진 물건들을 도로 가져오라며 그녀를 윽박질렀다. 이제 정원에서 과일을 수확해 병에 담아 넣는 일은 헤세의 과제가 되었다. 그는 다가올 겨울에 대비해 창문에 덮개를 대고 난로도 미리 제자리에 갖다놓아야 했다. 브루노와 하이너를 학교에 보내고 그들에게 바이올린 교습도 시켜야 했다. 전쟁 포로들을 위한 도서 공급도 게을리할 수 없었다. 헤세의 남동생 한스는 조만간 바덴에서 결혼식을 올리기로 되어 있었다. 마리아는 헤세의 비난에도 아랑곳하지 않고 여행 가방을 챙겨 집을 나섰다. 그리고 키르히도르프에서 마르틴을 만나 함께 테신으로 향했다.

로카르노에 있는 기차역에서 놀이 마리아를 기다리고 있었다. 마리아는 그의 집과 가까운 곳에 있는 호텔 방을 예약해두었다. 발코니에서 호수를 내려다볼 수 있는 방이었다. 마리아는 놀의 부인인 이차-구스타바 프루삭Iza-Gustava Prussak과도 인사를 나누었다. 얼마 전 그녀는 아들 프리드리히를 출산했다. 당시 제정러시아의 수많은 유대계 여성은 대학에서 공부할 수 없었다. 그래서 그녀는 의학을 공부하기 위해 여동생 체샤와 함께 베른으로 이주했다. 거기서 그녀는 놀을 중심으로 하는 혁명적 모임을 알게 되었다. 형편이 어려운 놀은 자주 거처를 옮겨 다녔다. 그의 형 헤르만과 에리히 뮈잠과 같은 친구들의 도움으로 겨우 생계를 유지할 수 있었다. 이차가 임신한 사실을 알고 나서야 그녀와 놀은 결혼식을 올렸다. 그것은 일종의 전통이었다.

마리아는 이차에게 호감을 느꼈다. 아스코나의 평온한 분위기와 화창한 날씨, 그리고 놀 부부의 호의와 배려가 마음에 들었다. 마리아에게는 집안일 같은 의무감과 속박에서 벗어날 수 있다는 게 무엇보다 좋았다. 그녀는 마르틴과 함께 산에서 따온 버섯을 이차와 함께 요리했다. 마르틴은 놀을 믿고 따랐다. 놀은 일곱 살 소년의 베른 지방 사투리를 이해하는 데 어려움을 겪었지만 소통하는 데는 큰 장애가 되지 않았다. 그는 마르틴의 간헐적 흥분 상태를 "정신 질환의 표식이라기보다는 버릇

마르틴 헤세 / 이차 놀과 요하네스 놀

없는 행동의 표출"이라고 해석했다. 마르틴은 이차와 어린 아기 프리드리히와도 잘 어울렸다. 마리아는 로카르노에서 12프랑을 주고 의자를 사서 헤세가 있는 멜헨뷜베크로 부쳤다.

마리아가 정신분석을 받는 동안 마르틴은 동네를 헤집고 다녔다. '자립적으로' 몬테 베리타의 산에 오르기도 했다. 마리아는 마르틴이 집에서 가족과 함께 지내지 못할 이유가 없다고 믿게 되었다. 놀은 헤세에게 편지를 보내 "아이가 자신을 자제할 수 있는데도 무례하게 행동하거나 극단적으로 감정을 표출하는 건 어른들이 그 아이가 병에 걸렸다고 믿고 있기 때문"이라는 소견을 밝혔다. 그리고 "엄격한 교육보다는 일관된 교육이 필요하다"라고 조언해주었다.

헤세는 마르틴과 함께 지내야 할지도 모른다는 생각에 심기가 불편해졌다. 집을 떠난 지 2주 뒤 마리아는 그곳에 며칠 더 머물겠다고 헤세에게 말했다. 헤세는 몹시 화를 냈다. "당신이 정신분석을 시작한 뒤로 우리를 거들떠보지도 않고 당신 일에만 몰두해 있다는 건 이미 잘 알고 있어요. 그러니 당신 마음대로 해요. 나는 내가 할 수 있는 만큼만 할 테니까. 우리는 여기서 그럭저럭 지내고 있어요. 내가 아이들을 야단친 건 두세 번밖에 안 되어요. 아스코나에서 별로 좋지 않은 소식이 들릴 때 그랬지요. 그곳에서 당신 원하는 대로 하도록 해요. 시간이 지나면 다른 사람들의 존재가 소중하다는 걸 깨닫게 될 거예요. 그러면 마르틴의 문제도 더 분명하게 인식하게 될 거고요. 물론 아이가 엄마랑 잘 지내고, 또 엄마가 아이를 위해 애쓰는 건 당연한 일이겠지요.”

헤세는 집안일과 아이들 때문에 지친 나머지 “당분간은 나 자신만을 위해 관조적인 은둔자의 삶”을 살겠노라고 선언했다. 『로스할데』에서 베라구트가 아내를 내버려둔 채 다시는 돌아오지 않겠다고 한 것과 다르지 않았다. 마리아는 놀과의 정신분석이 진행될수록 점점 더 심란해져만 갔다. 그리고 상황이 호전될 기미를 보이지 않자 차츰 두려움에 사로잡혔다. 1973년에 힐데가르트 융-노이게보렌은 당시 상황을 이렇게 회상했다. “그녀는 잠옷만 걸친 채 이리저리 돌아다녔습니다. (…) 극도로 혼란스러운 정신분열 상태에서 자신의 아이를 목 졸라 죽이려고까지 했답니다.”

마리아를 낙인찍는 단어가 되어버린 정신분열은 가족력이었다. 마리아의 어머니도 노년에 우울증에 시달렸고, 마리아의 남동생 프리츠도 우울증 때문에 목사의 길을 접고 요양원에서 치료를 받았다.

놀은 헤세에게 보낸 편지에서 "히스테리적인 발작"과 "광기"에 관해 언급했다. 그리고 마리아를 "최대한 배려해주어야 한다"라고 조언했다. "지지난번에 당신이 보낸 편지는 그녀에게 치명적이었습니다. 지금까지 해온 정신분석 작업이 거의 수포로 돌아갈 정도였으니까요." 또한 그는 "갱년기적 정신장애"라는 진단과 더불어 지속적인 치료를 주문했다. "그녀가 한 걸음 한 걸음 앞으로 나아가는 게 중요합니다. 절대 건너뛰어서는 안 됩니다. 새로운 적응에 부담을 느끼면 또다시 정신장애로 도피하려는 성향이 생겨날 수 있습니다."

헤세는 태도를 바꾸었다. 그녀에게 "불쾌감을 야기한 편지"에 대해 사과했다. 자신이 "몹시 지치고 우울감에 빠진 나머지" 그런 실수를 저질렀노라고 해명했다. 그리고 지난여름에 자신이 그녀의 기분을 맞추기 위해 나름대로 노력했다는 사실을 상기시키며, "당신과 나에 대한 신뢰감"을 잃지 말라고 격려했다. 마리아는 헤세의 편지에 감사의 인사를 전했다. 그리고 "비바람이 거세고 눈보라가 몰아치는" 가운데도 함께 보냈던 "햇살 가득한 아름다운 날들"을 떠올렸다. 마리아는 당분간 마르틴을 데리고 놀 부부와 함께 지내겠다고 말했다. "우리는 지금 놀 부부와 가족처럼 잘 지내고 있어요. (…) 형제처럼 모든 걸 함께하고 있답니다." 경제적으로 궁핍한 놀 부부는 마리아에게 어느 정도 도움을 받을 수 있었다. 고장 난 난로와 연기가 새는 굴뚝 때문에 "베른에 있는 우리 집보다는 훨씬 불편했지만" 그래도 마리아는 그곳에서 휴식을 취하기로 결정했다. 10월 19일, 마리아가 남편에게 보낸 편지의 내용은 이와 같았다. 하지만 얼마 지나지 않아 상황이 급변했다. 마리아의 억압된 욕정이 부정적으로 투영되고 전이되는 바람에 평화로운 동거 생활이 불가능해진 것이다. 좁은 거주 공간에서 생겨난 갈등은 심각한 위기로 바뀌었다. 더 이상 버틸 수 없는 놀은 황급히 헤세에게 전보를 쳤다. 그리고 가급적 빨리 마리아를 데려가라고 부탁했다. 마리아는 며칠 동안 남편이 오기를 애타게 기다렸지만 헤세는 끝내 나타나지 않았다.

마리아는 지옥 같은 상황에서 빨리 벗어나고 싶었다. 놀이 붙잡았지만 그녀는 막무가내였다. 그녀는 힐데가르트 융이 있는 몬티에 들렀다가 베른으로 갈 생각이었다. 서둘러 짐을 챙겨 로카르노행 버스가 다니는 정거장으로 달려갔다. 마리아가 떠난 지 4일 뒤인 10월 28일, 놀이 헤세에게 편지를 보냈다. "아무리 설득해도 소용없었습니다. 그녀를 붙잡아두려면 강제적으로 폭력을 써야 했을 겁니다."

아무도 마리아를 붙잡을 수 없었다. 헤세가 그녀에게 오지 않는다면, 그녀가 헤세에게 가는 수밖에 없었다. 그녀는 로카르노 역에서 내려 벨린초나로 가는 기차에 올랐다. 그리고 벨린초나에서 기차를 갈아탔다. 그녀는 이 플랫폼에서 저 플랫폼으로 무거운 여행 가방을 질질 끌고 다녔다. 마르틴은 낯선 상황에 놀라 마구 소리를 질러댔다. 그녀도 함께 소리를 질렀다. 기차가 괴셰넨에서 고트하르트 반대편에 도착했을 때는 이미 해가 저문 뒤였다. 마리아는 어둠 속에서 비틀거리며 묵을 곳을 찾아다녔다. 그리고 호텔 뢰슬리에 들어갔다. 심한 갈증을 느낀 마리아는 차를 주문했다. 하지만 포도주를 들이켜고는 피곤에 지친 나머지 옷을 입은 채 침대에 누워 깊은 잠에 빠져들었다. 그녀는 아침 일찍 일어나 마르틴을 깨워 호텔을 나섰다. 정신 없이 나오는 바람에 손목시계도 객실에 놓고 나왔다. 호텔 여주인은 흥분 상태인 손님이 걱정되었다. 그래서 그녀를 진정시키기 위해 차분한 목소리로 말을 걸었다. 마리아는 더듬거리며 대답했다. "베른에서 일이 생겼어요. 내 남편이 죽었다고요." 그러고는 여행 가방도 그대로 둔 채 마르틴을 끌고 루체른으로 가는 기차에 올랐다.

●

목소리

1918년에 부모님은 저 아래 아스코나에 거처하는 독일인 정신과 의사를 찾아갔다. 그 의사는 정신분석을 하는 사람들의 모임인 몬테베리타운동에 속한 인물이었다. 먼저 아버지가 그 의사와 상담하고, 나중에 어머니가 그를 찾아갔다. 어머니는 그곳을 빠져나올 때 발작을 일으켰다. 그리고 내 동생을 목 졸라 죽이려고 했다. (⋯) 아이와 남편 가운데 하나를 선택해야 한다는 건 이미 정신분열적인 상황이라고 할 수 있다.

하이너 헤세

요하네스 놀의 정신분석 치료가 무척 힘들었던 것 같다. 헤세는 언제나 어깨를 축 늘어뜨린 채 숙소로 돌아왔다. 종종 그는 밤늦게 나를 깨우기도 했다. 자신이 경험한 걸 나에게 털어놓고 싶어 했기 때문이다. 그래서 우리는 포도주 한 병을 가져다놓고 동이 틀 때까지 이야기를 나누었다.

힐데가르트 융-노이게보렌

요하네스 놀이 정신분석이라는 명목으로 저지른 짓은 분명히 범죄행위라고 생각하네. 적어도 형사상의 과실이라고 할 수 있겠지.

1919년 4월 30일, 아돌프 베르누이가 헤르만 헤세에게 보낸 편지

난 14년간의 결혼 생활 동안 남이 모르는 걸 많이 겪었답니다. 지난 몇 달은 정말 힘든 시기였어요. 나에게도 마리아에게도 말입니다.

1918년 10월 28일, 베른에서 헤르만 헤세가 아델레 군데르트에게 보낸 편지

올여름 내가 약간 몽롱한 상태에서 당신한테 여러 번 얘기했잖아요. 내가 아프다고요. 실제로 나는 무언가를 예감하고 있었던 것 같아요. 고통과 가책 속에서 과거를 회상해야 한다는 건 당시엔 생각조차 못했지요. 서둘러 요하네스 놀의 집을 빠져나온 뒤에도 그랬어요.

1919년 1월 3일, 브루너 박사의 요양소에서
마리아 베르누이가 헤르만 헤세에게 보낸 편지

분명한 사실은 당신에 대한 부인의 사랑이 자유로워졌다는 겁니다. 그런데 그녀는 자신의 새로운 인식을 실현할 수 있을지, 그리고 무엇보다 당신을 육감적으로 사로잡을 수 있을지 불안해하고

있습니다. 이런 의심은 아무리 건강한 여성이라도 갱년기에 접어들면 누구나 느끼게 된다는 걸 당신도 잘 알고 계실 겁니다. 지금 그녀가 겪고 있는 갈등과 난관이 너무 힘겹기 때문에 그녀가 정신착란에 빠지는 건 그리 놀라운 일이 아닐지도 모릅니다.

1918년 10월 30일, 아스코나에서 요하네스 놀이 헤르만 헤세에게 보낸 편지

당신은 나를 이해하지 못했고 나도 당신을 이해하지 못했지요. 하지만 당신은 내게 꿈의 실현이고 성취였어요. 난 정신분석을 통해 영원을 들여다보았답니다. 하지만 이내 두려움에 떨며 그 문을 닫아버리곤 했지요. (…) 당신이 내게 어떻게 했고, 내가 당신에게 어떻게 했는지 이젠 잘 모르겠어요. 난 그저 좋은 가정주부, 좋은 엄마이고 싶었을 뿐이랍니다. 차분하게 생각을 정리하려니까 쉽지 않네요. 다시 만나면 그때 모든 걸 이야기하도록 해요.

1918년 12월 2일, 브루너 박사의 요양소에서
마리아 베르누이가 헤르만 헤세에게 보낸 편지

3주 전부터 마르틴과 함께 테신에 머물던 마리아가 심각한 정신착란 증세를 보여 요양소에 입원시켰어요. 그 뒤로는 그녀를 보지 못했네요. 지금 그녀는 취리히 근처의 퀴스나흐트에 머물고 있어요. 나 혼자서 살림을 꾸리고 아이들을 돌보아야 한다고 생각하니 막막하기만 합니다. 그래도 나를 도와주는 친구들은 있

어서 다행이에요. 가정부를 구하든지 그냥 지금처럼 살든지 해야겠어요. 아니면 아이들을 기숙사로 보내고 나 혼자 살든가.

1918년 10월 28일, 베른에서 헤르만 헤세가 아델레 군데르트에게 보낸 편지

당신 부인은 이곳을 떠나기 전에 아주 꼼꼼하게 짐을 꾸리더군요. 일을 처리하는 데도 정신이 멀쩡해 보였어요. (…) 그녀는 자기 오빠한테서 400프랑을 받아 그 가운데 360프랑을 우리한테 주었답니다. (…) 이곳 아스코나에서 당신 부인은 금전적으로 매우 세심하고 치밀한 모습을 보였어요. 기분 내키는 대로 돈을 쓰는 거 같지는 않았거든요.

1918년 10월 30일, 아스코나에서 이차 놀이 헤르만 헤세에게 보낸 편지

그건 정신분열과는 무관했다. 단지 우울증이 심한 것뿐이었다. 다행히도 우리는 융 박사에게서 서면으로 그런 사실을 확인받았다. (…) 나의 어머니는 퀴스나흐트의 병원으로 이송되었다. 카를 구스타프 융은 그곳의 임상의였다. 나는 융 박사가 아버지에게 보낸 편지를 찾아냈다. 내가 추측한 대로 어머니는 그렇게 증상이 심한 게 아니었다. 어머니는 베른의 살림을 정리했고, 거의 모든 일을 혼자 도맡아 했다. 나의 아버지는 현실적인 문제를 대처하는 능력이나 감각이 부족했다.

하이너 헤세

그녀의 전반적인 소재식所在識은 나쁘지 않다고 생각합니다. 좁은 의미로 해석할 때, 그녀의 인식능력에는 별문제가 없습니다. 그에 반해 감정적 장애는 현저하게 나타나고 있습니다. 심각한 무감각증에다 적절하지 못한 감정의 표출. 그 결과로 주의력도 상당히 저하되어 있습니다. 연상 작용도 활발하지 못하고, 그마저도 무의식이 자꾸 개입되는 바람에 쉽게 중단됩니다. (…) 전형적인 정신이상이라고 할 수 있는 증상입니다. 그렇다고 반드시 부정적인 것만은 아닙니다. 지나친 과로가 상황을 악화시키고 있기 때문입니다. 충분한 휴식과 적절한 간병으로 어느 정도 과로를 해소할 수 있을 겁니다. 그와 더불어 잠재의식도 어느 정도 제어할 수 있을 겁니다. 그녀의 건강을 악화시킨 정신분석 작업은 절대 진행해서는 안 됩니다.

1918년 11월 초, 카를 구스타프 융이 작성한 마리아 베르누이에 대한 소견서

11.

1918년 10월, 마리아의 세계는 해체되고 헤세와 함께한 결혼 생활도 종착역을 향해 달려가고 있었다. 처절했던 전쟁의 광기도 종언을 고했다. 유럽의 지형도가 소용돌이쳤다. 10월 말 오스트리아헝가리제국이 붕괴되고, 11월 4일에는 독일의 킬에서 선원들의 폭동이 일어났다. 그 뒤로 독일의 노동위원회와 군사위원회가 전권을 장악했다. 제정러시아는 혁명의 여파로 무너져 내렸다. 중립국인 스위스에서도 1918년 11월에 노동자들의 봉기와 총파업이 벌어졌다.

10월 24일과 25일, 놀은 헤세에게 전보를 띄워 마리아가 급작스럽게 떠났다는 사실을 알렸다. 헤세는 랑 박사와 함께 루체른으로 달려가 마리아와 마르틴을 기다렸다. 랑 박사는 정신이 혼란해진 마리아를 브루너 박사가 운영하는 퀴스나흐트의 요양소로 데려다주었다. 헤세는 루체른에 있는 브룬 박사 부인에게 마르틴을 돌보아달라고 부탁했다. 조만간 알리체 렝지에가 아이를 키르히도르프로 데려가기로 되어 있었다. 마리아가 마르틴의 안부를 물을 때마다 의사들은 그녀가 복용하는 약의 용량을 높였다. 그녀는 차츰 안정을 찾고 취리히 호숫가에 있는 요양소, 보모, 간호사와 의사를 제대로 인지하기 시작했다.

11월 4일, 마틸데 슈바르첸바흐가 마리아를 문병했다. 그녀는 마리아에게 좀 더 따뜻한 옷들을 가져다주겠다고 약속했다. 마리아의 여행 가방에는 여름옷만 들어 있었기 때문이다. 슈바르첸바흐는 "마리아가 다시금 건강을 되찾을 거라고, 심지어 이전의 상태를 회복할" 거라는 브루너 박사의 진단에 공감했다.

마리아는 남편 헤세를 기다렸지만 그는 오지 않았다. 하이너와 마르틴은 키르히호프에서, 브루노는 아버지 헤세와 함께 멜헨뷜베크에서 생활하고 있었다. 헤세는 누나 아델레와 처남 프리츠 베르누이에게 편지를 보내 신세타령을 했다. 프리츠는 마리아의 상속재산 가운데 1000프랑을 헤세에게 송금해주었다. 헤세의 편지를 받은 마틸데 슈바르첸바흐는 마리아에게 화환을 보냈다. 그리고 빈터투어에 사는 조카 게오르크 라인하르트Georg Reinhart에게 그녀의 세 달 치 요양비를 대신 내라고 일러두었다.

11월 중순, 전국적인 총파업이 끝나고 나서야 헤세는 마리아를 방문했다. 그는 게오르크 라인하르트에게 편지를 썼다. "나는 그녀를 두 번 찾아갔네. 가서는 서너 시간 머물렀지. 그녀는 아주 정상이었네. 하지만 난 정말이지 그녀가 별로 마음에 들지 않아. 그녀에게는 가정과 아이들이 필요하다네. 그렇지 않으면 그녀의 삶이 파탄에 이를지도 몰라."

헤세에게는 집도 아이들도 적지 않은 부담이었다. 그래서 헤세는 브루노를 랑나우에 있는 보육원에 맡겼다. 11월 말부터 헤세는 멜헨뷜베크에서 가정부와 단둘이 살게 되었다.

마리아는 자작시가 적힌 엽서를 헤세에게 보냈다. "반드시 내 인생길을 되찾을 거예요. (…) 내 걱정은 하지 마세요. 당신만 편히 잘 지내면 되니까요." 마리아는 "번민과 두려움, 불면증"에서 벗어나기 위해 노력했다. 병문안을 오는 사람들이 고맙기는 했지만, 마틸데 슈바르첸바흐는 예외였다. 마틸데가 마리아에 대한 반감을 헤세에게 노골적으로 드러냈기 때문이다. 오랫동안 친분을 쌓아온 구스타프 감퍼도 그녀를 찾아왔다. 남동생 프리츠와 여동생 에마도 왔다. 12월에는 보모가 유행독감에 걸리는 바람에 에마가 일주일 동안 마리아의 병시중을 들기도 했다.

두 자매는 어린 시절을 떠올리며 이야기꽃을 피웠다. 에마는 형부 헤세에게 편지를 부쳤다. "마리아의 건강이 차츰 회복되고 있는 거 같아요. (…) 이 요양소는 정말 마음에 들어요. 치료도 아주 훌륭하답니다." 마리아도 그렇게 생각했다. 얼마 전에 미국에서 돌아온 젊은 의사는 마리아를 잘 이해해주었다. 그리고 마리아는 그 의사를 전적으로 신뢰했다. "히르슈펠트Hirschfeld 박사는 언제나 나에게 위로가 됩니다. 그가 나를 붙잡지 않았더라면, 아마 나는 극도의 불행 속에서 파멸했을지도 모릅니다." 히르슈펠트 박사는 마리아의 아이들을 퀴스나흐트로 보내달라고 헤세에게 요청했다. 그녀는 마르틴을 무척 보고 싶어했다. "난 불쌍한 우리 아이가 고향에서조차 낯선 이방인으로 자라는 걸 원치 않아요. 난 그 아이의 엄마예요. 어느 누구도 내게서 모권母權을 뺏을 수 없어요."

헤세는 크리스마스 축제를 아이들과 함께 보낼 생각이 없었다. 그는 디머스빌에 사는 화가 루이 무알리에Louis Moillliet를 찾아가기로 했다. 그리고 아이들이 크리스마스 선물을 받을 수 있도록 에마에게 부탁해놓았다. 마리아는 헤세의 이기적 태도에 절망했다. 그리고 얼마 뒤 그녀의 병이 재발했다. 12월 22일, 침대에서 꼼짝달싹하지 못하게 된 마리아는 헤세에게 편지를 썼다. "이번 크리스마스는 별로 특별할 게 없네요. (…) 아주 자그마한 크리스마스트리를 하나 갖고 싶어요." 마리아는 아이들이 올지도 모른다는 생각에 초콜릿을 준비해두었다.

뜻밖에도 하이너가 찾아왔다. 아들과의 재회는 그녀에게 새로운 용기와 희망을 불어넣었다. 그녀는 좁은 방에서 빠져나와 호숫가를 거닐었다. 그리고 헤세에게 모차르트의 소나타 악보를 보내달라고 부탁했다. 그녀는 요양소에서 다른 환자들과 함께 음악을 연주했다. 멋진 바리톤 목소리를 지닌 남자 보모의 노래에 맞춰 피아노 반주를 하기도 했다. 히르슈펠트 박사는 마리아에게 헤세의 비난이나 불평을 소극적으로 받아들이지 말고 당당하게 맞서라고 조언해주었다. 2월에 그는 헤세에게 편지를 보내 퀴스나흐트로 와달라고 청했다. "당신이 그녀를 원망하고 있지 않다는 걸 그녀가 알게 된다면, 그녀의 마음이 한결 편해질 겁니다. (…) 애정 어린 편지 한 장 쓰는 게 그리힘든 일은 아니겠지요." 헤세는 마리아가 조만간 퇴원해 집으로 돌아올지도 모른다는 생각에 불안해졌다. 그래도 그녀를 위해 편지를 썼다. 1919년 2월 21일, 마리아는 헤세에게 감사의 편지를 보냈다. 하지만 헤세는 더 이상 마리아를 보려고 하지 않았다. 2월 26일, 마리아는 요양소에서 나와 루체른에 있는 브룬 박사의 '베르글리'로 거처를 옮겼다. 몇 년 전에 스키를 타다가 사고를 당했을 때 치료를 받은 곳이었다.

히르슈펠트 박사뿐 아니라 요양소의 원장도 마리아가 "절대적인 안정"을 필요로 한다는 사실을 헤세에게 주지시켰다. 헤세의 작은 트집이나 불평조차 그녀가 자신의 잘못으로 받아들이기 때문에 세심한 주의와 배려가 요구되었다. 하지만 마리아는 오히려 헤세를 걱정했다. "나의 드센 기질은 이미 다 꺾여버렸어요. 두고 보면 알 거예요." 마리아에게는 히르슈펠트 박사와 작별하는 것이 무엇보다 힘들었다. 그녀는 할 수만 있다면 그를 집으로 "데려가고" 싶어 했다.

*

브루너 박사는 마리아가 어려움에 부딪히면 병이 재발할 수도 있다고 헤세에게 일러주었다. 하지만 헤세는 이미 마리아와 헤어지기로 결심한 뒤였다. 그는 마리아에게 멜헨뷜베크의 저택을 포기하고 베른에서 아이들과 함께 살 집을 알아보라고 말했다. 헤세는 과거의 굴레에서 벗어나고 싶어 했고, 그래서 가족과 멀리 떨어진 곳으로 떠나고 싶어 했다. 그의 목적지는 테신이었다. 하지만 마리아는 멜헨뷜베크에서 계속 살기를 원했다. "아무리 거처할 곳이 없어도 허름한 집에 기어들어가고 싶진 않아요." 마리아는 인터라켄에서 에마를 만나 이야기를 나누고, 아돌프와 프리츠를 만나러 바젤로 떠났다. 그리고 그들에게 자신이 처한 경제적 어려움을 털어놓았다.

헤세는 마리아의 형제들과 자주 편지를 주고받았다. 프리츠는 헤세에게 남편과 아버지로서의 의무를 상기시켰다. 그리고 마리아의 요양비에 보태라고 500프랑을 송금해주었다. 아돌프는 마리아와 프리츠, 하이너가 아를레스하임에 있는 임대주택에서 함께 사는 게 좋겠다고 말했다. 그렇게 하면 마리아가 바젤에서 사진 아틀리에를 운영하는 프리츠를 도울 수도 있었다. 그리고 조금 안정된 뒤에는 브루노와 마르틴을 데려올 수 있을 것이다.

한때 마리아의 주치의였던 후크Huck 박사는 놀을 달갑지 않게 생각했다. 그래서 마리아에게 새로운 치료 요법을 제시했다. 4월, 마리아는 보덴 호숫가에 있는 이다 후크Ida Huck의 집에 머물렀다. 거기서 그녀는 아이들에게 "작은 부활절 선물 보따리"를 보냈다. 4월 말에는 랑나우로 가서 브루노와 하이너를 만났다. 그녀가 아이들을 데리고 멜헨빌베크로 돌아왔을 때, 헤세는 이미 떠나고 없었다. 마리아는 가을까지만 그 집에 머물 수 있었다. 헤세가 그 집의 임대계약을 해지했기 때문이다. 헤세의 새 주소는 '루가노-소렌고에 있는 알베르고 콜리나 도로'였다.

그런데도 마리아는 몇 달 동안 비워두었던 집을 몸에 밴 부지런함으로 열심히 청소했다. 브루노는 예전에 다니던 학교를 다시 다니기로 했다. 이제 열 살이 된 하이너도 형이 다니는 학

카사 카무치

교에 들어갔다. 마르틴은 여전히 키르히도르프에 머무르고 있
었다. 마리아는 헤세에게 주기적으로 편지를 보내 가족의 근황
을 전해주었다. 하지만 마리아는 새로운 거처를 찾지 못해 마음
이 불안했다. 그녀는 남는 방을 빌려주면 살림살이에 도움이 될
거라고 생각했다. 프리츠도 그녀의 계획에 동의했다. 하지만 커
다란 저택을 청소하고 정원을 가꾸는 일이 점점 힘들게 느껴졌
다. 그녀는 헤세에게 편지를 보냈다. "올봄에 생각했던 것보다
체력이 훨씬 더 고갈된 거 같아요." 그동안 헤세는 루가노 위쪽
에 거처를 마련했다. 그리고 운송업자에게 부탁해 멜헨빌베크
에 있는 자신의 소유물을 가져오도록 했다. 멜헨빌베크에서 헤
세의 짐을 실은 운송 차량은 몬타뇰라, 카사 카무치로 향했다.

마리아는 헤세를 따라 테신으로 가기로 결정했다. 그녀는 아스코나의 마조레 호숫가 위쪽에 있는 콜리네타에서 마음에 드는 주택을 발견했다. 집 안 뜰에서 호수와 브리사고 섬들이 내려다보였다. 그리고 맞은편에는 감바로그노 산맥이 뻗어 있었다. 남동생 프리츠가 마리아의 상속재산을 주택 구입 대금으로 내놓았다. 잔금은 휴가철 손님들에게 방을 임대해 조달하기로 했다. 멜헨뷜베크의 살림을 정리하고 이사를 떠나기 전에 마리아는 에마와 미국에서 돌아온 투치아를 만나러 베른으로 갔다. 마리아는 여동생들을 보고 무척 기뻐했다. 그리고 그들에게 새 집과 앞으로의 계획에 대해 이야기했다. 에마는 헤세에게 마리아의 소식을 전했다. "그녀는 생기에 넘쳤지만, 결코 흥분 상태는 아니었어요." 헤세는 가족이 가까이 다가오는 걸 원치 않았다. 하지만 마리아는 흔들리지 않았다. 이사할 날짜는 1919년 9월 15일로 정해졌다.

루트

〰️

루트 벵거, 1929년경

1.

루트 벵거는 유명한 시인 헤세의 시를 사랑했다. 더러 그가 쓴 시를 암송하기도 했다. 1919년 7월, 어느 날 오후였다. 외출을 마치고 집으로 돌아온 그녀는 현관문에서 마구 휘갈겨 쓴 종이 쪽지를 발견했다. "사랑하는 벵거 양, 당신을 만나려고 왔는데 아무도 없어서 그냥 돌아갑니다. 헤르만 헤세, 바르트Barth 부인, 루이 무알리에, 조각가 오스발트Osswald와 그의 부인." 루트는 그 쪽지에 자신의 운명이 달려 있는 것처럼 느꼈다. 루트는 그때의 기억을 떠올렸다. "마법의 새가 내 머리 위로 날아가고 있었다. 그리고 비좁은 골목길에 깔려 있는 낡은 포석 위로 마법의 꽃이 피어올랐다. (…) 늙은 여인들이 장미 공주처럼 실을 잣고 있는 마법의 낙원에는 시간이 멈추어 있는 것만 같았다."

이번 봄에 그녀의 아버지가 구입한 저택은 살바토레의 카로나에 위치해 있었다. 창문 위에는 로코코 양식의 회화 작품들이 걸려 있고, 녹색 덩굴 가지에는 초상화를 넣은 목걸이용 메달이 걸려 있었다. 좁다란 박공博栱지붕 아래는 알록달록한 색깔의 앵무새가 앉아 있었다. 방 안으로 들어선 그녀는 다시 한 번 헤세가 쓴 글을 읽었다. 그녀는 점점 더 궁금해졌다. 도대체 누가 그를 카로나로 데려왔을까? 누가 그에게 그녀의 이름을 가르쳐주었을까? 그녀는 헤세의 친구인 루이 무알리에를 떠올렸다. 무알리에는 그녀가 바젤에서 파울 바르트Paul Barth를 통해 알게 된 화가다. 그녀는 바르트에게 그림 그리는 법을 배운 적이 있다. 당시에 그녀는 바르트를 사랑했다. 어쩌면 지금도 그를 사랑하고 있는지도 몰랐다. 바르트는 부인과 이혼해 혼자 살고 있었고, 그의 전 부인은 무알리에와 함께 살고 있었다.

루트는 이웃에게 그녀를 찾아온 손님들에 대해 물어보았다. 그리고 그녀의 손님들이 몬타뇰라에서 건너왔다는 사실을 알게 되었다. 몬타뇰라는 깊은 골짜기 건너편에 있는 산마을이었다. 루트는 그곳으로 달려갔다. 그리고 호텔 벨라 비스타에서 무알리에와 바르트 부인에 대해 물어보았다. 그들은 이미 그곳을 떠난 뒤였다. 그녀는 시인 헤세에 대해서도 물어보았다. 호텔 주인은 그녀에게 친절하게 카사 카무치로 가는 길을 가르쳐주었다. 카사 카무치는 헤세가 몇 주 전부터 거주하고 있는 저택이었다.

넓은 뜰에 들어선 루트는 발걸음을 멈추었다. 그녀 앞에 낯선 성채가 높이 솟아 있었다. 계단 형태의 박공지붕과 작은 성탑, 창문 위로 화려하게 장식된 석고 세공. 동화 속에 나올 법한 거대한 성채였다. 그녀는 두근거리는 가슴을 애써 진정하며 계단을 걸어 올라갔다. 그리고 조심스레 헤세의 방문을 두드렸다. "아름다운 저음의 목소리가 들렸다. 그리고 바로 앞에 그 사람이 나타났다. 그는 금빛 나는 벨벳 양복을 입고 있었다. 그리 큰 키는 아니었다. 그는 짧게 자른 머리에 무테안경을 쓰고 있었다. 약간 수척해 보였지만 기품 있는 분위기를 풍겼다. 반갑게 미소 짓는 얼굴이 매우 아름다웠다."

루트는 첫눈에 반했다고 느꼈다. 헤세도 젊은 여인에게 정신을 빼앗겼다. 두 사람은 발코니로 나갔다. 나무들이 무성하게 자란 정원, 가파른 언덕에 높이 솟아 있는 노목들이 시야에 들어왔다. 헤세의 방에는 회화 도구와 종이가 놓여 있었다. 커다란 책상에는 노트와 책, 편지가 잔뜩 쌓여 있었다. 전형적인 독신자의 방이었다. 인근 마을의 나탈리나 카바디니 Natalina Cavadini 가 집안 살림을 맡고 있었다. 이날은 오스발트 부부가 헤세를 식사에 초대했기 때문에 그녀가 요리할 필요는 없었다. 헤세는 루트에게 같이 갈 의향이 있는지 물어보았다. 그녀는 기꺼이 함께 가겠다고 말했다.

가는 길에 루트는 올해 오스발트 부부가 몬타뇰라로 이사왔다는 사실을 알게 되었다. 파올로와 마르게리타 오스발트는 그림도 그리고 조각도 하는 예술가였다. 로마 출신의 마르게리타는 요리 솜씨가 매우 뛰어났다. 루트는 스파게티를 아주 맛있게 먹었다. 식사를 마친 뒤에 헤세는 창문턱에 앉아 시가를 피워 물고는 약간 건방진 자세로 나탈리나를 흉내 냈다. 그리고 약간 들뜬 기분으로 시시껄렁한 이야기를 늘어놓았다. 마르게리타와 농담을 주고받는 헤세를 루트는 조용히 앉아 바라보았다. 헤세가 그녀 가까이 있다는 사실이 믿기지 않았다. 그녀는 작별 인사를 하면서 오스발트 부부와 헤세를 카로나로 초대했다.

＊

루트는 금빛 나는 벨벳 양복을 입은 남자를 초조하게 기다렸다. 헤세는 그녀보다 스무 살이나 연상이었다. 그는 결혼도 했고 아이들도 있었다. 하지만 그가 왜 테신에 와 있는지는 그녀 자신도, 그녀의 어머니 리자 벵거Lisa Wenger도 알지 못했다. 바젤에서 루트는 헤세가 마리아 베르누이와 별거 중이라는 소문을 들었다. 마리아가 정신착란을 일으켜 정신병원에 입원했다는 소문이 시내에 퍼져 있었다.

베르누이 가문은 바젤의 유서 깊은 귀족 가문이었다. 하지만 벵거 가문은 그렇지 않았다. 연장 공장을 운영하는 테오 벵거Theo Wenger는 갑부였다. 쥐라 산맥의 기슭에 위치한 델스베르크에도 웅장한 저택을 소유하고 있었다. 마을 사람들은 루트의 어머니 리자가 그림을 가르쳐 겨우 생계를 유지하던 과거를 기억하고 있었다. 그녀보다 열 살 아래인 남편은 목사가 되려던 꿈을 접었다. 그리고 바젤에서 장인어른 루츠Ruutz의 직물 사업을 도왔다. 그러나 루트는 배고프고 춥던 시절을 기억하지 못했다. 그녀는 내성적이고 버릇없는 소녀로 자랐다. 부모는 딸이 원하는 것을 모두 들어주었다. 어린 루트는 오랫동안 병치레를 했다. 뇌막염에 걸려 고생하기도 했다. 몸이 허약했기 때문에 고등학교를 졸업한 뒤 대학에서 공부하는 게 여간 힘든 게 아니었다. 하지만 그녀에게는 타고난 재능이 있었다. 외국어 능력이 뛰어날 뿐 아니라 그림도 잘 그리고 노래도 잘 불렀다. 악기도 다룰 줄 알았다. 그녀는 책도 많이 읽었다. 그녀는 델스베르크에 작은 동물원을 만들었다. 고양이와 개, 닭, 토끼, 염소, 앵무새를 키웠다. 그녀는 삶의 안전한 테두리에 안주하면서 경솔하게 행동하는 몽상가였다. 그녀는 예전에 바르트를 흠모했듯이 지금은 몬타뇰라의 헤세를 그리워했다. 그녀의 어머니는 늦은 나이에 창작 활동을 시작했다. 어머니가 쓴 책들은 어린 루트를 동화의 나라로 이끌었다. 루트가 꿈꾸는 삶의 무대는 카로나였다. 카사 콘스탄차의 위쪽으로, 교회 뒤편 언덕에 잡초가 뒤덮인 정원이 있었다. 화단에는 푸른 유리알이 박혀 있었다. 그 속에 루트의 세계가 신비롭게 투영되고 있었다. 꽃과 숲, 포도나무, 개와 앵무새. 그리고 머지않아 헤세의 모습이 비칠 것이다.

며칠 뒤, 헤세가 오스발트 부부와 보트머 부부와 함께 카로나를 찾았다. 보트머 부부는 헤세가 사는 몬타뇰라로 이사 온 지 얼마 되지 않았다. 헤르만 보트머Hermann Bodmer는 흉부외과 전문의였다. 그는 발리스의 휴양지인 몬타나에서 개인 병원을 운영하다가 그만두었다. 그리고 가을에 부인 아니Anny와 함께 로카르노로 거처를 옮겼다. "그들은 아침 시간 속으로 빠져들었다. 강한 향내가 나는 조팝나무들 사이로, 거미줄에 아직 이슬이 맺혀 있는 숲의 가장자리를 따라 가파른 언덕을 내려왔다. (…) 남자들은 희고 노란 아마포와 명주로 짠 옷을 입고 있었다. 흰색과 담홍색 옷을 입은 여자들은 베로나 녹색의 양산을 손에 들고 있었다. 에르질리아의 양산이 마법의 반지처럼 반짝거렸다." 황홀한 날이었다. 헤세는 『클링조어의 마지막 여름』에서 이날을 생생하게 묘사했다. 이 작품에서 화가 클링조어는 친구들과 함께 산행에 나선다. 의사 아고스토와 화가 에르질리아가 포함된 일행은 그늘진 밤나무 숲과 포도 덩굴이 무성한 양지바른 언덕, 초원, 작은 마을을 지나 카레노에 다다른다. 그들은 한 소녀를 만나기 위해 이곳까지 온 것이다. 헤세는 그녀에게 동화 같은 이름을 붙여주었다. '산의 여왕' "카레노는 고색창연한, 비좁고 어두운 사라센풍風의 마을이었다. (…) 일행은 푸른 그림자가 깃든 좁은 골목길을 가로질러 걸어갔다. (…) 밝고 아담한 광장 위에 두 채의 노란 저택이 서 있었다. 눈이 부시도록 밝은 대낮에 마법에 걸린 듯한 풍경이었다. 가늘고 긴 석조 발코니, 닫힌 덧문. 오페라 1막을 위한 멋진 무대장치였다."

전주곡은 무척 낯설었다. 피아노 소리는 음정이 맞지 않아 불협화음을 만들어냈다. 그사이로 개 짖는 소리와 앵무새 우는 소리가 뒤섞였다. 당황한 손님들은 그냥 돌아가야 할지 고민하기 시작했다. 바로 그때, 1막이 시작된다. "어느새 산의 여왕이 거기 서 있었다. 날씬하고 유연한 몸매의 아리따운 아가씨였다. 팽팽하면서도 탄력이 넘쳤고 얼굴에는 홍조를 머금고 있었다. 타오르는 불꽃, 청춘의 초상이었다." 루트의 등장과 더불어 카레노의 연극이 시작되었다. 사랑과 질투, 음모와 위협, 위선과 고통, 사랑의 종말, 이별.

에르질리아는 들고 있던 양산을 접었다. 루트가 손님들을 집안으로 안내했다. "높은 문 위로 바로크풍의 석고 세공이 번쩍거렸다. 벽 주위에 둘러진 검은 띠에는 돌고래와 백마白馬, 그리

(왼쪽부터) 아니 보트머, 파올로 오스발트, 마르게리타 오스발트-토피,
헤르만 헤세, 루트 벵거, 헤르만 보트머

고 장미처럼 붉은 큐피드가 그려져 있었다. 그 형상들은 전설
의 바다를 헤엄쳐 나아가고 있었다." 커다란 홀에는 그랜드피
아노가 놓여 있었고, 피아노 조율사가 고개를 숙인 채 작업을
하고 있었다. 그는 상황을 파악하고는 황급히 밖으로 나갔다.
일행은 자리를 잡고 앉았다. 식탁 위에는 빵과 치즈, 소시지와
포도주가 차려져 있었다. "박사의 온화한 목소리와 에르질리아
의 상냥한 목소리, 아고스토의 옹골진 목소리, 여류 화가의 경
쾌한 목소리"가 울려 퍼졌다. 루트가 빵을 자르고 포도주를 따
라주었다. 헤세는 그녀의 움직임을 눈여겨보았다.

식사를 마친 뒤, 루트는 푸른 천을 머리에 둘러매고는 손님
들을 그늘진 밤나무 숲으로 안내했다. 그들은 잔디에 누워 담

소를 즐겼다. 그리고 함께하지 못한 친구들을 떠올리며 못내 아쉬워했다. 루이 무알리에는 헤세가 클링조어에서 "잔인한 자"라는 별명을 붙여준 친구였다. 기술자이자 점성가인 요제프 엥레르트와 그의 동반자인 마리아 테레지아 홀츠라이트너Maria Theresia Holzleitner도 이 자리에 잘 어울렸을 것이다. 그해 여름, 헤세는 회화 도구와 접이식 의자를 들고 그림을 그리러 다녔다. 그는 루트에게 여류 화가인 홀츠라이트너를 소개해주겠다고 약속했다. 그리고 "아르메니아의 점성가"인 엥레르트에게 부탁해 루트의 운명을 알아보아주겠다는 약속도 했다.

해가 지고 날이 어스름해졌다. 루트는 마을 어귀까지 나와 그들을 배웅했다. 언덕 아래가 내려다보이는 길목에서 서로 작별 인사를 나누었다. 헤세는 루트에게 짧게 입맞춤했다.

*

그로부터 며칠 뒤, 그녀는 헤세가 보낸 편지를 받았다. 헤세는 바르트의 제자인 그녀에게 소품 한 장을 부탁했다. 그리고 그가 그린 "아마추어 냄새가 나는 수채화"를 교환 물품으로 제안했다. 루트는 뭐라고 답장을 써야 할지, 어떤 그림을 보내야 할지 고민에 빠졌다. 그녀가 그린 그림들은 델스베르크에 있었다. 아니 보트머Anny Bodmer와 마르게리타 오스발트–토피Margherita Osswald-Toppi가 그녀보다 그림을 더 잘 그린다는 사실을 알고 있었기 때문에 그녀로서는 더더욱 망설일 수밖에 없었다.

어느 날 헤세가 또다시 그녀의 집 앞에 서 있었다. 그는 갈색으로 그을린 피부에 하얀 아마포 정장을 입고 있었다. 헤세는 루트의 어머니와 친근하게 대화를 나누었다. 헤세와 그녀의 아버지는 포도주를 마시며 종교적 문제에 대해 진지한 대화를 이어갔다. 헤세는 인도와 불교에 관한 책을 집필할 계획이라고 말했다. 루트도 헤세의 설명에 귀를 기울였다. 그녀는 고행자처럼 여윈 남자에게서 눈을 돌릴 수 없었다. 헤세는 머나먼 이국 이야기와 낯선 잠언을 들려주었다. 그는 이 '앵무새의 집'에서 환영받는 손님이 되었다. 어느 날 헤세가 베를린에서 출간된 소설 『데미안』을 가져왔다. 그리고 젊은 신인 작가 에밀 싱클레어가 쓴 작품이라고 소개하면서 그 책을 한번 읽어보라고 권했다.

루트는 정원으로 나가서 벽난로가 있는 자그마한 정자를 헤세에게 보여주었다. 그녀는 홀로 들어와서 모차르트 곡을 피아노로 연주했다. 두 사람은 음악과 문학에 관해 이야기를 나누었다. 놀랍게도 그들은 같은 음악가와 작가를 좋아했다. 요제프 폰 아이헨도르프Joseph von Eichendorff와 프리드리히 횔덜린, 에두아르트 뫼리케Eduard Mörike, 장 파울Jean Paul. 포도주에 얼큰해진 헤세는 이런저런 이야기를 늘어놓았다. 루트의 어머니도 헤세의 이야기에 빠져들었다. 루트의 가족은 헤세에게서 그가 가족과 별거하고 있다는 이야기, 그리고 머지않아 마리아가 아스코나로 이사할 거라는 이야기를 들었다. "좌절에 대한 두려움, 또다시 위험이 찾아올지도 모른다는 생각 때문에 하루도 편한 날이 없습니다." 루트뿐 아니라 그녀의 어머니도 헤세에게 연민과 동정을 느꼈다. 하지만 그녀의 아버지 테오 뱅거는 그렇지 않았다. 그는 헤세를 다정하게 바라보는 딸을 걱정했다. 카로나를 떠나기 전에 루트는 가을에 다시 오겠다고 헤세에게 약속했다.

그녀는 가족과 함께 델스베르크로 떠나 여섯 살 위의 언니 에바Eva를 방문했다. 에바는 국경 너머 뢰라흐 근처의 슈타이넨에 살고 있었다. 그녀는 1912년에 의사인 에리히 오펜하임Erich Oppenheim 박사와 결혼했다. 그들 사이에는 세 명의 아이가 있었다. 여섯 살짜리 여자아이 메레, 네 살짜리 여자아이 크리스티네, 그리고 얼마 전에 태어난 남자아이 부르카르트. 갓난아기를 품에 안은 루트는 자신도 아이를 갖고 싶다는 생각을 했다. 그녀는 헤세에 대한 자신의 감정을 에바에게 털어놓았다. 그리고 10월에 함께 카로나로 가서 그를 만나보자고 언니에게 청했다. 카로나를 떠난 뒤 루트는 헤세에 관해 아무 소식도 듣지 못했다. 마리아의 정신병이 재발했다는 사실도, 헤세가 아편을 먹고 자살을 시도했다는 사실도 알지 못했다.

처음에는 모든 게 순조로워 보였다. 마리아는 짐을 정리하고 운송업자를 불렀다. 집에 남아 있던 포도주는 셰델린 부부에게 넘겨주었다. 땔감은 새로 들어올 임차인에게 팔아넘겼다. 브루노와 하이너가 다니던 학교에도 전학 신고를 마쳤다. 아스코나에서 당분간 아이들의 개인 교습을 맡을 만한 사람도 물색해야 했다. 마르틴은 키르히도로프에 데려다주었다. 이삿짐이 다 정리되는 대로 아이를 다시 데려올 생각이었다. 헬리 셰델린Hely

Schädelin은 마리아를 위해 베른에서 퇴거 신고를 해주겠다고 약속했다. 그녀는 헤세에게 마리아가 "매우 흥분한 상태"라고 알려주었다. 그리고 그에게 마리아를 도와달라고 부탁했다. 하지만 헤세는 그녀의 청을 받아들이지 않았다.

마리아는 게르자우에서 여정을 중단했다. 하이너가 열이 나는 바람에 잠시 호텔 킨틀리에 묵기로 했다. 지난해 가을에 괴셰넨에서 벌어졌던 일들이 주마등처럼 눈앞을 스쳐갔다. 그녀는 심한 무기력증에 빠졌다. 남편 헤세가 너무 멀게 느껴졌다. 지난번 전화 통화에서 헤세는 그녀에게 두 번 다시 보고 싶지 않다고 말했다. 그리고 그녀의 "악의적인 히스테리"를 비난했다. 이사를 가기 전, 그녀는 헤세에게 편지를 보내 이혼을 받아들일 테니 아이들의 양육권을 인정해달라고 요구했다. 마리아는 흥분한 상태로 호텔을 돌아다니다 호텔 프런트로 달려가서는 의사를 불러달라고 청했다. 짐을 다시 싸긴 했지만 하이너가 아프기 때문에 떠날 수 없었다. 그녀는 호텔 여주인에게 도와달라고 애원했다. 게르자우와 괴셰넨의 공간이 서로 뒤섞이고 현실과 악몽이 교차되었다.

어느새 랑 박사가 나타났다. 마리아는 그에게 신경안정제를 받아 복용했다. 그녀는 더 이상 자신이 어디로 가야 할지 묻지 않았다. 그녀는 히르슈펠트 박사에게 가기를 내심 기대했다. 하지만 그녀가 도착한 곳은 퀴스나흐트가 아니라 킬히베르크였다. 후버 박사가 그녀를 맡기로 했다. 머리가 혼미해진 마리아는 온 세상이 안개로 뒤덮인 듯한 느낌에 빠져들었다. 미국에서 돌아온 그녀의 여동생 투치아가 툰 호숫가에 있는 집으로 그녀를 데려가겠다고 헤세에게 말했다는 사실을 그녀는 알지 못했다. 랑 박사가 브루노와 하이너를 헤르기스빌에 있는 보호 시설로 보냈다는 사실도 알지 못했다. 아스코나에서는 마리아와 몇 년 동안 친분을 맺어온 엘리자베트 그레저가 그녀의 이삿짐을 실은 운송 차량을 기다리고 있었다. 그녀의 남동생 프리츠는 그녀가 건강을 회복할 때까지 브루노와 하이너를 데리고 아스코나의 새집에 가 있어달라고 헤세에게 부탁했다. 하지만 헤세는 프리츠의 요청을 단호하게 거절했다.

마리아를 문병하러 오는 사람은 거의 없었다. 한번은 랑 박사가 그녀를 찾아왔다. 헤세가 아프기 때문에 아이들을 돌볼 수 없다는 사실, 브루노와 하이너, 마르틴, 그리고 그녀를 위해 후견인이 필요하다는 사실을 전해주었다. 그리고 헤세의 창작 활동에 가족이 짐이 되고 있다는 사실을 상기시켰다. 그녀는 랑 박사 앞에서 알아듣지 못할 말을 중얼거렸다. 남편에 대한 원망과 모든 남자에 대한 불신을 토로했다. 이제 그녀에게 남은 건 궁극적인 이별, 이혼뿐이었다!

마리아는 아버지로부터 유산을 물려받았기 때문에 경제적으로 그리 어렵지 않았다. 마리아의 상속재산은 프리츠가 관리했다. 프리츠는 테신에 있는 헤세를 만나고 싶어 하지 않았다. 헤세는 자신에 관한 일을 랑 박사에게 일임했다. "처남은 문제를 해결할 생각이 전혀 없는 거 같습니다. 내게 아무것도 주지 않으려고 합니다. 그의 누나는 경제적으로 전혀 부족함이 없는

데도 말입니다. 그는 내 아내의 알량한 재산을 손에 틀어쥐고 있습니다. (…) 그는 모욕적인 언사와 도덕적인 훈계로 나의 의무를 상기시키는 걸 즐기는 것 같습니다." 헤세는 자신이 마리아처럼 "정신병원에 누워 보살핌을 받으며 편하게 지낸다면 다른 사람들이 내 의무를 빼앗아 가는 건 당연하다"라고 비아냥거렸다. 그리고 아이들과 마리아의 후견인을 찾지 못한다면 차라리 철로 위에 드러눕겠다고 을러댔다. 얼마 전에 헤세가 집필을 끝낸 『클라인과 바그너Klein und Wagner』에서도 주인공 클라인은 집을 뛰쳐나온 뒤에 그런 생각을 한다. 랑 박사는 우선 헤세를 진정시켰다. 그리고 아이들의 거처와 학교 문제를 해결해나갔다. 볼테렉 박사와 알리체 로이트홀트에게도 도움을 청했다. 알리체는 교육 전문가 암뷜Ambühl을 추천했다. 암뷜은 슈바르츠발트에서 전원적인 기숙학교를 운영하고 있었다. 랑 박사는 헤세의 요청을 받고 프리츠 베르누이와 협상을 시도했다. 10월 초, 헤세는 다시 한 번 랑 박사를 다그쳤다. "그리고 이혼에 관해서도 이야기를 꺼냈으면 좋겠어요." 헤세는 랑 박사에게 테신으로 와달라고 청했다.

10월 8일, 헤세는 랑 박사에게 편지를 썼다. "당신이 와준다니 정말 고맙습니다." 그리고 루가노에 있는 기차역에서 몬타뇰라까지 오는 길을 가르쳐주었다. 헤세는 의사의 도움이 필요했다. 9월 말에 헤르만 보트머가 로카르노에 있는 요양소 빅토리아에서 일자리를 얻어 떠났기 때문이다. 헤세는 아편 중독에서 어느 정도 회복된 상태였다. 하지만 경우에 따라서는 수면제나

헤르만 헤세, 루트 벵거, 에바와 에리히 오펜하임

류머티즘 약, 항우울제, 최음제를 복용해야만 했다. 헤세에게는 정신분석가가 아닌, '약사'로서 랑 박사가 필요했던 것이다.

10월 11일, 랑 박사가 테신에 도착하자 "놀라운 날들"이 시작되었다. 두 사람은 카로나에 있는 루트를 방문했다. 나중에 그녀는 헤세와 만났던 때를 이렇게 회상했다. "헤세와 함께한 그날 저녁은 잊을 수 없는 추억이 되었다. 우리는 작은 방에 있는 양탄자에 누운 채 벽난로에 밤을 구워 먹었다." 랑 박사와 에바 오펜하임, 그리고 루트와 친척 관계인 두세 명의 젊은 남자. 그녀에게 그림을 가르쳤던 화가 파울 바르트도 함께 있었다. "하지만 난 헤세와 단둘이 있다는 착각에 빠졌다. 나는 지금도 그 사람만을 기억한다. 다른 사람들은 내 기억 속에 남아 있지 않다. 헤세가 어떤 기분이었는지는 알 수 없다. 그는 자신의 감정을 억제하려고 애쓰는 것 같았다. (…) 하지만 난 모든 근심과 걱정에서 자유로웠다. 나만의 세계에서 꿈의 나래를 활짝 펼치고 있었다. 내 사랑은 더 이상 부족한 게 없었다." 킬히베르크에 입원한 마리아나 낯선 환경에 맡겨진 마리아의 아이들은 떠올리지 않았다. 청명한 가을날이었다. 헤세와 루트는 손에 손을 잡고 모르코테로 소풍을 갔다. "헤세는 벨벳 정장을, 나는 선홍색 옷을 입고 있었다." 루트는 행복했다. 그녀는 헤세를 사랑했다. 그녀에게 구혼까지 했던 불행한 바르트는 헤세와 루트를 수채화에 담았다. 헤세는 손에 시가를 들고 앉아 있었고, 루트는 그의 맞은편에 앉아 있었다. 그녀는 "다리를 꼬고 앉아 팔짱을 낀 채 흠모하는 눈빛으로 헤세를 바라보고 있었다." 좌절감과 질투심에 힘들어하는 바르트, 사랑에 빠진 루트, 여유롭게 시가를 피우는 헤세. 그리고 또 한 사람이 있었다. 요제프 베른하르트 랑이었다.

10월 20일, 루체른으로 돌아간 랑 박사는 헤세에게 편지를 썼다. "나에게는 정말 동화 같은 시간이었습니다. 그곳에 있는 사람들 모두에게 안부를 전해주기 바랍니다. 특히 나의 마음을 아프게 한 두 여인에게도." 랑 박사의 마음을 사로잡은 두 명의 여인은 루트 자매였다. 에바 오펜하임-뱅거는 이미 결혼했기 때문에 랑 박사가 연모하는 대상은 바로 루트였다. 랑 박사는 부인과 이혼하고 루트와 결혼하려고 했다. 루트는 헤세의 침묵과 무관심에 실망한 나머지 몇 달 뒤 랑 박사와 교제를 시작한다.

●

목소리

집과 고향, 아내와 아이들. 그 모든 것이 나에게는 오래 머물 수
없는 우화寓話이자 상像일 뿐이었답니다. 어쨌든 잘 이겨낼 수 있
을 거라고 생각해요. 이별의 아픔, 그리고 병에 걸린 아내가 나한
테 준 극심한 고통도 시간이 지나면 아물겠지요. 칼프와 바젤, 가
이엔호펜과 베른이 내 인생의 그림책 속에 놓여 있는 것처럼 그
렇게요.

1919년 10월 15일, 몬타뇰라에서 헤르만 헤세가 아델레 군데르트에게 보낸 편지

베른의 집을 떠나오기가 너무 힘들었어요. 가이엔호펜을 떠날
때는 그렇게 힘들지 않았는데 말이에요.

1931년 9월 8일, 아스코나에서 마리아 베르누이가 헤르만 헤세에게 보낸 편지

나의 아내는 지금까지 취리히 근처 킬히베르크의 정신병원에 입
원해 있습니다. 그녀의 오누이들은 그녀를 마일렌으로 옮기려고
합니다. 그곳이 지금 그녀가 있는 곳보다 훨씬 더 좋다고 생각하
는 거 같아요. 나는 마리아에 관해 자세히 알지 못합니다. 더 이상

그녀와 얽히고 싶지 않습니다. 하지만 당신의 안부 인사가 그녀를 기쁘게 해줄 수는 있을 거예요.

사람들이 군국주의를 혐오하는 의사 한 명을 나에게 소개해주었습니다. 그 의사는 내 심장이 건강하다고 확인해주었어요. 그리고 내가 신경이 약간 예민한 상태이기 때문에 요양소에 입원하라고 추천해주었지요. 알베르트 에렌슈타인Albert Ehrenstein 박사가 운영하는 킬히베르크의 요양소였습니다. 그래서 난 그를 찾아갔어요. 그는 나에게 몇 달 치 입원비를 미리 내라고 요구했습니다. 그런데 나를 정신병자처럼 취급하더군요. 그 요양소는 실제로 정신병원이나 다름없었습니다. 우울증을 앓고 있는 에렌슈타인 박사는 그들과 다름없는 환자였고요. 음산한 병원 건물은 전혀 내 마음에 들지 않았습니다.

내가 전신이 마비된 사람처럼 무기력하게 누워 있는 건 내 아내에 대한 혐오 때문만은 아닙니다. 물론 나는 그녀를 두 번 다시 보고 싶지 않습니다. (…) 그녀가 아이들을 데리고 아스코나로 이사할 수 없을 정도로 병세가 심각해 보인다면, 무슨 수를 써서라도 그녀를 정신병원에 입원시켜야 합니다. 필요하다면 강제적으로라도 말입니다.

1919년 9월, 몬타뇰라에서 헤르만 헤세가 요제프 베른하르트 랑 박사에게 보낸 편지

당신 부인 문제에 우리가 좀 더 적절하게 대처해야 하지 않을까 생각합니다. 우선 이혼소송을 신속하게 진행할 수 있는지 법률가와 상담해보겠습니다. 당신이 아내와 합법적으로 완전히 갈라설 수 있게 말입니다. (…) 물론 나는 당신 부인이 정신병원에서 퇴원하는 걸 반대합니다. 가급적 퇴원을 지연시켜야 합니다. 그녀가 외롭고 힘들어할지라도 할 수 없지요. 무엇보다 당신의 건강이 우선이니까요.

1919년 11월 20일, 루체른에서
요제프 베른하르트 랑 박사가 헤르만 헤세에게 보낸 편지

나로서는 이혼을 그리 서두를 생각이 없다네. 아내가 3년간 정신병을 앓는다면, 자동적으로 이혼이 성립된다고 하니까 말일세. 지금 같은 상태가 지속된다면, 앞으로 2년만 더 기다리면 되는 거지.

1919년 10월 17일, 몬타뇰라에서 헤르만 헤세가 폴크마르 안드레아에게 보낸 편지

아버지는 항상 뒤로 물러나 있었다. 난 그가 스스로 책임지고 행

동하는 것을 본 적이 없다. 친구인 랑 박사가 그의 위임을 받아 거의 모든 걸 처리했다. (…) 브루노는 시골에 있는 화가 쿠노 아미에Cuno Amiet의 집으로 갔다. (…) 나는 예전에 머물던 교육 시설에서 다른 곳으로 옮겼다. (…) 마르틴은 그가 예전부터 종종 거처하던 수용 시설에 들어갔다. (…) 마르틴은 나이 많은 수용자들 가운데 유일한 아이였다. (…) 가끔 나는 아버지를 찾아갔다. 하지만 그와의 관계가 쉽지는 않았다. 내가 결혼 파탄의 책임을 그에게 전가했기 때문이다. 그리고 아버지 때문에 어머니가 병에 걸렸다고 그를 몰아세웠기 때문이다.

하이너 헤세

아이들에게서 고향과 엄마를 빼앗아버린 당신에게 아이들이 고마워할 수는 없을 겁니다. 언젠가는 당신 역시 지금과 다른 생각을 하게 될지도 모릅니다. 당신이 나와 아이들에게 강요한 이별의 고통은 아무 쓸모 없는 무자비하고 잔인한 행위일 뿐입니다.

1920년 10월 30일, 아스코나에서 마리아 베르누이가 헤르만 헤세에게 보낸 편지

헤세와 나는 시간이 지날수록 서로 더 잘 알게 되었다. 우리의 정신세계는 닮은 데가 많았다. 우리 두 사람은 신비로운 자연과 밀접하게 연계해 있었다. 시인들에 대한 사랑과 유머, 음악, 이 모든 것이 서로 어우러져 있었다. (…) 헤세도 동물을 무척 사랑했다.

내가 기르는 앵무새와 두 마리 개와도 잘 어울렸다.

루트 벵거

루트와의 관계도 다른 여인들과의 관계와 다르지 않습니다. 육체적인 건 그저 유희일 뿐이지요. 나는 여성이 육체적인 욕망을 분명히 요구할 때만 그걸 받아들입니다. 그런데 루트는 그걸 요구하지 않습니다. 젊은 여자치고는 매우 드문 경우라고 할 수 있지요. 그녀는 나에게 동료 같은 존재입니다. 편하게 야한 농담을 주고받을 수 있는 정도라고나 할까요.

1920년 7월 10일, 몬타뇰라에서
헤르만 헤세가 요제프 베른하르트 랑 박사에게 보낸 편지

2.

1919년이 끝나갈 무렵, 여름에 카로나에서 개막된 오페라의 1막 가운데 마지막 장이 시작되었다. 요제프 베른하르트 랑의 구애를 받은 루트는 델스베르크의 부모 집에서 겨울을 보냈다. 마리아는 가족의 권유에 따라 킬히베르크에서 마일렌에 있는 요양소 호엔에크로 옮겨졌다. 그리고 랑 박사의 개입이 있었는데도 12월에 요양소에서 벗어날 수 있었다. 그녀의 여동생 투치아는 그녀를 집으로 데려와 정성껏 돌보았다. 그사이에 헤세와 랑 박사는 브루노와 하이너를 헤르기스빌에서 슈바르츠발트에 있는 뤼테로 데려갔다. 그리고 암뷜에게 아이들의 교육을 맡기기로 했다. 헤세를 후원하는 한스 보트머와 알리체 로이트홀트의 친척이 암뷜의 혁신 학교를 재정적으로 지원하고 있었다. 헤세에게 교육가 암뷜을 추천한 사람도 알리체였다. 하지만 암뷜의 시골 기숙학교에 단 한 명의 학생만 기거하고 있다는 사실을 헤세와 랑 박사는 알지 못했다. 마리아는 아이들을 그곳으로 보내고 싶지 않았지만, 헤세가 아이들의 교육을 책임지고 있었기 때문에 어쩔 도리가 없었다.

한스 후버 박사가 마리아를 강제로 킬히베르크에 입원시킬 때, 헤세가 암묵적으로 동조했을까? 후버 박사가 건강한 사람들에게 병가 진단서를 발급해주고 그가 운영하는 요양소에 입원시킨다는 사실을 과연 헤세는 몰랐을까? 후버 박사가 자신의 욕심을 채우기 위해 물불을 가리지 않는 사람이라는 걸 헤세는 전혀 알지 못했을까? 주 경찰이 다다이즘을 표방하는 이주 예술가들을 국외로 추방하려고 할 때, 후버 박사가 취리히에서 그들에게 진단서를 발급해주고 은닉해주었다는 사실은 오토 플라케와 한스 리히터가 쓴 편지로 명확히 드러나 있었다. 이주 예술가들은 후버 박사의 은신처에서 몇 주 동안 머물며 그림도 그리고 시도 쓰면서 지냈다. 그리고 여름에는 취리히 호수에서 뱃놀이를 즐겼다. 심지어 후버 박사에게 마약을 공급받기도 했다. 9월에 마리아의 병이 재발했을 때 투치아가 그녀를 돌보겠다고 했다. 그랬다면 마리아가 좀 더 빨리 건강을 회복했을지도 모른다. 적어도 '정신병원'보다는 나았을 것이다.

연말에 마리아는 투치아의 집에서, 헤세는 로카르노에 있는 아니와 헤르만 보트머의 집에서 지냈다. 아이들과는 떨어져 있었다. 마리아는 아스코나에 아이들의 새로운 보금자리를 마련하겠다는 꿈을 결코 포기할 수 없었다.

*

크리스마스에 루트는 몬타놀라에서 보내온 우편물을 받았다. 거기에는 헤세가 그린 수채화가 들어 있었다. 그녀는 헤세의 그림을 액자에 끼워 넣었다. 그리고 헤세가 외풍이 심한 낡은 저택에서 "혼자만의 겨울나기"를 잘하고 있는지 안부를 물어보았다.

헤세의 안부를 걱정하는 여인은 그녀 말고도 또 있었다. 루트의 연적이 될 그 여인은 이미 1916년부터 헤세와 서신을 교환하고 있었다. 그녀의 이름은 엘리자베트 루프였다. 그녀가 쓴 시를 높게 평가한 헤세는 볼테렉 박사가 발행하는 월간지 『비보스 보코』에 그녀의 작품을 실었다. 그리고 『알레마넨부흐Alemannenbuch』를 함께 만들자고 그녀에게 제안했다. 두 사람의 서신 교환은 매우 활발하게 이루어졌으나, 증거 자료는 남아 있지 않았다. 엘리자베트 루프에게 보낸 헤세의 편지는 1945년에 로이틀링겐에 있는 그녀의 집이 불에 타는 바람에 모두 소실되었다.

그녀의 모습은 『클링조어의 마지막 여름』에 그려져 있다. 이 작품에서 클링조어의 여자 친구 에디트는 그에게 다가가 다정하게 말을 건넨다. "여름 하늘 위의 사랑스러운 별이여! 당신은 나에게 진심 어린 편지를 보냈지요. 당신의 사랑이 얼마나 애절하게 나를 부르는지. 영원한 고통처럼, 영원한 질책처럼. 당신은 올바른 길을 가고 있는 거예요. 당신이 나에게, 그리고 당신 자신에게 당신의 감정을 솔직하게 보여준다면 말이에요." 그건 "가련하면서도 아름답고 멋진 감정"이었다. 화가인 주인공이 고백하는 감정이면서 동시에 엘리자베트를 헤세의 몬타놀라로 불러들이는 감정이었다. 하지만 클링조어는 한 여인만을 사랑할 수는 없다고 고백한다. "어쩌면 내가 당신을 사랑하고 있는지도 모릅니다. 그건 당신이 나와 닮았기 때문입니다. 하지만 나는 다른 여인들도 사랑합니다. 그건 그들이 나와 전혀 다르기 때문입니다." 젊고 순진한 "산의 여왕"처럼, 혹은 클링조어가 전원에서 만나게 되는 여인들처럼. 안식과 위안, 그리고 욕망과 욕정.

프리드리히 클라인은 『클라인과 바그너』의 작가 헤세의 또 다른 자아다. 그는 떠돌이 생활을 하던 중에 시골에서 한 여인을 만난다. "그녀가 그를 바라보았다. 애절하게. 그는 미소를 지으며 그녀에게 팔을 내밀었다."

헤세는 가족을 떠나 테신에서 황홀한 여름날을 보냈다. 1919년 7월 24일, 헤세는 친구인 루이 무알리에에게 편지를 썼다. "아름답고 매혹적인 날들이었다네. 밤에는 달이 하늘 위로 미친 듯이 내달리더군. (…) 여인들에게 입맞춤을 하기도 했다네. 눈부시도록 아름다운 날들이었지."

하지만 프리드리히 클라인처럼 헤세도 "그 자신이 사랑에서는 한낱 풋내기에 지나지 않는다는 사실을 깨달았다. 수줍음이 많으면서도 그렇다고 마냥 순진하지만은 않은, 욕정에 사로잡혀 있으면서도 여전히 양심의 가책을 느끼는." 클라인은 "아내와의 결혼 생활", 가족과 시민성에 대한 혐오감 때문에 집을 떠난다. 그의 목적지는 낯선 여인들이 기다리고 있는, 불타는 듯한 화려한 색채의 남쪽이다. 그는 모험의 세계에 발을 내딛는다. 노랑머리 도박꾼인 무희 테레지나가 그에게 말한다. "당신은 몽상가이군요." 하지만 그녀의 열정적인 포옹도 죄책감에 사로잡힌 클라인을 구제하지 못한다. 그는 호수에 몸을 내던지는 순간, 구원을 발견한다. 무의식의 심연으로 빠져들듯이.

헤세는 『클라인과 바그너』에서 무아경의 현실뿐 아니라 과거의 그림자를 불러낸다. 그건 "그가 진정으로 사랑하지 않는 여인, 뜨겁게 사랑하지 않는 여인과 결혼했기 때문이다." 그 여인은 그가 미워하는 대상, 함께하고 싶지 않은 대상이다. 따라서 그가 선택할 수 있는 유일한 출구는 자살뿐이다. 헤세는 어린 시절에 이미 여러 차례 자살을 시도했다. 그리고 여러 편지에서 자신이 직면한 문제를 해결할 수 있는 방안으로 자살을 언급했다.

1919년 여름 몬타뇰라에서 집필한 두 작품에는 남성과 여성의 대립 구도가 분명하게 설정되어 있다. 이에 대해 후고는 다음과 같이 논평했다. "헤세의 날카로운 관찰력이 결코 스트린드베리보다 못하지 않다. 그는 질투와 박해, 증오와 마지막 승부수가 펼쳐지는 연극 무대를 치밀하게 관찰하고 있다." 여성상과 열정적인 섹슈얼리티가 한층 더 극명하게 드러나고, 남성과 여성의 갈등이 점점 더 치열하게 고조된다. "남성과 여성 사이에 생겨나는 긴장 관계는 존재와 변화 사이의 극복 불가능한 갈등 관계다. 안식과 동요, 조화와 불협화음 사이의 갈등 관계 말이다." 마리아뿐 아니라 루트 벵거, 니논 돌빈이 헤세의 인생 무대에 등장한다. 엘리자베트 라 로슈와 엘리자베트 루프 또한 빼놓을 수 없는 헤세의 여인들이다.

*

카로나에서 시작된 오페라의 두번째 막은 1920년에 들어서면서 서로 다른 무대로 옮겨 진행되었다. 루트는 델스베르크와 바젤에서, 랑 박사는 루체른에서, 마리아는 아스코나에서, 헤세는 몬타뇰라에서, 그리고 엘리자베트 루프는 로이틀링겐에서.

헤세는 루트의 어머니에게 편지를 보냈다. 그리고 루트의 생일과 그녀가 머물고 있는 바젤의 주소를 물어보았다. 루트는 부활절을 기념해 헤세에게 은잔을 선물했다. 5월에 랑 박사가 그녀를 찾아왔다는 소식을 전했다. 그러면서도 헤세에 대한 그리움을 숨기지 않았다. "이번 여름에 카로나로 갈 수 있을지 잘 모르겠어요. 내게 보이지도 않는 사람, 내 곁에 없는 사람을 그리워하고 다가가려고 하는 나 자신이 무척 낯설기만 하네요. 아니, 너무 두렵답니다." 그녀는 꿈에선 헤세를 기다리고, 현실에선 랑 박사의 편지를 기다렸다. 랑 박사는 그녀에게 지속적으로 구애의 손길을 뻗쳤다. 그리고 그녀와 결혼하기 위해 기꺼이 부인과 아이들을 버리겠노라고 약속했다. 루트의 어머니 리자 뱅거는 딸에게 랑 박사에 대한 의심을 드러냈다. "랑 박사가 너를 위해 자기 부인을 포기한다는 건 그의 일이니까 내가 뭐라고 하지는 않겠다. (…) 하지만 그 사람이 자기 부인과 아이들을 독살하겠다는 이야기를 너한테 했다니 무서운 생각이 드는구나. 그녀는 분명히 절망감에 사로잡혀 있을 거야. 그런데도 그 남자는 자신의 행복을 위해서라면 물불을 가리지 않겠다는 거잖니? 자기 부인이랑 이혼하고, 아이들도 내팽개치고."

헤세는 랑 박사에게 조언을 해주었다. 역설적이게도 랑 박사는 예전에 그의 환자였던 헤세의 삶을 "따라 살고" 있었다. "자유 속으로 뛰어들 때는 그 속에서 사라지거나 그 속에 가라앉을 생각을 하면 안 됩니다. 당신이 언제 어디서 다시 떠오르게 될지, 그런 다음에는 모든 게 어떻게 될지에만 신경 쓰도록 해요." 헤세는 여름에 엘리자베트 루프와 함께 지내기 위해 그녀를 몬타뇰라로 초대했다.

그해 초, 마리아는 아스코나에 있었다. 그녀는 브루노와 하이너에 대한 걱정 때문에 마음이 편치 않았다. 3월 4일, 그녀는 헤세에게 편지를 썼다. "난 당신이 보고 싶어 미칠 지경이에요. 당신의 다정한 말 한마디만 들을 수 있다면, 모든 고통이 사라질 거 같아요. 그런데도 내가 이 끔찍한 이별을 감수해야만 하나요? 당신은 내가 아이들과 어떻게 지냈는지 정말 모르는 건가요? 우리가 지난여름에 얼마나 행복한 시간을 함께 보냈는지. (…) 난 가끔 이런 생각을 한답니다. 차라리 정신병원에 들어가서 얼마 동안 속죄의 시간을 갖고 싶다는 생각 말이에요. 그러면 날마다 내가 조금씩 자유로워지고 있다는 느낌, 과거의 행복했던 삶에 점점 더 가까워지고 있다는 느낌을 가질 수 있을 테니까요. 하지만 지금은 모든 게 불확실한 고통일 뿐이에요."

마리아는 이다 후크에게 아이들이 어떻게 지내고 있는지 알아보아달라고 부탁했다. 이다 후크는 마리아가 보덴 호숫가에서 살던 시절에 알게 된 여자 친구다. 그녀가 전해준 소식은 실로 충격적이었다. 마리아는 취리히에 있는 로이트홀트의 사무실에서 헤세를 만나기로 했다. 그는 마리아가 아이들이 있는 뤼테에 가는 걸 허락했다.

마리아의 심리 상태는 여전히 불안정했다. 그런데도 헤세는 그녀와 동행하지 않았다. 뤼테에서 그녀의 눈앞에 펼쳐진 상황은 예상보다 훨씬 더 심각했다. 다 쓰러져가는 초라한 가옥과 정원, 작은 동물 농장이 있었다. 브루노와 하이너는 공부를 하기는커녕 농장에서 혹사당하고 있었다. 게다가 함부르크에서 온 볼프강 브로크만이라는 청년이 하이너를 성적으로 학대하고 있었다. 마리아는 너무 놀란 나머지 당장 아이들을 데려가겠다고 헤세에게 전보를 쳤다. "암뷜이 노발대발하더군요. 그렇다고 겁먹을 내가 아니지요."

마리아는 짐을 꾸려 가까운 기차역으로 갔다. 그리고 회펜에 살고 있는 헤세의 이종사촌인 군데르트 목사를 찾아갔다. 3월 30일, 헤세는 그곳으로 편지를 보냈다. 편지에는 브루노와 하이너가 아스코나에서 마리아 곁에 머물러도 좋다는 내용이 담겨 있었다. "당신이 모든 일을 원만하게 잘 처리한다면, 당신에게 주어진 시험에 합격한 거나 다름없다고 생각해요." 물론 마리아에게는 심리적으로 엄청난 부담이 되었다. 뤼테에서 경험한 끔찍한 일들, 프리드리히 암뷜과의 논쟁. 마리아는 바덴에 사는 한스 헤세와 그의 젊은 부인 프리다를 방문했다. 거기서 하이너가 병에 걸리는 바람에 마리아는 헤세에게 전보를 띄워 테신까지 동행해주기를 바랐다. 하지만 그는 오지 않았다. 4월

5일, 한스는 형 헤세에게 전보를 쳤다. "마리아는 화요일에 아이들을 데리고 아스코나로 갈 거예요."

아스코나에서 마리아와 아이들을 기다리는 사람은 아무도 없었다. 헤세는 "이즈음 술에 취해 농담을 즐기고 있었다. (…) 가끔 그림도 그렸다." 그는 6월에 몬타뇰라에 있는 다른 화가들과 함께 취리히에서 전시회를 열 계획이었다. 마리아를 보고 싶은 생각도, 아스코나에 가고 싶은 생각도 전혀 없었다. 아이들을 만나고 싶기는 했지만 뜻대로 되지 않았다. 4월 12일, 로카르노에서 아니 보트머가 헤세에게 전보를 보내 마리아가 신경발작을 일으켰다는 소식, 아니의 남편이 랑 박사와 의논 끝에 마리아와 하이너를 정신병원에 입원시키기로 했다는 소식, 브루노를 엘리자베트 그레저에게 맡겼다는 소식을 전해주었다.

정신병원에 입원한 지 얼마 지나지 않아 마리아는 헤세에게 편지를 보냈다. "보트머와 랑 박사는 거짓 핑계를 대고 나를 이리로 데려왔어요. 보트머는 당신이 시킨 거라고 하더군요. 얼마 전에 랑 박사는 그게 아니라면서 궁색한 변명을 했어요. (…) 난 랑 박사가 나한테 오는 걸 원치 않아요. (…) 정신분석가라는 사람이 환자를 위한답시고 이런저런 거짓말을 늘어놓는 건 정말이지 신물이 납니다. (…) 우리 아이들을 희대의 사기꾼 암뷜에게 맡긴 건 순전히 랑 박사의 장난이었지요. (…) 그 사람은 내가 재발할까 봐 나를 정신병원에 입원시킨 거라고 둘러대더군요. (…) 지금 상황이 좀 더 명확해졌으면 좋겠어요. 하지만 랑 박사가 여전히 이 문제에 개입하는 한, 진실을 밝히기는 어려올 거 같아요."

헤세는 마리아에게 가지 않았다. 대신에 "건축기사이자 법을 잘 아는 올곧은 남자" 엥레르트를 중재인으로 내세웠다. 아이들의 거처 문제와 마리아와의 이혼 문제를 다루기 위해서였다. 헤세는 자신의 제안을 마리아가 받아들이지 않으면, 아이들의 후견을 인정하지 않겠다고 으름장을 놓았다.

*

요제프 엥레르트는 비범한 인물이었다. 헤세의 작품에서는 '아르메니아 사람'이나 '점성가', 혹은 '마법사'로 등장한다. 1913년에 엥레르트는 도르나흐에서 최초의 '괴테관'을 건립하는 프로젝트에 건축 기사로 참여했다. 괴테관은 루돌프 슈타이너Rudolf Steiner가 건축을 주도한 역사적인 목조건물이다. 여기서 엥레르트는 오스트리아 태생의 여류 조각가 마리아 테레지아 홀츠라이트너를 만났다. 두 사람은 함께 작업하면서 호감을 키워나갔다. 엥레르트가 건축업자와의 갈등 때문에 일을 그만두자 마리아 홀츠라이트너도 그를 따라 도르나흐를 떠났다. 엥레르트는 그의 부인 오틸리와 두 명의 자녀와도 헤어졌다. 그리고 1919년 봄, 마리아 홀츠라이트너와 함께 루가노의 카사라테에 있는 빌라 우라니아로 거처를 옮겼다. 헤세와 엥레르트는 몬타놀라에 있는 화가 파올로 오스발트의 집에서 처음 만났다. 두 사람은 도스토옙스키에 관해 대화를 나누었다. 헤세는 도스토옙스키가 그의 작품에서 유럽의 몰락을 예언했다고 믿었다. 나중에 그는 자신의 저서 『혼돈에 대한 성찰Blick ins Chaos』에서 도스토옙스키의 철학을 다시 한 번 확증했다. 엥레르트와 헤세는 동년배로서 공감하는 부분이 많았다. 두 사람은 종교와 천문학, 심령학에 큰 관심을 보였다. 가족과 떨어져 살던 엥레르트는 부인과 이혼 절차를 밟고 있었다. 그는 테신에서 새로운 인생을 시작하고 싶어 했다. 헤세도 엥레르트와 비슷한 처지에 놓여 있었다. 5월에 마리아가 입원한 멘드리지오로 엥레르트를 보내는 계획은 아니 보트머에게서 나왔다. 볼테렉 박사는 랑 박사가 영국으로 휴가를 떠났기 때문에 "마법사를 헤세 부인에게 보내는"게 좋겠다고 그녀에게 조언했다. 5월 중순, 랑 박사와 마리아 홀츠라이트너는 하이너를 데리러 멘드리지오로 갔다. 하이너는 오슈반트에 거주하는 화가 쿠노 아미에와 그의 부인 아나에게 보내졌다. 브루노는 4월 말부터 그들 부부 집에서 생활하고 있었다.

헤세는 자신의 이혼 요구에 아무 답변도 듣지 못했기 때문에 마리아의 치료를 담당한 만초니 박사에게 화를 냈다. 만초니 박사는 헤세의 주장을 반박하는 편지를 보냈다. "당신의 이혼 요구에 당신 부인이 대응하지 않은 건 내가 당신의 편지를 환자에게 보여주지 않았기 때문입니다. 나는 환자를 위해서라면 당연히 그렇게 해야 한다고 생각합니다." 그는 헤세에게 "제삼자를 통해 우회적으로"하지 말고 당사자가 직접 나서라고 조언해주었다. 그로부터 얼마 뒤, 마리아는 멘드리지오를 떠나

마리아 홀츠라이트너 자화상 / 마르게리타 오스발트-토피

킬히베르크에 있는 후버 박사에게로 갔다. 그리고 자신의 거처를 헤세에게 알려주고 자신의 병원비를 정산하기 위해 남동생 프리츠에게 연락을 취해줄 것을 부탁했다. 헤세는 마리아가 병원에 계속 입원해 있기를 바랐지만, 후버 박사는 그녀를 퇴원시켰다. 1920년 6월 15일에 작성된 진단서에는 이렇게 쓰여 있다. "헤세 부인에게 급성적인 정신착란의 징후는 전혀 보이지 않습니다. 현재는 그녀를 밀폐된 정신병원에 가두어놓을 만한 어떠한 근거도 존재하지 않습니다."

헤세는 아이들의 양육권을 그녀에게 넘기려고 하지 않았다. 그뿐만 아니라 아스코나에 있는 그녀의 저택을 처분하려고까지 했다. 마리아는 바젤로 가서 변호사를 만나 이혼소송을 위임했다. 남동생 프리츠를 만나서는 헝가리 국채의 가치 하락 때문에 생겨난 경제적인 어려움을 해결할 수 있는 방안을 모색했다. 그녀는 마르틴이 있는 키르히도르프와 브루노가 있는 오슈반트에도 들렀다. 아미에 부부에게는 하이너의 안부를 물었다. 예전에 헤세는 루티스하우저 박사가 운영하는 에어마팅겐의 아동 요양소에 하이너를 보냈었다. 아스코나로 돌아온 마리아는 6월 25일에 프리다와 한스 헤세에게 편지를 썼다. "신문에 구직 광고를 냈답니다. 어디서 제안을 들어올지 지켜보아야겠지요. (…) 인생은 너무 잔인한 것 같아요. 왜 우리한테 이런 일들이 생기는 걸까요?" 6월 29일, 놀랍게도 마리아는 몬타놀라에 있는 헤세를 찾아갔다. 카로나에 있는 루트에 대해서는 전혀 알지 못했다. 엘리자베트 루프가 카사 카무치에 머물고 있다는 사실도 알지 못했다. 마리아는 시간이 지나 안정되면 아이들을 데려와 키우겠다고 말했다. 그리고 헤세가 그녀의 청을 들어주지 않으면, 그녀도 이혼을 받아들이지 않겠다고 을러댔다. 7월 4일, 헤세는 여동생 마룰라에게 편지를 보냈다. "마리아는 얼마 동안만이라도 하이너를 데리고 있으려고 한단다. 그런데 내가 허락해주지 않으니까 몹시 화를 내는 거 있지."

마리아는 물어보지 않았지만, 헤세에게 여자가 생겼다는 사실을 직감할 수 있었다. 6월 28일, 한스는 형 헤세에게 편지를 보내 단도직입적으로 질문을 던졌다. "형이 마리아 형수와 이혼하려는 이유가 도대체 뭔가요?"

3.

두번째 막이 올랐다. "다시금 연극이 시작되었다." 무대는 카로나와 몬타뇰라였다. 1920년 초여름, 주역은 루트 벵거와 요제프 베른하르트 랑, 헤세, 엘리자베트 루프였다. 진영이 구축되더니 다시 분리되었다가 새롭게 결합하고, 또다시 분리되었다. 그리고 헤세를 중심으로 한 삼각 구도가 형성되었다. 루트와 엘리자베트 루프, 랑 박사와 루트. 단역은 아니와 헤르만 보트머, 마리아 홀츠라이트너와 요제프 엥레르트, 마르게리타 오스발트-토피와 파올로 오스발트, 그리고 리자와 테오 벵거였다.

6월 20일, 루트는 카로나에 도착했다. 그녀의 여행 가방에는 랑 박사가 루체른에서 보낸 편지들이 들어 있었다. 그녀는 여전히 랑 박사의 여신이었다. 랑 박사는 집요하게 구애를 펼쳤다. 그는 아름다운 마법사의 노예가 되는 것을 마다하지 않았다. 그런데 그의 애정 관계에는 제삼자가 끼어 있었다. "지난가을 헤세와 나는 당신 곁에서 애틋한 저녁을 보냈지요. 그리고 돌아오는 길에 헤세에게 나를 어떻게 생각하는지 물어보았답니다. 그는 이렇게 말하더군요. 동화 속의 왕자라고 말이에요. 어설프고 서투른 행동 덕분에 자신의 왕국에 들어가게 되는." 랑 박사는 테신에서 자유를 만끽하고 싶어 했다. 그리고 무한한 가능성을 타진해보고 싶었다. "연금술과 마법, 신비로운 체험, 그리고 여행! 당신과 루트의 곁에서!" 그는 부인과 자녀들과 결별하고 카로나에서 루트와 함께 살기로 결심했다. 그래서 그는 몬타뇰라에 가서 헤세를 만나 함께 카로나로 향했다. 그리고 "불가능을 가능하게 만들기" 위해 안간힘을 썼다. 하지만 루트는 랑 박사의 지나친 구애 행각에 적잖이 당황했다. 반면 헤세의 부드럽고 다정한 모습에는 호감을 느꼈다. 그들은 소렌고에 있는 동굴 정원으로 소풍을 갔다. 다른 친구들도 함께 어울려 포도주도 마시고 흥겹게 노래를 불렀다. 아리아와 민요, '테레지나 가요'를 반복해서 불렀다. 그건 헤세가 무척 좋아하는 유행가였다. "창문 밖에서 그녀의 귀여운 목소리가 들리네 / 오, 나의 테레사여, 집 안으로 들어와요 / 그런 배신자는 잊도록 해요."

랑 박사는 노래를 부르지도 못했고 노랫말을 이해하지도 못했다. 일행 가운데 자신만 소외된 느낌을 받았다. 루트와 헤세는 미소 띤 얼굴로 흥겹게 노래를 불렀다. "사랑을 하기 위해 이곳에 왔노라." 갑자기 랑 박사가 자리에서 벌떡 일어나더니 소리를 질렀다. "더 이상 참을 수 없네요. 난 어린 학생이 아니란 말입니다." 루트는 깜짝 놀랐다. "교양 있고 진중한 남자, 정신분석가이자 대형 정신병원의 원장인 랑 박사의 갑작스러운 돌출 행동을 도저히 이해할 수 없었다." 랑 박사는 거칠게 두 손을 내저으며 쉰 목소리로 계속 소리쳤다. "더 이상 참을 수가 없다고요." 헤세는 그를 진정시키기 위해 다독거렸다. "진정해요, 랑 박사!" 그는 스위스 독일어로 말했다. 하지만 랑 박사는 흥분한 채 그 자리를 뜨고 말았다. 루트에게도, 헤세에게도 실망한 기색이 역력했다. 7월 9일, 그는 헤세에게 자신이 "어리석게" 행동했다고 사과했다.

다음 날 루트는 전원적인 분위기가 물씬 풍기는 레스토랑 칸베토 델라 파체에서 랑 박사를 만났다. 그는 키가 훤칠하고 어깨가 넓은 남자였다. 잿빛 곱슬머리와 검은 눈을 지니고 있었다. 랑 박사는 그녀에게 정식으로 사과했다. 루트는 그가 더 듬거리며 늘어놓는 사랑의 고백에 화들짝 놀랐다. 그는 자신의 "사랑이 거대한 욕망과 변태적인 성애에서 발원하고 있다"라고 털어놓았다. 그리고 "그 사랑의 '대상'이 자신을 있는 그대로 이해해줄" 거라고 믿었다.

하지만 루트는 비정상적인 사랑의 대상이 되고 싶지 않았다. 처음에 그녀는 랑 박사와 그의 두 딸과 함께 살 생각도 해보았다. 열 살인 카를리Karly와 일곱 살인 마를리Marly와 함께. 루트는 그의 아이들을 위해 기꺼이 어머니 역할을 감당하려고 했다. 하지만 랑 박사의 부인은 신뢰할 수 없는 남편에게 딸들을 맡기려고 하지 않았다. 루트는 헤세에게 조언을 구했다. 헤세는 먼저 질투심에 불타는 랑 박사를 진정시켜야 했다. "나와 루트의 관계는 전혀 걱정하지 않아도 됩니다. 그녀의 보호자로서 나의 역할은 아주 자연스러운 겁니다. 내 의지와는 상관없이 생겨났으니까요." 그러고 나서 루트에게 말했다. "이제 나는 랑 박사에 대해 가급적 생각하지 않으려고 해요. 난 이 문제가 우리와는 무관하다고 믿으니까요." "우리와는 무관하다"라는 말은 헤세와 루트, 두 사람의 애정 관계를 드러내는 것이기도 했다. 헤세는 카로나에 있는 루트를 찾아갔다. 지난해의 마법이 다시금 되살아났다. 루트는 랑 박사에 대한 자신의 감정이 투영에 지나지 않는다는 사실, 그리고 자신이 사랑하는 사람이 헤세라는 사실을 깨달았다.

*

하지만 헤세는 아직 마음의 준비가 되어 있지 않았다. 카사 카무치에는 엘리자베트 루프가 있었다. 그녀는 헤세가 거처하는 방에서 약간 떨어진 곳에 머물렀다. 7년의 세월이 흐른 뒤, 니논 돌빈이 바로 그 방을 차지하게 된다. 루트보다 열 살 정도 위인 엘리자베트 루프는 경험이 풍부한 데다 세련되고 자존감이 강하며 아리따운 여인이었다. 헤세에게는 창작 활동에 관해 함께 이야기를 나눌 수 있는 동료 같은 존재였다. 박사 학위를 취득한 엘리자베트 루프와 순진하고 세상 물정에 어두운 루트는 성향이 전혀 달랐다. 헤세와 검은 머리의 엘리자베트 루프 사이에 동료애 이상의 감정이 존재한다는 사실을 과연 루트가 알고 있었을까? 두 사람이 저녁에 작별 인사를 나눌 때 카사 카무치에서는 도대체 무슨 일이 벌어지고 있었을까? 엘리자베트 루프는 『말렌과 에오바르: 사랑의 시작에 관하여Malen und Eobar: Vom Anfang einer Liebe』라는 소설에서 황홀했던 여름날의 추억들을 되새겼다.

"에오바르는 요가 행자처럼 다리를 포개고 앉아 있었다. 마른 몸매에 수염 없는 얼굴이 음울하게 보였다. (…) 말렌은 혼자 곰곰이 생각했다. '왜 그는 웃지 않는 걸까? 왜 그는 나를 안아주지 않는 걸까?' 그런데 그가 진짜 에오바르란 말인가? 아니, 그렇지 않았다. (…) 일상적인 낮에서 거친 밤으로의 급격한 변화. 비밀과 쓰라림, 환호, 폭력과 고통, 인내로 가득 찬. 그렇다. 바로 그것이 에오바르였다."

음악가 에오바르는 헤세의 분신이다. 여가수 말렌은 그가 만든 곡을 멋지게 노래한다. 마치 엘리자베트 루프가 헤세의 시를 낭송하듯이. 말렌은 에오바르가 사는 마을을 찾아간다. 두 사람은 다른 친구들과 함께 차를 타고 들판으로 나가 여름날의 정취를 만끽한다. 일행 가운데는 '건축가' 엥레르트도 있었다. "검게 그을린 여자 친구"는 엥레르트가 1922년에 결혼하게 될 마리아 홀츠라이트너였다. 에오바르는 인도에 관해 이야기한다. 그 시기에 헤세는 『싯다르타Siddhartha』를 집필하기 시작했다. 에오바르는 말렌과 함께 잠자리에 든다. 그리고 그녀는 사랑의 실체를 깨닫게 된다. "어느 곳에서도 잠을 청할 수 없고 편히 쉴 수 없습니다. 그런데도 난 반드시 꿈이 이루어진다고 믿으며 당신을 더욱더 열렬히 사랑합니다. 그리고 당신 때문에 고통스러워합니다. (…) 당신은 사랑할 줄 모릅니다. 아니, 사랑을 할 수 없습니다. 에오바르! 당신은 타오르기만 할 뿐, 나를 따뜻하게 해주지 못하니까요."

엘리자베트 루프는 생을 마감할 때까지 자신이 헤세의 "정부"였다고 주장했다. 그녀는 아니 보트머와도 친하게 지냈다. 아니는 그녀가 쓴 책의 표지를 도안했다. 엘리자베트 루프는 아스코나에서 마리아를 알게 된 뒤로 그녀를 존중했다. 엘리자베트 루프는 헤세의 오랜 친구인 에밀 몰트Emil Molt에게 편지를 보냈다. "헤세와 관련된 건 모두 나의 관심을 끌고 있답니다." 1921년 2월에는 요제프 엥레르트에게도 편지를 보냈다. "마치 낙원을 바라보듯이 희망에 부풀어 테신의 여름을 바라봅니다. 하지만 이번에는 전망이 썩 좋아 보이지는 않네요."

그로부터 몇 년이 지난 뒤 그녀는 다시 한 번 테신을 방문했다. 1922년에 『말렌과 에오바르』가 출간될 무렵에는 아르헨티나의 대농장에서 가정교사로 일하고 있었다. 그녀는 자신에게 질문했다. "과연 내가 또다시 환상적이고도 놀라운 경험을 할 수 있을까? (…) 아니, 그렇게 되지는 않을 거야. 에오바르는 유감스럽게도 단 한 번만 존재하는 거니까."

*

여름의 끝자락, 헤세는 혼자 몬타뇰라에 머물고 있었다. 랑 박사는 자신이 운영하던 병원을 처분하고 루체른으로 돌아갔다. 그리고 성 우르반에 있는 루체른 주 정신병원에서 일자리를 알아보기로 했다. 그는 루트에 대한 구애 행각이 무의미하다는 판단을 내렸다. 헤세에게 보낸 편지에 그의 심정이 잘 드러나 있다. "이제야 모든 걸 이해할 수 있을 것 같습니다. 나는 나 자신의 운명과 화해했습니다. 내가 이 모든 혼란을 겪은 게 어쩌면 다행스러운 일인지도 모릅니다. 내가 어려울 때 나의 보호막이 되어주고, 내가 큰 실수를 저지르지 않도록 도와준 데 대해 정말 감사하게 생각합니다. (…) 혹시 루트에게 편지를 쓰거나 그녀를 만나게 된다면, 내가 용서를 구한다고 꼭 전해주십시오. 하지만 그건 내가 가야만 할 길이었답니다. 그렇기 때문에 내가 그녀를 힘들고 아프게 한 것 또한 굳이 내 잘못이라고는 생각하지 않습니다."

1921년 9월, 엘리자베트 루프는 로이틀링겐으로 돌아갔다. 그리고 루트는 부모가 있는 델스베르크의 빌라 솔리투데로 돌아갔다. 루트의 집에는 헤세가 보낸 안부 편지와 수채화가 도착해 있었다. 그녀는 헤세에게 감사 인사를 전했다. "집에 오자마자 당신의 체취를 느낄 수 있어서 정말 좋았어요. (…) 여긴 계속 비가 내리고 있답니다. 어쩌면 그게 당연한 일인지도 모르지요. 따사로운 태양이 모두 카로나에 있으니까요. (…) 내가 당신에게 이렇게 편지를 써야 하는지 모르겠어요. 당신이 분명 내 생각을 느끼고 있을 거라고 믿으니까요. 글로 쓰는 것보다 훨씬 더 절실하게 말이에요. 난 당신 생각에 흠뻑 빠져 있답니다. 나에게는 당신이 전부예요. 이 세상이 온통 당신을 노래하고 당신에 대해 이야기하고 있어요. 당신을 떠나오는 게 이렇게 힘들 줄 미처 몰랐네요. (…) 그런데 언제 아스코나로 갈 건가요?"

며칠 뒤, 루트는 급하게 휘갈겨 쓴 편지를 받았다. 헤세는 아스코나에 있었다. "여긴 이 세상에서 가장 아름다운 곳이에요. (…) 다시 한 번 이곳으로 와보는 게 나의 오랜 꿈이었지요. 하지만 결혼 생활의 파탄과 아내와의 불화 때문에 아름답던 추억이 산산조각 나고 말았답니다. 이제는 마리아가 이곳에 살고 있어요. 모든 게 부질없고 서럽게만 느껴지네요." 요하네스 놀에 대한 즐겁지 못한 기억도 남아 있었다. 놀은 오래전에 아스코나를 떠나 그의 고향 도시인 베를린으로 돌아갔다. 헤세는 마리아의 정원에서 무르익어가는 복숭아 열매를 더 이상 기쁜 마음으로 떠올릴 수 없었다. "한때 내가 사랑하고 익숙했던 옛 그림과 가구, 물건들"도 아름다운 추억으로 남아 있지 않았다. 막내아들 마르틴과의 만남도 어색하기만 했다. 헤세가 "카로나의 꽃"이라고 부르는 루트의 위로가 그나마 그에게 위안이 되었다.

마리아는 마르틴과 행복한 시간을 보냈다. 브루노도 가을 방학을 맞아 마리아에게 왔다. 하이너는 프라우엔펠트 근처에 있는 케피콘 시골 기숙학교에서 건강하게 잘 지내고 있었다. 하이너는 마리아의 생일을 축하하기 위해 편지와 그림을 보내왔다. 헤세는 그녀에게 『클링조어의 마지막 여름』을 보냈다. 마리아는 헤세에게 고맙다는 인사를 전하면서 그의 여동생 마룰라가 이미 그 책을 빌려주었다는 사실을 털어놓았다. "마룰라는 당신 책을 나한테 빌려주고 나서 양심의 가책을 느꼈다고 하더군요. 내가 그걸 읽고 자칫 흥분할까 봐 두려웠던 거지요. 하지만 난 정말 재미있게 읽었답니다. 책에 나오는 장소와 사람 이

니논 돌빈, 1920년경

름을 알고 있으면 더 흥미를 느끼게 마련이니까요. 그런데 책의 문체와 양식이 지금까지 당신이 쓴 이전의 작품들과는 전혀 다른 거 같았어요. 부드럽거나 유려하지 않고 예리하면서 두드러진, 강하게 몰아치는 느낌이라고나 할까요."

『클링조어의 마지막 여름』을 읽은 또 다른 여인이 있었다. 그녀는 바로 니논 돌빈이었다. 지금은 빈을 떠나 베를린 대학에서 공부하고 있었다. 1920년 12월 22일, 그녀는 헤세에게 편지를 썼다. "이 무슨 놀라운 언어인가요! 집약된, 간결한, 육중한, 다채로운, 그리고 이글거리는. 당신에게 편지를 쓸 수밖에 없었어요. 내 안에 무언가 강렬한 힘을 느꼈답니다. 당신에게 내가 누구인지 큰 소리로 외치고 싶었어요." 편지 속에는 그녀의 사진이 들어 있었다. 헤세가 그녀를 "확실하게 인식하도록" 하기 위해서였다.

● 목소리

1920년에 나는 팔라초 카무치에 있는 키페 부인을 방문했습니다. 헤세의 초대를 받고는 오랫동안 정성껏 여행 준비를 했지요. 나는 거기서 3개월 동안 클링조어처럼 멋지고 눈부신 여름을 보냈어요. 그리고 영원히 테신을 사랑하게 되었답니다.

1971년 6월 18일, 엘리자베트 게르츠-루프가 하이너 헤세에게 보낸 편지

헤세가 엘리자베트 루프를 데려왔다. 나는 그때 그녀를 처음 보았다. 나는 그녀가 헤세를 무척 좋아한다고 느꼈다. 우리는 정원에서 이런저런 이야기를 나누었다. 헤세와 나는 그 자리에 한 사람이 더 있다고 생각했다. 우리는 둘만의 시간을 갖고 싶었다. 헤세는 그녀 몰래 나에게 신호를 보냈다. 우리는 눈에 띄지 않게 살그머니 정원 문을 빠져나왔다. 헤세는 문을 잠그고 열쇠를 뺐다. 우리는 제법 가파른 계단을 빠른 걸음으로 내려와 숲으로 내달렸다. 엘리자베트는 덤불과 담장에 둘러싸인 채 정원을 벗어날 수 없었다. 두 시간쯤 지난 뒤 우리는 다시 정원으로 돌아왔다. 불행한 여인을 구제해주기 위해.

루트 벵거

힘겹고 고통스러운 세월 속에서도 인도풍 삼림 농장에서 우리가 함께했던 오후는 내겐 가장 아름다운 행복의 섬이었답니다. 이 섬에는 당신이 살고 있지요. 사랑하는 루트가 말이에요.

1920년 여름, 헤르만 헤세가 루트 벵거에게 보낸 편지

내 사랑은 뜨거웠다. 그리고 점점 더 그를 연모하게 되었다. 육체적인 관계는 중요하지 않았다. 헤세가 하얀 열대 의상을 입고 나를 바라보며 앉아 있을 때면 나는 이 세상에 부러울 게 없었다.

루트 벵거

나는 입증할 수도 있어요. 그녀가 헤세의 사랑을 다 빨아먹어버렸다는 걸 말이에요. 나는 그녀의 가장 강력한 연적이었답니다. 헤세는 낮에는 그녀와 함께 있었지만 밤이 되면 나와 함께 지냈지요. 그녀도 그 사실을 알고는 무척 불안해했답니다.

**1962년 9월 23일,
엘리자베트 게르츠-루프가 레네 군데르트Lene Gundert에게 보낸 편지**

내가 그에게 주고 싶어 하는 사랑을 그는 필요로 하지 않았다. 몬타뇰라에서 그와 만난 것은 무척 흥분되고 황홀한 체험이었다. 덤불과 나무 사이를 지나 가파른 언덕을 오를 때면, 이제 곧 내가 사랑하는 사람을 만나게 되리라는 기대에 가슴이 벅차올랐다. 하지만 내가 방에 들어서면, 그는 시가에 불을 붙이고는 그냥 안락의자에 앉았다.

루트 벵거

지금도 루트는 종종 신경이 예민해지곤 합니다. 가끔 변덕을 부리고 어린아이처럼 행동합니다. 하지만 제가 그녀를 가볍게 대하지 않는다는 걸 그녀도 알고 있기에 평소에는 마음 편히 지내는 거 같습니다. 그리고 지나치게 진지하고 고리타분한 저의 모습을 어느 정도는 이해한다고 생각합니다. 앞으로 우리 관계가 어떻게 발전할지 모르지만, 지금은 루트가 저를 믿고 따르는 것처럼 보입니다. 어쨌든 거기에는 사랑과 연모하는 감정이 담겨 있으니까요. 그런데 어쩐 일인지 그게 제게는 착각이라는 생각이 듭니다.

1920년 여름, 몬타놀라에서 헤르만 헤세가 리자 벵거에게 보낸 편지

헤세와 나 사이의 거리감은 항상 존재했다. 나는 한 번도 그를 유혹하려고 마음먹은 적이 없다. 그리고 정신적이든 육체적이든 그의 사랑이 분출되는 걸 경험해본 적이 없다. 그는 사랑에 대해 전혀 알지 못했다. 육체적인 사랑도, 정신적인 사랑도 마찬가지였다. 그가 보여주는 사랑의 표식은 애칭을 부르는 게 고작이었다.

그는 나를 '점박이', '푸른 별', '아기 노루'라고 불렀다.

루트 벵거

나는 사슴, 그대는 노루. / 나는 새, 그대는 나무. / 나는 구름, 그대
는 눈. / 그대는 낮, 나는 꿈.

1920년 1월, 몬타뇰라에서 헤르만 헤세가 루트 벵거에게 보낸 편지

어느 날 나는 몬타뇰라까지 먼 길을 걸어 그에게 갔다. 그는 침대에
누워 있었다. 나는 그에게 행여 무슨 일이 있는지 물어보았다. 그
는 나를 반기기는커녕 퉁명스럽게 말했다. "모든 게 구역질이 나네
요." 나는 심한 충격을 받았다. 나는 그가 나를 보면 무척 기뻐할 거
라고 생각했다. 사랑하는 사람을 보면 누구나 행복한 법이니까.

루트 벵거

당시 그녀는 우리에게 '멍청한 개구쟁이'였답니다. 엥레르트가
그 별명을 붙여주었지요. 무알리에는 그녀가 아름답지 않다고
혹평했어요. 그녀는 그렇게 제 기억 속에 남아 있답니다. (…) 그
녀가 지금도 그때의 몰이사냥을 기억하고 있을지 모르겠네요.
가련한 헤세를 사로잡기 위해 그녀가 그녀의 엄마와 함께 벌였
던. 지금은 그녀가 헤세를 어떻게 생각하고 있는지 모르겠지만,

어쨌든 그 모든 불행의 책임은 전적으로 그녀의 몫입니다. 헤세 같은 남자는 새장에 가두어두고 남에게 자랑하는 그런 대상이 아닙니다. 주인의 명령에 따라 노래나 부르는 앵무새가 아니라는 말이지요.

1942년 6월 14일, 엘리자베트 게르츠-루프가 아델레 군데르트에게 보낸 편지

당시에 나는 세상 물정에 어두웠다. 나는 사람들의 비열함을 알지 못했고, 상상도 하지 못했다. 인간의 음모와 이리 같은 본성. 나는 진실을 사랑했다. 그리고 모든 사람을 신뢰했다. 나는 많은 사람이 말하는 것과 다르게 생각한다는 걸 알지 못했다. 적어도 나는 그렇지 않았다. 나는 숨김없이 진실을 말했다. 그건 비난이나 질책이 아니었다. 나는 그렇게 하라고 교육받지 않았다. 결국 내가 어리석은 탓에 그렇게 보인 것이다.

루트 벵거

당신의 인생에 또 다른 여인이 나타났다는 내 예감이 틀리지 않을 거 같네요. 1년 전이라면 그런 상황에서 난 당신에게 냉담한 모습을 보였을 거예요. 하지만 지금은 다릅니다. 내가 당신의 행복을 바란다는 걸 당신도 잘 알고 있을 거라 믿어요. 난 당신이 어떤 실망이나 좌절도 겪지 않기를 바라요. 당신은 내가 당신을 찾아가서 무척 화를 내고 있겠지요. 그리고 내가 당신의 삶에서

엘리자베트 루프, 1925년 / 루트 벵거와 헤르만 헤세, 1921년경 /
요제프 베른하르트 랑, 1930년경

완전히 사라지기를 바라고 있겠지요. 나를 두 번 다시 보고 싶어
하지 않는다는 것을 잘 알고 있어요. 아마 당신이 원하는 대로 될
거예요. (…) 나는 한때 나를 사랑했던 당신의 감정을 되살릴 수
없다는 걸 누구보다 잘 알고 있어요. 하지만 우리가 행복하고 아
름다운 시간을 함께했다는 사실을 기억해주세요. 당신이 나보다
더 아름답고 멋진 여자들을 만난다 해도 나만큼 당신을 사랑하
는 여인을 만나지는 못할 겁니다.

1920년 7월 4일, 아스코나에서 마리아 베르누이가 헤르만 헤세에게 보낸 편지

그건 광란이었습니다. 언제나 사람들 틈바구니에 끼인 채, 폭풍
전야와도 같은 긴장감, 질투심, 그리고 또 다른 난장판.

1920년 9월, 몬타놀라에서 헤르만 헤세가 요제프 엥레르트에게 보낸 편지

4.

무대의 막이 내리기 전, 여름 극장의 주인공들은 모두 이전으로 돌아가거나 새로운 길을 찾아나갔다. 엘리자베트 루프는 『나뭇가지에서: 청춘 이야기Im Zweige: Die Geschichte einer Jugend』의 원고를 헤세가 베른에서 창립한 젤트빌라 출판사에 넘겼다. 그리고 『말렌과 에오바르』를 집필했다. 그녀는 로이틀링겐에 있는 '아할름 쿤스트하우스'에서 헤세의 수채화 전시회를 기획했다. 헤세의 작품은 라이프치히의 미술협회에서도 전시될 예정이었다.

1920년 가을에 루트는 바젤의 스팔렌토어베크에 거처를 정하고 성악을 공부했다. 헤세는 여러 도시를 돌아다녔다. 뤼슐리콘, 루체른, 취리히를 방문했다. 바젤에서는 루트를 만났다. 그리고 그녀의 아버지를 문병하기 위해 델스베르크로 갔다. 얼마 뒤에는 카로나에서 휴양하던 테오 뱅거를 다시 만났다. 헤세는 루트에게 편지를 보냈다. "당신 아버지는 나를 다정하게 대해주었답니다. 그리고 그의 어린 시절과 미국 생활에 대해서도 나에게 많은 이야기를 해주었어요." 루트의 아버지는 2년 동안 빌링스에서 신교의 담임 목사로 일했다. 그는 헤세가 루트를 어떻게 생각하고 있는지, 두 사람이 어떤 미래를 계획하고 있는지 알고 싶어 했다. 뱅거 부부는 크리스마스에 델스베르크로 놀러 오라고 헤세를 초대했다.

11월, 헤세는 보트머 박사에게서 전두동염前頭洞炎을 치료받기 위해 로카르노로 떠났다. 그는 랑 박사에게 편지를 보냈다. "나와 카로나의 관계는 매우 불안정해졌답니다. 변덕스럽고 우울한 기분 때문에 무척 힘드네요." 헤세는 벵거 부부가 결혼에 대한 최종 결정을 요구할지 모른다는 생각에 내심 불안해했다. 마리아와 이혼하면 경제적인 어려움에 처할 가능성이 적지 않았다. 헤세는 자신이 "거의 구걸한 돈으로 생계를 유지하고" 있다고 넋두리를 늘어놓기도 했다. 그의 소설 『데미안』이 잘 팔리기는 했지만, 불리한 환율 때문에 독일의 판매 수입은 크게 줄어들었다. 다행스럽게도 게오르크 라인하르트가 헤세의 후원금을 올려주겠다고 제안했다. "당신도 내 제안에 동의하리라고 생각합니다. 요즘 마르크와 프랑의 환율을 계산해보니 독일에서 당신에게 들어오는 돈이 많지 않을 거 같더군요."

마리아에게 남은 유일한 재산은 집 한 채였다. 그녀는 휴가철에 여행객들에게 방을 빌려주었다. 그리고 겨울 스포츠를 즐기러 온 손님들이 묵는 호텔에서 피아노를 연주했다. 그녀가 헤세에게 보낸 편지에는 배려와 애정이 담겨 있었다. 카사 카무치에 있는 그의 방은 난방이 제대로 되지 않아 무척 추웠다. 그녀는 헤세에게 이불과 털양말, 실내화를 보내주었다. 그녀가 아스코나에서 이웃들과 친하게 지낸다는 소식, 피아노를 함께 연주할 파트너를 알게 되었다는 소식도 전했다. 마리아는 추운 겨울을 대비해 정원을 손질했다. 그리고 기쁜 마음으로 다가올 크리스마스를 기다렸다. 이번에는 하이너가 그녀를 방문해도 좋다는 헤세의 허락을 받아두었기 때문이다.

헤세는 델스베르크에 있는 빌라 솔리투데로 향했다. 그가 오기를 손꼽아 기다리던 루트였지만, 그와의 만남은 이내 당황과 실망으로 바뀌고 말았다. 헤세의 "연속적인 변덕"이 크리스마스 분위기를 망쳐버린 것이다. 루트는 헤세에게 카사 카무치에서 따뜻하게 입으라고 안감을 댄 실내복을 선물했다. "안은 붉은색이고 겉은 짙은 남색"이었다. 그녀는 그때의 일을 이렇게 회상했다. "그는 나에게 몹시 화를 냈다. 그가 돈이 없다는 사실을 잘 알고 있으면서도 왜 셔츠를 사주지 않았느냐고 윽박질렀다." 아침 식사 시간에 헤세는 커피 잔을 옆으로 밀어냈다. "커피가 맛이 없네요." 루트의 가족뿐 아니라, 아이들을 데리고 방문한 오펜하임 부부도 깜짝 놀랐다. 루트는 울음을 터뜨렸다. 헤세는 예정보다 일찍 그곳을 떠났다. 친구 틸리Tilly와 막스 바스머Max Wassmer와 함께 새해를 보내기 위해서였다. 그들은 아레 강변에 위치한 브렘가르텐 저택에 살고 있었다. 적어도 거기서는 친구들이 그의 신경을 건드리거나 기분 상하게 할 만한 이야기를 하지 않았다. 델스베르크에서 헤세는 시민적인 가정이 그에게 어울리지 않는다는 사실을 다시 한 번 절감해야 했다.

루트는 헤세가 서둘러 델스베르크를 떠난 건 그녀가 그를 제대로 포용하지 못했기 때문이라고 자책했다. 그녀는 브렘가르텐에 머물던 헤세에게 편지를 보냈다. "오, 내 사랑! 내가 얼마나 당신을 괴롭게 했나요. 그 사실을 이제야 알게 되다니, 부끄러워 고개를 들 수가 없네요. 하지만 이제 나는 내가 해야 할 일을 누구보다 잘 알고 있답니다." 루트는 오펜하임 부부와 함께 슈타이넨으로 갔다. 앞으로는 헤세가 부여하는 의무를 충실하게 따르리라고 마음먹었다. 그가 부르면 그에게 가고, 그가 혼자 있고 싶을 때면 그를 가만히 내버려두는 게 그녀의 의무였다.

헤세는 그녀에게 시를 써서 보냈다. "새해를 즐겁게 맞이하기 바랍니다. / 귀여운 강아지와 더불어. / 언제나 즐겁고 건강하기를 바랍니다. / 나는 당신의 행복을 기원합니다. 그건 나의 진심입니다." 어린 소녀의 시집에서나 볼 법한 시구였다. 1921년 1월 20일, 헤세는 브렘가르텐에서 루트에게 엽서를 보내 몬타뇰라로 돌아갈 예정이라는 사실을 알렸다.

테신으로 돌아온 헤세는 마음을 추스르지 못했다. 지난 시절을 함께했던 친구들이 하나둘씩 떠나갔다. 요제프 엥레르트는 추크 시청에 기술자로 채용되었다. 마리아 홀츠라이트너는 카사라테에 있는 거처를 정리하고 비고그노에 있는 카사 가촐로로 떠났다. 마르게리타와 파올로 오스발트는 아스코나로 거처와 작업실을 옮겼다. 그곳에는 관광객이 많기 때문에 오스발트 부부가 만드는 작품의 수요 또한 많을 수밖에 없었다. 헤세는 "극도의 고독"에 빠져들었다. 카사 카무치에는 『싯다르타』의 첫 번째 부분이 미완성으로 남아 있었다. 궂은 날씨 때문에 야외에서 그림을 그리기도 힘들었다. 그동안 랑 박사는 성 우르반에서 일자리를 얻었다. 헤세는 랑 박사가 "열정적인 정신분석"을 수행하는 데 적합하지 않다고 판단했다. 그래서 그는 카를 구스타프 융 박사를 찾아갔다. 헤세는 랑 박사에게 편지를 보내 자신이 융 박사를 만나러 취리히로 갈 거라는 사실을 통보했다. 랑 박사는 자존심이 상하고 소외감도 느꼈다. "그 방안이 당신에게는 이상적인 것 같네요. (…) 융 박사는 나를 멀리하는 것 같더군요. 그 앞에서 나는 재미없는 가난뱅이일 뿐이겠지요."

'마법사' 요제프 엥레르트는 12월에 추크로 떠나기에 앞서 헤세에게 친구를 소개해주었다. 엥레르트 덕분에 헤세는 평생을 함께할 좋은 친구들을 얻을 수 있었다. 그들은 에미 헤닝스와 후고였다. 다음은 에미의 회상이다. "처음에 우리는 별다른 생각 없이 만났다. 마치 나뭇가지 위의 새들이 한동안 그렇게 함께 있는 것처럼." 에미는 헤세가 만난 여인 가운데 매우 특별한 위치를 차지하게 된다.

*

1920년 가을, 에미 헤닝스와 후고는 에미의 딸 안네마리Annemarie와 함께 테신으로 이사했다. 루가노에서 조금 멀리 떨어진, 한적한 호숫가에 위치한 아그누초로 옮긴 것이다. 헤세에게 후고 부부는 "비범한 한 쌍"이었다. 에마 마리아 코르드

아그누초에서 에미와 후고 발, 1921년

셈Emma Maria Cordsen은 독일과 덴마크가 이웃한, 신교도가 많은 플렌스부르크 출신이었다. 후고는 팔츠 주의 피르마젠스의 엄격한 가톨릭 가문에서 태어났다. 에미는 노동자 집안에서 자라나 일찍 결혼했지만, 화목한 가정을 꾸리지는 못했다. 남편과 이혼한 뒤에는 유랑극단 배우로 무대에 섰다. 카바레 무대에서는 화술가話術家로 일했다. 베를린과 뮌헨에서 보헤미안 생활을 영위하던 시절에는 수많은 예술가, 문학가와 교류했다. 후고와 에미는 제1차 세계대전이 발발하기 직전에 처음 만났다. 후고는 베를린 대학에서 학업을 중단하고 막스 라인하르트Max Reinhardt 밑에서 연출을 공부했다. 그리고 뮌헨 소극장에서 연출가로 활동했다.

두 사람은 글을 써서 아방가르드 잡지에 투고했다. 제1차 세계대전이 발발한 해에는 취리히로 망명했다. 그리고 뜻을 같이하는 사람들과 어울려 '카바레 볼테르'와 '갤러리 다다'를 만들었다. 예술사와 문학사에서 '다다이즘'이라고 불리는 새로운 운동의 시발점이 된 것이다.

베른에서 후고는 1917년부터 1919년까지 에른스트 블로흐와 함께 『프라이에 차이퉁』을 발간했다. 후고와 에미는 베른에서 결혼식을 올렸다. 두 사람은 잠시 독일에서 활동했지만, 후고는 '반역자'라는 낙인이 찍히는 바람에 두 사람은 독일을 떠나 스위스로 되돌아갔다.

후고는 '시대 비판이나 문화 문제'에 관한 관심을 접었다. 그리고 그리스정교회의 교부신학이나 성인 언행록을 집중적으로 연구했다. 에미 헤닝스는 1912년에 중병을 앓고 난 뒤 가톨릭으로 개종했다. 그녀는 자아 상실과 환상을 주제로 한 새로운 글들을 썼다. 아그누초가 루가노에서 제법 멀리 떨어진 탓에 대도시적인 생활은 불가능하게 되었다. 한때 그녀가 즐겼던 여행과 무대, 카바레, 정사博事의 시대는 종언을 고했다. 그녀는 남편과 아이와 함께 있으면서도 외로움을 느꼈고, 신앙의 갈등으로 괴로워했다. "나의 신이여! 나를 마지막 망각의 무덤 속에 묻어주소서. 내 벌거벗은 육신에 수난의 천을 덮어주소서. (…) 아, 나의 불타는 장작을 꺼주소서."

에미와 후고는 루가노의 가톨릭 모임에서 요제프 엥레르트를 만났다. 그들은 함께 미사에 참석하고 서로 책을 빌려 읽었다. 1920년 12월 2일, 에미와 후고는 카사라테에 사는 엥레르트를 만나러 갔다. 거기서 그들은 또 다른 방문객을 만났다. 그가 바로 헤세였다. 에미는 그를 이렇게 회상했다. "당시에 그의 인도 시학『싯다르타』가 태동하고 있었다. 그의 얼굴은 인도 시학의 영혼 같았다. 그는 나긋하고 섬세한 미소를 지었다. 무척이나 매혹적이고 신비로운 미소였다." 오랫동안 무절제한 삶을 영위하던 그녀는 헤세의 금욕적인 모습과 종교적인 경륜에 매료되었다. 그녀의 남편 후고도 마찬가지였다. 헤세는 그녀를 "육욕적 대상"으로 보지 않고 "경건한 몽상가"라고 여겼다. 에미는 두 남자의 대화를 조용히 경청했다. 시대 비판과 가톨릭, 종교개혁, 경건주의, 불교, 심리 분석, 꿈의 해석, 천문학. 후고는 얼마 전 헤세의『혼돈에 대한 성찰』을 읽은 적이 있었다. 그는 일기장에 이렇게 적었다. "이 멍청이는 무의식의 모권母權을 끌어들임으로써 문화를 지양하고 있다."

엥레르트는 후고에게 헤세가 마음에 드는지 물어보았다. 후고는 "소녀처럼 얼굴이 빨개졌다. (…) 당시 그는 자신이 헤세의 작품과 생애를 다루게 될 것이라고는 꿈에도 생각하지 못했다."1927년에 세상을 떠난 남편 후고를 추억하는 에미의 글이다. 후고는 헤세의 첫번째 전기 작가가 된다.

첫번째 만남에서 후고와 에미, 헤세 모두 상대방에게 깊은 인상을 받았다. 헤세는 이틀 뒤에 언덕을 내려와 아그누초로 향했다. 다음은 후고의 증언이다. "가냘프고 젊어 보이는 남자가 방 안으로 들어왔다. 이목구비가 날카로운 인상을 풍겼다. 그리고 왠지 고뇌에 잠긴 것처럼 보였다. 그는 벽 주위를 둘러보았다. 그러고는 오랫동안 우리 얼굴을 쳐다보았다. 우리는 그에게 의자를 권했다. 나는 벽난로에 불을 지폈다. 우리는 함께 앉아 이야기꽃을 피웠다. 마치 오래된 친구처럼." 헤세는 그곳에 열두 시간가량 머물렀다. 그동안 그들 사이에는 평생 지속될 우정의 초석이 놓였다. 각자에 대한 이해와 사랑, 존경과 책임감을 바탕으로 한.

에미에 대한 헤세의 첫인상은 "다채로움"이었다. 헤세는 그녀의 유머와 가식 없는 친절함, 노래, 섬세한 예술 작품에 깊은 감명을 받았다. 에미는 가면극 배우로도 활동했다. 그해 여름, 그들은 아그노 근처의 호숫가로 소풍을 갔다. 호수에서 수영도 하고, 루가노의 위쪽에 있는 콜리도로에서 산책도 하고,

작은 동굴로 놀러 가기도 했다. 가끔 헤세는 아그누초로 그림을 그리러 갔다. 에미는 자신의 어린 시절과 힘들었던 시절, 떠돌이 시절의 이야기를 헤세에게 들려주었다. 헤세는 그녀의 소설 『감옥Gefängnis』과 『낙인Das Brandmal』을 감명 깊게 읽었다. 그리고 "여성이 쓴 작품 가운데 가장 아름다운 독일 산문"이라고 극찬했다. 그녀가 프랑스에서 태어났다면 최고의 인기를 누렸을 거라는 덕담도 덧붙였다. 헤세는 그녀에 대한 세간의 비판에 방패막이가 되어주었다. 집안 살림이 어려운 후고 부부를 위해 자신의 후원자들에게 재정 지원을 부탁하기도 했다. 그녀의 진취성과 도전 정신에 매료된 헤세에게는 그녀의 "우스꽝스러움"도 전혀 문제가 되지 않았다.

그녀는 평생 헤세의 믿음을 저버리지 않았다. 그에게 소중한 사람들은 그녀에게도 소중했다. 거의 30여 년에 걸쳐 두 사람은 힘들고 어려운 시간을 함께했다. 문학적인 성공과 실패, 질병, 헤세 부부의 이혼 분쟁, 헤세와 루트 사이의 미묘한 관계, 후고의 암 투병, 그의 죽음. 니논 돌빈이 헤세의 인생에 처음 발을 들여놓을 때도 에미는 그녀가 몬타뇰라의 새로운 환경에 잘 적응하도록 도와주었다. 에미는 헤세가 새로 작품을 출간할 때마다 서평을 썼다. 헤세에게 그녀는 "최고의 독자"였다.

몬타뇰라의 정원 입구에는 주인의 허락을 받지 않은 방문객들은 돌아가라는 경고문이 붙어 있었다. 하지만 에미는 예외였다. 헤세의 생일 파티나 크리스마스 축제에는 항상 그녀가 있었다. 그녀는 헤세를 즐겁게 하는 방법을 알고 있었다. 헤세의 기분을 북돋아 그를 웃게 만들었다. 보차 놀이는 두 사람이 즐겨 하는 운동이었다. 에미는 그를 위해 뜨개질을 해 따뜻한 양말을 만들어주었다. 가끔 두 사람은 결혼한 지 오래된 부부처럼 다투기도 하고, 다시 화해하기도 했다. 에미처럼 그렇게 흉허물 없이 헤세와 함께한 여성은 없었다. 아니 보트머나 마르게리타 오스발트-토피, 마리아 홀츠라이트너, 그리고 마리아 게로에-토블러도 마찬가지였다. 에미는 헤세와 수백 통의 편지를 주고받았다. 그녀는 때때로 기이하고 과도한 몽상에 빠졌다. 하지만 헤세는 그녀가 수많은 여행지에서 보낸 편지를 즐겨 읽었다.

헤세는 그녀에게 편지를 썼다. "수십 년이 지난 뒤 사람들은 당신의 편지를 폼페이처럼 발굴해낼 겁니다. 번데기가 나비가 되어 날아가듯이 말입니다. (…) 당신의 편지가 베티나 브렌타노 이래로 최고라는 사실을 아무도 부정하지 못할 겁니다." 헤세에게 에미는 이미 삶의 일부가 되어 있었다. 1948년에 "파란색 극락조"가 세상을 떠났을 때, 헤세는 무척 슬퍼했다. 오랫동안 함께한 인생의 동반자를 잃어버린 헤세는 그녀에 대한 존경과 애정을 결코 잊지 않았다. 그리고 그녀의 딸 안네마리와 세 명의 손자, 손녀를 따뜻하게 보살펴주었다.

5.

1921년 1월 중순. 루트는 헤세에게 편지를 띄웠다. "요즘 나는 카로나의 여름을 자주 생각한답니다. 파란 하늘과 황금빛 태양. 지난날의 아름다운 추억을 되새기고 있어요. 그 시절이 다시 돌아올 수만 있다면, 그건 신의 크나큰 선물이 되겠지요." 루트는 언니와 매형, 조카들과 함께 슈타이넨에서 지내고 있었다. 델스베르크에서 불행한 크리스마스를 경험한 그녀는 헤세가 시민적인 생활을 견디기 힘들어한다는 사실을 깨달았다. 한편으로는 그런 사실을 인정하면서도 다른 한편으로는 해법을 찾으려고 노력했다. 마법의 주문은 '카로나'였다. 그녀는 여름에 "카레노의 날Kareno-Tag"을 되살리고 싶어 했다. 그리고 그동안의 모든 갈등과 불화를 해소할 수 있기를 바랐다. 루트는 헤세에게 편지를 쓸 때마다 사랑을 고백했다. "나는 당신에게 가야해요. 여기서는 위로를 얻을 수 없거든요. 당신에게 내가 필요하지 않다는 걸 잘 알고 있지만 말이에요. 난 어린아이 같답니다." 헤세는 그녀에게 답장을 보냈다. "기운을 내세요. (⋯) 나를 생각해요. 나를 욕해도 좋아요. 나를 사랑하고, 또 당신 자신을 사랑하도록 해요."

두 사람의 사랑은 편지 속에서 피어났다가 만남 속에서 이

내 시들어버렸다. 봄에 헤세는 취리히에 있는 융 박사를 면담하러 갈 때면 몇 시간씩 그녀를 만났다. 그는 융 박사의 정신분석 상담을 다시 받기 시작했다. 그리고 마리아에게 남아 있는 부정적인 감정을 불식시키기 위해 애를 썼다. 하지만 쉽지 않았다. 헤세는 아이들과 함께 살고 싶어 하는 마리아를 의혹의 시선으로 바라보았다. 루트는 헤세를 위로하면서 성악 교습과 모차르트의 오페라 〈마술피리Die Zauberflöte〉에 대해 이야기해주었다. 헤세는 그녀를 "파랑새, 붉은 태양, 푸른 별"이라고 불렀다. 때로 "사랑하는 누이"라고도 했다. 그리고 후고 부부와 부활절에 추크에서 돌아온 엥레르트에 대해서도 이야기해주었다. 1921년 3월 12일, 헤세는 바젤에서 온 엽서를 읽었다. "오늘 저녁에 처음 만난 뱅거 부인 덕분에 이렇게 안부를 전하게 되었네요." 엽서에는 '엘리자베트 라 로슈'라는 이름이 적혀 있었다.

그녀가 바젤로 돌아온 것이다. 그동안 얼마나 오랜 세월이 흘렀는지 모른다. 바커나겔 부부의 저택에서 열린 음악의 밤, 그녀에 대한 끓어오르는 연모의 정, 그녀와의 갑작스러운 이별, 영국으로의 이주, 그의 절망과 좌절, 그리고 그의 작품 『헤르만 라우셔가 남긴 글과 시』, 마리아와의 결혼, 가이엔호펜의 생활, 아이들의 출산, 베른, 전쟁, 그의 신경발작, 테신으로의 도피. 오랫동안 잊고 있었던 감정들이 되살아났다.

그녀의 이름은 여전히 엘리자베트 라 로슈였다. 결혼하지 않은 게 분명했다. 헤세는 그녀의 어머니가 세상을 떠났다는 사실을 알게 되었다. 그래서 그녀가 돌아왔는지도 모른다. 그녀는 바젤의 시립극장에서 무용 안무가로 일을 하고 있었다. 서점의 수습 사원이던 헤세가 그녀와 여름휴가를 함께 보낸 지도 벌써 40여 년이 지났다. 당시에 사람들은 헤세를 "깐깐하고 쉽게 흥분하고 가까이하기 어려운" 성격의 소유자라고 평했다. 어쩌면 엘리자베트는 그런 헤세를 아직도 기억하고 있을지 모른다. 헤세는 스스로 '세스'라고 불리기를 원했다. 세스는 "카인이 동생 아벨을 죽이고 난 뒤에 신이 아담과 이브를 위로하기 위해 선물한 세번째 아들이다." 헤세에게는 또 다른 엘리자베트가 있었다. 그에게 자작시를 보내고 또 그를 몹시 보고 싶어 하는 엘리자베트 루프 말이다.

그리고 니논 돌빈도 있었다. 오랫동안 헤세를 연모해온 여인이다. 지금은 유부녀가 되었지만 그녀는 여전히 헤세를 그리워하고 있었다. 그런 사실을 알지 못하는 루트는 그에게 편지를 썼다. "나는 당신의 손을 꼭 잡고 있어요. 내 심장과 영혼은 언제나 당신과 함께 있어요." 그리고 다시 여름이 찾아왔다. 카로나에서 세번째이자 마지막 막이 올랐다. 루트는 헤세의 손을 꼭 잡고 놓지 않으려고 했다.

*

부모와 함께 '앵무새의 집'에 도착한 루트는 기대에 부풀어 있었다. 지난여름에 과도한 애정 표현으로 그녀를 힘들게 했던

마리아 홀츠라이트너, 헤르만 헤세, 에미와 후고 발, 1921년

랑 박사는 성 우르반 병원에서 근무하고 있었다. 1921년 7월, 이번에는 엘리자베트 루프 대신에 '아그누초에서 온 사람들'이라고 불리는 후고 부부와 마리아 홀츠라이트너가 헤세를 동행했다. 모두 즐거운 기분이었다. 남자들은 깃 없는 하얀색 아마포 셔츠와 여름 바지를 입고 등산용 장화를 신고 있었다. 마리아는 흰색 깃이 달린 검은 원피스를 입고 있었다. 소매가 짧은 격자무늬 원피스를 입은 에미는 단발머리 때문에 여학생처럼 어리게 보였다. 그들은 나무 아래 잔디에서 휴식을 취했다. 후고와 헤세 사이에 앉은 에미는 무릎을 양팔로 감싸고 앉아 있었다. 헤세는 웃음 띤 얼굴로 양말을 치켜올렸다. 에미의 시선은 헤세를 향하고 있었다.

'앵무새의 집'에서 리자 벵거는 손님들을 식사에 초대했다.

루트는 그랜드피아노 앞에 앉아 노래를 불렀다. 헤세와 함께 정원으로 나가 둘만의 시간을 갖기도 했다. 몬타뇰라로 돌아온 헤세는 루트를 위해 시를 썼다. "그대의 친구는 포근한 밤에 잠을 이루지 못하고 있습니다. / 아직 당신의 따뜻한 온기가 남아 있습니다. 그리고 그대의 살내음도 남아 있습니다. / 그대의 시선과 머릿결, 그대와의 입맞춤. / 아, 깊은 밤. / 아, 달과 별과 안개 자욱한 바람결이여!" 루트에게 그 시는 시인의 글이 아니라 그리움에 목마른 연인의 외침으로 들렸다. 그래서 그녀는 즉시 몬타뇰라로 발걸음을 재촉했다. 하지만 그건 그녀의 오해였다. 헤세는 그녀를 보고서도 별로 반기는 기색이 없었다. 그녀의 방문은 헤세를 기쁘게 해주기는커녕 오히려 그의 작업에 방해가 될 뿐이었다. 새로운 결합에 대한 두려움, 사랑하는 여인의 거침없는 접근에 대한 방어 본능이 작용한 것이다.

루트는 혼란스러웠다. 카로나로 돌아온 그녀는 체념한 채 헤세에게 편지를 썼다. "나와 함께하는 삶이 당신에게 고문이나 다름없다는 사실, 그게 나로서는 감당하기 힘든 고통이라는 걸 말하고 싶어요. 그것뿐이에요. 당신이 나랑 결혼하지 않으려고 해서가 아니에요. 난 이토록 고통스러운 사랑 때문에 앞으로도 나 자신을 더욱더 힘들게 만들겠지요. 지금까지 그래 왔듯이 말이에요." 루트의 아버지 테오 벵거도 헤세에게 편지를 보냈다. 그는 딸에 대한 헤세의 태도에 의심을 감추지 못했다. 헤세에게 편지를 보내 마리아와 관계를 정리하거나 그렇지 않으면 당장이라도 루트와 헤어지라고 요구했다. 테오의 편지를 읽고 난 헤세는 지체 없이 답장을 보냈다. 헤세는 자신의 내면에서 우러나오는 목소리에 귀를 기울일 뿐, 시민적인 도덕의식에 연연하지는 않는다고 밝혔다. 그리고 자신이 아직까지는 유부남이라는 사실을 다시 한 번 상기시켰다. 헤세는 테오가 자신에게 적대적이라는 사실을 잘 알고 있었다. 루트의 아버지가 중세시대에 살았더라면, 자기 딸의 명예를 지키기 위해 기꺼이 결투를 신청했을지도 모를 일이었다. 루트의 어머니 리자는 더 이상 가만히 지켜볼 수 없었다. 그녀는 남편의 불편한 심기를 달래고는 헤세에게 편지를 썼다. "우리는 지금까지 단 한 번도 루트에 관해 진지하게 이야기를 나눠본 적이 없네요. 나는 경솔하게 판단하거나 행동하고 싶지 않습니다. 내가 원하는 건 아무것도 없습니다. 난 단지 내 딸 루트가 행복하기만을 바랄 뿐입니다. 루트의 얼굴에서 행복한 표정을 볼 수만 있다면 더 이상 바랄 게 없습니다. 나는 지금까지 내 친구인 헤르만 헤세와 내 딸의 친구인 헤르만 헤세를 확실하게 구별해왔습니다." 그녀의 편지를 본 헤세도 마음을 누그러뜨렸다. "저는 아스코나에 갈 겁니다. 그리고 이혼 문제를 확실하게 매듭지으려고 합니다."

　마리아도 더 이상 이혼을 미루지 않고 자신과 헤세의 관계를 확실히 매듭지으려고 했다. 그녀의 오빠 아돌프는 헤세가 마리아를 힘들게 하지 않는 조건으로 이혼에 동의했다. 그리고 "각자에 대한 반감"을 이혼 사유로 제안했다. 마리아는 아이들을 자신이 맡아 키우려고 했다. 이것이 이혼의 두번째 조건이자 가장 중요한 조건이었다. 아스코나를 방문한 헤세는 마리아와 함께 있는 마르틴을 만났다. 그녀는 집에서 마르틴에게 공부를 가르쳤다. 마르틴은 이탈리아어 실력이 부족했기 때문에 테신에 있는 학교에 다닐 수 없었다. 마리아는 로카르노에 있는 극장으로 피아노를 연주하러 갈 때면 마르틴을 데리고 다녔다. 그녀는 악보를 보지 않고 즉흥적으로 연주하는 걸 즐겼다. 피아노 연주의 대가로 65프랑을 받았다. 여름방학이 되자 하이너가 아스코나로 왔다. 마리아는 위층에 아이들의 거처를 마련하고, 아래층은 여행객들에게 임대했다.

개학 무렵이 다가오자 하이너는 다시 케피콘에 있는 시골 기숙학교로 돌아갈 준비를 했다. 오슈반트에 사는 양아버지 쿠노 아미에의 집에 머물며 공부하고 있던 브루노가 아스코나로 왔다. 마리아는 마르틴과 브루노를 데리고 몬타뇰라로 가서 헤세를 만났다. 모르코테에 사는 여자 친구의 집과 비고그노에 사는 마리아 홀츠라이트너의 집에서 머물렀다. 1921년 9월 19일, 헤세는 루트에게 편지를 썼다. "이제는 이혼 문제에서 마리아가 나보다 더 적극적이랍니다." 취리히의 벨뷔슈트라세에 방을 얻은 루트는 네덜란드 출신의 성악가 요하네스 메셰르트Johannes Messchaert에게 성악을 배웠다. 헤세는 그녀에게 격려의 편지를 보냈다. "즐겁게 잘 지내도록 해요." 하지만 루트가 기대하는 미래의 장밋빛 설계는 들어 있지 않았다. 루트는 음악회에 가고, 호수에서 요트를 타고, 성악을 공부하며 지냈다.

헤세는 에어마팅겐에 있는 레스토랑 아들러에서 그녀를 만나려고 했다. 운텐제의 스위스 국경 호숫가에 위치한 이 레스토랑은 그의 친구인 카를 하인리히 마우러가 운영하고 있었다. 헤세는 슈투트가르트와 칼프, 마울브론으로 여행할 계획을 세웠다. 누나 아델레의 목사관에도 들를 예정이었다. 에어마팅겐은 헤세가 계획한 여행길의 중간에 위치한 도시였다. 그는 자신이 예전에 살던 곳을 루트에게 보여주고 싶었다. 그로부터 몇 년이 지난 뒤, 루트는 그때를 이렇게 회상했다. "헤세는 굳이 나를 설득할 필요가 없었다. 나는 무척 행복했다. 이틀 동안이나 그와 함께 있을 수 있다는 게 꿈만 같았다. 나에 대한 부모의 걱정이나 주변 사람들의 이야기 따위에는 전혀 아랑곳하지 않았다. 우리는 첫날 저녁을 마우러와 함께 보냈다. 헤세는 내 귀에 대고 속삭였다. '모두 잠들면 내가 당신에게 갈게요.' 주위가 조용해지고 어둠이 깊어갔지만 헤세는 오지 않았다. 다음 날 아침 그는 마우러가 혹시라도 눈치챌까 봐 오지 못했다고 변명했다." 루트나 헤세 모두 마음이 편치 않기는 마찬가지였다. 산책에 나선 두 사람은 화가인 프리츠 비트머 Fritz Widmer를 만났다. 그는 반갑게 큰 소리로 말했다. "귀여운 따님을 데리고 나왔군요." 헤세의 얼굴에는 당혹한 기색이 역력했다.

루트는 취리히로 돌아왔다. 헤세는 마치 아무 일도 없었다는 듯 편지와 엽서를 보내왔다. 그는 잘 지내고 있었다. 고향에서 가족과 친구들을 만난 이야기를 들려주었다. 발도로프 아스토리아 담배 공장을 운영하는 에밀 몰트는 슈투트가르트에서 "루돌프 슈타이너의 원칙에 따라 자유학교를 설립"했다. 헤세는 공장 근로자들에게 강연을 한 뒤 몰트와 함께 도르나흐로 갔다. 그곳에서 헤세는 시인 알베르트 슈테펜Albert Steffen과 인사를 나누었다. 헤세나 루트 모두 에어마팅겐에서의 만남에 대해서는 함구했다. 헤세는 강연이나 작품 낭송회 때문에 취리히에 갈 때마다 루트를 만났다. 하지만 불필요한 오해를 사지 않기위해 몇 시간만 함께 있었다. 몬타뇰라에서 헤세는 "사랑하는 누이" 루트에게 편지와 연애 시를 써서 보냈다. 그리고 그녀의 "뽀얀 피부"를 갈망했다. 루트도 자신의 감정을 숨김없이 고백했다. "내가 당신을 사랑하고 있다는 사실을 말하지 않을 수 없네요. 당신은 내게 이 세상에서 그 무엇과도 바꿀 수 없는 소중한 사람이에요." 그녀는 크리스마스에 델스베르크로 놀러 오라고 헤세를 초대했다.

1921년 12월 14일, 몬타뇰라를 떠나기에 앞서 헤세는 랑 박사에게 "자신과 벵거 부부의 불안정한 관계", 그리고 루트 아버지와의 갈등을 털어놓았다. 그래도 그 시기에는 마리아와 관계가 나쁘지 않았기 때문에 "그럭저럭 잘 지낼" 수 있었다. "우리는 이혼 문제에 대해 긍정적인 이야기를 많이 나누었습니다. 하지만 실제로 이혼에 합의하지는 못했습니다. (…) 물론 나는 누구보다 이혼을 원하고 있습니다. 마음 편히 조용히 지내기 위해서라도 말입니다. 하지만 생각지도 못했던 문제들이 자꾸 생겨나는 바람에 현재로서는 지금 상황에 만족하려고 합니다."

이 무렵, 마리아는 마르틴과 함께 바젤에 머물고 있었다. 그녀는 오슈반트에 있는 브루노를 만나러 갔다. 크리스마스에는

야외 나들이 중인 리자와 테오 벵거, 그 뒤로 루트 벵거, 헤르만 헤세, 1923년

아이들과 함께 아스코나에서 지낼 생각이었다. 헤세는 취리히에서 루트를 만나 그녀와 함께 랑 박사가 있는 성 우르반으로 갔다. 그리고 나서 델스베르크의 '솔리투데'로 향했다. 그곳으로 떠나기에 앞서 헤세는 엥레르트에게 루트의 운세를 보아달라고 부탁해두었다.

*

크리스마스 축제일이 다가오자 루트는 점점 불안해졌다. 하지만 이번에는 델스베르크에서 별다른 문제없이 축제를 즐길 수 있었다. 벵거 부부는 헤세의 이혼 문제를 집요하게 캐묻지 않았다. 루트와의 합법적인 관계도 요구하지 않았다. 뮌헨으로 거처를 옮긴 후고 부부에게서 성탄 축하 엽서가 도착했다. 에미는 새로 펴낸 시집을 보내왔다. 마리아도 신년 인사를 전해왔다. 그녀는 학생들에게 피아노 개인 교습을 하고, 휴가객들을 유치하기 위해 『노이에 취르허 차이퉁』에 광고도 게재했다. 몇 달 뒤에는 야코프 플라흐가 아르센고에서 마르틴에게 공부를 가르쳐주기로 되어 있었다.

1922년 새해와 더불어 마침내 평화가 찾아온 것처럼 보였다. 하이너는 케피콘에서 잘 지내고 있었다. 아미에 부부가 돌보고 있는 브루노의 그림 솜씨는 나날이 좋아졌다. 루트는 헤세가 결혼의 구속보다 자유로운 우정을 원한다는 사실을 받아들이기로 했다. 한결 마음이 가벼워진 헤세는 엥레르트에게 편지를 썼다. "루트와의 관계가 지금처럼 지속되기를 바랍니다. 진실하고 아름다운, 하지만 자유로운 관계 말입니다." 헤세는 그녀의 운세가 어떻든 간에 결혼하지 않을 거라고 못 박았다. 루트도 그의 입장을 충분히 이해했다. "그건 나로서도 바라던 겁니다. 2주일에 이틀 정도만 서로 볼 수 있다면, 우리가 함께하는 시간은 크나큰 축복이 되겠지요. 그렇게 되면 우리가 잠시 떨어져 있다고 해도 고통이라고 느끼지는 않을 겁니다." 헤세는 마음 편히 자신의 인도 시학 『싯다르타』에 전념할 수 있게 되었다.

하지만 헤세가 몬타뇰라로 돌아가기 전, 그와 루트에게 새로운 위기가 찾아왔다. 그녀는 취리히에 있는 레스토랑에서 헤세와 로이트홀트 부부, 오트마르 쇠크와 함께 저녁 식사를 하고 있었다. 그런데 사소한 의견 충돌이 생기고, 헤세가 두통과 위통을 호소하는 바람에 분위기는 엉망이 되고 말았다. 루트는 무척 당황했다. 로이트홀트 부부가 베푼 연회에서는 상황이 더 악화되었다. 그들 부부는 돌더 강변에 있는 빌라에 머물고 있었다. 그들은 헤세가 취리히를 방문할 때마다 그와 친구들을 위해 연회를 베풀었다. 루트도 연회에 초대되었다. 식탁에는 "맛있는 인도의 음식, 입이 타들어갈 정도로 매운 카레 요리"가 차려졌다. 게다가 주인과 손님 모두 하얀색 의상을 입고 있어서 스위스의 리마트 강이나 질 강이 아니라 인도의 갠지스 강에 있는 것 같은 착각에 사로잡히게 했다. 그들은 태국과 인도, 스리랑카를 주제로 이야기를 나누었다. 루트는 이들의 대화에 흠뻑 빠져들었다. 그리고 존경 어린 눈빛으로 헤세를 바라보았다. 이날 밤의 주인공은 단연 헤세였다. 이국적인 정취가 물씬 풍기는 아름다운 저녁이었다.

모임에 참석한 사람들은 헤세가 『싯다르타』를 낭송해주기를 기다렸다. 루트는 알리체와 이야기를 나누고 있었다. "그때 헤세가 말했다. '너무 피곤해서 안 되겠어요. 먼저 자러 갈게요.' 하지만 그는 전혀 아파 보이지 않았다. (…) 난 지금도 그날 일을 생생하게 기억한다. 그가 나를 혼자 내버려둔 게 도저히 이해되지 않았다. 하지만 그를 비난하지는 않았다. 어쩌면 그건 천재만이 누릴 수 있는 자유로운 특권인지도 모른다." 그녀는 헤세가 떠나는 모습을 그저 멍하니 바라보고만 있었다.

그로부터 한 달이 조금 더 지났다. 1922년 2월 26일, 헤세는 그날 일에 대해 루트에게 해명했다. "그날 저녁 로이트홀트 부부의 만찬에서 당신을 내버려둔 채 나 혼자 자리에서 일어났지요. 그때 나는 이전보다 더 분명하게 깨달았답니다. 내가 당신에게 아무것도 아니라는 사실을, 너무 늙고 외롭고 슬프고 병약한 존재일 뿐이라는 사실을 말입니다. 쇠크와 다른 사람들, 건강하고 즐겁고 생기 넘치는 사람들과 함께 즐거운 시간을 보내는 게 당신의 당연한 권리인지도 모르겠습니다. 당신이 나를 붙잡지 않고 그들 곁에 남아 있었다고 해서 그걸 탓할 수는 없겠지요." 그의 편지에는 변명과 원망, 실망과 비난이 뒤섞여 있었다.

1922년 2월 25일, 그녀는 헤세에게 질문이 담긴 편지를 보냈다. "왜 당신은 모든 결합에 그토록 불안해하는 건가요? 내 사랑의 비가 당신 위로 흘러내리는데도 당신은 두 손을 뻗어 그걸 받으려고 하지 않잖아요. (…) 결혼을 떠올리기만 하면 당신은 으레 겁을 먹지요. 그리고 그걸 내게 반복해서 이야기합니다. 그걸 듣는 내 기분이 어떤지 단 한 번이라도 나에게 물어본 적 있나요? 내 기분이 어떤지 알기나 하나요?" 부모 앞에서 헤세가 그녀를 전혀 모르는 사람처럼 대하는 태도에 루트는 몹시 자존심이 상했다. "당신이 첫번째 결혼 생활에서 겪은 일들에 대해 내가 속죄를 해야 하나요? 당신의 첫번째 결혼과 우리의 관계를 연관 지어 생각하지 않았으면 좋겠어요."

그다음 날, 헤세는 그녀에게 편지를 띄웠다. "당신이 보낸 편지에 사실과 다른 내용이 들어 있다는 걸 당신도 잘 알고 있을 거예요. 내가 당신을 사랑한 뒤로 당신에게서 받기만 한 게 아니라는 걸 말이에요. (…) 클링조어 이래로 내가 당신에게 준 연모의 정을 다 잊은 모양이네요." 루트는 그와 결혼을 원하면서도 그의 어두운 내면과 고독, 고뇌와 염세적인 철학을 이해하는 데는 한계를 느꼈다. 언제나 그에게 모성애를 보여주어야 한다는 것도 그녀로서는 감당하기 힘든 일이었다. "나는 수천 번이고 당신의 어머니가 될 수 있어요. 그리고 그건 상상만 해도 달콤하고 멋진 일이지요. 하지만 평생 그렇게 살 수는 없잖아요. 나는 그러기에는 너무 젊다고요. 나는 자존감을 찾고 싶어요. 그리고 단 한 번이라도 나를 걱정하는 당신의 마음을 느껴보고 싶어요. 당신을 향한 나의 사랑이 당신에게도 진정 행복이라는 고백을 당신의 입에서 듣고 싶은 거라고요."

*

그해 겨울, 루트는 몹시 몸이 아팠다. 두통에 시달리고 감기도 좀처럼 낫지 않았다. 그래서 그녀는 취리히를 떠나 델스베르크에 있는 부모 집으로 갔다. 하지만 거기서도 건강을 회복하지 못했다. 그런데도 그녀는 자신의 건강보다 헤세의 안부를 걱정했다. "당신에게서 아무 소식도 듣지 못해 걱정되네요. 설마 나쁜 일이 있는 건 아니지요?" 1922년 3월 5일, 그에게 답장이 왔다. "나는 지금 벽난로 앞에 앉아 있답니다. 오늘은 하루 종일 집 안에 있었어요. 지금도 비가 억수같이 쏟아지고 있네요. 난 책상에 앉아 편지를 많이 읽고, 또 많이 쓰기도 했답니다. 『싯다르타』에 관해서도 몇 줄 쓰기는 했어요."헤세는 5월 말에 원고를 끝마칠 계획이었다.

그는 마리아와 자주 서신으로 왕래했다. 아직 아이들의 장래에 대한 합의가 이루어지지 않은 상태였다. 경제적인 문제도 마찬가지였다. 헤세는 자신의 제안을 그녀가 받아들이지 않은 것을 비난했다. 4월 20일, 마리아는 헤세에게 답장을 보냈다. "이혼에 관한 한, 내게 거짓이 없다는 건 당신도 잘 알고 있을 거예요. 단지 이혼의 전제 조건이 나와 아이들에게 확실한 보장이 되지 않기 때문에 망설이고 있을 뿐이에요."사흘 뒤 그녀는 또다시 편지를 썼다. "매달 200프랑을 지급하겠다는 당신의 제안을 받아들이려고 해요. 물론 그것만 가지고는 아이들을 양육하는 데 부족하지요. 이 집에 투자하지 않고 남겨둔 재산을 어느 정도 사용해야 할 것 같아요. 이 문제를 형제들이 어떻게 생각할지는 잘 모르겠어요. 혹시라도 아이들이 경제적으로 자립하기 전에 내가 죽는 경우도 생각해보아야겠지요. 그래서 어떤 경우라도 우리 아이들에게 경제적인 어려움이 없도록 확실하게 해놓으려는 거예요. 당신이 재혼할 경우에 대비해 당신의 재산 일부를 아이들에게 상속해준다는 약속을 이혼 합의서에 반드시 넣어주세요. 다른 상속인이 생기더라도 말이에요."

마리아는 몬타뇰라에 사는 헤세의 친구들을 잘 알았다. 특히 마리아 홀츠라이트너와 매우 친밀한 관계였다. 마리아는 그녀를 통해 루트의 존재를 알게 되었고, 헤세의 경제적인 어려움도 알게 되었다. 헤세가 인세로 벌어들이는 수익금이 환율 때문에 크게 줄어들었다는 사실도 알았다. 마리아는 여행객들에게 방을 임대했다. 피아노 개인 교습도 하고, 요양소의 인지 학습 과정에서도 피아노 반주를 했다. 헤세는 자신이 입던 옷을 그녀에게 보냈다. 마리아는 그 옷들을 수선해 아이들에게 입혔다. 하지만 그녀는 자신의 처지를 조금도 부끄럽게 여기지 않았다. 그 시기에는 많은 사람이 경제적인 문제로 힘들어했다. 광장에 있는 커다란 저택에는 여류 화가 마리안네 폰 베레프킨Marianne Von Werefkin이 살고 있었다. 그녀는 제정러시아 장군의 딸이었다. 마리아는 헤세에게 편지를 보냈다. "그녀는 자신이 가장 아끼던 그림을 취리히에서 600프랑을 받고 팔았답니다. 그녀는 그 돈으로 간신히 빚을 갚을 수 있었대요. 거의 공짜나 다름없는 그림값이지요." 마리아는 그녀를 통해 발트 출신의 남작 에두아르트 폰 에르트베르크Eduard von Erdberg를 알게 되었다. 그는 단 한 켤레뿐인 가죽 구두를 아끼기 위해 테신의 나막신을 신고 다녔다. 마을 사람들은 그를 '나막신 남작'이라고 불렀다. 그는 가끔 마르틴에게 공부를 가르치고 마리아의 정원 일을 돕기도 했다. 또 다른 '러시아 여인'도 있었다. 그녀의 이름은 앙투아네타 폰 생 레제Antoinetta von St. Leger였다. 마을에는 그녀가 러시아 황제의 숨겨둔 딸이라는 소문이 돌았다. 그녀는 브리사고 섬을 소유하고 있었다. 이국적인 식물들이 자라나는 섬의 한가운데에는 궁정도 있었다. 하지만 생활이 궁핍해지자 그녀는 1927년, 백화점을 소유한 독일 부호 막스 제임스 엠덴Max James Emden에게 섬을 팔아넘겼다. 그리고 마리아의 집 근처에 작은 집을 하나 얻었다.

가난한 이주자들과 예술가들의 생활이 루트에게는 낯설게만 느껴졌다. 그녀는 부족함 없이 곱게 자랐다. 델스베르크의 빌라와 카로나의 거대한 저택, 하인과 하녀, 운전기사가 딸린 고급 자동차. 그녀가 원하는 건 모두 이루어졌다. 고급 의상, 회화와 음악 교습, 새로 구입한 그랜드피아노, 작은 동물원. 그녀는 델스베르크에서 자신이 키우던 애완동물들을 카로나로 데리고 왔다. 그녀는 헤세의 경제적인 어려움을 쉽게 이해하지 못했다. 아니, 어쩌면 이해하고 싶지 않았는지도 모른다.

1922년 여름, 헤세는 카로나에서 루트를 별로 만나지 못했다. "루트 아버지의 병세가 위중했기 때문이다. 테오 벵거는 사업에서 손을 뗀 뒤 한층 신경이 예민해지고 괴팍해졌다." 헤세에게는 이전보다 더 집요하게 루트와의 합법적인 관계를 요구했다. 4월, 헤세는 랑 박사에게 편지를 보냈다. "루트와 나는 친구 사이의 정을 나누기로 했습니다. 이전에는 상상조차 할 수 없었던 일이지요." 7월 말, 헤세는 루트와 말다툼을 하다가 화를 참지 못하고 '앵무새의 집'을 뛰쳐나왔다. 루트는 울먹이면서 그의 뒤를 쫓았다. 서로 다툰 다음 날, 헤세는 그녀에게 편지를 썼다. "당신은 아직도 길 위에 서서 눈물을 흘리고 있나요? 나는 당신 곁에 머물 수도, 당신을 위로할 수도 없었지요. 그건 악마가 나를 지옥으로 불러들였기 때문이랍니다." 루트는 곧바로 답장을 보냈다. "사랑하는 당신에게. 난 제법 용감한 여자예요. 그리고 눈물은 한 방울도 흘리지 않았다고요." 헤세는 루트의 가족 몰래 바르벤고의 작은 동굴에서 그녀를 만났다. 두 사람은 아름다운 로콜리와 테라스가 있는 언덕에 올라 백포도주를 마시고 빵과 치즈를 먹었다. 하지만 기대가 큰 만큼 실망도 컸다. 헤세는 행복과 동시에 답답함을 느꼈다. "난 우리의 사랑이 거의 정점에 이르렀다고 생각합니다. 그 사랑을 잘 지켜내느냐, 아니면 잃어버리느냐는 우리에게 달려 있습니다." 헤세는 그녀의 사랑이 "습관처럼 익숙해지거나, 식어버리거나, 아니면 쓰디쓴 아픔으로 바뀔지 모른다"라며 불안해했다. 루트는 그의 불안을 잠재웠다. "나는 당신과 함께 나이를 먹고 싶어요. 신이 우리에게 특별한 선물을 주었다는 걸 한순간도 잊은 적이 없답니다. 사람들이 그토록 원하는 사랑을 우리가 찾아냈잖아요. 당신이 내게 얼마나 성스러운 존재인지 말로는 다 표현할 수 없네요."

7월, 헤세는 고트하르트를 거쳐 브루넨으로 갔다. 거기서 작곡가 쇠크를 만나 취리히로 여행을 계속했다. 헤세에게 『말렌과 에오바르』를 선물해준 엘리자베트 루프는 아르헨티나로 이주했다. 헤세는 그녀가 멀리 떨어져 있다는 사실에 마음이 편해졌다. 니논도 3월에 그에게 편지를 보낸 뒤로는 더 이상 연락이 없었다. 그 편지에서 그녀는 여동생 토카가 자살했다는 소식을 전했었다. 다음 달에는 아델레가 몬타뇰라를 방문하기로 되어 있었다. 그리고 국제여성연맹 회의가 루가노에서 개최될 예정이었다. 헤세는 로맹 롤랑을 다시 만나면 그에게 『싯다르타』를 들려줄 생각이었다.

카로나의 분위기는 달라지지 않았다. 테오 벵거의 독촉, 루트의 간청. 급기야 헤세는 아스코나로 가서 마리아를 만나 이혼 문제를 매듭짓겠다고 루트 가족에게 약속했다. 아스코나로 떠나기에 앞서 루트에게 편지를 띄웠다. 그녀의 아버지에게 보내는 편지도 동봉했다. "당신 아버지에게 내가 쓴 편지를 전해주세요. 난 그가 어느 정도는 내 편지의 내용을 이해하고 수긍할 거라고 생각해요. (…) 어제처럼 우리가 서로 이해하지 못하고 서로 상처를 입히는 건 우리가 너무 가까이 있고, 우리가 자신의 생각과 요구를 서로 강요하기 때문이라고 생각해요. 바로 그게 내가 결혼을 생각할 때마다 두려워하게 되는 이유이기도 합니다. 어쩌면 우리는 결국 결혼하게 될지도 모릅니다. 그리고 당신은 20여 년 뒤 명예박사의 부인이 되어 있을지도 모릅니다. 그러니 억지로 손에 움켜쥐려고 하거나 목을 조르려고 하지 말자고요." 루트는 혼란스러워졌다. "난 우리가 왜 그런 대화를 하게 되었는지 모르겠어요. (…) 다시 한 번 말하지만, 내가 서두르거나 강요하려고 했던 게 아니라는 것만 당신이 알아주었으면 좋겠어요. 아마 우리 아버지 이야기를 하다가 그런 이야기가 튀어나온 거 같아요. (…) 일부러 일찍 오지는 마세요. 당신 스케줄에 따라 움직이도록 해요. 나는 여기 나의 산에서 당신을 기다리고 있을 테니까요."

헤세는 아스코나에서 마르틴의 생일 파티에 참석했다. 루트는 정원을 가꾸고 염소를 돌보고 강아지와 함께 산책을 나갔다. 그리고 그랜드피아노 앞에 앉아 노래를 부르고, 날마다 화

루트 벵거, 1923년경 / 헤르만 헤세, 1920년경

가畵架 앞에 앉아 그림을 그렸다. 그녀가 그림을 그리는 것은 취미에서가 아니라 "의무에서"였다. 그녀는 마리아 홀츠라이트너를 모범으로 삼았다. 루트는 스케치하거나 수채화를 그리는 그녀와 종종 마주쳤다. 요제프 엥레르트의 여자 친구인 그녀를 헤세가 높이 평가하고 있다는 건 이미 잘 잘 알고 있었다. 홀츠라이트너의 그림은 자연을 그대로 모방하지 않았다. 그녀는 도르나흐에서 루돌프 슈타이너의 감독 아래 '요하네스바우'를 건립하는 데 참여했다. 그녀는 외국에서 온 예술가들과 함께 미술품과 조각품을 만들었다. 러시아 태생의 여류 화가인 마르게리타 볼로쉬나Margerita Woloschina는 그녀가 과로로 쓰러질 정도로 열심히 일했다고 회상했다. 홀츠라이트너는 막심 볼로쉰Maxim Woloschin의 영향을 받아 "단순화된, 2차원적인 구성을 수용했다.

물감을 편편하게 두루 퍼지게 하고, 미세한 검은색 선을 가장자리에 둘렀다. 그렇게 하면 물감이 분리되면서 색채 효과가 극대화되었다." 시모나 오스티넬리Simona Ostinelli는 헤세가 홀츠라이트너의 회화 기법에서 영감을 받았다고 분석했다. 1921년부터 헤세는 여러 물감으로 색칠한 면에 검은 물감으로 테를 둘렀다. 이 기법은 1922년 여름에 만든 『테신의 그림책Tessiner Bilderbuch』에서 처음 사용되었다.

루트는 자연 그대로의 소박한 모습을 화폭에 담아냈다. 그녀가 헤세에게 보낸 시도 단순하고 솔직했다. 메셰르트가 세상을 떠나자 그녀는 1922년 가을에 바젤로 돌아와 마리아 필립피Maria Philippi에게 성악 교습을 받았다. 아직 "헤세의 이혼 문제는 전혀 해결되지 않고 있었다."

1922년 8월 13일, 마리아는 헤세에게 편지를 보냈다. "나는 이제 '예'라고 말할 수 있어요. 지금까지는 불가능하다고 생각했는데 이제는 기꺼이 이혼에 동의할 수 있을 거 같아요. 난 당신이 당신의 길을 가야만 한다는 걸 깨달았답니다. 『싯다르타』를 읽고 나니 당신이 가족과 헤어져 있는 게 당신의 집필 활동에 도움이 된다는 게 분명해지더군요. 난 지금까지 당신이 쓴 모든 작품 가운데 이 소설이 가장 성숙하고 아름답다고 생각해요." 마리아는 『싯다르타』 원고에서 약간의 오자와 탈자를 교정한 뒤 그에게 다시 보냈다.

루가노의 국제여성연맹 회의에 참석한 사람들도 헤세의 '인도 시학'에 감동받았다. 이들 가운데는 인도 콜카타에서 온 칼리다스 나그Kalidas Nag 교수도 있었다. 그는 "인도 철학의 중심에 도달한 유럽인" 헤세를 발견했다. 그는 몬타뇰라에 있는 헤세를 방문했다. 그리고 헤세에게 '옛날 인도 가요와 현대 인도 가요'를 들려주었다. 그를 통해 헤세는 예전에 부모가 들려주던 이야기, 할아버지의 문헌, 그리고 자신의 인도 체험을 되살려낼 수 있었다. 네덜란드 출신의 노시인 프레데릭 빌렘 반 에덴Frederik Wilem van Eeden도 『싯다르타』에 관심을 보였다. 헤세는 그가 쓴 자전적 발전소설 『어린 요하네스Der kleine Johannes』를 읽은 적 있었다. "나는 귀로 듣고 눈으로 보았습니다. 동양적이지도 서양적이지도 않은, 시간과 공간을 초월하는 그 무엇을 말입니다. 그 세계의 내면에 존재하는 게 외부의 세계보다 훨씬 더 현실적이라고 여겨집니다." 헤세는 그에게 말했다. "비록 유럽의 이기적인 욕망에 가득 차 있긴 하지만, 내가 추구하는 건 수도사와 성인입니다."

후고는 뮌헨에서 『비잔틴의 기독교Byzantinisches Christentum』의 집필을 마치고, 에미와 함께 아그누초로 돌아갈 준비를 하고 있었다. 헤세를 후원하는 한스 보트머의 도움 덕분에 후고 부부는 테신에서 새로운 출발을 할 수 있었다. 오스발트 부부는 몬타뇰라를 떠났다. 그리고 엥레르트와 결혼한 마리아 홀츠라이트너는 비고그노에 있던 저택을 처분하고 남편과 함께 추크로 떠났다.

루트는 국제여성연맹에 관심이 없었다. 헤세가 지나치게 후고에게 애착을 느끼는 것도 별로 달갑지 않았다. 아그누초에 살고 있는 후고 부부의 생활은 형편없었다. 루트는 경건한 가톨릭 신자인 후고에게서 평범하지 않은 인상을 받았다. 에미의 충동적인 감정 표출은 루트를 섬뜩하게 만들기도 했다. 루트가 후고 부부의 예사롭지 않은 과거 행적, 전통과 관습에서 벗어난 생활 태도를 이해하기는 힘들었다. 하지만 헤세가 그들을 무척 좋아했기 때문에 루트도 그들 마음에 들기 위해 나름대로 노력했다. 몬타뇰라를 방문한 아델레에게도 잘 보이고 싶어 했다. 헤세는 누나를 "이 세상에서 가장 사랑한다"라고 루트에게 말한 적이 있었다. 루트는 스위스 로잔의 여학생 기숙학교에서 프랑스어뿐 아니라 가사家事도 배웠기 때문에 좋은 아내와 좋은 가정주부가 되는 법을 잘 알고 있었다. 그녀는 아델레와 함께 요리를 하고, 정원에서 채소를 가꾸고, 염소의 젖을 짰다. "피상적이고 외형적인 가치를 좇지 않고" 실생활에서 적극적이고도 유능한 모습을 보여주려고 했다. 아델레는 그녀의 모습에 호감을 느꼈을지도 모른다. 하지만 헤세는 그렇지 않았다. 그가 원하는 건 가정주부가 아니었다. 집안일이나 정원 일 따위는 가정부 나탈리나만으로도 충분했다. 그는 사색하고 책을 읽고 글을 쓰고 그림을 그리는 데 필요한 안식과 평화를 원했다. 그리고 그에게는 친구들과 하는 진솔한 대화가 더 소중했다. 가족이나 친척, 애완동물은 그의 관심 밖이었다. 그는 루트에게 자신의 생각을 분명하게 밝혔다. "나의 적지 않은 나이와 내면세계로의 탐구가 육체적인 욕망을 감퇴시킨답니다. 그리고 나로 하여금 관조적인 삶을 영위하게 만듭니다. 그렇기 때문에 당신이 나와 함께할 수 있는 건 거의 없어요. 당신은 젊기 때문에 나와는 다른 걸 추구해야 할 테니까요 (…) 내가 당신의 친구이자 동료라는 사실은 분명합니다. 당신의 연인만이 아니라 말이에요. 당신은 당신이 원하는 대로 자유롭게 살도록 해요."

루트는 경악했다. 그의 편지를 도저히 이해할 수 없었다. 얼마 전까지만 해도 그녀를 "내 사랑"이라고 부르며 사랑의 시를 보냈던 그였다. "우리가 두 명의 아이라면 얼마나 좋을까. / 어린 누이와 어린 형제. / 손에 손을 잡고 / 고향으로 가는 길을 함께 걸어갈 테니까. / 아, 그대를 볼 수만 있다면. / 이 시간에 그대는 무얼 하고 있는지. / 그대의 두 눈에 입맞춤을 보내노니. / 그리고 그대의 사랑스러운 입에도."

루트는 친구도 동료도 원하지 않았다. 그녀가 원하는 건 사랑하는 사람, 남편이었다. 그녀는 더 이상 헤세에게 어머니나 누이가 되고 싶지 않았다. 그가 그녀를 진심으로 사랑한다면, 당연히 그녀를 아내로 맞아들여야 한다고 생각했다. 그리고 그녀와 잠자리도 함께해야 한다고 생각했다. "당신은 내가 원하는 대로 하라고 말하지만, 난 사랑에 대해서는 단 하나의 단순한 언어밖에 알지 못합니다. 그렇기 때문에 난 당신의 말을 이렇게 이해할 수밖에 없어요. '내가 당신을 더 이상 사랑하지 않으니까 다른 사람을 사랑하기 바랍니다. 그러면 좋을 거 같아요'라고 말이에요. 난 당신이 그런 말로 내 가슴을 갈기갈기 찢어놓으려고 하는 건 아닌지 모르겠어요." 헤세는 한 걸음 뒤로 물러섰다.

루트는 델스베르크와 바젤에 머물러 있었고, 헤세는 데거스하임에 있는 요양소 센뤼티에서 수치법水治法으로 관절염 치료를 받고 있었다. 요양을 마친 헤세는 케피콘에 있는 하이너를 만나고 오슈반트에 가서 브루노를 만났다. 브렘가르텐에서는 바스머 부부와 재회했다. 그리고 12월 6일, 몬타뇰라로 돌아왔다. 집에는 친구들과 독자들이 보낸 편지가 수북하게 쌓여 있었다. 루트는 크리스마스를 함께 보내자며 헤세를 델스베르크로 초대했다. 그녀는 편지에서 테오 벵거의 위급한 건강 상태와 딸을 걱정하는 그의 마음을 적었다. "나는 우리 관계가 아버지의 마음을 얼마나 무겁게 하고 있는지 잘 알고 있답니다. 그는 죽음을 예감하고 있는 거 같아요. 죽기 전에 딸이 행복해하는 모습을 보고 싶어 하는 거겠지요." 하지만 헤세는 "감정의 표현이나 생활 습관에서 다른 사람에게 속박되는 걸 극도로 싫어했다". 그건 마리아와의 결혼 생활에서도 분명하게 드러났다. 그가 노력한다고 해서 해결될 문제가 결코 아니었다.

헤세와 마리아는 멀리 떨어져 있는 만큼 편안하게 서로 안부를 물었다. 헤세는 그녀에게 크리스마스 축하 엽서를, 아이들에게 크리스마스 선물을 보냈다. 그녀는 이번 크리스마스에 헤세를 아스코나로 초대하지 않았다. "멋진 크리스마스 축제가 되기를 바랄게요. 친구들하고 즐겁게 잘 지내요."

마리아는 하이너와 마르틴, 그리고 여동생 에마와 크리스마스를 보냈다. 시민적 생활양식에 염증을 느낀 헤세는 예정보다 일찍 델스베르크를 떠나 오슈반트로 가서 아미에 부부와 브루노를 만났다. 그리고 브루노를 위해 초상화 모델이 되어주었다. 1922년 12월 30일, 헤세는 루트에게 편지를 썼다. "내가 그곳을 떠난 것을 잘못했다고 생각하지는 않아요. 난 전혀 후회하지 않고 있으니까요. 물론 좀 더 기분 좋게 헤어졌으면 어떨까 하는 생각은 하지만요. 이별이나 작별이 없는, 천둥과 번개가 없는 사랑은 죽은 거나 다름없다고 생각해요. 이런 관계에서는 아무런 감흥도 느낄 수 없지요. 아마 결혼한 사람들 가운데 절반 정도는 그렇게 살고 있을 겁니다. (…) 부디 행복하세요. 그리고 나를 미워하지 마요. 당신의 모든 걸 다해 당신 자신을 사랑하세요. 그렇다고 해도 나를 버리고 멀리 달아나지는 못할 테니까요."

1923년 1월 2일, 루트는 헤세에게 서운한 감정을 드러냈다. "당신도 잘 알고 있을 거예요. 당신이 얼마나 예민하고 변덕이 심한지 말이에요. 그러니 내가 참다 못해 어쩌다 화를 내는 게 당연한 일인지도 모르지요. (…) 우리는 결혼하지 못할 거예요. 당신은 결코 그럴 수 없을 테니까요. 그러면 나는 고통에 겨워 오랫동안 힘든 시간을 보내겠지요. 내가 언젠가 사랑하는 사람과 결혼해 아이를 낳을 때까지 말이에요."

●

목소리

존경하는 벵거 씨. 최근에 제가 루트와 나눈 이야기를 내 의지와는 상관없이 그녀가 당신에게 전해주었다는 사실을 방금 전에 알게 되었습니다. (…) 지금 제가 합법적인 혼인을 꺼리는 게 시민적 도덕규범에 어긋난다는 건 잘 알고 있지만, 저로서는 어쩔 도리가 없습니다. 저는 사회적인 규범과는 다른 신성한 규범을 따라야 하기 때문입니다. 그건 바로 제 내면에서 우러나오는 목소리입니다.

1921년 8월 22일 이전, 몬타뇰라에서 헤르만 헤세가 테오 벵거에게 보낸 편지

당신은 내 아이의 영혼을 당신의 이기적인 손에 꽉 쥐고 있습니다. 나도 어찌해야 좋을지 모르겠군요. 아마 당신도 그런 사실을 누구보다 잘 알고 있을 거라고 생각합니다. 독수리에게 잡힌 양을 상하지 않게 하면서 독수리를 떨어뜨릴 수 있는 방법이 없지만, 그렇다고 그냥 내버려둘 수도 없는 노릇입니다. 당신도 그 문제 때문에 무척 괴로워하고 있을 거라고 믿습니다. 그렇기 때문에 당신의 이기적인 영혼이 지금 불안 속에 헤매고 있는 거겠지요.

1921년 8월 22일, 카로나에서 테오 벵거가 헤르만 헤세에게 보낸 편지

당신이 말하는 복수심에 대해 말씀드리자면, 저는 기꺼이 당신이 쏜 화살에 맞고 싶습니다. 그렇게 하는 게 당신과 루트에게 도움이 된다면 말입니다. 어쩌면 그게 지금의 힘든 상황에서 벗어날 수 있는 가장 쉬운 방법인지도 모릅니다. (…) 다시 한 번 말씀드리지만, 제가 결혼을 두려워한다는 걸 제가 아니라 루트에게서 들으신 것을 정말 죄송스럽게 생각하고 있습니다.

1921년 8월, 몬타뇰라에서 헤르만 헤세가 테오 벵거에게 보낸 편지

남편이 당신의 편지를 읽어보라고 나에게 건네주었습니다. 당신이 그에게 편지를 쓴 것을 나는 정말 기쁘게 생각합니다. (…) 우리는 당신의 결정에 그럴 만한 이유가 있다고 생각합니다. 당신에게 어떠한 영향도 미치고 싶지 않습니다. 나는 루트가 행복하기만을 바랍니다. 그리고 어떻게 하면 루트가 행복해질 수 있을까 고민합니다. 나의 남편도 나와 같은 고민을 하고 있습니다. (…) 당신이 이곳에 다시 온다면, 우리는 이 문제를 언급하지 않을 겁니다.

1922년 7월 26일, 카로나에서 리자 벵거가 헤르만 헤세에게 보낸 편지

제가 루트에게 막중한 책임감을 느낀다는 것을 분명히 말씀드리고 싶습니다. 그리고 당신 앞에서, 그리고 온 세상 앞에서 온전한 사랑의 결합을 보여드리고 싶습니다. 저는 반드시 그렇게 될 거라

고 믿습니다. (⋯) 저는 루트를 제 아내처럼 여기고 있습니다.

1922년 7월 22일, 몬타뇰라에서 헤르만 헤세가 테오 벵거에게 보낸 편지

나는 그 시기에 헤세가 처한 어려움에 별로 관심이 없었다. 가정이나 일이나 경제적인 상황에 대해서도 그랬다. (⋯) 어쩌면 생각조차 하지 않았는지도 모른다. 적어도 금전적인 문제에 대해서는 그랬다. 지금까지 나는 돈 걱정을 한 번도 해본 적이 없다. 아버지가 항상 챙겨주었기 때문이다.

루트 벵거

아내가 말하는 걸 보면, 이제 이혼은 시간문제인 거 같네요. (⋯) 우리의 관계를 '시민적인 차원'에서 매듭짓기 위해 내가 얼마나 노력했는지 당신이 알아주었으면 해요. 하지만 모든 일이 잘 해결되고 당신의 소원과 요구가 이루어진다고 해서 우리 자신이 달라지는 건 아닐 겁니다. 앞으로도 서로 견디어내고 서로 아껴야 할 테니까요. 함께 살아가기 위해서는 말입니다.

1922년 9월, 몬타뇰라에서 헤르만 헤세가 루트 벵거에게 보낸 편지

헤세는 정신보다는 자연의 힘을 더 믿는다. 최근에 그는 결혼할 거라고 내게 말했다. 이로써 우리가 나누었던 수많은 대화 가운

데 가장 논란이 되었던 부분이 정리된 셈이다. 오랜 투쟁 끝에 결국 루트가 승리를 거둔 것이다. 헤세와 우리의 우정이 행여 식지나 않을까 걱정된다. 그는 자신을 지켜나가야 한다. 우리가 우리의 영역 밖에서 벌어지는 일들에 쉽게 개입하지 못할 것이기 때문에.

1923년 6월 27일, 후고 발이 쓴 일기

사랑하는 친구 랑 박사에게.

나는 지금 이혼 문제에 집중하고 있습니다. 아내와는 어느 정도 합의가 이루어졌다고 생각합니다. 모든 일이 잘 마무리되려면 당신의 도움이 필요합니다. (…) 주로 결혼 생활의 어려움을 기술해주기 바랍니다. 의학적인 부분은 중요하지 않습니다. 특히 아내가 정신착란에 걸렸다는 사실은 언급하지 않았으면 좋겠습니다. (…) 확인서는 이렇게 작성하면 좋을 것 같습니다. "본인은 헤세 씨와 헤세 부인을 오랫동안 알고 지냈습니다. 그리고 헤세 씨의 신경 증세 때문에 1916년부터 1918년까지 그를 치료해왔습니다. 헤세 씨뿐 아니라 그의 부인도 그 시기에 심한 우울증을 겪었습니다. 이런 이유로 그들의 결혼 생활이 원만하지 못했다고 생각합니다. 이와 더불어 본인은 헤세 씨가 1919년 봄 이래로 그의 부인과 함께 살고 있지 않다는 사실을 증명하는 바입니다."

1923년 3월 8일, 몬타뇰라에서 헤르만 헤세가 요제프 베른하르트 랑에게 보낸 편지 얼마 전부터 나는 그동안 모아두었던 편지들을 매일 저녁 정리하고 있단다. 헤르만이 보내온 편지들도 다 읽어보았지. 그의 편지들을 읽다 보니 예전에 분명하지 않았던 부분들이 하나둘씩 이해가 되는 거 있지. 즐겁기도 힘들기도 했던 지난날들을 이젠 편안한 마음으로 되돌아볼 수 있게 되었단다. 헤르만이 어떤 사람인지 예전보다 훨씬 더 잘 알게 된 거 같아. 그에 대한 연대감과 존중하는 마음은 더 이상 남아 있지 않단다. 헤세라는 사람은 이제 시인으로서만 나에게 존재하는 거지.

1925년 3월 24일, 아스코나에서 마리아 베르누이가 이다 후크-굴덴슈에게 보낸 편지

6.

1923년 1월 1일. 헤세는 헬레네 벨티에게 편지를 썼다. "또다시 결혼을 한다는 게 나에게는 무모한 도전인지도 모릅니다. 괜히 어리석은 짓을 하는 건 아닌지 모르겠습니다." 하지만 그로부터 사흘 뒤 헤세는 루트를 만나러 바젤로 향했다. 루트는 헤세에게 불평을 늘어놓았다. "당신이 보낸 편지 때문에 내가 얼마나 마음 아파했는지는 당신 자신이 더 잘 알 거예요." 하지만 그녀는 이내 화해의 손길을 내밀었다. "우리가 함께한 날들은 아름다웠어요." 몬타뇰라의 "금발의 귀여운 원숭이"와 바젤의 "원숭이 소녀" 사이에 애정 어린 편지가 오갔다. 루트는 그에게 친구들의 초대장을 보여주며 바젤로 오라고 청했다. 하지만 헤세는 그곳으로 갈 생각이 없었다. "바젤이 나에게 어떤 곳인지 잘 알고 있잖아요. 그 도시는 수많은 추억이 남아 있는 곳입니다. 내가 어쩌다 당신을 난처하게 만들지도 모르고, 당신을 놓아둔 채 다른 사람들을 만나러 다녀야 할지도 모릅니다. 아니면 남들 앞에서는 부부처럼 행세하고 다닐까요?" 혹시라도 마리아의 형제들을 만나기라도 하는 날에는 "처남이나 그의 가족들이 이런저런 이야기들을 만들어낼지도" 몰랐다.

헤세는 그녀를 테신으로 초대했다. 그녀가 오면 후고 부부의 아그누초 저택에서 묵을 수 있었다. 그녀는 즉시 답장을 보냈다. "당신이 원한다면 당장이라도 당신 곁으로 달려갈 거예요." 헤세는 루트에게 갈란투스를 선물했다. 그리고 그녀의 어머니 리자 벵거에게 딸을 만나겠다고 전했다. 헤세와 루트는 두 사람의 미래, "합법적인 관계"를 구체적으로 생각해보려고 했다. 헤세가 그녀와 함께하기 위해서는 무엇보다 전통과 규범을 준수해야만 했다. 그리고 "은둔자적 생활"을 청산해야만 했다. 후고는 헤세가 『싯다르타』 이래로 여전히 "궁극적인 고향을 찾지 못하고 있다"라고 평했다.

헤세는 몬타뇰라의 차갑고 음습한 겨울 날씨 때문에 몹시 힘들어했다. 관절염을 치료하기 위해 루트에게는 '토갈'을, 랑 박사에게는 진통제와 수면제를 부탁했다. 랑 박사는 새해 들어 베른의 오버란트에 있는 개인 병원에서 수석 의사로 근무하고 있었다. 마리아는 헤세에게 바덴에서 요양하라고 권했다. 그곳은 그녀가 몇 년 전에 스키 사고를 당했을 때 치료를 받은 곳이었다. 랑 박사도 마리아의 권유에 동조했다. 그리고 바덴의 요양소에서 일하는 요제프 마르크발더Josef Markwalder 박사를 추천했다. 마르크발더 박사는 이후 수십 년 동안 헤세의 건강을 책임지게 된다.

5월에 요양을 떠나기 전, 헤세는 몬타뇰라와 카로나에서 루트와 심하게 다투었다. 그녀는 헤세가 이해심과 배려가 부족하다고 불평했다. 헤세는 불쾌한 감정을 숨기지 않았다. "내 방에는 학문과 지식이 가득합니다. 당신에게는 지루하거나 지겨울지 모르지만, 명상하고 사색하는 것은 나의 타고난 성향이기 때문에 나로서는 어쩔 도리가 없습니다. 나는 평생 그렇게 살아왔습니다. 당신이 3년 동안이나 그런 사실을 몰랐다면, 그건 당신이 무의식적으로 알려고 하지 않았기 때문일 겁니다.”

하지만 『싯다르타』를 읽고 난 루트는 명상에 잠긴 헤세가 아닌, 또 다른 헤세가 존재한다고 믿게 되었다. 작품 속에 등장하는 “아름다운 카말라”가 실제로 누구인지 궁금해졌다. “싯다르타는 사랑에서는 여전히 어린아이에 불과했다. 그는 깊이를 알수 없는 욕망의 심연 속으로 빠져들었다. 카말라는 욕망을 주지 않고서는 얻을 수 없다는 사실을 그에게 일깨워주었다.” 혹시 그녀가 엘리자베트 루프는 아닐까? 엘리자베트 루프는 그해 여름 카사 카무치에서 헤세와 함께 지냈다. 싯다르타를 유혹하던 카말라는 결국 그를 떠나고 만다. 그녀는 사랑하는 싯다르타의 아이를 갖고 싶어 했지만, 결국에는 그를 보내야만 했다. “당신은 나를 사랑하지 않아요. 당신은 어느 누구도 사랑하지 않아요.” 루트는 헤세가 보낸 편지와 시를 다시금 곱씹어 보았다. 그리고 그의 다정다감한 손길을 느꼈다.

마리아는 헤세의 내적 갈등을 눈치챘다. 1923년 봄, 그녀가 헤세에게 보낸 편지에는 밝고 친근한 내용이 담겨 있었다. 에마는 아직 그녀와 함께 있었고, 투치아는 조만간에 미국에서 돌아올 예정이었다. 마르틴은 정원 일을 열심히 하고, 아르센고에 사는 쾨비에게서 공부를 배우기도 했다. 5월에 마리아는 헤세에게 이혼에 필요한 서류에 관해 물어보았다. 마리아는 정신적

엘리자베트 게르츠-루프와
요하네스 게르츠, 1929년 /
1920년대 중반

으로나 육체적으로나 매우 건강한 상태였다. 브루노와 함께 피초 레오네에서 산악 하이킹을 즐긴 그녀는 헤세에게 자랑을 늘어놓았다. "1400미터나 되는 산 정상을 한 번에 올랐다가 내려온다는 건 정말 대단한 일이에요." 마리아는 혼자서 모든 일을 해낼 수 있다는 걸 보여주고 싶어 했다. 엘리자베트 루프처럼.

엘리자베트 루프는 아르헨티나에서 독일로 돌아오는 선상에서 고급 선원 요하네스 게르츠Johannes Gerdts를 만났다. 그리고 함부르크에 도착하자마자 그와 결혼식을 올렸다. 이국에 대한 동경과 여행 욕구뿐 아니라, 자신의 작가적 야망을 충족해줄 수 있는 여유로운 환경이 생겨난 것이다.

루트는 헤세와 결혼하는 데 한층 더 열을 올렸다. "난 우리가 결혼하는 게 우리 두 사람을 위해 당연한 일이라고 생각해요. 살다 보면 힘든 시간을 보낼 때도 있겠지요. (…) 지금 당신을 힘들게 하는 것들은 사실 그리 큰 문제가 아니에요. (…) 아버지는 나한테 한 번도 인색한 적이 없었어요. 우리가 결혼한다면, 아버지가 부족하지 않게 도와주실 거예요. 언니 에바의 가족보다 우리한테 더 많은 것을 주실 거라고 믿어요."

테오 벵거는 병상에 누워 헤세에게 편지를 썼다. "내 딸과 당신의 결혼이 임박했다는 사실은 내 아내에게 들어 알고 있습니다. 이혼소송에 드는 변호사 비용은 당신과 당신 부인을 위해 내가 전적으로 부담할 용의가 있습니다. 하지만 분명하게 짚고 넘어가야 할 게 있습니다. 당신이 지난 몇 년 동안 개인적으로 지출한 비용은 해당되지 않습니다. 당신뿐만 아니라 루트와 나에게도 부질없이 고통만 안겨준 지난 세월에 대한 보상은 절대 해줄 수 없습니다." 테오 벵거의 편지를 읽고 헤세가 어떤 반응을 보였는지는 알 길이 없다. 하지만 헤세의 심기가 불편해진 것만은 틀림없었다. 리자 벵거가 서둘러 편지를 보내 그를 달래려고 했기 때문이다. "그건 그냥 금전적인 문제일 뿐입니다. 아무도 돈에 연연해하지 않으니까 걱정하지 마세요."

1975년에 루트는 이렇게 회고했다. "헤세는 나와 결혼하기로 결정했다. 당시 나는 그가 그런 결정을 내린 게 나의 아버지가 개입했기 때문이라는 걸 전혀 알지 못했다. 헤세가 친구들과 가족에게 보낸 편지를 읽고 나서야 비로소 그 사실을 알게 되었다."

1923년 여름, 마리아와 헤세는 법적으로 이혼했다. 9월 15일, 헤세는 루트에게 편지를 보냈다. "6월 23일 루가노 법원에서 이혼 판결이 내려졌고, 바젤의 해당 관청에 통보되었답니다."
루트와 리자 뱅거는 바젤에서 겨울 동안 머물 거처를 찾으러
다녔다. 하지만 헤세는 마음이 무거웠다. "마치 납덩어리처럼
서글픈 감정이 나를 억누릅니다. 정신적으로도, 육체적으로
도." 헤세는 후고 부부와 함께하는 시간을 가장 즐거워했다. 그
들은 작은 동굴에서 저녁 시간을 함께 보내거나, 보차 놀이를
하거나, 아그노 호수에서 수영을 했다. 후고 부부는 헤세에게
루트와 결혼하는 것을 다시 한 번 잘 생각해보라고 충고했다.
재물과 명예를 중시하는 상류사회는 루트의 세계이지 『싯다르
타』를 쓴 헤세의 세계가 아니라고 강변했다. 후고 부부는 예언
가 수잔 파우밍어를 초대해 헤세의 손금을 들여다보게 했다.
그녀는 헤세에게서 "혼자 살아가야 할" 운명, 고독에 대한 욕구
를 읽었다. 앞서 헤세의 운명을 들여다본 랑 박사는 그에게서
"결혼을 암시하는 징후"를 발견했다. 헤세는 복잡한 심정으로
엥레르트에게 편지를 썼다. "이 운명에서 벗어날 수 없을 것 같
습니다. (…) 하지만 내가 결혼을 두려워하고 가능하다면 벗어
나고 싶은 것 또한 사실입니다."

*

테신을 방문한 루트는 후고 부부와 헤세에게서 소외된 느낌을
받았다. 아그누초에서는 에미와 루트 사이에 말다툼이 벌어졌
다. 당황한 루트는 헤세에게 하소연했다. "내 마음속에는 에미

에 대한 사랑과 다정함밖에 없습니다. 그리고 그녀의 선량하고 열정적인 영혼에 대한 존경심이 넘쳐납니다. 내가 이런 감정을 가지고도 그녀에게 상처를 주거나 거부감을 느끼게 한다면, 나를 위한 우정의 사과는 없겠지요. (…) 누군가에게 절망감을 심어줄 바에는 차라리 나 혼자 지내는 게 나을 겁니다. 누구에게도 내 호의를 강요하지 않을 거예요."

헤세는 후고 부부와 함께 성모 마리아 축제 행렬에 참가했다. 얼마 뒤 아델레가 몬타뇰라로 놀러 왔다. 헤세는 루트를 만나고 싶어 하는 그녀를 카로나로 안내했다. 에바 오펜하임도 아이들과 함께 카로나에 놀러 와 있었다. 헤세는 그곳에 오래 머물지 않았다. "세 명의 여인과 두 명의 아이 옆에서 금세 지쳐버렸기" 때문이다.

호텔 크라프트에 묵고 있던 루트는 헤세를 위해 미리 방을 빌려놓았다. 겨울이 되기 전에 결혼식을 올릴 예정이었다. 헤세는 시민권 문제로 분주하게 돌아다녔다. 발트 태생인 헤세의 아버지가 러시아 황제의 신하였기 때문에 헤세는 태어난 뒤에 바젤 시민권을 취득했다. 그러다가 1897년에 뷔르템베르크의 주 시험을 치르기 위해 독일 시민권자가 되었다. 마리아도 1904년에 결혼하면서 독일 시민권을 얻었다. 하지만 헤세 부부의 아이들은 스위스 국적을 지니고 태어났다. 헤세는 결혼 서류 때문에 독일 관청에 여러 차례 서신을 보냈다. 신경이 예민해진 그는 바덴으로 떠났다. 마르크발터 박사가 제안한 병후 요양病後療養을 하기 위해서였다. 헤세는 오슈반트에 가서 브루노를 만났다. 그리고 마리아와 하이너의 진학 문제를 논의했다.

11월 중순부터 헤세는 호텔 크라프트에 머물렀다. 루트는 그때 일을 이렇게 회상했다. "우리는 아직 결혼식을 올리지 않았다. 하지만 헤세는 내가 마련해준 방을 마다하지 않고 받아들였다. (…) 호텔의 부속 건물에 위치한 비더마이어 양식의 멋진 객실이었다. 창문이 두 개나 있고 그로스바젤의 아름다운 호수가 한눈에 들어왔다. (…) 내 방은 제국 양식으로 꾸며져 있었다. 우리는 아름다운 양탄자와 그림, 주홍색 장식품이 있는 아담한 식당에서 저녁 식사를 함께했다." 아침 식사는 따로 먹었고, 점심 식사는 라인 강이 내려다보이는 호텔 식당에서 함께 먹었다. 루트는 델스베르크에서 데려온 애완동물들을 돌보았다. 강아지 두 마리, 고양이 한 마리, 앵무새 한 마리. 테오 벵거는 그녀가 기르는 뱀을 위해 작은 객실을 하나 더 빌렸다. 모든 게 루트가 바라던 대로였다. 적어도 헤세의 변덕과 신경질적인 과민 행동이 없었다면 그랬을 것이다.

"나는 가급적 헤세의 고독한 성향을 배려하려고 했다. 작업을 방해하지 않기 위해 그의 방에는 거의 들어가지 않았다. 하지만 그의 예민한 신경이 나를 너무 힘들게 만들었다." 합의한 일정을 바꾸려면 서면으로 그의 동의를 얻어야 했다. 그녀는 헤세의 뜻에 따르기 위해 무척 애를 썼다. 외모적인 변화에는 애써 침묵했다. "헤세는 금빛 나는 벨벳 양복 대신에 수수한 회색 양복을 입었다. 그의 잿빛 털양말은 신발 위로 나와 축 늘어져 있었다. 셔츠 옷깃은 겉단처럼 그의 목 주위를 두르고 있었다. 날씬하고 수려했던 모습은 더 이상 찾아볼 수 없었다." 헤세도 루트에게 실망하기는 마찬가지였다. 그녀는 더 이상 커다란 챙이 달린 모자를 쓰고 화려하게 차려입은 도시풍 숙녀가 아니었다. 예전에 카로나에서 선홍색 여름옷을 입고 맨발로 달려와 그를 반기던 소녀는 없었다.

1923년 12월, 헤세는 그동안에 취리히에서 개인 병원을 개업한 랑 박사에게 편지를 보냈다. "요즘 나는 힘겨운 생활을 영위하고 있습니다. 결혼에 대한 엄청난 두려움에 시달릴 뿐 아니라 도시 생활에 적응하는 데도 어려움을 겪고 있습니다. 거기다가 좌골신경통까지 앓고 있습니다. 몇 달 전부터는 결혼 서류 때문에 여섯 개나 되는 관청을 들락날락하면서 끝없는 줄다리기를 하고 있습니다. 아직도 필요한 서류를 다 모으지 못했습니다. (…) 몇 주 뒤에는 우리의 결혼식이 열릴 겁니다."

헤세는 열이 나고 몸이 아팠다. 그에게는 성적性的 장애에 대한 두려움도 있었다. 크리스마스에 델스베르크로 함께 가자는 루트의 제안도 거절했다. 헤세는 오래전 서점에서 일하던 때처럼 혼자 남아 있었다. 하지만 예전처럼 바커나겔의 저택에서 열리던 음악의 밤 행사도, 베르누이의 아틀리에 모임도 없었다. 헤세는 바젤에 살고 있는 마리아의 큰언니 베르타 폰 브룬과 마주치지 않으려고 애썼다. 마리아의 형제들과도, 엘리자베트 라 로슈와도 만나고 싶지 않았다. 바젤에는 지난날의 추억이 짙게 배어 있었다. 엘리자베트에 대한 연모, 마리아와의 은밀한 만남, 결혼, 결혼에 대한 두려움, 그리고 새로운 결혼. 예

바젤에서 열린 결혼식에서 찍은 루트의 사진, 1924년 1월 11일 /
헤르만 헤세, 1926년경

전에 마리아가 그랬던 것처럼 1924년 새해에 루트가 헤세에게
약속했다. "당신은 오래도록 행복한 시간을 보낼 거예요. 당신
곁에는 당신을 지키는 천사와 사랑하는 아내가 언제나 함께할
테니까요."

1924년 1월 11일, 헤세와 루트는 정식으로 부부가 되었다.
헤세는 아침 일찍 일어나 그녀의 편지를 읽었다. "오늘이 우리
결혼식 날이잖아요. 그래서 당신이 나와 함께 아침에 달걀을
먹을 건지 한번 물어보고 싶어요. 혹시라도 당신 몸이 편찮으
면, 내가 당신한테 올라가서 함께 식사를 할 수도 있어요. 보고
싶어요. 당신의 아내가." 정상적인 부부 사이라면 결혼식 당일
에 신부가 남편에게 아침 식사를 함께해도 될지 물어보지는 않

을 것이다. 헤세는 아델레에게 보낸 편지에서 "꽤나 어리석은 시민 결혼식"에 대해 이야기했다. 결혼식이 끝난 뒤 '슐뤼셀춘 프트'에서 피로연이 열렸다. "포도주와 꽃, 음악이 있는 아담하고 멋진 식사"였다. 헤세 부부는 오펜하임 부부와 랑 박사, 로이트홀트 부부, 화가 알베르트 뮐러와 그의 부인 아나, 요제프 엥레르트, 두 명의 여가수 일로나 두리고와 마리아 필립피를 초대했다. 후고 부부는 연회에 참석하지 못했다. 에미는 플로렌스에 머물고 있었고, 후고는 리자 뱅거와 헤세 사이의 소통 문제로 초대받지 못해 아그누초에 남아 있었다.

1월 24일, 헤세는 후고에게 소식을 전했다. "엥레르트는 연회에서 아주 즐거워했답니다. 신랑 들러리처럼 꽤나 젊어 보였어요. 뮐러는 자정 무렵부터 과격해지기 시작하더니 급기야 홀안의 커다란 화분에 있는 월계수를 부러뜨리려고 안간힘을 쓰더군요. 두리고의 노래는 정말 아름다웠답니다. 루트는 녹색 벨벳으로 만든 옷을 입고 있었고요. 벌써 다 지나간 일이 되어버렸네요." 이날 밤 무대의 막이 내려올 때까지만 해도 카로나의 오페라가 '해피엔드'로 끝날 줄만 알았다. 적어도 헤세가 젊은 부인에게 경고의 메시지를 보여주기 전까지는. "난 다른 사람을 귀찮게 하는 가난한 정신분열증 환자이기도 합니다. 하지만 마법을 구사하고 지배하는 위대한 사상가라는 사실을 잊지 말아야 할 거예요."

7.

에필로그. 헤세는 루트와 같은 집에서 살고 싶지 않다는 걸 이미 여러 차례 밝혔다. 그는 시민적인 가치 규범과 생활양식에서 벗어난 지 오래였다. 다시금 그 안으로 들어가고 싶지 않았다. 하지만 루트는 그의 마음을 돌려놓을 수 있다고 믿었다. "사랑하는 사람과 결혼한 여인이라면 누구라도 그 사람과 함께 한 지붕 아래 살고 싶어 할 겁니다." 그런데도 그녀는 헤세가 원하는 고독한 은둔자의 환경을 깨지 않기 위해 노력했다. 저녁이 되면 그가 식사를 하러 내려오기만을 기다렸다. 시간이 지날수록 "성애性愛가 우리를 이어주는 가장 약한 연결 고리"라는 사실이 보다 명백해졌다. 그렇다고 해도 그녀의 아버지가 임대해준 호텔 방에서 손님처럼 행동하는 건 받아들이기 힘들었다.

루트는 헤세를 "귀하신 거지"라고 놀려댔다. 그가 아무것도 책임지지 않고 받는 데만 익숙했기 때문이다. 그녀에게는 물질적인 가치를 부정하는 헤세가 그녀 자신과 아버지를 부정하는 것처럼 여겨졌다. 그녀는 물질과 자본주의에 대한 그의 비판이 위선에 지나지 않는다고 생각했다. 헤세는 바스머의 브렘가르텐 성이나 로이트홀트의 빌라를 방문할 때마다 융숭한 대접을 받았다. 더군다나 보트머 부부와 라인하르트 부부에게서 경제적인 지원을 받고 있었다. "당신은 자본가와 기업가를 비난하지만, 당신 친구들은 모두 돈 많은 재력가잖아요." 헤세는 그의 친구 쇠크가 부유하지 않다고 반박했다. 루트도 이에 질세라 맞받아쳤다. "그 사람이 유일한 예외겠지요." 두 사람의 대립과 갈등은 파국으로 치닫는 것처럼 보였다. 헤세는 자기 방에 틀어박힌 채 밖으로 나오려고 하지 않았다. 루트는 성악을 공부하러 가거나, 어머니 리자 벵거를 만나러 나갔다. 벵거 부부는 빌라 솔리투데를 처분하고 루트가 사는 근처로 이사할 계획이었다. 그건 헤세에게 참기 힘든 도발이나 다름없었다.

어느 날, 생각하지 못한 일이 벌어졌다. 루트가 마리아 필립피의 성악 교습을 마치고 호텔로 들어서자 호텔 주인이 다급하게 그녀를 불렀다. "헤세 부인, 이걸 어쩌면 좋아요. 빨리 와보세요. 당신 남편이 방을 온통 쑥대밭으로 만들어버렸어요. 지금 정신을 잃은 채 침대에 쓰러져 있답니다." 루트는 한걸음에 계단을 뛰어올라 헤세의 방으로 갔다. 헤세는 죽은 듯이 누워 있었다. 안경과 책들 사이에 텅 빈 진정제 통이 놓여 있었다. 곧이어 구급차가 오고 헤세는 병원으로 이송되었다. 헤세가 의식을 회복하고 눈을 떴을 때, 그녀가 물었다. "헤르만, 왜 그랬어요?"

"당신이 나를 더 이상 사랑하지 않기 때문에 죽으려고 한 거예요." 그건 예전에 바트 볼에서 엘리제를 사랑했던 헤세가 자살하려고 했던 이유이기도 했다. 그런데 40대 후반의 나이에 그때처럼 철부지 같은 행동을 했단 말인가? 그는 5년 전에도 집안 문제로 절망에 휩싸여 아편을 집어삼킨 적이 있었다. 헤세는 자살을 시도하기 전에 후고에게 편지를 썼다. "결혼이 나에게 어울리지 않는다는 사실을 또다시 깨닫고 말았네요. 혼자 어디론가 멀리 떠나고 싶습니다. 그리고 조용한 곳에서 정신적인 작업에 몰두하며 내 영혼을 치유하고 싶어요. 가끔은 내가 얼마나 이기적인 인간인가 하는 생각도 합니다. (…) 루트와의 결혼 생활이 앞으로 어찌 될지 모르겠습니다. 그녀가 올여름을 카로나에서 보내게 될지도 모르겠네요. 우리 두 사람은 정작 결혼 생활에서 필요한 대화를 나누려고 하지 않거든요."

루트는 헤세가 전염성 발열 증상 때문에 병원에 입원했다고 둘러댔다. 호텔 주인도 이 사건에 대해 함구했다. 마리아는 헤세에게 무슨 일이 일어났는지 잘 알지 못했다. 1924년 3월 17일, 그녀는 헤세에게 편지를 보냈다. "당신이 아직도 아프다니 걱정되네요. 내가 베른에서 듣기로는 당신이 호텔을 나왔다고 하더군요. 지금 당신은 어디에 묵고 있나요?" 마리아는 하이너의 학업 문제로 헤세와 의견을 나누었다. 부활절 전까지는 하이너가 어느 학교에 갈지 결정해야만 했다. 헤세는 하이너가 주 학교인 프라우엔펠트에서 공부하는 게 좋겠다고 말했다. 마리아는 그의 결정을 따르기로 했다. 사실 그녀는 하이너가 로카르노나 베른, 바젤에 있는 김나지움에 들어가기를 바랐다. 하지만 헤세는 그녀가 아이들을 그녀 곁에 붙잡아두려고만 한다고 비난했다. 마리아는 그의 비난을 받아들일 수 없었다. "당신이 우리 가족을 버리고 떠났다는 사실, 당신이 나에게 이혼을 강요했다는 사실은 마르틴과 하이너에게 씻을 수 없는 상처를 주었어요. 그렇다고 해서 내가 지금 당신의 잘못을 지적하려는 건 아닙니다. 어쨌든 그건 당신이 짊어지고 가야 할 업보라고 생각합니다. 시간이 지나면 아이들도 지금보다는 좀 더 객관적으로 상황을 이해할 수 있겠지요. 하지만 지금 그걸 아이들에게 바라는 건 지나친 욕심이라고 생각합니다. 아이들은 아직 올바르게 판단할 수 있는 능력이 부족하니까요. 난 당신과 아이들이 서로 멀어지지 않도록 최선을 다할 겁니다. 그러려면 시간과 인내가 필요하겠지요."

3월 말에 바젤을 떠난 헤세는 취리히를 거쳐 몬타뇰라로 돌아왔다. 그리고 이번 겨울에 뱅거 부부가 베풀어준 성의와 애정에 고마움을 표하고, 루트에게 자신의 속마음을 털어놓았다. "우리는 앞으로 닥칠 어려움들을 함께 헤쳐 나가야 합니다. 우리에게 적합한 생활 규범을 찾을 때까지는 말이에요. 은둔자로 살아온 나로서는 더욱더 힘들지도 모릅니다. 비록 멀고도 힘든 목표이기는 하지만, 서로 사랑하기에 우리는 그 목표를 향해 힘차게 나아갈 수 있을 거예요." 몬타뇰라와 바젤 사이를 오가는 편지에는 사랑과 그리움이 물씬 배어 있었다. 루트는 "혼자 있느니 차라리 당신과 싸우는 편이 낫겠다"라고 고백했다. 하지만 그토록 그리워하다가도 정작 만나면 오해와 갈등이 생겨나곤 했다. 4월 중순에 테신을 방문한 루트는 헤세에게 보낸 편지에서 실망을 감추지 못했다. "내가 또다시 그런 일들을 감당할 수 있을지 모르겠네요. 만남의 기쁨도 잠시, 당신과 함께하는 시간이 너무 힘들기만 하군요." 헤세는 "서로 다른 길을 가려는 남매들"의 다툼일 뿐이라고 일축했다. "진정한 부부로 거듭날지, 아니면 가끔 만나는 친구로 남게 될지는 우리 스스로 선택해야 합니다."

바젤에서 루트는 성악뿐 아니라 피아노와 플루트도 배웠다. 그녀가 키우는 애완동물도 늘어났다. 가정부 나탈리나가 집 안 살림을 잘 꾸려갔기 때문에 헤세는 친구들과 편안한 시간을 보낼 수 있었다. 에미는 이탈리아에서 돌아왔다. 헤세는 어려운 시기에 그녀의 편지가 그에게 가장 큰 힘이 되었다며 고마워했다. 마리아는 기회 있을 때마다 아이들을 헤세가 있는 몬타뇰라로 보냈다. 그러면 헤세는 회화 도구를 넣은 배낭을 짊어지고 아이들과 함께 산책에 나섰다.

5월, 헤세는 베른의 시민권을 취득했다. 하지만 그에 대한 루트의 불만은 커져만 갔다. "우리는 결혼 생활에 대해 다시 한 번 진지하게 생각해보아야 할 것 같아요. (…) 아침이 되어 사랑하는 아내가 당신 얼굴을 보기 위해 당신에게 가기만 하면 당신은 항상 아프다는 핑계를 대지요. 우리가 서로 알고 지낸 이래로 지금까지 말이에요. (…) 난 부부라면 절대 그래서는 안 된다고 생각해요. 그런 걸 결혼이라고 할 수는 없어요."

루트는 기분 전환이 필요했다. 그래서 슈타이넨에 사는 에바를 찾아갔다. 취리히에서는 랑 박사를 만났다. "랑 박사는 세련되고 밝은색 여름옷을 입고 있었답니다. 손톱도 깔끔하게 손질했더군요. 세속적인 유행의 흐름에 뒤처지지 않으려는 거 같았어요. (…) 사교춤도 배우고 카바레도 출입하더군요. 하지만 그 사람에게 어울리는 삶 같지는 않았어요. 다른 데 있는 악마를 속세에서 찾으려는 게 아닌가 하는 생각이 들었어요." 랑 박사는 폐병에 걸린 부인을 몬타뇰라에서 가까운 아그라 요양소로 데려갔다. 헤세는 그를 만나고 난 뒤에 루트에게 편지를 썼다. "난 랑 박사가 그처럼 세련된 세계에서 악마를 찾을 거라고는 생각하지 않아요. 하지만 악마는 변할 수 있는 존재랍니다. 어떤 사람에게는 일상적인 언어가 다른 사람에게는 악마가 될 수도 있지요." 얼마 뒤 헤세는 취리히로 가서 랑 박사를 만나 사교춤을 배우기 시작했다. 그리고 그의 내면에 도사리고 있는 이리의 천성, 즉 악마성을 문학적으로 형상화해나갔다.

1924년 여름, 부모와 함께 카로나를 찾은 루트는 헤세를 거의 만나지 못했다. 헤세의 아이들은 아스코나에서 자전거를 타고 헤세를 찾아왔다. 헤세는 루가노에 머물던 발행인 사무엘 피셔를 방문했다. 그리고 랑 박사가 아그라에 올 때마다 그를 만났다. 루트는 다리 때문에 힘들어했다. 그녀의 형부인 오펜하임 박사도 그 통증의 원인을 찾아내지 못했다. 9월 말, 루트는 바젤로 돌아왔다. 헤세가 요양을 하러 바덴으로 오면 그때 그를 찾아갈 생각이었다. 헤세는 늦어도 10월 초에는 요양을 떠날 거라고 랑 박사에게 말했다. 예전처럼 베레나호프에 묵을 예정이었다. "여름이 다 지나가버렸네요. 난 여름이 훌쩍 가버린 줄도 모르고 있었어요. 거의 아무 일도 못 한 것 같네요. 편지도 거의 쓰지 못했고요. 몇 주 동안 아그라에 가보지도 못했답니다. (…) 예기치 않게 갑자기 이런저런 일이 생기는 바람에 말이에요. 대부분 중요하지도 않은 일이었답니다. 물론 즐거운 시간도 있었지요. 특히 마르틴 부버의 방문은 무척이나 감동적이었답니다." 아스코나에서 부버의 강연을 듣고 커다란 감동을 받은 마리아가 헤세에게 그를 소개해주었다. 8월 31일, 마리아는 헤세에게 편지를 보냈다. "부버 씨가 당신에게 안부를 전해달라고 하더군요. 그는 며칠 더 이곳에 머무를 거 같아요. 난 그가 한 번 더 나를 방문해주기를 기대하고 있답니다."

*

10월 2일, 헤세는 바덴에 도착했다. 후고 부부는 로마로 떠나고 없었다. 후고는 바티칸의 도서관에서 일하면서 산테 데 산크티스Sante de Sanctis 교수의 연구소에서 악마 퇴치와 심리 분석을 공부할 계획이었다. 헤세는 친구도 없이 몬타뇰라에서 추운 겨울을 혼자 지낼 생각이 없었다. 루트는 그를 위해 바젤에 거처를 마련해주기로 했다. 그녀는 신문에 광고를 게재하고 리자 벵거와 함께 집을 보러 다녔다. 방세가 얼마인지는 중요하지 않았다. "당신이 아무 방이나 쓸 수는 없잖아요." 마침내 로트링거슈트라세 7번지에 방을 구했다. 여류 작가이자 잡지 『디 가르베Die Garbe』의 여성 편집인인 마르타 렝지에Martha Ringier가 소유한 저택의 4층 다락방이었다. "널찍한 방에는 아름답고 고풍스러운 가구들이 있답니다. 창문은 북동쪽과 남동쪽으로 두 개가 있고요. 타일을 입힌 난로도 있어요. (…) 25프랑만 더 내면 침실로 쓸 작은 방을 하나 더 얻을 수 있답니다. (…) 욕실은 있는데 아쉽게도 전화는 설치되어 있지 않네요. 아침에는 식사를 올려다줄 거예요." 헤세는 요양을 끝내고 몬타뇰라에 들러 짐들을 챙겼다. 11월 15일, 그는 로트링거슈트라세로 이사했다. 루트는 그와 함께 지낼 생각에 마냥 들떠 있었다. 하지만 "우리의 일곱 아이들"을 스위스 국적으로 키우려는 그녀의 꿈은 헤세에게 악몽일 뿐이었다. 12월 초, 헤세는 루트와 함께 여행을 떠났다. 슈투트가르트에서 작품 낭송회에 참석하고 슈바벤에 사는 친척을 방문했다. 하지만 루트와 같은 방을 쓰지는 않았다.

　그녀는 슈투트가르트에서 에밀 몰트와 인사를 나누었다. 그리고 헤세의 낭송회가 끝난 뒤 시작될 연회를 기다렸다. 그녀가 "처음으로 헤세의 부인으로 등장할" 기회였다. 하지만 남편 헤세는 특별한 이유도 없이 초대를 거절했다. 헤세 부부는 회펜으로 가서 아델레와 재회의 기쁨을 나누었다. 거기서 루트는 아델레의 남편 군데르트와 입양한 딸들을 만났다. 루트는 회펜의 교회에서 노래를 불렀는데, 예배에 참석한 모든 신자가 청아한 고음과 푸른색 벨벳 의상을 입은 젊은 부인에게 매료되었다. 루트비히스부르크에서는 헤세의 이복형 카를 이젠베르크Karl Isenberg와 그의 가족을 만났다. 루트는 헤세의 시에 쇠크가 곡을 붙인 노래, 그리고 〈마술피리〉에 나오는 아리아를 불렀다. 헤세의 조카인 카를로 이젠베르크Carlo Isenberg가 피아노 반주를 해주었다. 루트는 헤세 가족에게서 친근함과 편안함을 느꼈다. 하지만 이들 부부는 여느 부부처럼 한 침대에서 자지는 않았다. 루트는 이렇게 회상했다. "우리는 한 번도 같은 방을 써본 적이 없다. 정상적인 부부라면 으레 나눌 법한 이야기에 대해서도 우리는 침묵했다. 헤세가 명령하고 결정하면, 난 따를 뿐이었다." 브렘가르텐에서 바스머 부부를 방문하고 취리히에서 로이트홀트 부부를 방문할 때도 마찬가지였다. 헤세 부부는 항상 따로 잠을 청했다. 루트의 부모 집에서도 상황은 달라지지 않았다. 루트의 부모도 헤세가 하는 대로 조용히 따르는 수밖에 없었다. 1924년 크리스마스에 헤세는 델스베르크에서 몇 시간 동안만 머물렀다.

마리아는 마르틴과 하이너를 데리고 징겐과 보덴 호수로 떠났다. 거기서 이다와 카를 후크를 만나 함께 축제일을 즐겼다. 아스코나로 돌아오는 길에 그녀는 베른에서 옛 친구들을 만났다. 촐리코펜에서는 오빠 아돌프를 만났고, 취리히에 가서는 오페라와 연극을 감상했다.

*

1925년 1월 25일, 헤세는 후고에게 편지를 보냈다. "내 인생이 결혼 때문에 변한 건 아닙니다. (…) 바젤에서의 내 생활이 당신들의 로마 생활보다 더 재미있는지는 모르겠군요. 난 이곳에서 무척 외로움을 느끼고 있답니다. 저녁에 가끔 주점에 들러 포도주를 마시곤 합니다. (…) 그건 내 잘못이라고 생각합니다. 난 언제나 혼자였지요. 다른 사람들과 나를 갈라놓는 이 공허한

벽을 허물어버릴 수가 없네요." 헤세는 일요일마다 루트와 점심 식사를 했다. 가끔은 이른 저녁에 루트를 찾기도 했다. 하지만 강아지와 고양이, 앵무새에게 둘러싸인 루트에게 자신의 존재가 무의미하다는 생각이 들었다.

그는 서재에 틀어박혀 시선집詩選集『1750년부터 1850년까지: 독일 정신의 고전적인 세기世紀, Das klassische Jahrhundert deutschen Geistes 1750~1850』편찬 작업에 몰두했다. 조카 카를로 이젠베르크도 동참했다. 하지만 루트는 헤세의 작업에 별로 관심을 보이지 않았다. 헤세는 작품 낭송회를 하러 루체른과 프라이부르크, 바덴바덴으로 떠났다. 취리히에서는 로이트홀트 부부를 만나고, 빈터투어에서는 라인하르트를 찾아갔다. 그리고 오랜만에 옛 친구 구스타프 감퍼도 만났다. 면역력이 약해진 루트는 고열과 감기에 시달렸다. 에바는 그녀를 돌보기 위해 슈타이넨으로 데려갔다. 리자 벵거는 호텔 크라프트 근처에 "고풍스러운 고딕 양식의 목사관"을 꾸미느라 정신이 없었다. 앞으로 벵거 가족의 안식처가 될 곳이었다. 3월에 헤세는 에미에게 편지를 썼다. "루트가 어머니와 함께 있으면, 여기가 바로 그녀의 고향인 셈이지요. 그러면 나는 그녀에게 더 이상 필요 없는 존재가 될 겁니다. 난 바젤에 얽매이지 않을 겁니다." 헤세는 바젤에서 편안함을 느끼지 못했다. 그의 인생은 "터져버린 종이봉투"처럼 공허하기만 했다. 그는 몸져누운 루트에게 편지를 썼다. "너무 급하게 생각하지 말고 몸이 회복될 때까지 천천히 쉬도록 해요. (…) 난 루가노에서 건축 기사를 만나 건축 계약을 하려고 합니다. 주택을 매입해 늙은 독신자가 거주할 만한 공간을 만들어달라고 부탁할 생각이에요." 루트에게는 바젤이 필요했다. 도시의 생활, 연극과 오페라, 음악회. 그리고 무엇보다 그녀의 어머니가 가까이 있기를 바랐다. 루트는 "며칠 동안 말 한 마디도 없는 사람 옆에서 홀로 외롭게 지낼" 자신이 없었다. 그의 "은둔자적 삶"을 동행할 자신도 없었다. "그건 당신이 나에게 따뜻한 가정을 만들어주지 않았기 때문이지요."

1904년에 마리아는 헤세에게 가정과 고향을 만들어주기 위해 가이엔호펜으로 이사했다. 그리고 20여 년의 세월이 흐른 지금, 루트는 헤세에게 바로 그 가정을 만들어달라고 요구하고 있었다. 헤세는 여전히 병석에 누워 있는 그녀를 찾지 않았다. 그녀의 체온이 38도를 넘고 폐렴이 의심되는 상황이었다. 3월 말에 헤세는 바젤을 떠나 몬타놀라로 돌아갔다. 그리고 에미와 후고가 체류하고 있는 남부 이탈리아를 여행할 계획을 세웠다. 그는 후고 부부에게 편지를 보내 자신의 계획을 알렸다. 4월, 헤세는 마르타 렝지에의 집에서 나왔다. 바젤에서는 더 이상 겨울을 보내지 않기로 했다. 그는 루가노에서 은행가를 만나 대지 구입비와 건축비를 충당하기 위해 대출을 받으려고 했다.

슈타이넨을 떠나 바젤로 돌아온 루트는 리자 벵거의 간호를 받았다. 1925년 4월 15일, 헤세는 장모에게 편지를 썼다. "루트가 자꾸만 몸이 아프고 힘들어하니 제 마음도 편치 않습니다. 그녀의 우울감이나 심리적인 압박이 생각보다 심각한 것 같네요. (…) 또다시 그런 상황이 생길까 봐 두렵기도 하고, 저 또한 책임이 있다는 생각이 듭니다. 이제 더 이상 그런 상황에 빠져들고 싶지는 않습니다. 그래서 바젤을 떠나 제 천성과 작업에 걸맞은 인생을 사는 게 최선이 아닐까 하는 생각을 합니다." 그는 자신이 그녀의 예술 공부를 돕기 위해 바젤로 이사했는데도 "그녀 스스로 결연하게 예술가의 길을 포기했다"라고 말했다. 그리고 더 이상 그 자신의 "예술과 고유한 정신을 바젤의 생활" 때문에 훼손하고 싶지 않다고 덧붙였다.

루트에게 폐결핵 초기 진단이 내려졌다. 오펜하임 부부는 그녀에게 고산지대에 가서 요양하라고 권했다. 하지만 그녀는 헤세와 멀지 않은 카로나에서 여름을 보내기로 했다. 5월 24일, 그녀는 헤세에게 편지를 썼다. "난 카로나로 갈 거예요. 아침이면 정원에 나가 간이침대에 누워 있어야 해요. 저녁이 되면 다시 방 안으로 들어와야 하고요. 절대 걸어 다녀서는 안 된답니다. 올여름은 노래를 하거나 플루트를 불어서도 안 되고요. 병이 다 나으려면 적어도 1년 이상 요양해야 할지도 몰라요."

루트는 침대에 누울 때 방해가 되지 않도록 긴 머리카락을 짧게 잘랐다. 그녀는 테신의 파란 하늘과 높이 솟은 나무들을 올려다보았다. 그리고 '카레노의 날들'을 회상했다. 바로 이 정원에서 루트와 헤세는 엘리자베트 루프를 가두어두고 몰래 빠져나와 둘만의 데이트를 즐겼었다. 엘리자베트 루프는 결혼했고, 지금은 튀빙겐에서 민속학과 지리학을 공부하고 있다. 모든 게 흘러갔고, 모두가 떠나갔다. 아니 보트머는 취리히에서 랑 박사의 치료를 받고 있었다. 마리아 홀츠라이트너는 어린 딸

재클린을 데리고 추크로 가서 엥레르트와 함께 살고 있었다. 마르게리타 오스발트-토피는 이탈리아에 있었다. 후고 부부도 여전히 이탈리아에 머물고 있었다. 루트를 돌보는 언니 에바만이 그녀 곁에 있었다. 루트는 헤세가 찾아오기를 바랐지만 그는 오지 않았다. 6월 4일, 헤세는 그녀에게 편지를 보냈다. "당신이 근심에 싸인 채 병상에 누워 있는 동안, 난 인생의 짐을 둘러메고 거리의 뜨거운 흙먼지를 마시며 저 멀리 걸어가고 있었답니다. 우리 모두 자신에게 주어진 삶을 받아들여야 할 겁니다." 헤세는 마리아의 오빠 아돌프 베르누이가 갑작스럽게 세상을 떠났다는 소식을 전해주었다. 마리아가 오빠의 장례를 위해 바젤로 왔다는 소식과 프리츠가 신경 발작을 일으켰다는 소식도 전해주었다. 아돌프를 대신해 마리아의 상속재산을 관리해야 할 프리츠는 요양소 프리트마트로 이송되었다. 마리아도 병이 재발했다. 그녀는 몬타뇰라의 헤세에게 속달 엽서를 보냈다. "가능하면 빨리 와주세요. (…) 루트에게도 안부 전해줘요. 내가 아는 모든 사람에게도 안부를 부탁할게요." 하지만 헤세가 도착하기도 전에 그녀는 멘드리지오에 있는 요양소로 떠났다. 며칠 뒤 그녀는 헤세에게 편지를 보냈다. 집안 살림도 걱정하고 마르틴의 안부도 걱정했다. 그녀는 헤세에게 아스코나의 공과금을 대신 납부해달라고 부탁했다. 그리고 그가 지불한 병원비를 꼭 갚겠다고 약속했다. 그녀는 아돌프의 유산을 처분하고 정리하는 일을 맡은 큰언니 베르타 폰 브룬의 부담을 덜어주기 위해 바젤로 가려고 했다. 오빠의 죽음에 대해서는 헤세에게 더 이상 이야기하지 않았다. 아돌프가 심장마비로 죽은 게 아니라 스스로 목숨을 끊은 거라는 소문이 돌았다. 베르누이의 가족들은 아돌프가 스페인계 아내의 불륜 때문에 그녀의 정부와 결투를 벌이다가 총에 맞아 죽은 거라고 믿고 있었다.

7월 25일, 마리아는 퇴원을 위해 헤세의 동의를 구했다. "아스코나까지 보호자가 동행하지 않아도 될 거 같아요." 그녀는 자신의 인생을 스스로 개척해 나가겠다는 의지를 보였다. 빈방을 임대하고 피아노 교습을 해 수입을 늘려나갔다. 그렇지만 정신병자라는 낙인을 지울 수는 없었다. 헤세는 그녀의 정신적인 문제를 굳이 숨기려고 하지 않았다. 1925년 7월 8일, 그는 에미 발-헤닝스에게 편지를 썼다. "난 나 자신의 문학적인 노력이 가치 있다고 생각하지 않습니다. 마찬가지로 인생에서도 내 노력의 가치를 믿지 않아요. 내가 근심하고 걱정하는 일들, 내가 1년 내내 쓰는 편지들, 나의 첫번째 아내와 아이들에 대한 고민, 그리고 루트에 대한 고민들, 이 모든 것이 무의미하다고 생각합니다. 정신병자의 예민한 감각을 지닌 첫번째 아내는 나의 활동과 작업을 진지하게 받아들이지 않는답니다. 어쩌면 그녀가 옳은 건지도 모르지요. 내가 이 모든 과제와 염려, 의무를 짊어지는 게 내 인생을 정당화하기 위해서라는 생각이 듭니다. 그리고 내게 결여된 인생의 의미를 부여하기 위해서라는 생각도 듭니다." 헤세는 이 모든 게 자신의 이기주의 때문이라고 털어놓았다. 그를 가장 힘들게 하는 건 아이들에 대한 걱정이나 마리아와 루트의 정신적인 문제가 아니었다. 그는 안질 때문에 더 큰 고통을 겪고 있다고 말했다. 그로부터 몇 주 뒤 후고에게 보낸 편지에서 그는 자신의 삶을 "실패한, 내동댕이쳐진 삶"이라고 탄식했다.

*

1925년 10월, 아로사의 호텔 에덴. 루트는 자신이 처한 상황에 익숙해지려고 노력했다. "못생긴 산들과 회색 암벽, 나란히 쭉 뻗어 있는 전나무들"이 지겨웠지만, 그래도 호텔 생활은 편했다. 그녀는 커다란 발코니에 놓인 침대에 누워 있었다. 담당 의사는 그녀의 건강 상태에 만족했다. 하지만 그녀는 소화 기능에 문제가 있어 제대로 식사를 하지 못했다. 몸무게가 5파운드나 줄어들었다. 가끔 그녀는 강아지를 데리고 산책을 했다. 그녀는 스웨덴에서 온 소녀와 독일의 은행장과 친하게 지냈다. 헤세는 휴양을 위해 바덴에 머물고 있었다. 그리고 랑 박사에게서 다시 정신분석 치료를 받기 시작했다. 헤세는 루트에게 보낸 편지에서 그녀가 "정신적인 고민과 위기에도 정신분석을 하지 않는" 이유를 알 수 없노라고 말했다. 정신분석이 "신경증 질환의 치유보다 훨씬 더 중요하고 심오한 것"을 위한 시도라고도 했다. 하지만 더 이상 자세한 이야기는 하지 않았다. 루트는 헤세의 주장을 반박했다. "난 지금 정신분석을 받아들일 여유가 없답니다. 오히려 난 정상적인 삶에 대한 욕구를 강하게 느끼고 있어요." 헤세는 그녀의 생일 선물로 그림과 인도의 민속 의상을 보냈다. 11월, 그는 작품 낭송회를 위해 투틀링겐, 블라우뵈렌, 울름, 아우크스부르크, 그리고 뉘른베르크를 방문하기로 되어 있었다. 친구들도 만나고 여동생 마룰라도 만날 계획이었다. 뮌헨에서는 토마스 만을 찾아갈 계획을 세웠다. 얼마 전 소설 『마의 산Der Zauberberg』을 출간한 토마스 만은 부인 카티아Katia를 위해 다보스에 있는 요양소까지 동행했다. 헤세는 단한 번도 루트를 문병하지 않았다.

헤세는 뮌헨에서 보덴 호수를 거쳐 취리히로 갔다. 그리고 거기서 알리체 로이트홀트를 만나 함께 집을 보러 다녔다. 그리고 샨첸그라벤에서 마음에 드는 거처를 발견했다. 테신에 새집을 지으려던 계획은 포기했다. 헤세는 짐을 꾸리러 몬타뇰라로 돌아갔다. 알리체 로이트홀트는 루트를 문병하기 위해 아로사로 갔다. 그곳에 요제프 베른하르트 랑 박사가 나타났다. 루트는 헤세에게 편지를 썼다. "랑 박사는 이곳에서 여자 환자를 돌보고 있답니다. 2주 동안 머물 거라고 하더군요." 그녀는 랑 박사와 함께 있는 게 즐겁기는 했지만, "그의 가르침이 위험하다"라는 사실을 깨달았다. "랑 박사와 이야기하다 보면 존재하는 모든 걸 확신할 수 없게 된답니다. (…) 당신에게는 어울리지 않는다는 생각이 들어요. 차라리 인도 여행을 떠나는 게 어때요? 당신을 괴롭히는 모든 외형적인 것에서 벗어날 수 있잖아요. 부정적인 세계에 너무 깊이 빠져들지 마세요. 내 생각에는 랑 박사가 당신 앞에 놓인 위험을 보지 못하는 것 같아요. 비정상적인 것과 광기를 부추기고 있잖아요. 그에게는 단순한 취미일지 모르지만 당신에게는 불행이 될 수도 있는데 말이에요. (…) 더 이상 당신 자신을 채찍질하지 않았으면 좋겠어요."

연말에 루트는 취리히에서 헤세를 다시 만났다. 바젤에서 부모와 함께 크리스마스를 보낸 뒤였다. 헤세는 마르크발더 박사의 초대를 받아 바덴에 갔다. 그리고 루트는 아로사로 떠나기 전에 로이트홀트 부부의 자택에서 헤세를 만났다. 그녀는 그때의 서운했던 순간을 이렇게 회상했다. "그는 그 어떤 사랑의 표현도 하지 않았다. 나한테서 병이 옮을지 모른다는 생각 때문에 그랬는지는 모르겠다. (…) 하지만 그건 전혀 걱정할 필요가 없었다. 나는 전염성 폐결핵에 걸린 게 아니었기 때문이다." 1926년 1월 4일, 헤세는 오이겐 링크에게 편지를 썼다. "그녀가 나타났답니다. 젊고 아리따운, 우아한 자태에 매혹적인 향기를 풍기면서 말이에요. 그렇게 나는 하루 동안 아내와 함께 있었답니다. 아니, 적어도 연인과 함께한 거지요. (…) 작고 어여쁜 나비가 또다시 훨훨 날아가버리는 걸 바라보고 있으려니 왠지 서글픈 느낌이 들더군요."

혹독하고 쓰라린 에필로그가 시작되었다. 아로사로 돌아온 루트는 낙심했다. "이전보다 모든 게 더 끔찍해졌어요." 호텔의 편안한 생활이 그녀를 나태하게 만들었다. 그녀는 '마의 산' 너머로 일상적인 삶조차 떠올리기 힘들어했다. 그녀와는 달리 헤세는 랑 박사와의 정신분석뿐 아니라 『황야의 이리 Der Steppenwolf』를 집필하는 데 박차를 가했다. 그리고 취리히의 자이덴가세 20번지에 있는 사교댄스 강습소에서 새로운 춤을 배웠다. 랑 박사의 딸 카를리와 함께 춤을 익히고, 랑 박사를 따라 가면무도회에 참석했다. 이전에 한 번도 춤을 춰본 적이 없는 헤세였기에 루트는 놀라지 않을 수 없었다. "당신이 가면무도회에서 춤추는 모습을 상상하기조차 힘드네요. 하지만 이제는 당신이 미지의 길을 가게끔 내버려두려고 합니다. 그래, 즐거웠나요? 랑 박사도 함께 있었나요? 양계장과 두 마리의 극락조라니!"

3월에 루트는 아로사를 떠났다. 몸이 허약해지기는 했지만, 그래도 힘을 내 바젤에서 새로운 삶을 시작하려고 했다. 부모 집에서 멀지 않은 성 요하네스포어슈타트 84번지에 거처를 마련했다. 그리고 열한 살짜리 여자 조카 크리스티네 오펜하임Christine Oppenheim과 함께 지내기로 했다. 크리스티네는 바젤에 있는 학교로 전학을 왔다. 루트는 카로나에서 헤세와 함께 살겠다는 생각을 접었다. 그녀의 가족이 가까이 있다는 사실만으로도 그는 엄청난 부담을 느꼈다. 그가 리자 뱅거에게 보낸 편지를 어쩌면 루트가 읽었는지도 모른다. 그 편지에는 루트가 "더 나이 들기 전에 다른 남자를 만나 사랑하는"게 좋겠다는 내용이 들어 있었다. 헤세는 "그녀가 진심으로 사랑하고 둘이 함께 무언가를 나눌 수 있는" 사람을 만나기를 바랐다. 리자 뱅거에게는 다시 한 번 우정을 다짐했다. "당신에게 어울리지 않는, 불편한 가족이 되기보다는 언제나 진실하고 충실한 친구이고 싶습니다."

스위스의 국경일인 8월 1일, 루트와 헤세는 테신에서 어색한 만남을 가졌다. 루트는 다른 남자와 사랑에 빠져 있었다. 그

카를 호퍼의 자화상 / 카로나에서 루트 벵거, 1920년경 /
테신에서 헤르만 헤세, 1921년경

녀에게 전혀 어울릴 것 같지 않은 그 남자는 화가 카를 호퍼Karl
Hofer였다. 그는 헤세의 친구였다. 1919년, 헤세는 그를 통해 카
사 카무치를 알게 되었다. 헤세와 루트의 관계는 전혀 가망이
없어 보였다. 8월 말, 헤세는 루트에게 편지를 보냈다. "당신은
지금 바젤에 있겠군요. (…) 쌀쌀한 아침 공기를 들이켜며 당신
을 떠나올 때, 서글픈 마음으로 당신의 창문을 바라다보았답
니다. 이제 당신 없이는 카로나를 떠올릴 수 없기 때문입니다.
(…) 당신의 낙원과 아름다운 추억과 이별의 아픔을 당신과 함
께 나누려고 합니다."

　헤세는 결혼한 여인과 연애를 시작했다. 3월에 취리히에서
만난 그녀는 헤세에게 계속 편지를 보냈다. 1926년 7월 2일, 그
의 마흔아홉번째 생일에 그녀는 자신의 사진을 몬타뇰라로 보
냈다. "이제 난 당신의 연인입니다. 비록 내가 당신을 갖지 못한

다고 해도 말입니다. 이 세상에서 누가 당신을 가질 수 있겠습니까? 하지만 당신은 온전히 나를 소유하고 있습니다. 난 온전히 당신의 것입니다. 내 사진을 보며 나를 생각하기 바랄게요. (…) 당신의 니논이."

니논

카사 카무치의 뜰에서 니논 돌빈, 1927년경

1.

1926년 3월. 니논 돌빈은 그를 만나야겠다고 결심했다. 니논은 헤세에게 편지를 보내 한 번도 그를 잊은 적이 없었노라고 고백했다. 빈에 머물던 그녀는 남편 프레트 돌빈을 만나러 제네바로 향했다. 침체된 결혼 생활에 새로운 활력을 불어넣기 위해서였다. 동시에 그녀는 자신이 어린 시절부터 존경하고 흠모해온 남자를 만나고 싶어 했다. 그 남자가 바로 헤르만 헤세였다. 그의 소설 『페터 카멘친트』를 읽고 난 이래 니논은 헤세에게 편지를 보냈다. 그의 새로운 작품에 대한 자신의 감상이나 서평을 적어 그에게 보냈다. 힘들고 어려운 시기에도 그에게 편지를 보냈다. 1920년에 그녀의 아버지가 세상을 떠났을 때도, 1922년에 그녀의 여동생 토카가 자살했을 때도 그랬다. 그녀는 헤세에게서 답장이 오기만을 기다렸다.

니논은 이미 1918년에 다른 남자와 결혼했다. 그런데도 그녀는 여전히 헤세에게서 구원을 바라고 있었다. 어째서 그녀는 남편인 돌빈에게서는 위로를 얻지 못한 걸까? 어째서 작품으로만 알게 된 남자에게 자신의 아픔과 슬픔을 숨김없이 털어놓은 걸까? 어쩌면 그녀는 아버지의 죽음으로 절대적인 운명을 믿게 되었는지도 모른다. 그녀의 아버지 야코프 아우슬렌

더Jacob Ausländer는 변호사였다. 사회적 지위와 경제적 여유를 누리던 아버지의 죽음과 더불어 그녀가 누려온 행복과 안락함은 한꺼번에 사라지고 말았다. 그런데도 니논은 좌절하지 않고 다시금 일어서려고 했다. 그녀는 빈에서 여동생 토카와 함께 생활했다. 그리고 적극적으로 그녀에게 삶의 용기를 북돋워주려고 했다. 하지만 대학에서 화학을 공부하던 스물세 살의 여동생은 청산가리를 들이마시고 스스로 목숨을 끊었다. 니논은 죄책감에 시달렸다. 남편 돌빈은 그녀의 우울한 기분을 달래주기 위해 노력했다.

빈의 '앙팡테리블'이라고 불리는 돌빈은 다재다능하고 매력적인 데다 여성들에게 인기도 많았다. 그는 본업인 엔지니어로서의 길을 포기하고, 첫번째 결혼에도 실패했다. 그는 보헤미안적 삶을 살고 있었다. 미술품을 수집하고, 시를 쓰고, 작곡을 했다. 카페에 드나들며 유명인들과 교류하고, 연극도 하고, 스케치도 했다. 그는 대상을 빠르고 적확하게 종이 위에 재현하는 능력이 있었다. 그는 대상의 핵심적인 특징을 간결하면서도 예리하게 묘사했다. 그는 풍자화가로서의 명성을 차분히 쌓아갔다. 그는 1925년 12월, 베를린으로 거처를 옮겼다. 신문과 잡지의 도시 베를린에서 그는 저널리스트와 통신원, 평론가로 활동했다. 니논은 그를 따라 베를린으로 가지 않고 빈의 슐로스가세 14번지에 머물렀다. 그녀는 오랫동안 연구해온 미술사에 관한 논문을 끝마치려고 했다. 아니, 어쩌면 그들의 결혼 생활을 끝마치려고 했는지도 모른다. 돌빈은 소문난 바람둥이였다. 하지만 스캔들이 터질 때마다 언제나 니논 곁으로 돌아왔다.

1926년 3월, 두 사람은 제네바에서 만나기로 약속했다. 『베를리너 타게블라트Berliner Tageblatt』의 위촉을 받은 돌빈은 그곳에서 국제연맹 회의를 취재하기로 되어 있었다. 이번 회의에서는 독일의 회원 가입이 예상되고 있었다. 그는 프랑스의 아리스티드 브리앙, 독일의 파울 폰 힌덴부르크 등 회의에 참석한 명망 있는 정치인들을 스케치했다. 그의 인물 스케치는 전국적으로 엄청난 반향을 불러일으켰다. 니논도 제네바 호수의 정취와 분위기를 만끽했다. 그들은 함께 즐겁고 유익한 시간을 보내고 기분 좋게 헤어졌다. 베를린으로 돌아간 돌빈은 결혼 생활의 위기를 넘겼다는 생각에 안도의 한숨을 내쉬었다. 니논은 곧장 빈으로 가지 않고 취리히행 기차에 올랐다. 헤세를 만나기 위해서였다.

국제적 관심을 불러 모은 역사의 현장 제네바, 그리고 평온하고 한적한 취리히는 달라도 너무 달랐다. 명석한 두뇌에 생기발랄하고 출세 가도를 달리고 있는 돌빈과 우울하고 신경질적인 기질에 두통과 관절염, 안질을 앓는 헤세. 3월 21일, 니논은 샨첸그라벤으로 헤세를 만나러 갔다. 그의 거실인 "널찍하고 쾌적한 다락방"은 책으로 가득했다. 책상과 의자, 안락의자 위에도 책이 쌓여 있었다. 벽에는 액자에 끼운 그림들이 걸려 있었다. 독일의 소도시 칼프의 사진도 있었고, 남쪽 지방의 풍경을 그린 수채화도 있었다. 잡지에서 오려낸 그림들은 압정으로 붙여놓았다. 태국의 부처와 간디의 사진, 젊고 아리따운 아가씨의 사진도 있었다. 헤세는 그 아가씨에 대해서는 설명하지 않고 시가만 피웠다. 담배꽁초가 수북한 재떨이와 비어 있는 포도주병 사이에는 꽃다발이 하나 놓여 있었다. 그의 책상 위에는 원고지 여러 장이 놓여 있었다. 그 원고는 고향을 잃고 방황하는 황야의 이리를 다룬 소설의 첫 부분이었다. 헤세는 저녁에 친구 랑 박사와 함께 가면무도회에 참석할 거라고 말했다.

헤세와 헤어진 니논은 취리히에 사는 사촌 여동생 넬리 크라이스Nelly Kreis에게로 갔다. 그녀는 넬리에게 제네바에서 경험한 일들, 돌빈과 함께한 행복한 시간들을 들려주었다. 그리고 헤세를 만난 이야기, 헤세에게 그녀가 필요하다는 이야기도 했다. 법학을 전공한 넬리는 고개를 내저었다. 그리고 헤세가 첫번째 부인과 이혼하고 지금은 젊은 여가수와 재혼해 살고 있다는 소식을 니논에게 전해주었다. 니논은 헤세의 두번째 부인이 동화 작가 리자 벵거의 딸이라는 사실도 알게 되었다. 그녀는 헤세의 거실 벽에 걸려 있던 사진 속의 주인공이 그의 부인일 거라고 생각했다.

헤세는 꽃을 무척 좋아했다. 다음 날 그녀는 파란색과 흰색 라일락을 샀다. 3월인데도 쌀쌀한 날씨 때문에 온실에서 키운 꽃이었다. 그녀가 가져온 꽃은 담배 연기가 자욱한 방 안에서 은은하게 향기를 뿜어댔다. 헤세가 말했다. "난 가족과 떨어져 지내고 있습니다. 다시금 혼자 사는 법을 배우고 있답니다. (…) 그 뒤로는 건강도 안 좋아지고 늙은이가 다 된 것 같은 생각이 듭니다. 구속에서 벗어나려고 발버둥치는 도망자의 인생을 산다고나 할까요. 가끔 충동을 느끼면서도 자신이 없어 망설였는데, 얼마 전부터는 두려움 없이 자살할 수도 있겠다는 생각이 들기도 합니다. 하지만 아직 실행에 옮기지는 못하고 있답니다." 그의 거친 쓴웃음에 니논은 화들짝 놀랐다. 여동생 토카의 일그러진 얼굴이 떠올랐다. 헤세는 전혀 개의치 않고 말을 이어갔다. "하지만 다시 한 번 마음을 고쳐먹고 내 인생을 사랑하기로 했답니다." 그리고 기회가 되면 랑 박사를 소개해주겠노라고 말했다. 헤세는 어지럽게 놓여 있는 종이 더미를 가리켰다. "일기라고 생각하고 한번 읽어보아요. 난 이 시들을 모아 '위기'라는 제목을 붙이려고 합니다." 그 가운데는 「링Ling 박사와의 저녁」이라는 시도 있었다. "그러기에 인생은 형편없는 게 아니겠는가. / 우리 모두는 언젠가는 죽어야 하기 때문이다. / (…) 차라리 1리터의 포도주를 들이마시자. / 그리고 링 박사와 이야기를 나누자. / 우리의 우울한 감정에 대해. / 그게 가장 현명한 방법일 것이다. / 그리고 노란 콩을 곁들인 간 요리를 먹어치우자. / (…) 꼬리가 아무리 아름다운들 그게 무슨 소용이란 말인가? / 흔들 수도 없는 꼬리일 바에야. / 그래, 또 1리터의 포도주를 들이켜자. / 그리고 시가를 사도록 하자. / 이 어리석은 인생에 그 이상은 바라지 말아야지."

니논은 넬리에게 절망에 빠진 헤세를 위로해주었다고 말했다. 그리고 그를 진심으로 사랑한다고 고백했다. 넬리는 불행한 결혼 때문에 힘들어하고 있었다. 그녀는 니논에게 헤세를 잊고 당장 이곳을 떠나라고 충고했다. 그리고 남편 돌빈이 있는 베를린으로 가거나 빈으로 돌아가 박사 학위 논문에 전념하라고 말했다. 아니면 파리나 런던의 박물관을 견학하거나, 로마나 그리스 여행을 다녀오라고 권했다. 예전에 어머니가 세상을 떠났을 때도 니논은 여자 친구와 함께 이스탄불을 여행한 적이 있었다. 그 덕분에 어머니를 잃은 슬픔에서 어느 정도 벗어날 수 있었다.

제네바에서 돌빈과 행복한 시간을 보낸 지도 얼마 되지 않았다. 그녀가 원하기만 하면 돌빈 곁에서 화가와 시인, 연극인들과 어울리며 활기 넘치는 흥미로운 인생을 살 수도 있었다. 니논과 넬리는 밤늦도록 이야기를 나누었다. 그리고 새벽 3시 반이 되어서야 잠자리에 들었다. 니논은 꿈을 꾸었다. 그녀의 꿈속에서 헤세는 그녀가 선물한 라일락을 가슴에 품고 침대에 누워 있었다. 하지만 아침이 되자 그 꽃들은 모두 시들어버렸다.

*

빈으로 돌아온 니논은 책상 서랍을 열어보았다. 서랍 안에는 쓰다 만 편지들이 들어 있었다. 지금 그녀는 편지를 쓰고서도 헤세에게 보낼 용기를 내지 못했던 예전의 니논이 아니었다. "내가 당신에게 쓰는 단어 하나하나가 새롭기만 합니다. 이제 막 당신의 주소를 적었어요. 사랑하는 사람의 이름을 쓰는 게 무척 신비로운 느낌을 불러일으킵니다. (…) 처음 당신에게 편지를 쓴 때가 1909년이었지요. 지금 또다시 당신에게 편지를 쓰고 있습니다." 니논은 매일 편지를 썼다. 그녀는 마침내 사랑하는 사람과 함께 있다는 행복에 젖어들었다. 요하나 골트Johanna Gold가 그녀에게 『페터 카멘친트』를 선물한 이래 헤세는 그녀의 운명이 되었다. 헤세의 침묵도, 거부도 그녀의 마음을 돌려놓을 수는 없었다. 그녀는 헤세와의 포옹을 다시금 떠올렸다. 고대 신화에 정통한 그녀는 헤세를 제우스에 견주었다. 그녀는 신에게 모든 걸 바칠 각오가 되어 있었다. 그리고 헤세가 이전 작품에서 그렸던 성 프란체스코를 떠올리기도 하고, 예수의 발에 기름을 바르고 머리카락으로 닦았다는 마리아를 부러워하기도 했다.

니논에게도 사랑하던 사람이 있었다. 어린 시절 체르노비츠에서 만난 여인이었다. 그 여인의 이름은 요하나 골트였다. 원래 니논은 여성을 별로 좋아하지 않았다. 요하나는 그녀의 어머니 기젤라 아우슬렌더와는 전혀 다른 성향의 인물이었다. 열네 살의 니논이 그녀를 처음 만났을 때 요하나는 서른 살 정도였다. 취리히 대학에서 생물학을 전공한 그녀는 결혼한 뒤 합스부르크 왕가에 속한 동부 지역으로 이사했다. 어린 니논에게 요하나는 여신 같은 존재였다. 요하나가 처음 그녀에게 말을 걸었을 때 그녀는 매우 기뻤다. 그녀는 요하나에게 모든 걸 바치고, 요하나가 원하는 대로 따르려고 했다. 요하나는 니논의 생일 때 헤세의 『페터 카멘친트』를 선물했다. 그리고 그 책은 니논의 인생을 바꿔놓는 결정적 계기가 되었다. 작품에 묘사된 카멘친트와 리하르트의 사랑이 자신의 사랑 이야기처럼 여겨졌다. 니논은 멀리 떨어져 있는 작가에게 동질감과 동료 의식을 느꼈다. 요하나는 오랫동안 니논의 우상이었다. 니논은 그녀처럼 생각하고 그녀처럼 말하는 등 그녀를 닮기 위해 노력했다. 그때의 감정이 1926년에 다시금 새롭게 불타올랐다. 여신을 향했던 감정은 이제 새로운 신을 향하고 있었다.

니논은 요하네스 골트와의 관계가 자신의 인생에 위험 요소가 될 수 있다는 사실을 나중에야 깨달았다. 그건 돌빈과의 결혼 생활에서도 마찬가지였다. 요하네스와의 관계에서 자아 인식이 결여된 채 자기소외를 경험한 게 아닌가 하는 의심이 들었다. 그녀는 헤세의 첫번째 부인 마리아처럼 되고 싶지 않았다. 그리고 『클라인과 바그너』에서 살해당한 '클라인 부인'처럼 되고 싶지 않았다. 니논의 꿈속에서 헤세는 라일락을 손에 쥐고 잠자리에 들었다. 그 꽃은 그의 품 안에서 꺾이고 시들어버렸다. 하지만 현실에서 그녀는 그를 위해 꽃을 활짝 피우고 싶었다. 그리고 아름다운 향기를 마음껏 풍기고 싶었다. 그녀는 헤세에게 편지를 보내 만나자고 청했다. 인스부르크에서, 혹은 아를베르크에 위치한 성 안톤에서. 장소는 전혀 문제가 되지 않았다. 그가 올 수 없다면 그녀가 그에게 가면 그만이었다. 그녀는 지난번 취리히에서 그를 방문했을 때 목걸이를 두고 돌아왔다. 그것을 핑계로 다시 한 번 헤세를 만나러 갈 생각이었다. 하지만 헤세가 보낸 편지에는 그녀의 목걸이를 우편으로 돌려주겠다는 내용이 적혀 있었다. 목걸이가 떨어져도 모를 만큼 열정적으로 포옹을 한 사이였는데, 헤세의 편지는 지극히 냉정하고 사무적이었다. 니논은 그만 땅바닥에 털썩 주저앉고 말았다.

그렇다고 헤세를 포기할 수는 없었다. "운명을 함께 짊어지려고" 하지 말라는 헤세의 경고는 그녀의 귀에 들어오지 않았다. 어쩌면 니논은 그의 작품에서 자신의 운명을 예감했는지도 모른다. 그의 이루어지지 않는 사랑, 룰루와 엘리자베트를 향한 연모의 감정, 『로스할데』에서의 결혼의 좌절과 아픔, 그의 동성애적 성향과 어머니에 대한 채워지지 않는 그리움. 니논은 취리히에서 『클링조어』에 등장하는 '산의 여왕'의 존재를 고통스럽지만 받아들여야 했다. 젊고 아리따운 그녀는 『황야의 이리』에서 주인공 하리 할러의 다락방을 찾아와 그와 심하게 다툰 뒤 홀연히 떠나버린 여인이기도 했다. 헤세는 자신이 두번째 부인 루트를 취리히에서 만나고 있다는 사실도 굳이 숨기지 않았다. 그는 아로사에서 요양을 마친 그녀가 새로 거처를 마련한 바젤도 방문했다. 그해 겨울, 헤세는 여인들과 시시덕거리고 축제를 즐기고 춤도 추었다.

니논은 헤세가 마리아와 정기적으로 편지를 주고받는다는 사실을 알지 못했다. 마리아가 아스코나에 있는 저택을 담보로 빌린 융자금을 헤세가 대신 납부해주었다는 사실도 알지 못했다. 큰아들 브루노가 헤세와 함께 취리히의 전통 가면무도회에 참석했다는 사실, 작은아들 하이너가 프라우엔펠트에 있는 기숙학교에서 공부하고 있다는 사실, 막내아들 마르틴이 마리아의 형제들과 그리 멀지 않은 툰에서 김나지움에 다닌다는 사실도 알지 못했다. 마르틴은 플라흐와 에르트베르크에게 개인 과외를 받았는데도 이탈리아어로 공부하는 학교에는 가지 못했다.

어린 시절에 그랬던 것처럼 니논은 그녀만의 감정 세계에 갇혀 있었다. 속이 들여다보이지 않는 유리알의 중심에는 헤세가 있었다. 1926년 성령강림제 일요일, 니논은 헤세에게 편지를 썼다. 그리고 그가 성 히에로니무스이고, 그녀는 그를 지키는 사자라고 말했다. 그녀는 헤세가 겪는 속세의 고통을 덜어주고, 그의 창작을 위해 모든 걸 떠안을 준비가 되어 있었다. 헤세는 취리히의 겨울 숙소에서 몬타뇰라로 거처를 옮기려고 했다. 니논은 그가 짐을 꾸리는 걸 돕겠다고 제안했다. "번거로운 일"을 대신해주고, 일이 끝나는 대로 곧장 떠나겠다고 말했다. 하지만 헤세는 그녀의 도움을 받아들이지 않았다. 그는 작품 낭송회를 위해 슈투트가르트와 블라우뵈렌으로 떠났다. 몬타뇰라로 돌아가기 전, 헤세는 잠시 취리히에 들렀다. 이탈리아에서 돌아온 에미와 후고를 만날 생각이었다. 후고 부부는 헤세와 가까운 소렌고에 거처를 마련했다. 헤세는 카로나에서 루트를 만나기로 했다. 랑 박사는 헤세를 만나기 위해 루가노를 방문하겠다고 약속했다. 1926년 여름, 테신에 니논을 위한 자리는 그 어디에도 없었다.

*

돌빈은 몹시 자존심이 상했다. 니논은 빈에 머물며 종종 헤세를 방문하면서도 자신이 사는 베를린에는 한 번도 찾아오지 않았기 때문이다. 그래도 그는 니논이 어릴 때부터 헤세를 흠모해왔다는 사실을 알고 있었기 때문에 그녀를 이해하려고 노력했다. 그리고 그녀가 "멀리 있는 신" 대신에 가까이 있는 인간을 사랑한다고 놀려댔다. 니논의 전기를 집필한 여류 작가 기젤라 클라이네Gisela Kleine는 이렇게 적었다. "돌빈은 그녀가 헤세의 '고문拷問과도 같은 삶'을 치유하고 완화하려는 걸 과장된 소명 의식이라고 비웃었다." 하지만 니논은 헤세와 함께하려는 뜻을 굽히지 않았다. 다급해진 돌빈은 그녀에게 우울증 환자와 평생 함께할 수는 없을 거라고 경고했다.

니논은 헤세의 편안한 휴식처가 되고자 했다. 그녀는 "나의 불쌍한 아이" 헤세를 위해 어머니의 역할을 자처하고 나섰다. 하지만 그건 헤세의 첫번째 부인과 두번째 부인이 모두 실패한 역할이었다. 헤세는 니논의 적극적 구애에 거부감과 부담감을 느꼈다. 그녀를 베를린으로 초대한 돌빈은 함께 여행을 떠나자고 제안했다.

니논은 사랑하는 사람의 작품을 읽고 또 읽었다. 그리고 그가 좋아하는 음악을 들으며 그의 존재를 느꼈다. 그녀는 17세기 프랑스의 금세공에 관한 박사 논문을 쓰고 있었는데, 전혀 진척을 보지 못하고 있었다. 그녀의 관심이 온통 헤세에게 쏠려 있었기 때문이다. 루트를 만난 헤세는 니논에게 그 사실을 적어 보냈다. 편지를 읽고 난 니논은 상심했다. 하지만 열흘 뒤 그녀는 다시금 차분해진 마음으로 헤세에게 편지를 썼다. 자신의 삶을 그에게 바치겠노라고.

1926년 6월 14일, 니논은 헤세에게 편지를 띄웠다. 그녀가 취리히를 떠난 지 3개월가량 지난 뒤였다. "겸손하게 당신의 뜻을 따르면서도 또한 당당하게 나를 지키려고 합니다. 내가 당당해야지만 나를 당신에게 맡길 수 있으니까요. 그렇지 않으면 그건 선물이 아니라 집착에 지나지 않을 겁니다." 6월 30일에는 헤세에게 사진을 보냈다. "당신이 나를 갖고 싶다면 언제라도 전화하세요. 내가 어디 있는지 당신도 잘 알고 있잖아요. 당신을 위해 항상 거기에 있는 니논이." 하지만 헤세는 그녀의 구애에 별다른 반응을 보이지 않았다. 소리 없는 아우성, 메아리 없는 외침이었다.

니논은 잘츠부르크로 여행을 떠났다. 거기서 그녀가 구입한 잡지에 헤세의 시 「위기」가 실려 있었다. 「방탕아」도 있었다. "욕망의 불꽃이 붉게 피어나고, / 그대의 가슴에는 꽃봉오리가 유쾌하게 미소 짓고 있다. / 내 혀 아래서 두려움에 떨며. / 한때는 나도 어린 소년이었다." 어린 시절의 초상에서 벗어나기 위해 발버둥치는 남자는 사랑하는 여인의 "경련을 일으키는 목"을 두 손으로 움켜쥔다. "피가 침대 속에서 피어나고 있다. / (…) 그대 가슴에서 꽃이 피어나고 있다. / (…) 우리 모두는 대가를 치러야 한다. / 우리의 피로."

시를 읽고 난 니논은 헤세에게 편지를 썼다. "당신이 이 시를 쓰기 전에 얼마나 고통스러워했을지 마음이 아프네요. 당신에게 나를 건네주고 싶어요. 성 베로니카가 그리스도에게 땀을 닦을 수건을 건네주었듯이 말이에요. 내 안에는 당신의 상像이 불멸의 불꽃으로 타오르고 있답니다." 유대인인 그녀가 그리스도의 상에서 은총과 구세주를 찾는다는 건 놀라운 일이었다. 니논은 헤세의 셔츠나 안경이 되고 싶다고 말했다. 몬타폰 계곡의 가르겔렌에서 휴양할 때는 꽃이 만발한 초원에서 목양신牧羊神을 떠올리며 헤세를 그리워했다. 그녀는 헤세에게 파리 여행을 제안했다. 하지만 헤세에게서는 3주가 지나도록 아무런 연락도 없었다. 9월 18일, 그녀의 생일에도 헤세는 축하 엽서나 수채화를 보내지 않았다. 그녀의 유일한 위안은 요하나 골트의 방문이었다. 요하나는 니논의 동행 없이 혼자 루가노로 향했다. 그리고 몬타뇰라 언덕을 올라 카사 카무치에 이르러서는 헤세가 기거하는 "수도자의 방" 앞에 멈추어 섰다. 창의 덧문은 굳게 닫혀 있었다. 시인 헤세는 요양을 하러 바덴으로 떠난 뒤였다.

니논은 헤세에게 계속 여행을 제안했다. 캘리포니아와 남태평양의 섬, 페르시아가 여행의 목적지였다. 하지만 헤세에게서는 아무 답장도 오지 않았다. 그녀는 돌빈에게 크리스마스 초대를 받아 베를린으로 떠났다.

*

마리아는 휴가객들에게 방을 빌려주고 집안 살림을 돌보고 정원을 가꾸느라 바삐 지냈다. 아이들은 커가면서 아버지 헤세를 점점 더 부정적으로 바라보았다. 몬타뇰라로 헤세를 만나러 갔던 하이너는 계획보다 일찍 돌아왔다. 헤세의 끊임없는 불평과 푸념을 더 이상 견딜 수 없었기 때문이다. 루트는 바젤에서 새로운 인생을 시작하기로 마음먹었다. 리자 벵거는 헤세를 초대하며 변치 않는 우정을 다짐했다. 헤세도 그녀에게 답장을 보냈다. "제 인생에서 가족에 대한 기억은 별로 좋지 않답니다. 가족은 저에게 즐겁고 행복한 추억을 주지 못했어요. 반면에 우정은 저에게는 가장 중요하고 소중한 자산이랍니다. (…) 저는 우리의 우정이 우리가 맺은 인척 관계보다 훨씬 더 행복하고 지속적일 거라고 확신합니다. 지금까지 수십 년 동안 저의 잘못 때문에 헤어진 친구는 단 한 명도 없습니다."

친구의 우정이 절실한 지금, 그의 곁에는 친구가 없었다. 겨울에 가면무도회에서 함께 즐거운 시간을 보낸 랑 박사는 병에 걸린 딸 카를리를 돌보느라 다보스에 머물고 있었다. 그는 누구보다도 헤세를 잘 알고 이해하는 친구였다. 후고 부부는 장티푸스에 감염된 안네마리의 건강을 걱정하고 있었다. 안네마리는 루가노의 병원에서 치료를 받고 있었다. 그녀의 병 때문에 후고는 몇 주 동안 헤세 전기를 집필하지 못하고 있었다. 화가 알베르트 뮐러와 그의 부인 아나는 당시에 유행하던 병에 걸려 세상을 떠났다.

테신 시절에 알고 지내던 친구들도 하나둘씩 헤어지거나 흩어졌다. 점성술에 능한 엥레르트는 마리아 홀츠라이트너와 그녀의 딸 재클린과 헤어지고 나서 인도로 떠났다. 그가 다시 돌아왔을 때는 임신한 여인과 함께였다. 그와 동행한 게오르기네 베르메르Georgine Vermeer는 부유한 네덜란드 여성이었다. 두 사람은 바타비아에서 처음 만나 사랑에 빠졌다. 1921년에 아스코나로 이사 온 파올로와 마르게리타 오스발트 부부도 이혼했다. 마르게리타는 처녀 시절의 성을 다시 사용했다. 이탈리아 태생인 그녀는 가끔 고향인 안티콜리에 머물거나 마조레 호수나 루가노에 머물렀다. 그 뒤로 그녀와 헤세의 접촉은 끊어졌다. 1936년에 그녀가 보낸, 이탈리아어로 쓴 엽서만 남아 있었다. 그녀는 몬타뇰라의 추억을 떠올리며 다시 만날 날을 기약했다.

1926년, 헤세에게 소식을 전한 또 다른 여인이 있었다. 그녀는 엘리자베트 게르츠-루프다. 헤세는 그녀의 서정시집 『도항渡航, Überfahrt』을 착잡한 심정으로 읽었다. 특히 시집 가운데 세 편의 시가 그의 마음을 흔들어놓았다. 「작은 시골 풍경 사진 앞에서Vor einem kleinen Landschaftsbild」, 「남국의 여름Südlicher Sommer」, 그리고 「귀환Abkehr」. 이 중 「귀환」은 '헤세와의 연애 이야기'를 노래한 시였다. 클링조어의 여름, 카레노의 날들, 낮의 여인 루트와 밤의 여인 엘리자베트 루프에 대한 추억이 다시금 되살아났다. "난 당신을 끝없이 사랑해야만 합니다. / 난 당신의 자애로운 어머니가 되어야만 합니다. / 동반자, 어린아이. / 천사와 장난감, 숭고한 상像과 죄악. / 당신에게 내맡겨진 채. 어떤 질문에도 눈이 먼."

1948년에 엘리자베트 게르츠-루프는 이 시들을 모아 그녀의 시집 『호토마Hotoma』에 수록했다. 「남국의 여름」에는 괄호

안에 "시인 헤르만 헤세에게"라고 적어 넣었다. 루트는 그녀에게 별다른 관심을 보이지 않았지만, 니논은 그녀가 몬타뇰라를 방문한 데 질투를 느꼈다. 그녀의 시집을 받아 든 헤세는 기쁘기보다는 불편을 느꼈다. 그는 더 이상 과거에 연연해하고 싶지 않았다. 엘리자베트 루프나 루트 모두 지나간 과거의 그림자일 뿐이었다. 헤세는 3월에 니논과 함께했던 날들도 일어나지 않았던 일로 치부하고 싶어 했다. 친구들에게는 그녀를 "빈에서 온 여인"이라고 소개했다. 헤세는 『황야의 이리』를 완성하기 위해 무엇보다 조용한 분위기와 마음의 여유가 필요했다. 그래서 그는 언제나처럼 가을에 바덴으로 휴양을 떠났다. 겨울에는 취리히의 샨첸그라벤에서 지냈다. 그를 돌보던 알리체 로이트홀트는 후고를 초대해 헤세의 전기에 관해 이야기를 나누었다. 1926년 12월 20일, 니논은 베를린으로 떠나겠다고 헤세에게 통보했다. 헤세는 안도하는 기색이 역력했다. 그는 그녀에게 편지와 함께 사진을 동봉해 보냈다. 12월 27일, 그녀는 답장을 보내 감사의 인사를 전했다. 그리고 조만간 그에게 돌아오겠다고 말했다.

그녀는 돌빈과 함께 극장과 레스토랑을 드나들었다. 돌빈은 자신의 성공과 경제적 능력을 자랑스럽게 여겼다. 베를린을 떠나기로 결정한 니논은 그에게 빈으로 돌아가 해결해야 할 일들이 있다고 핑계를 댔다. 이재理財에 밝지 못한 탓에 그녀가 상속받은 재산은 점점 더 줄어들었다. 그녀는 스스로 돈을 번 적이 단 한 번도 없었다. 그렇다고 미래를 걱정하는 것도 아니었다.

그녀에게는 어릴 적부터 아버지가 든든한 버팀목이었다. 베를린에서는 돌빈이 모든 경비를 지불했다. 헤세가 그녀를 도와주려고 했지만, 그녀는 아직 쓸 돈이 남아 있다며 받지 않았다. 그녀는 체르노비츠에 있는 부모 집을 매각할 계획이었다.

*

1927년 1월 말. 취리히에 도착한 니논은 헤세의 건강 상태를 보고 소스라치게 놀랐다. 그는 또다시 두통과 안질로 고생하고 있었다. 감기 때문에 고열에 시달리기도 했다. 그는 마르크발터 박사의 도움을 받기 위해 베레나호프로 떠났다. 2월 3일, 헤세는 에미에게 편지를 썼다. "난 일주일 전부터 바덴에 있는 호텔 침대에 누워 있답니다. 미음을 여섯 숟가락 먹는 데도 힘이 듭니다. 하루 종일 힘없이 누워 있습니다. 취리히에서는 고열과 두통 때문에 가만히 있을 수 없었습니다. (…) 마치 내가 아프기만을 기다리기라도 한 것처럼 모두 내 곁을 떠나버렸습니다. 아내뿐 아니라 로이트홀트 부부도 떠났습니다. 그리고 랑 박사도 모자를 흔들며 작별을 고하더군요. 지금은 나 혼자 바덴에 머물고 있습니다." 헤세는 자신이 혼자가 아니라는 사실을 굳이 밝히지 않았다. 에미와 후고가 니논을 만난 건 여름이 되어서였다.

1월에 헤세는 자기 인생을 텅 빈 지갑과 비교했다. 돈이 들어 있지 않으면 아무 쓸모도 없는 지갑을 이리저리 들고 다니는 인생이라고 생각했다. "난 아침이 되어도 일어나고 싶지 않아요. 그래서 정오가 될 때까지 침대에 누워 있답니다. 저녁이 되어서야 비로소 일어나 포도주나 코냑을 마시며 음악을 듣고 책을 읽지요. 그러면 정신이 맑아지고 기분도 좋아진답니다. 지금 내 지갑에는 20라펜이 들어 있네요." 헤세는 올해 초에 루트가 요구해온 이혼 문제 때문에 마음이 편치 않았다. 니논은 확실하게 마음을 정하지 못하고 갈등하고 있었다. 남편 돌빈과 헤어지는 게 생각보다 훨씬 어렵게 느껴졌다. 그녀는 여전히 돌빈을 사랑했다. 1927년 2월 2일, 그녀는 돌빈에게 사랑을 고백했다. 하지만 곤경에 처한 헤세를 그냥 내버려둘 수는 없는 노릇이었다. 그래서 헤세가 건강을 회복하는 대로 베를린으로 가겠다고 약속했다. 하지만 사흘 뒤에 돌빈에게 보낸 편지에는 헤세가 여전히 병석에 누워 있고 삶을 저주하며 스스로 목숨을 끊으려고 한다는 내용이 적혀 있었다.

2월 8일과 9일, 헤세는 취리히에서 출판사 사장인 사무엘 피셔를 만났다. 니논은 바덴에 남아 있었다. 2월 5일, 그녀는 돌빈에게 편지를 띄웠다. "난 날마다 당신 생각을 한답니다. 내가 얼마나 당신을 사랑하고 있는지 놀랍지 않나요? (…) 지금까지 우리는 부부 관계가 끊어지고 깨질 때마다 꿰매고 붙이기를 반복했지요. 내 가슴은 여전히 당신을 사랑하고 있답니다." 헤세가 떠난 지금, 니논은 베를린에서 돌빈과 함께했던 행복한 시간들을 떠올렸다. 그녀의 머리를 쓰다듬던 그의 따뜻한 손길을 느꼈다. 니논은 생각할 시간을 달라고 그에게 부탁했다. 취리히에서 돌아온 헤세는 지친 몸과 마음을 추스르지 못한 채 여전히 죽음을 동경하고 있었다. 심지어 폐렴에 걸려 죽게 될 날을 꿈꾸었다. 그런 헤세를 내버려두고 떠날 수는 없었다.

니논의 사촌 여동생 넬리Nelly는 그녀에게 조언과 충고를 해주었지만, 아무 소용이 없었다. 니논은 매일 헤세를 찾아갔다. 그의 건강 상태를 살피고 『황야의 이리』 필사본을 만드는 일을 도와주었다. 이 소설은 초여름에 피셔 출판사에서 출간될 예정이었다. 헤세는 카를 구스타프 융 박사의 '심리 클럽'에서 작품 낭송회를 가졌다. 거기서 니논에게 랑 박사를 소개해주었다. 헤세는 랑 박사에게 말했다. "돌빈 부인이 우연히 나를 찾지 않았더라면 난 지금쯤 이 세상 사람이 아닐 겁니다. 차라리 그렇게 되었으면 좋았을 텐데 말입니다. 조만간에 그녀는 내 곁을 떠날 겁니다. 그러면 난 어디론가 떠날 겁니다. 이 지긋지긋한 겨울에서 벗어나고 싶습니다."

하지만 니논은 그의 곁을 떠나지 않았다. 그녀는 황야의 이리가 짊어진 운명을 절감했다. 그리고 그의 인간적인 성향과 동물적인 성향을 감지했다. "그가 누구를 미워하거나 누군가가 그를 미워하는 게 아니었다. 오히려 정반대였다. 그에게는 친구가 많이 있었다. 친구들은 그를 무척 좋아했다. (…) 하지만 그에게 가까이 다가가지는 못했다. 어디서도 친밀한 결합은 이루어지지 않았다. 그와 인생을 함께 나누고 싶어 하는 사람, 함께 나눌 수 있는 사람은 아무도 없었다." 니논은 자신이 그걸 해야 하고, 또 할 수 있다고 믿었다. 1927년 3월 말, 돌빈에게 보낸 편지에는 그녀의 내면적인 갈등과 남편에 대한 양심의 가책이 담겨 있다. 하지만 그녀는 남편보다 헤세가 자신을 더 필요로 한다고 확신했다. 헤세가 힘들어할 때 그의 곁에서 위로해줄 친구는 어디에도 없었다. 그런데 만일 헤세가 스스로 고통을 원하는 거라면 그녀는 어떻게 해야 한다는 말인가? 그녀가 그의 고통을 덜어주는 게 아니라 오히려 가중시키고 있는 거라면 또 어떻게 해야 한다는 말인가?

돌빈 주위에는 여자가 많았다. 스캔들도 심심찮게 일어났다. 특히 여배우 엘렌 헤르츠Ellen Herz는 항상 그의 곁에 있었다. 언젠가 그는 니논에게 엘렌을 소개해주겠다고 말한 적이 있다. 하지만 니논은 그의 제안을 거절했다. 그건 질투심 때문이었다. 그녀는 여전히 그를 사랑했다. 그리고 대도시 베를린의 화려한 생활, 멋진 저택, 자유로운 여행은 니논을 유혹했다.

헤세는 변덕이 너무 심했다. 니논에게 다정하게 대하다가도 불현듯 화를 냈다. 그녀는 그의 심기를 건드리지 않거나 그의 기분을 상하지 않게 할 수 있는 방법을 찾지 못했다. 통증과 소화불량, 우울증에 시달리는 그의 곁에서 과연 그를 보살피고 그와 함께 행복하게 살 수 있을까? 헤세가 자신과 니논의 나이 차이를 열여덟 살이 아닌 여든 살인 것처럼 받아들이고 있는 건 아닐까?

니논은 두 남자와 떨어져 있기로 마음먹었다. 더 이상 "이중적인 사랑"에 힘들어하고 싶지 않았다. 3월 29일, 그녀는 돌빈에게 편지를 썼다. "이제 당신과 완전히 결별할 때가 온 거 같아요. 그래야만 한 남자를 구원할 수 있을 테니까요. 하지만 지금은 그 남자에게서도 벗어나려고 합니다. 아직 그는 모르고 있어요. 어렴풋이 느끼기는 하겠지만요. (…) 난 내일모레 빈으로 떠날 겁니다." 4월 3일, 그녀는 헤세를 떠나 빈으로 향했다.

*

니논은 학업을 포기하기로 결심했다. 그녀에게는 글을 쓰고 싶은 욕망이 훨씬 더 강했다. 하지만 헤세에게는 알리지 않았다. 헤세는 몬타뇰라의 카사 카무치에서 여름을 보내기로 했다.

1927년 4월 24일, 바젤의 주 민사법원에서 헤세와 루트의 이혼 판결이 내려졌다. 헤세는 다시금 자유로운 몸이 되었다. 그로부터 6일 뒤, 엥레르트와 마리아 홀츠라이트너도 정식으로 이혼했다. 마리아는 딸을 데리고 루가노로 이사했다. 5월 25일, 게오르기네 베르메르와 결혼한 엥레르트는 이탈리아의 피에졸레와 엥가딘에서 살기로 했다. '카레노의 오페라' 시절에 맺었던 인연은 하나둘씩 깨어졌다. 하지만 에미와 후고는 예외였다. 후고 부부는 아그누초에서 처음 만난 뒤로 지금까지 사랑을 게을리한 적이 없었다. 헤세 전기를 완성한 후고는 귀신을 쫓는 의식과 정신분석에 몰두했다. 1927년 5월에 쓴 후고의 일기장에는 그가 랑 박사의 부인 카를리, 딸 카를리와 함께 나눈 대화가 기록되어 있다. 생명의 고비를 넘긴 랑 박사의 딸은 루가노에서 요양을 하고 있었다. 랑 박사도 루가노에 와 있었다.

겨울이 끝나갈 무렵, 헤세와 랑 박사는 사소한 오해 때문에 관계가 소원해졌다. 랑 박사는 헤세가 자신을 등한시한다고 생각했다. 헤세는 그에게 편지를 보냈다. "여기 황야의 이리가 있습니다. 그 이리가 당신을 향해 긴 혀를 내밀고 있답니다. 그리고 쉰번째 생일이 되면 목매달아 죽을 겁니다."

랑 박사는 헤세를 누구보다 잘 알았다. 5월 29일, 그는 루가노에서 헤세에게 편지를 띄웠다. "지난 몇 달을 돌이켜보니 우리 관계에도 어느 정도 숨 고르기가 필요한 거 같다는 생각이 듭니다. 지금 상태로는 계속 유지되기 힘들고, 설혹 유지되더라도 아무런 의미가 없다고 생각합니다. 당신을 위해서도, 나를 위해서도 말이에요. 안 그런가요? 당신은 내 말을 이해할 거라고 믿어요. 우리의 우정이 좀 더 아름다워지기를 기대해봅니다. (…) 나는 당신이 꾼 꿈이 무엇인지 무척 궁금해하고 있답니다." 6월 13일에도 편지를 보냈다. "어제 나는 당신과 당신의 꿈 덕분에 행복했습니다. 이제 우리가 서로 좀 더 이해하고 좀 더 다가갈 수 있다고 생각해요. 내가 당신을 얼마나 사랑하고 소중하게 여기는지 당신도 잘 알고 있으리라 믿습니다. 우리가 서로에게 속해 있다는 사실, 우리의 우정이 아름답고 특별하다는 사실을 난 잘 알고 있답니다."

5월, 니논은 체르노비츠에 머물면서 부모 집을 처분하기 위해 바삐 돌아다녔다. 그녀는 스물여섯 시간 동안 기차로 이동했다. 합스부르크가의 영토였던 오스트리아와 체코, 루마니아, 폴란드 국경을 넘기도 했다. 크라카우에서는 친척들을 방문했다. 체르노비츠에 도착한 그녀는 요하나 골트의 집에 묵었다. 고향은 많이 변했지만, 어린 시절의 기억은 전혀 손상되지 않았다. 당시 그녀는 처음 헤세의 책을 읽고 그에게 편지를 보냈다. 헤세는 그녀가 가까이하기엔 너무 먼 존재였다. 하지만 지금 그녀의 꿈은 현실이 되어가고 있었다.

1927년 6월, 그녀는 헤세가 있는 몬타뇰라로 돌아왔다. 헤세는 그녀를 위해 카사 카무치에서 왼쪽 측면 건물의 1층에 가구가 비치되어 있는 방을 내주었다. 오른쪽 측면 건물의 위층에 있는 자신의 거실과는 충분한 거리가 있었다. 이렇게 해서 두 사람의 "분리된 동거 생활"은 시작되었다.

●

목소리

올겨울에 나는 취리히에서 경건하지도 모범적이지도 않은 시간
을 보냈답니다. 오랫동안 고독하게 살다가 다시 한 번 세상과 부
대끼면서 다채로운 삶을 맛보았지요. 거기에는 물론 여성들도
포함되어 있습니다.

1926년 4월 5일, 몬타뇰라에서
헤르만 헤세가 세실리에 클라루스Cecilie Clarus에게 보낸 편지

나는 헤르만 헤세를 설득했다. 그리고 그와 함께 호텔 보르 오 라
크에서 열리는 가면무도회에 갔다. (…) 처음에 헤세는 별로 내키
지 않는 표정으로 시끌벅적한 연회장 주위를 둘러보았다. 바로
그때, 광대 분장을 한 매력적인 여인이 헤세를 알아보고는 그에
게 다가와 무릎 위에 앉았다. 우리 친구 헤세는 기쁨에 겨워 어쩔
줄 몰랐다. (…) 다음 날 나는 헤세가 보낸 감사의 편지를 받아 들
었다. "수십 년을 나와 함께한 친구들은 도대체 뭐란 말인가? 난
지금까지 가면무도회가 뭔지도 모른 채 살아왔다네.

헤르만 후바허Hermann Hubacher

바젤을 떠나올 땐 너무 춥고 아쉬웠답니다. (…) 헤어지기 전에 우리가 다툰 것도 마음에 걸립니다. 그렇다고 해서 당신과 함께 한 시간이 덜 행복한 건 아닙니다. 난 당신이 노래하는 모습을 보고 싶습니다. 다음번에는 꼭 보고야 말 겁니다. 당신의 예쁘고 푸른 방에서 잘 지내도록 해요. (…) 방금 전에 당신이 보낸 편지를 받았어요. 독감에 걸려 며칠 동안 고열에 시달렸는데 덕분에 말끔히 다 나은 기분입니다. 몇 달 만에 사랑하는 연인의 글을 읽는다는 건 정말 기분 좋은 일입니다. 정말 고마워요. 내 사랑 루트.

1926년 3월 11일, 취리히에서 헤르만 헤세가 루트에게 보낸 편지

사랑하는 헤르만! 정말 아픈 거예요? 혹시 여기 와서 감기에 걸린 건가요? 독감은 아니에요? 당신이 보내준 시는 잘 받아 보았어요. 마음 깊이 고맙게 생각하고 있어요. 무척 아름다우면서도 애잔한 느낌을 주는 시더군요. 당신의 입에 입맞춤을 해주고 싶어요. 그리고 당신에게 내 느낌을 말해주고 싶어요. 당신이 쓴 악보도 잘 받았습니다. 다음엔 꼭 노래를 들려줄게요. (…) 잘 지내요, 내 사랑. (…) 슬퍼하지 마세요, 내 사랑. 내가 뭘 해줄 수 있을까요? 당신의 손을 어루만지고 또 입맞춤합니다.

1926년 3월, 루트가 헤르만 헤세에게 보낸 편지

사랑하는 니논에게. 당신이 시킨 대로 지금 당신에게 편지를 쓰

고 있습니다. 이게 내가 보내는 마지막 편지가 될 겁니다. 당신도 나에게 더 이상 편지를 보내지 말기 바랍니다. (…) 내 아내 이야기만 나오면, 당신은 이내 질투를 부립니다. 그럴 때마다 나는 마음이 편치 않습니다. 난 당신의 사랑을 받아들인 걸 후회하고 있답니다. 그래서 당신에게 용서를 구하려고 합니다. (…) 내가 당신에게서 요구와 불평, 비난을 듣기 위해 그토록 오랜 세월을 힘겹게 살아온 게 아닙니다. 내 아내도 나한테는 그렇게 하지 않아요. 그건 내 아내에게도 허용되지 않는 겁니다.

1926년 6월 11일, 몬타놀라에서 헤르만 헤세가 니논 돌빈에게 보낸 편지

오늘은 당신에게 부탁, 아니 제안하려고 해요. 우리가 서로 갈라서는 게 좋겠다는 생각이 들어요. 내가 당신과 이혼하고 다른 사람과 결혼하기 위해 그러는 건 아닙니다. 그렇다면 당신에게 미리 말했을 겁니다. 그냥 지금 상황이 너무 힘들기 때문이에요. 내가 보기에는 당신도 힘들어하는 거 같더군요. 당신이 내 말에 동의해준다면 정말 고맙겠습니다.

1927년 1월 4일, 바젤에서 루트가 헤르만 헤세에게 보낸 편지

이혼을 허락하기 전에 세 가지 조건이 있습니다. 첫째, 이혼소송이 개인적으로 나에게 무거운 짐을 지우지 않고 진행되기를 바랍니다. 둘째, 당신이 이야기했던 것처럼 소송비용은 전적으로

당신이 책임지도록 해요. (…) 셋째, 이혼의 책임이 누구에게 있는지를 따지지 말도록 해요. 굳이 잘잘못을 이야기해야 한다면, 우리 두 사람이 똑같이 책임을 나누어지도록 하지요.

1927년 1월 10일, 취리히에서 헤르만 헤세가 루트에게 보낸 편지

여느 부부들처럼 당신이 나와 함께 한 지붕 아래서 정상적인 결혼 생활을 했더라면, 모든 게 지금과는 많이 달라졌을 거예요. (…) 당신은 매우 드센 여자나 아니면 순종적인 여자를 만났어야 했어요.

1962년 5월 28일, 드레스덴에서
헤세의 두번째 부인 루트가 헤르만 헤세에게 보낸 편지

크라이스 박사는 미술사를 공부하는 여자 조카가 소녀 시절부터 그를 흠모해왔다는 사실을 내게 말해주었다. 그리고 그의 부인이 그와 이혼하는 틈을 노려 여자 조카가 부인이 되었다는 말도 해주었다.

로베르트 무질Robert Musil

아마도 조만간에 아이들의 엄마가 하루 예정으로 이쪽으로 올 모양이네. 별로 달갑지 않은 일이지만, 그녀가 하고 싶은 걸 굳이

막지는 않을 걸세. 그녀는 한 번쯤 나와 진지하게 이야기를 해야 겠다는 생각을 하고 있는 거 같아. 그러고 나면 빈에서 사랑하는 여인이 도착할 걸세. 난 두번째 부인과도 벌써 이혼했다네. 그녀가 왜 이혼을 요구했는지 난 지금도 잘 모르고 있다네.

1927년 5월 31일, 몬타뇰라에서 헤르만 헤세가 발터 셰델린에게 보낸 편지

난 항상 당신을 생각하고 있답니다. 내가 할 수만 있다면 당신을 기꺼이 돕고 싶어요. 당신이 짊어진 인생의 짐을 조금이라도 덜어줄 수만 있다면 말이에요.

1927년 6월 6일, 아스코나에서 마리아 베르누이가 헤르만 헤세에게 보낸 편지

2.

1927년 여름. 니논은 카사 카무치에서 머물 방을 꾸몄다. 바덴이나 취리히와 달리 이곳에서는 헤세 곁에 가까이 있게 될 거라고 기대했다. 하지만 현실은 사뭇 달랐다. 헤세는 하루 일과를 미리 정해놓았다. 아침에는 아무도 그에게 가까이 갈 수 없었다. 혹시라도 니논이 보고 싶으면 그는 그녀에게 짧은 쪽지를 건넸다. 이미 호텔 크라프트에서 루트에게 선보였던 방식이었다. 당시에 루트는 전혀 내켜 하지 않았다. 하지만 니논은 불평 한마디 없이 헤세가 하는 대로 따랐다. 헤세가 그녀를 보고 싶어 하지 않으면, 그의 근처에는 얼씬거리지도 않았다. 저녁에 헤세가 그녀를 부르면, 그에게 가서 책을 읽어주었다. 헤세가 밀짚모자를 쓰고 그림을 그리러 나갈 때면, 니논은 그를 따라나서지 않았다. 그녀는 오히려 집에 남아 있는 걸 다행스럽게 생각했다. 여름에 뜨겁게 내리쬐는 테신의 태양이 견디기 힘들었기 때문이다. 하지만 1층에 있는 음습한 방 안에 틀어박혀 있는 것도 힘들기는 마찬가지였다. 그녀는 호텔 벨라 비스타의 레스토랑에서 점심 식사를 했다. 마을 사람들은 그녀를 알아보지 못했다. 그들에게 니논은 여전히 낯선 존재였다. 헤세에게 온 우편물 가운데는 에미가 보낸 편지가 가끔 들어 있었다. 발신 주소는 독일의 분지델과 드레스덴, 라이프치히라고 적혀 있었다.

에미는 헤세의 쉰번째 생일에 카사 카무치를 방문할 계획이었다. 니논은 잠시 후고를 만난 적이 있었는데, 그의 수척한 모습을 보고 깜짝 놀랐다. 후고는 위장 장애 때문에 치료를 받고 있었다. 그는 헤세가 신뢰하고 존경하는 몇 안 되는 친구 가운데 하나였다. 후고는 헤세가 주변의 몰이해 때문에 힘들어한다는 사실을 누구보다 잘 알고 있었다. 그 자신도 "정치적인 작가 내지 종교적인 작가로서 제대로 인정받지 못한다"라고 생각했기 때문이다. 니논은 후고나 그의 부인 에미가 쓴 책을 한 번도 읽어본 적 없었다.

6월 말, 에미가 헤세를 찾아왔다. 헤세는 그녀가 보낸 편지를 읽을 때마다 입가에 미소를 짓거나 크게 웃음을 터뜨리곤 했다. 후고의 병세가 악화되는 바람에 두 사람은 그를 데리고 취리히에 있는 적십자 병원으로 향했다. 테신의 의사들은 별로 심각하지 않다고 진단했지만, 취리히에서는 위암이라는 진단을 받았다. 7월 2일, 헤세의 쉰번째 생일에 후고는 수술대에 누웠다. 헤세는 한층 더 우울해졌다. 그는 에미가 후고의 소식을 알려 오기만을 기다렸다.

헤세의 생일 파티는 예정대로 진행되었다. 틸리와 막스 바스머는 차를 몰고 카사 카무치로 왔다. 그리고 헤세와 니논을 태우고 소렌고에 있는 전원풍 레스토랑으로 향했다. 그곳에는 축하객이 모여 있었다. 랑 박사는 딸 카틀리와 함께 루가노에서 왔고, 안네마리 혜닝스는 아그누초에서 왔다. 한스 모저Hans Moser는 바스머의 자동차를 타고 함께 왔다. 루이 무알리에의 형제도 아리따운 부인과 함께 그 자리에 있었다. 축하연에 참석한 사람들은 광당 포도주와 키안티산産 붉은 포도주를 마시며 혜세의 행운을 빌었다. 그리고 후고가 쓴 혜세 전기에 대해 이야기를 나누었다. 얼마 전에 출간된 『황야의 이리』에 대해서도 이야기했다. 식탁 위에는 미네스트론 수프와 구운 닭 요리, 케이크가 차려져 있었다. 일행들은 오후에 카사 카무치로 돌아왔다. 우편함에는 혜세의 생일을 축하하는 엽서와 편지가 수북이 쌓여 있었다. 하지만 에미에게서 온 우편물은 없었다.

나탈리나는 테라스를 새로 들여온 정원용 가구로 꾸미고 차탁茶卓을 차려놓았다. 바스머가 축음기를 가져와 폭스트롯Foxtrott을 틀었다. 사람들은 '황야의 이리' 혜세가 과연 춤을 출지 궁금해했다. 1926년 겨울에 혜세와 함께 춤을 연습한 랑 박사의 딸 카를리가 혜세에게 춤추기를 청했다. 혜세는 그녀와 춤을 추고 나서 안네마리와도 춤을 췄다. 두 소녀와 농담도 하고 뺨에 입맞춤도 했다. 저녁에는 작은 동굴로 가서 빵과 치즈를 먹고 노스트라노 포도주를 마셨다. 혜세로서는 잠시나마 에미와 후고의 일을 잊을 수 있었다.

이틀 뒤, 혜세는 니논에게 아무 말 없이 에미가 보내온 편지를 건네주었다. 7월 3일에 쓴 편지였다. "이 편지를 당신에게 보내고 싶지 않았어요. 내가 이 소식을 전하는 걸 용서하기 바랄게요. (…) 후고는 이미 죽은 목숨이나 다름없답니다. 더 이상

가망이 없대요. 슬프고 안타깝지만 어쩔 수 없는 일입니다." 의사들은 그의 암종癌腫을 완전히 제거하지 못했다. 이미 다른 신체 기관에 전이된 상태였다. 후고가 수술 후유증을 이겨내더라도 몇 주밖에 살 수 없다고 했다. 에미는 의사들과 친구들에게 그 사실을 후고에게는 비밀로 해달라고 당부했다. 그녀는 테신으로 와서 헤세를 만났다. 두 사람은 함께 후고가 머무를 장소를 물색했다. 그리고 몬타뇰라에서 그리 멀지 않은 성 아본디오에서 안락하고 쾌적한 거처를 찾았다. 이전에 수도원으로 쓰이던 곳이었다. "매우 아름답고 널찍하고 햇볕이 잘 드는 방이었다. 테신의 멋진 풍경, 산과 바다가 한눈에 들어왔다."

7월 24일, 에미는 취리히에서 남편 후고를 마중하러 나갔다. 랑 박사는 후고의 고통을 덜어주기 위해 모르핀을 가지고 갔다. 헤세는 루가노 역에서 기다리고 있었다. 에미가 구급차를 부르지 말라고 했기 때문에 택시를 대기시켜놓았다. 혹시라도 후고가 구급차를 보고 불안해할까 봐 염려해서였다. 랑 박사는 그녀에게 모르핀 주사를 놓는 법을 가르쳐주었다. 에미는 후고를 정성스레 돌보았다. 헤세는 거의 매일 그를 병문안했다. 니논과 아델레도 문병하러 왔다. 헤세는 정신적으로나 육체적으로나 점점 지쳐갔다. 그래서 9월 초에 며칠 동안 로카르노에 있는 보트머 박사에게 가 있기로 했다. 니논은 헤세에게서 버림받은 느낌을 받았다. 더군다나 헤세는 마리아를 만나러 아스코나에 갈 계획을 세우고 있었다. 그곳에는 이미 아델레가 놀러와 있었다.

헤세는 후고에게로 갔다. 리하르트 휠젠베크Richard Huelsenbeck
와 알베르트 에렌슈타인도 와 있었다. 보헤미안 시절과 다다이
즘 시절에 함께했던 오래된 친구들이었다. 헤세가 병문안을 마
치고 집에 돌아왔을 때, 랑 박사와 딸 카를리가 그를 기다리고
있었다. 그들과 함께 작은 동굴로 놀러 가기로 약속이 되어 있
었는데, 헤세는 소풍을 가지 않겠다고 퉁명스럽게 말했다. 나중
에 그는 그때의 일을 이렇게 변명했다. "그건 니논 때문이었습
니다. 왜인지는 모르지만 그녀는 하루 종일 불만스러운 표정이
었어요. 그녀가 내 기분을 완전히 망쳐버렸지요. 당신과 카를리
는 전혀 잘못이 없습니다. 그날은 도저히 그녀의 기분을 맞출
수가 없더라고요. 니논이 없었더라면, 난 기꺼이 당신들과 함께
작은 동굴에 놀러 갔을 겁니다." 헤세는 로카르노로 떠나고, 니
논도 빈으로 떠났다. 9월 14일, 헤세는 에미가 보낸 전보를 받았
다. 같은 날, 헤세는 랑 박사와 엥레르트에게 전보를 띄웠다. 그
리고 9월 16일에 후고의 장례를 치른다는 소식을 전해주었다.
그의 유해는 젠틸리노의 공동묘지에 안장될 예정이었다.

엥레르트는 친구 후고가 묻힐 묘지를 구입했다. 신부가 미사
를 올리는 동안 강풍을 동반한 폭우가 쏟아졌다. 장례 행렬은
교회를 빠져나와 묘지로 향했다. 에미와 안네마리, 카를라 파스
빈트Carla Fassbind, 헤세, 리하르트와 베아테 휠젠베크, 랑 박사와
부인 카를리, 딸 카를리. 에렌슈타인, 엥레르트. 엥레르트의 전
부인 마리아 홀츠라이트너가 그의 곁에서 걷고 있었다. 헤세는
후고의 장례식을 이렇게 회상했다. "그의 관은 이교도들이 장

지로 옮겼다. 나는 거센 비바람을 맞으며 촛불을 들고 운구 뒤로 걸어갔다." 흙을 파낸 무덤 주위로 "평범하지 않은 소수의 무리"가 둘러서 있었다. 신부가 기도를 하고 신의 은총을 빌었다. 마법사 엥레르트, 제명된 가톨릭 신자인 랑 박사, 그리고 열정적인 자유사상가들의 손에 들린 촛불들이 깜빡거리고 있었다. 장례가 끝난 뒤 헤세는 에미와 안네마리를 데리고 카사 카무치로 돌아왔다. 나탈리아가 벽난로에 불을 지피고 따뜻한 코코아를 가져다주었다. 그날 저녁 에미와 안네마리는 헤세와 함께 있었다. 그는 후고를 추모하는 마음으로 변함없이 그들을 보살피겠다고 다짐했다. "당신의 무덤을 떠나오면서 마음속으로 다짐했습니다. 당신에게 부끄럽지 않은 삶을 살겠다고, 그리고 당신의 모범적인 삶을 결코 잊지 않겠다고 말입니다."

*

후고가 집필한 헤세 전기를 두고 찬사와 혹평이 이어졌다. 튀빙겐과 가이엔호펜 시절을 함께한 친구 루트비히 핑크는 심한 모욕감을 느꼈다. 핑크의 친구들은 그를 폄하하는 부분을 삭제하라고 헤세에게 요구했다. 그들은 후고가 반역자라는 비방을 서슴지 않았다. 에미의 과거 행적을 들추어내고, 그녀의 작품을 "선정적인 소설"이라고 매도했다. 헤세는 후고와 에미를 두둔하고 나섰다. "난 이 소설들을 매우 좋아합니다. (…) 당신들이 후고와 에미에 대해 무슨 잘못을 입증하려고 하는지 모르겠군요. (…) 독일이 순수한 국가라는 당신들의 유치한 발상보다는 그녀의 작품이 덜 '선정적'이라고 생각합니다. 비록 독일이 1914년에 기습 공격을 받기는 했지만, 세르비아 민족을 해하려는 불순한 의도를 가지고 있었다는 사실을 부정할 수는 없을 겁니다." 핑크를 옹호하는 독일 국적의 친구들 앞에서 헤세는 전쟁이 "후고나 나에게는 생사의 문제가 되었다"라고 분명하게 밝혔다. 그러면서도 후고의 서술 때문에 핑크가 마음이 상했을 거라는 데는 동의했다. 1933년 헤세는 개정판을 내면서 가이엔호펜을 다룬 장을 축소하고, 문제가 되는 부분을 삭제하기로 했다. 핑크의 친구 가운데 한 명이 개정판 감수를 맡기로 했다.

핑크나 그의 친구들과는 달리 엘리자베트 라 로슈는 침묵했다. 1927년, 그녀는 로카르노의 서점에서 이제 갓 출간된 후고의 헤세 전기를 발견했다. 그리고 헤세가 그녀를 남몰래 짝사랑했다는 사실을 알고는 깜짝 놀랐다. 그녀는 후고가 그녀의 "이름을 폭로하기에" 앞서 그녀의 양해를 구했어야 했다고 생각했다. 그래서 후고에게 편지를 쓰기로 마음먹고 그의 주소를 알아보았다. 하지만 "후고가 세상을 떠났다"라는 사실을 알고는 더 이상 문제 삼지 않기로 했다.

마음이 편치 않은 건 루트도 마찬가지였다. 후고가 그녀의 이름을 전혀 언급하지 않았기 때문에 그녀는 자신이 "지워진" 존재라고 느꼈다. 그녀의 어머니 리자 벵거는 후고의 입장을 이해했다. 헤세가 자신의 두번째 결혼에 관해서는 언급하지 말라고 후고에게 부탁했다는 사실을 알고 있었기 때문이다. "후고가 헤세 전기를 쓸 당시에 네가 헤세의 연인이었다면, 너도 후고가 네 이름을 거론하는 걸 싫어했을 거 아니니. 넌 지금 헤세의 부인도 아니고, 그와 이혼한 사이잖니. 헤세가 두 번이나 이혼했다는 게 밝혀지면, 그에게는 정말 가혹한 일이 되지 않을까." 리자 벵거는 에미에게 한번 물어보겠노라고 딸에게 약속했다. 하지만 후고가 헤세의 사생활보다는 그의 문학에 관해 기술하려고 했다는 건 명백한 사실이었다. "난 후고가 너를 기만하거나 무시하려고 한 게 아니라고 믿는단다. (…) 설혹 그가 네 마음에 들지 않는 내용을 썼더라도 에미가 무슨 말을 할 수 있겠니. 그건 그녀의 잘못이 아니잖니. 그리고 그녀 마음대로 헤세의 전기를 고칠 수는 없는 거잖니."

후고가 세상을 떠난 지 몇 주 뒤, 에미는 "사랑하는 친구 헤세"에게 편지를 띄웠다. 그녀는 헤세의 도움을 받아 바덴에서 요양하고 있었다. "나는 지금까지 위로 편지를 수없이 받았지만 루트가 보낸 편지는 정말 황당하기 이를 데 없었답니다. (…) 그녀는 일부러 우리에게 편지를 쓰지 않았다고 말했습니다. 그 이유는 후고가 당신에 관한 전기에서 그녀를 전혀 언급하지 않았기 때문이라는 거예요. 그녀는 몹시 모욕감을 느낀 것 같았어요. '그런데도 당신에게 인사를 보냅니다'라는 문장을 보고, 난 그녀가 나에게도 좋지 않은 감정을 가지고 있다는 걸 알 수 있었습니다. 그런데 사실 후고는 나에 대해서도 전혀 언급하지 않았거든요. 그렇게 따지자면, 나도 기분이 좋을 리 없지요. 나도 사람인데 왜 안 그렇겠어요? 아무튼 그녀에게 뭐라고 답장을 보내야 할지 모르겠네요. (…) 난 전기를 쓴 사람도 아닌데 말이에요. (…) 이미 죽은 사람에게 이야기해본들 무슨 소용이 있겠어요."

루트는 자신이 헤세와 어떤 관계인지 공공연하게 드러내고 다녔다. 사람들을 만날 때도 공연을 할 때도 자신을 '헤세 부인'이라고 소개했다. 슈투트가르트에서 그레텔 블로흐Gretel Bloch와 함께 〈듀엣의 밤〉이라는 공연을 할 때도 초대장에 자신의 이름을 '루트 헤세'라고 적어 넣었다. 1928년 2월 13일, 심기가 불편해진 헤세는 루트에게 편지를 썼다. "우리가 이미 이혼한 사이라는 건 당신도 잘 알고 있을 거라 믿어요. 더욱이 내가 아니라 당신이 원해서 그런 거라는 사실도 말이에요. 당시에 나는 당신에게 내 이름을 쓰지 말라고 분명히 말했어요. (…) 난 당신이 바젤에서 '헤세 부인'이라고 내세우며 다녔다는 사실을 알고 있습니다. 더군다나 옛날 친구들뿐 아니라 처음 만난 사람들에게까지 그랬다는 걸 말입니다. (…) 지금까지는 사람들이 당신에 관해 이런저런 이야기를 하는 걸 대수롭지 않게 넘겼어요. 하지만 슈투트가르트에서 공연 안내문에 내 이름을 쓴 건 더 이상 묵과할 수 없습니다." 1930년 2월, 루트는 연극배우 에리히 하우스만과 결혼했다. 그와 결혼하기 전까지는 처녀 시절의 성을 다시 썼다. 그녀는 헤세의 독자와 숭배자들에게 자신이 '산의 여왕'이라는 사실을 알리고 싶어 했다. 그녀는 자신이 헤세와 결혼했던 사이라고 말할 때 사람들이 놀라워하는 모습을 보며 흡족해했다.

'카레노의 오페라'는 여전히 끝나지 않았다. 헤세의 작품에는 루트의 흔적이 남아 있었다. 1928년 10월 5일자 『베를리너 타게블라트』에 실린 「방 안의 산책 Spaziergang im Zimmer」은 수놓은 베개를 소재로 삼고 있다. 주인공 타미노와 파미나는 베개 위에서 불의 심판을 통과해야만 한다. 그건 헤세가 좋아하는 오페라의 주요 모티브이기도 했다. "나를 사랑했던 한 여인이 베개를 수놓았다. 그녀의 베개와 어여쁜 상징이 아직 나에게는 소중한 보물로 남아 있었다. 내가 그녀에게 준 자그마한 선물이 그녀의 영혼 속에 남아 있기를 나도 바라고 있다."

화해의 손짓. 하지만 2년 전만 해도 상반된 감정이 여전히 유령처럼 떠돌고 있었다. 『황야의 이리』에서 루트는 노루의 형상으로 묘사되었다. "나는 노루와 사랑에 빠졌다. / 어디선가 그녀를 찾을 수만 있다면! / 모든 노루 가운데 가장 아름다운. / 나는 귀여운 아가씨에게 진심으로 고마워할 것이다. / 그녀가 자신의 부드러운 뒷다리로 나를 잡아먹는다면. / 그녀의 연분홍의 피로 나를 들이마신다면. / 그러고 나서 밤새 울부짖기 위해서."

1926년 1월에 헤세는 바젤에서 그녀를 만나고 나서 이렇게 적었다. "나는 기차를 타고 사랑하는 여인에게로 달려갔다. / 그리고 우박과 폭우가 쏟아지는 밤에 집으로 돌아왔다. / 이내 고열에 시달리며 침대에 누웠다. / 신뢰는 그녀에게 공허한 망상이 아니었다. / (…) 사랑하는 여인에게 수많은 입맞춤을 보낸다. / 그녀의 두 눈에, 입에, 목덜미에, 무릎에, 그리고 발에. /

그녀가 생각하는 것보다 나는 그녀를 훨씬 더 사랑했다. / 그리고 그로 인해 더 많은 고통을 느껴야만 했다. / 내가 지상에서 겪어야 했던 그 어느 고통보다 더 지독한."

1928년에 헤세는 「한때 사랑했던 여인 Eine einstige Geliebte」을 불렀다. "당신은 나에게 싫증을 느끼고 갑자기 내 곁을 떠났다. / 그리고 마지막으로 내게 고통을 안겨주었다. / 나는 아직도 당신을 잊지 못하고 있다. / 내가 먼발치에서 늘씬한 몸매의 당신이 걸어가는 모습을 보게 된다면, / 아리따운 그 낯선 여인을 나는 갈망할 것이다. / 마치 우리가 예전에 부부가 아니었던 것처럼." 『위기 Krisis』에 실린 여러 편의 시에는 루트에 대한 기억뿐 아니라 또 다른 여인 니논에 대한 관심과 애정도 담겨 있다. "한 여인은 루트라고 불리었다. 나를 황홀하게 만들고 고통을 안겨준. / 그녀는 나에게 무슨 문제가 있는지 전혀 이해하지 못했다. / 내가 왜 만족하지도 행복해지도 못했는지. / 사랑하는 니논, 오늘 그대는 나의 달이다. / 근심에 싸인 나의 어둠 속으로 빛을 비추는. / 비운의 내 심장이 그토록 애처롭게 숨 쉬고 있는. / 그대의 현명한 두 눈은 사랑으로 넘쳐나고 있다. / 아, 언제나 영원토록 내 곁에 머물러 있을 수만 있다면!"

3.

1927년 1월 말,『황야의 이리』를 탈고한 헤세는 누나 아델레에게 편지를 띄웠다. "『황야의 이리』를 읽고 너무 신경 쓰지 않았으면 좋겠습니다. 자칫 누나에게 고통만 안겨줄까 걱정이 되네요." 지나칠 만큼 노골적인 묘사는 일반적인 상식과 한계를 뛰어넘었다. 독자들뿐 아니라 비평가들에게도 마찬가지였다. 헤세는『황야의 이리』에 수록된 시들 가운데 다섯 편을 잡지『연대기Annalen』의 발행인 발터 무슈크Walter Muschg에게 보냈지만, 원고료가 너무 높다는 이유로 게재되지 못했다. 하지만 진짜 이유는 무슈크가 독자들의 부정적인 반응을 두려워했기 때문이었다. 헤세는 아니 보트머에게 편지를 썼다. "그건 이 시들이너무 반시민적이고 비도덕적이기 때문이랍니다." 헤세는『황야의 이리』에서 중요한 시와 산문을 모아『위기』라는 제목으로 따로 묶었다. 그리고『황야의 이리』가 세상에 나온 지 1년 뒤, 사무엘 피셔의 권유에 따라 별권으로 출간했다. 원고의 상당 부분은 수정되거나 삭제되었다. 에미의 이름은 '파니'로 바뀌고, 「정신분열Schizophren」이라는 시에서 고백하는 장면은 완전히 빼버렸다. "내가 바로 그 목수이다. / 정신적인 부담 때문에힘겨워하고, 약간은 동성애적인 취향이 있다. / 유감스럽게도 이제는 생식능력조차 없다. / 사람들이 그걸 뭐라 부르든지 간에." 헤세는 남자의 성기를 '꼬리'에 비유했다. 꼬리털이 희끗해지고 더 이상 꼬리를 흔들지도 못하는 노년의 남성은 사랑하는 여인을 목 졸라 죽인다.

헤세를 아는 여인들과 친구들은 "무모할 만큼 과격하고 몽상적인 작품"을 읽고 충격을 받았다. 물론 그들은 헤세의 염세적 인생관과 자살 충동에 관해 어느 정도 알고 있었다. 하지만 섬뜩할 정도로 냉철한 자아 성찰과 거칠고 조야한 성적 묘사는 그들에게 거부감을 안겨주었다. 에미와 후고는 예외였다. 그들은 이 작품을 예술적인 해방 의지의 표현 내지 자유를 쟁취하기 위한 예술적 시도로 보았다. 헤세 전기의 마지막 장에서 후고는 『황야의 이리』를 헤세의 "가장 강력한 현현"이라고 불렀다. "인간 내면의 동물성이 파헤쳐지고 꺾임으로써 악마적인 원상原像이 고양되고, 불안과 공포, 히스테리, 현란한 궤변의 진로가 차단되었다. (…) 사람들은 비명을 내지르거나 심한 욕설을 퍼부을지도 모른다. 그런데도 이 작품은 하나의 시도로서 이해되어야 한다. 즉, 우리 시대의 개괄적이고 상투적인 악마 숭배를 거부하고, 모든 자비로움과 고상함을 위한 공간을 마련하기 위한 시도인 것이다."

마리아는 요슈반트에 있는 브루노를 만나러 갔을 때 이 소설을 읽었다. 1927년 5월 18일, 그녀는 불만스러운 심정으로 헤세에게 편지를 썼다. "이 책을 읽기가 너무 힘들었습니다. 마음이 불편하고 불쾌해졌어요. 실제와 전혀 다르게 묘사된 부분이 마음에 걸리네요." 그녀는 『황야의 이리』에 수록된 시를 언급하면서 만일 그 시가 묘사한 것처럼 그녀가 이미 죽었다면, 결혼 생활의 왜곡은 전혀 문제 되지 않았을 거라고 푸념했다. "우리 아이들에게도 부당한 일이라고 생각해요. 우리 결혼의 왜곡된 상을 세상 사람들에게 보여준다는 게 말이에요. 14년간의 결혼 생활에 갈등과 체념만 있었던 건 아니잖아요." 마리아는 헤세가 이혼의 책임을 그녀에게 모두 전가하는 데 몹시 마음이 상했다. 『황야의 이리』에서 하리 할러는 헤세의 입장을 대변했다. "하루아침에 나의 가정이 깨져버렸다. 정신병에 시달리는 아내가 안락한 보금자리에서 나를 내쫓았다. 사랑과 신뢰가 갑자기 증오와 치명적인 싸움으로 변하고 말았다. 이웃들은 나를 동정 어린 눈으로 바라보기도 하고 경멸하듯이 바라보기도 했다. 그렇게 나의 고독한 삶이 시작된 것이다." 『황야의 이리』의 주인공 하리 할러는 창녀 마리아의 품에 안긴 채 지나간 사랑을 떠올린다. "나의 아내도 나타났다. 나는 그녀와 여러 해를 함께 살았다. 그녀는 나에게 동료애와 갈등, 체념을 가르쳐주었다. 비록 우리 관계가 만족스럽지는 않았지만, 나는 여전히 그녀에 대한 신뢰를 버리지 않고 있었다. 그런데 그녀가 갑자기 내 곁을 떠난 것이다. 병들고 지친 나를 버리고. 그때 나는 깨달았다. 내가 얼마나 그녀를 사랑하고 또 믿었는지. 그녀에 대한 믿음이 깨짐으로써 난 힘겨운 삶을 영위할 수밖에 없었다." 마리아가 아스코나에 사는 놀을 찾아간 사실을 암시하는 대목이다. 그녀는 이 대목이 당시의 상황과 정반대로 묘사되었다고 생각했다. "신뢰의 파기라는 표현은 오해의 소지가 다분합니다. 그래서 그건 다른 표현으로 바꿔야 한다고 생각해요. (…) 당신이 나에 관해 서술한 부분을 완전히 삭제해버리는 게 나로서는 최선이라고 생각해요. 우리 아이들에 관해 언급하지 않았듯이 말이에요. (…) 내가 너무 예민해서 그러는 거라고는 생각하지 않았으면 좋겠어요." 마리아는 헤세가 "양성애를 즐기는 경박한 아가씨"에게 그녀 자신의 이름과 그를 낳아준 어머니의 이름을 붙인 데 분노를 느꼈다.

그런데도 마리아는 『황야의 이리』를 또 다른 삶의 변형이라고 생각했다. 그건 그녀가 헤세와 함께한 삶, 아이들 때문에라도 함께할 수밖에 없는 필연적인 삶이었다. 그리고 "마술 극장"에서 언제나 새롭게 관계 설정이 이루어지는 가상의 유희로 삶을 이해하려고 했다. "언젠가는 인물 놀이를 더 잘할 수 있을 것이다. 그리고 반드시 웃는 법을 배우고 말 것이다." 며칠 뒤에 마리아는 좀 더 유화적으로 바뀌었다. 그건 루트와 이혼한 헤세에 대한 동정심 때문이었다. 소설에 등장하는 헤르미네처럼 마리아는 헤세에게 연인이 필요하다는 것을 잘 알고 있었다. "매일 함께하는" 연인이 아니라 "일정한 거리를 유지하는" 연인 말이다. 마리아는 헤세에게 "어머니처럼 돌보아주는 여인"이었고, 그건 그가 원하는 여인이었다. 루트는 그런 여인이 아니었기 때문에 그의 곁을 떠나야 했는지도 모른다. 이제 헤세의 또 다른 연인 니논이 과연 그의 요구를 충족해줄 수 있을까?

니논은 마리아와 다른 눈으로 『황야의 이리』를 읽었다. 그리고 언제나처럼 헤세의 문학적인 매력에 흠뻑 빠져들었다. "그 안에 모든 게 다 들어 있어요. 풍요로움과 충만함, 심연. (…) 그걸 더 이상 소설이라고 한정 지을 수는 없습니다. 일종의 포획이라고나 할까요. 당신이 사로잡은 사람은 절대로 당신 곁을 벗어날 수 없으니까요. (…) 어떻게 그런 표현을 떠올렸는지 정말 놀랍기만 하네요. 미화하는 것도 아니고, 은밀하게 숨기는 것도 아니고, 겉치레만 번드레한 것도 아니고, 여기 하리 할러가 벌거벗은 몸으로 우리 앞에 서 있잖아요. '이 사람을 보라!'" 니논은 또다시 헤세를 가장 고귀한 존재와 견주었다. 『헤르만 라우셔가 남긴 글과 시』와 『페터 카멘친트』, 『황야의 이리』에 이르기까지 그의 곁에는 언제나 그녀가 있었다.

늦가을, 헤세는 바덴에서 그녀에게 편지를 띄웠다. "난 여자에게 무언가를 줄 수 있는 남자가 아니고, 여자를 즐겁게 해줄 수 있는 남자도 아닙니다. 내게 조금이라도 건강과 활력이 남아 있다면, 창작을 위해 아낌없이 쓰려고 합니다." 3주 전부터 헤세는 베레나호프에 묵고 있었다. 그는 "하루, 아니 단 한 시간만이라도 고통 없이 살기를" 간절하게 바랐다. 뮌헨에서 열릴 예정이던 작품 낭송회는 취소되었다. 11월 2일, 그는 니논에게 편지를 썼다. "취리히에 오는 게 좋을지 다시 한 번 잘 생각해보세요."

헤세는 그녀에게 남편 돌빈이 있는 베를린, 아니면 로마나 파리로 여행을 떠나라고 권했다. 취리히에서는 그녀가 필요하지 않았다. 그에게는 가정부 나탈리나만 있으면 충분했다. 그를 귀찮게 하거나 너무 헌신적인 여자는 부담스러웠다. 젊은 여자라면 더더욱 그랬다. 황야의 이리가 탭댄스를 추던 시절은 이미 지나가버렸다. 쉰 살의 남자는 "끔찍한 병력"을 지닌 채 힘겨운 삶을 영위하고 있었다. 그는 빈에 있는 니논에게 편지를 띄웠다. "잘 지내도록 해요, 니논. 행운을 빌게요." 그리고 오랜 친구인 프란츠 샬Franz Schall이 그에게 보낸 편지를 동봉했다. 그 편지에서 샬은 헤세에게 니논의 '희생'을 받아들이지 말라고 충고했다.

니논은 포기하지 않았다. 자신이 희생하고 있다는 생각도 하지 않았다. 그녀는 1927년 여름에 카사 카무치에서 함께했던 추억을 떠올렸다. 그리고 절대로 그를 불편하게 하지 않을 거라고 약속했다. 그녀는 우선 취리히에 있는 사촌 여동생 넬리의 집이나 호텔에 묵을 생각이었다. 그러고 나서 헤세와 가까운 곳에 방을 빌리려고 했다.

1928년 1월 4일, 헤세와 니논은 6주 예정으로 아로사에 있는 호텔 알펜조네로 떠났다. 겨울 산에서 휴가를 보낸 지도 벌써 11년의 세월이 흘렀다. 당시에는 마리아가 여행에 관한 계획과 준비를 도맡았다. 마리아는 스키 타는 것을 즐겼지만, 니논은 겨울 스포츠를 별로 좋아하지 않았다. 그런데도 그녀는 조용히 헤세 곁에서 그가 행복해하는 모습을 지켜보았다. 헤세는 3월에 니논과 함께 작품 낭송회에 참석하고 고향을 방문할 계획이었다. 그는 자신의 어린 시절과 젊은 시절의 추억이 깃든 곳을 그녀에게 보여주고 싶어 했다. 가족에게는 그녀를 '여비서'라고만 소개했다.

아로사에서 헤르만 헤세와 니논 돌빈

*

1927년 겨울. 취리히와 아로사, 그리고 슈바벤. 헤세의 친척들은 니논 앞에서 마리아와 아이들에 관해 이야기를 나누었다. 루트에 관한 이야기는 한마디도 하지 않았다. 니논은 가족들과 함께 있으면서도 왠지 소외된 느낌을 받았다. 그녀가 헤세와 함께 살고 있다는 사실을 아무도 모르는 것만 같았다. 헤세가 신중해서 그러는 건지, 아니면 습관적으로 그러는 건지 알 수 없었다. 니논은 헤세 가족과 헤어지고 나서야 비로소 긴장이 풀리기 시작했다. 두 사람은 바이마르를 거쳐 베를린으로 향했다. 3월 28일, 그들은 베를린에서 작별 인사를 나누었다. 니논은 파리 여행을 떠나기로 했다. 그녀는 일상에서 벗어나 혼자

만의 시간과 여유로움을 즐기고 싶었다. 헤세는 베를린에 남아 있기로 했다. 그에게는 처음이자 마지막 베를린 방문이었다. 그는 대도시에 부정적인 선입견을 가지고 있었다. 그렇다면 무슨 이유로 굳이 베를린에 들른 걸까? 혹시 사무엘 피셔를 만나려고 했던 건 아닐까? 헤세는 바젤이나 취리히, 루가노, 장크트모리츠에서 피셔를 정기적으로 만났다. 당시 피셔 부부는 이탈리아를 여행하는 중이었다.

헤세는 쉽지 않은 결정을 했다. 불임수술을 받기로 한 것이다. 니논에게 그의 아이를 갖고 싶다는 이야기를 듣고 나서 결정한 일이었다. 당시만 해도 불임수술은 위험부담이 적지 않았다. 4월 2일, 니논이 파리로 떠난 지 5일째 되던 날 헤세는 랑 박사에게 편지를 썼다. "니논이 베를린까지 나를 동행해주었답니다. 난 지금 베를린에서 여전히 침대에 누워 있는데, 부활절이 지난 뒤에나 이곳을 떠날 수 있을 거 같습니다. (…) 내 마음은 이미 남쪽 나라에 가 있답니다."

파리 오데사 거리에 있는 니논의 숙소로 헤세의 엽서가 날아들었다. "사랑하는 니논에게. 또 하루가 지나갔네요. 난 밤새 뒤척이다가 한숨도 자지 못했답니다. 내가 살아서 여길 벗어날 수 있을지 모르겠네요. 취리히로 가는 직항 노선이 없기 때문에 기술적으로도 불가능하고요. 당신이 끌어들인 이 세상이 나를 파멸로 이끌고 있습니다. 물론 내가 자초한 일이기도 하지만 말입니다. 단 두 시간만이라도 편히 잠들 수만 있다면, 내 인생의 10년을 기꺼이 내놓겠습니다. 여기 사는 사람들은 모두 건강하고 행복해 보입니다. 내게는 이 세상으로 들어가는 입구가 막혀 있는 거 같습니다. 나도 마음 편히 공기를 들이마시고 싶답니다. 잘 있어요, 사랑하는 여인이여. 파리에서 즐겁게 지내도록 해요! 무언가를 즐길 수 있다는 건 얼마나 아름다운 일인가요. 당신의 헤르만으로부터." 니논은 그가 잠을 잘 이루지 못하는 것을 안타까워했다. 그녀 혼자 잘 지내고 있는 것도 마음에 걸렸다. 그녀는 자신이 건강하고 잠을 잘 자기는 하지만, 그래도 미워하지는 말아달라고 애교 섞인 당부를 덧붙였다.

4월 8일, 부활절 일요일에 헤세는 슈투트가르트행 항공권을 구입했다. 그는 "하늘의 드라이브"를 좋아했다. 1911년에 프리드리히스하펜에서 체펠린 백작의 비행선을 탄 적이 있었다. 탁 트인 전망과 세속으로부터의 해방감이 특히 좋았다. 헤세가 니논에게 보낸 편지에는 베를린에서 그를 접대해준 사람들의 이야기가 적혀 있었다. 그들은 헤세를 가만히 내버려두지 않았다. 버라이어티쇼와 경마장으로 그를 끌고 다녔다. 헤세는 머리가 아프다는 핑계로 간신히 빠져나올 수 있었다. "어쩌면 나는 이 황량한 베를린의 모험에 빠져들지 말았어야 했어요. 아니, 어쩌면 2주 동안 대도시와 문명의 공기를 마음껏 들이마시는 게 더 좋았을지도 모르겠네요. 만일 그랬다면, 적어도 이 세상이 지옥이라는 사실을 실감할 수 있었을 테니까요." 헤세는 자유롭게 들이마실 수 있는 공기가 부족하다고 느꼈다. 카이저 프리드리히 박물관을 구경하고 〈마태 수난곡〉을 관람하는 것도 즐겁지는 않았다. 성가곡 〈내가 한 번은 떠나야 한다면Wenn ich einmal soll scheiden〉을 들으면서 "굵은 눈물을" 흘리기도 했지만. 박물관에서 헤세는 틸만 리멘슈나이더Tilman Riemenschneider의 〈은총의 의자Gnadenstuhl〉가 그려진 엽서를 구입했다. 그 엽서는 헤세의 새로운 작품을 암시하는 것이기도 했다. 그는 수도사와 조각가의 우정을 다룬 소설 『나르치스와 골트문트Narziss und Goldmund』를 구상하고 있었다. 편지 말미에서 헤세는 니논에게 사랑을 애걸했다. "사랑하는 니논. 내 곁을 떠나지 마요! 난 지금까지 나를 제대로 이해해주는 사람을 발견하지 못했답니다. 후고는 나의 진정한 친구였지요. 이제는 당신밖에 없네요. (…) 몬타뇰라가 아직 거기 잘 있는지 모르겠군요. 작은 발코니가 딸린 내 방, 내 작업실도 어찌 되었는지 궁금합니다." 니논은 그를 안심시켰다. 다가오는 여름에 몬타뇰라에서 그가 편히 작업에 몰두할 수 있도록 달갑지 않은 방문객들을 쫓아내겠노라고 약속했다. 그녀는 당분간 파리에 머물러 있겠다고 말했다. 그리고 그녀의 "사랑하는 새" 헤세의 멋진 비행을 기원했다.

4월 10일 저녁, 헤세는 슈투트가르트에서 니논에게 편지를 썼다. 그는 다섯 시간 동안이나 비행기 프로펠러가 내는 "끔찍한 소음" 때문에 머리가 너무 아팠다고 푸념을 늘어놓았다. 그래도 "600미터에서 1200미터나 되는 높이에서 내려다본 지구는 무척 아름다웠다"라고 적었다. 헤세는 어릴 적 친구인 아우구스트 렌츨러의 집에서 하루를 묵었다. 그리고 다음 날 오후에 취리히행 비행기를 타고 샨첸그라벤으로 돌아왔다.

니논은 비행기 여행보다는 조용하고 안락한 기차 여행을 선호했다. 돌빈이 그녀를 베를린 역까지 배웅해주었다. 그리고 2등급 객실을 타는 데 드는 추가 요금을 그녀 주머니에 넣어주었다. 니논은 암스테르담으로 가서 호텔 빅토리아에 묵었다. 그리고 국립박물관과 할렘을 둘러보았다. 4월 4일에는 브뤼셀을 거쳐 파리에 도착했다. 브루노 헤세가 역에서 그녀를 마중했다. 브루노는 '아카데미 쥘리앙'에서 미술을 공부하고 있었다.

니논은 어린 시절부터 좋아하던 꿈의 도시 파리로 돌아왔다. 당시에 그녀는 미술을 애호하는 어머니와 함께 박물관과 미술관을 돌아다녔다. 그녀는 호텔 오데사에 짐을 풀었다. 가끔 브루노를 만나기도 했지만, 혼자만의 시간을 즐기는 게 대부분이었다. 루브르 박물관과 미술 아카데미를 구석구석 훑어보고, 오페라와 연극 공연을 관람했다. 식사는 아담한 러시아 레스토랑에서 했다. 박물관으로 나서기 전에 그녀는 아침마다 가벼운 체조로 몸을 풀었다. 그녀는 헤세에게 파리를 보여주고 싶었다. 그와 함께 극장에 가고, 버라이어티쇼를 구경하고 싶었다. 니논은 프랑스의 여류 소설가 시도니-가브리엘 콜레트Sidonie-Gabrielle Colette의 소설을 즐겨 읽었다. 시내를 돌아다니며 제비꽃을 사고, 마음에 드는 모자를 사고, 어깨에 걸칠 숄도 샀다. 샤르트르 대성당에 가서 경건한 마음으로 기도를 올리기도 했다.

그녀는 조르주 뒤아멜을 찾아갔다. 헤세가 그에게 편지를 전해주라고 부탁했기 때문이다. 하지만 방문은 실망스러웠다. 예전에 그녀의 부모 집에서 입주 가정교사로 일했던 프랑스 여성과의 재회도 그리 즐겁지 않았다. 두 사람은 체르노비츠의 추억을 떠올리고, 가족과 형제들의 이야기도 나누었다. 그 여성은 니논이 그녀의 아버지를 닮았다고 이야기했다. 하지만 프랑스의 여느 시민 계층 가족이 나눌 법한 대화 수준을 넘어서지는 못했다.

5월 중순, 니논은 헤세에게 돌아가겠다고 통보했다. 하지만 5월 21일, 그녀가 취리히에 도착했을 때, 헤세는 이미 테신으로 떠나고 없었다. 그녀는 헤세의 저택에서 하룻밤을 묵었다. 다음 날 그녀는 비르허 박사를 찾아갔다. 그리고 소화 장애로 고생하는 헤세에게 알맞은 식이요법을 알아보았다. 그녀는 넬리에게 몬타뇰라에 놀러 오라고 제안했다. 헤세와 가까이 지내다 보면, 그에 대한 반감이나 편견이 누그러들지 모른다는 생각에서였다. 사흘 뒤 니논은 루가노 역에 내렸다. 그리고 카사 카무치의 1층에 마련되어 있는 그녀의 거처로 다시 들어갔다.

*

몬타뇰라에서는 지난해 여름과 똑같은 상황이 반복되었다. "두 은둔자의 생활"이 다시금 시작된 것이다. 위층에 거주하는 자발적인 은둔자와 달리, 아래층에 거주하는 은둔자의 고립은 본인의 의사와 무관했다. 헤세는 자신이 원하는 식사 메뉴나 필요한 물품, 그날의 약속 등을 쪽지에 적어 대기실에 갖다놓았다. 어떤 날에는 쪽지에 꽃을 그려 넣기도 하고, 어떤 날에는 새를 그려 넣기도 했다. 니논은 그에게 책을 읽어주기도 하고, 관절염으로 고생하는 그를 위해 안마와 마사지를 해주었다. 나탈리나는 헤세의 음식을 장만하는 걸 세심하게 살폈다. 헤세는 『나르치스와 골트문트』를 집필하느라 며칠 동안 혼자 있기를 원할 때도 있었다.

니논은 파리에 머물 때 그가 보내준 편지를 다시 꺼내 읽었다. 편지에는 헤세가 비행기 여행을 했던 일, 취리히에서 마르틴을 만났던 일 등이 적혀 있었다. 헤세는 마르틴과 사흘을 함께 지냈다. 하이너는 옐몰리 백화점에 실내장식 수습사원으로 채용되었다. 헤세의 친구 프리츠 로이트홀트가 백화점의 책임자였다. 헤세는 오페라를 관람한 이야기도 편지에 썼다. 모차르트의 희가극 〈코시 판투테Cosi fan Tutte(여자는 모두 이런 것)〉와 오트마르 쇠크의 〈펜테질레아Penthesilea〉였다. 음악당에서 폴크마르 안드레아가 모차르트의 교향곡을 지휘했다는 소식, 그리고 가곡의 밤에 쇠크가 슈베르트의 〈겨울 나그네Winterreise〉를 피아노로 연주했다는 소식도 적혀 있었다. 루이 무알리에를 만나고, 로이트홀트 부부와 산악 하이킹을 즐긴 이야기도 있었다. 취리히에서 개최된 동업조합 축제의 상세한 설명도 곁들였다. 겨울을 떠나보내기 위해 판지로 만든 모형 눈사람을 불태우는 축제였다. 헤세는 옛 친구들을 방문했다. 엘스와 막스 부허러, 모르겐탈러 부부, 후바허. 알리체 로이트홀트는 헤세를 식사에 자주 초대했다. 부유한 여자와 재혼한 엥레르트는 네덜란드에서 출발해 이탈리아로 가는 길에 헤세를 만나기 위해 잠시 들렀다. 그리고 헤세가 그린 수채화를 사 가지고 떠났다.

헤세는 치과에 가는 걸 싫어했다. 그가 오랫동안 집을 비운 사이에 도착한 수많은 편지와 책을 읽는 것도 부담스러웠다. 그는 여러 차례 니논에게 편지를 보내 불편한 심기를 털어놓았다. "기차 여행과 비행기 여행, 소화 장애, 그 많은 편지를 읽어야 한다는 부담 때문에 난 지금 담배를 마는 종이처럼 낡고 말라비틀어져버렸답니다."(1928년 4월 11일) "인생이 쉽지 않네요. 모든 게 고통스럽기만 합니다."(금요일, 취리히) "속이 편치 않아요."(1928년 4월 4일) "치과에 갔다 왔어요. (…) 산다는 게 정말 힘드네요. 우울하고 불쾌한 기분이 사라지지 않아요. 당신이 조금만 더 참아주기 바랍니다."(1928년 4월 30일) "눈도 아프고 장도 아프고. 치아에는 임시로 봉을 박아넣었어요. 벌써 열번째랍니다. (…) 난 속을 파낸 호박처럼 텅 비어 있답니다. 짐을 챙겨 어디론가 떠나고 싶지만 그러지도 못합니다. 기분이 별로 좋지 않네요."(1928년 5월 4일)

에미가 헤세를 찾아왔다. 그녀는 자신의 원고를 출간하는 데 그의 도움을 받고자 했다. 후고가 죽고 난 뒤에 쓴 글이었다. 『편지와 시를 통해 본 후고 발의 생애Hugo Balls Leben in Briefen und Gedichten』. 에미는 후고의 추억이 깃든 아그누초에서 벗어나고 싶었다. 헤세는 오후 내내 그녀와 함께 시간을 보냈다. 그리고 로이트홀트 부부가 초대한 저녁 식사에 그녀를 데려갔다. "그녀는 무척 즐거워 보였다. 전혀 불편해하거나 힘들어하지 않았다." 헤세는 그녀가 즐거워하는 모습을 보면서 자신도 치유되는 듯한 기분을 느꼈다. 그녀 덕분에 후고의 죽음 이래 자신을 짓눌러온 우울한 감정에서 어느 정도 벗어날 수 있었다. 헤세는 『나르치스와 골트문트』에서 수도사 나르치스를 통해 후고를 되살려냈다. 지금 헤세에게는 "명상과 성찰, 휴식, 은둔, 작업할 수 있는 공기"가 필요했다.

4월 14일, 헤세는 하트 모양을 그려 넣은 편지를 니논에게 보냈다. "당신이 떠나 있다는 건, 때때로 당신이 떠나야만 한다는 건 매우 자연스럽고 또 당연한 일이라 생각합니다. 당신의 삶을 지탱하고 나와 관계를 유지하기 위해서라면 말입니다. 당신이 파리든 어디서든 간에 본연의 자아를 되찾고 내 곁으로 돌아와만 준다면 더 바랄 게 없답니다."

에미는 작년 여름에 취리히에서 후고의 안부를 걱정하고 성 아본디오에서 그를 보살피던 때와는 달라진 모습이었다. 니논은 그녀에게서 자매 같은 친근함을 느꼈다. 어쩌면 에미는 헤세가 루트와 이혼하고 후고가 세상을 떠났을 때, 헤세와 연인 관계가 되기를 바랐는지도 모른다. 하지만 헤세는 새로운 동반자로 니논을 선택했다. 에미는 현실을 받아들였다. 그리고 평생 함께할 소중한 친구로 니논을 받아들였다. 니논은 헤세가 혼자 있고 싶어 할 때면, 가끔 에미를 만나러 아그누초로 갔다.

사실 두 사람은 비슷한 점보다는 다른 점이 더 많았다. 니논은 체르노비츠 출신의 유대인이고, 에미는 플렌스부르크 출신의 가톨릭 개종자였다. 니논은 검은 머리에 진지한 성격의 소유자고, 에미는 매우 활달한 성격의 금발머리였다. 에미가 "태양의 아이"라면, 니논은 "달의 여신"이었다. 헤세는 자신의 인생에 니논이 모습을 드러내기 전까지의 시기를 "달이 뜨기 전" 이라고 표현했다. 니논과 에미는 열 살가량 나이 차이가 났다. 니논은 개방적이며 부유한 변호사 집안에서 자라났고, 에미는 소시민적인 환경에서 태어나 하녀와 유랑극단의 배우, 화술가 로 근근이 살아왔다. 하지만 두 사람은 이내 서로 공통점을 찾 아냈다. 그들 모두 국경 지역에서 성장했고, 독일어를 모국어 로 사용했다. 첫번째 결혼에 실패한 경험도 다르지 않았다. 여 행을 즐기고 문학을 사랑하는 것도 같았다. 여행과 문학은 그 들에게 위로와 기쁨을 주고, 힘든 현실에서 벗어날 수 있게 해 주었다. 그들은 현실과 이상, "현실 세계와 마법의 정원" 사이 의 괴리를 경험했다. 그리고 글쓰기로 자신의 문제를 해결하려 고 노력했다. 자전적 수기에서 그들은 새로운 정체성을 모색했 다. 에미는 다그니와 헬가로, 니논은 마르티나와 아리아드네, 질베르타로 탈바꿈했다. 언어는 그들 자신을 증명하고 확인할 수 있는 가능성을 열어주었다. 그들은 헤세를 통해 일체감을 느낄 수 있었다.

루트는 후고 부부의 초라하고 지저분한 집안 살림을 무시했 었다. 하지만 니논은 에미의 집에서 편안함을 느꼈다. 그녀는 상상력이 뛰어난 '극락조'와 대화하는 걸 즐거워했다. 현관 앞 계단에 앉아 몇 시간이고 이야기를 나누곤 했다. 에미는 그녀 에게 헤세의 친구들과 테신의 추억에 대해 이야기해주었다. 보 트머 부부와 오스발트 부부, 엥레르트와 마리아 홀츠라이트너. 하지만 에미는 벵거 부부와 오펜하임 부부, 루트에 관해서는 이야기하려고 하지 않았다.

두 사람은 헤세가 새로 집필한 작품에 대해서도 이야기했다. 그 소설은『황야의 이리』에서와 달리 현실이 아니라 중세가 시대적 배경이 되었다. 비좁고 꼬불꼬불한 골목길, 성벽, 성문, 성탑, 그리고 마리아브론 수도원. 마리아브론 수도원은 헤세가 종종 찾아가는 고향 마을의 마울브론 수도원이었다. 에미는『나르치스와 골트문트』의 창작에 적지 않은 영향을 미쳤다. 그녀는 후고의 철학과 신념, 개성이 나르치스라는 인물 속에 녹아들었다는 사실을 느끼고 있었다. 헤세는 이 소설의 4장에서 이렇게 묘사했다. "그들의 천성이나 본질이 다른데도 그들은 상대에게 많은 걸 배워나갔다. 그들 사이에는 이성적인 언어 외에도 그들만이 교감할 수 있는 영혼의 언어가 존재했다." 성모 마리아 축일에 함께 불렀던〈성모찬가〉, "계속 반복되는 단어의 경건한 울림"에 대한 사랑, 그리고 "다양한 인간과 운명에 질서와 체계를 부여하기 위한 시도"로서의 점성술. 이러한 것들이 나르치스와 골트문트, 헤세와 후고를 이어주는 연결 고리였다. 특히 점성술은 후고와 헤세가 처음 만난 날부터 공동의 관심사였다. 영혼의 질병, 정신분석에 관한 대화도 빼놓을 수 없었다. 후고는 영혼의 고통이 광기로 이어지고, 구마驅魔를 위한 기도나 제례 의식으로 치유될 수 있다고 믿었다. 에미는 나르치스가 골트문트를 본연의 원초적인 문제에 접근하게 만들었다고 믿고 있었다. 나르치스가 골트문트를 의식적으로 억압된 어머니, 모태, 인류 최초의 어머니 이브에게로 이끌었다는 것이다. 후고는 헤세가 지닌 "삶의 비밀, 그의 숨겨진 상처를 풀어냈다". 그건 후고가 헤세를 사랑했기 때문에 가능한 일이었다. 마치 나르치스가 골트문트를 사랑했듯이.

에미의 집에는 벽난로 위에 헤세의 수채화가 걸려 있었고, 그 옆에는 후고의 데스마스크가 있었다.

후고 발의 데스마스크가 걸려 있는
아그누초에서 에미 발-헤닝스

*

니논의 사촌 여동생 넬리는 필립 베어와 얼마 전에 이혼했다. 니논은 그녀를 카사 카무치로 초대해 당분간 함께 지내기로 했다. 헤세가 저녁에 작업을 하거나 일찍 잠자리에 들면 그녀를 데리고 마을을 돌아다녔다. 그리고 망루에 올라 헤세가 강렬한 색채로 도화지에 옮겨놓은 시골 풍경을 함께 내려다보았다. 헤세가 혼자 있고 싶어 할 때 니논은 루가노로 소풍을 가곤 했다. 그곳에서 그녀는 헤세에게 필요한 물품들을 구입했다. 가끔은 에미에게 놀러 가기도 했다. 9월 24일, 넬리가 카사 카무치를 떠나기 바로 전에 헤세가 사촌 자매에게 소풍을 가자고 제안했다. "괜찮다면, 카로나에 가는 건 어떨까요. 10시쯤 출발하면 식사는 카로나에서 할 수 있을 겁니다. (…) 같이 갈 생각이 있으면 나한테 이야기해주세요. 그리고 나탈리나에게도요. 굳이 나 때문에 식사 준비를 할 필요가 없을 테니까요."

『클링조어의 마지막 여름』을 읽은 니논은 카레노에 있는 '앵무새의 집'을 잘 알고 있었다. 수십 년이 지난 뒤에 넬리는 그때의 일을 이렇게 회상했다. "우리는 몇 시간 동안 걸었다. 헤세는 우리를 무척 즐겁게 해주었다. 우리 앞에서 절뚝거리며 걷는 다양한 모습을 연기하기도 했다." 헤세는 카사 카무치를 찾는 관광객들에게 그곳까지 가는 길을 자세하게 가르쳐주었다. 그러고 나서 그들이 굳게 닫힌 현관 앞에서 당황한 표정으로 서 있는 모습을 떠올리며 살며시 미소를 지었다. 헤세는 지식인인 척하는 사람들이나 초대받지 않은 방문객들을 만나고 싶어 하지 않았다. 그는 마을 사람들과 이야기하는 걸 좋아했다. 산책을 할 때나 기차를 타고 갈 때나 작은 동굴에 놀러 갈 때나 스스럼없이 대화를 나누었다. 주로 날씨나 작물 수확, 포도주, 건축 공사나 집안일 같은 사사로운 일들에 관해 이야기했다. 집으로 돌아오는 길에는 꽃을 꺾거나 특이한 돌들을 수집했다. 넬리는 테신의 생활에 어느 정도 만족스러워했다. 헤세의 우스꽝스러운 유머도 재미있게 받아들였다. 하지만 그녀는 니논과 헤세의 결합이 결코 행복하지 못할 거라는 우려를 떨쳐내지는 못했다. 9월 말, 그녀는 카사 카무치를 떠났다.

헤세는 두통과 안질 때문에 니논이 가까이 오는 걸 달가워하지 않았다. 헤세는 자신이 쓴 수필을 그녀에게 건네주었다. 루트가 그를 위해 수놓은 베개에 관한 이야기였다. 니논은 마음의 상처를 받았다. 그녀는 자신이 지금 그의 곁에 있는데 왜 과거의 여인을 떠올리는지 이해할 수 없었다. 그의 글을 읽고 난 니논은 서운한 감정에 눈물을 흘렸다. 헤세는 그녀의 불만에 아랑곳하지 않고 자기 방으로 들어가서 쪽지에 이렇게 적었다. "지금 진정제를 먹고 잠자리에 들려고 합니다. 내가 나쁜 마음에서 그런 게 아니라는 것만 믿어주기 바라요. 난 아흔 살의 병든 노인입니다. 더러는 내가 이해하기 힘든 것도 있습니다. 내가 쓴 글이 당신의 기분을 상하게 했다는 게 잘 이해되지 않네요. 안녕, 내 사랑. 기분 나쁜 시간은 이내 지나가버릴 겁니다." 니논은 편히 잠들 수 없었다. "헤르만, 사랑하는 헤르만. 수필 때문에 그런 게 아니에요. 오랫동안 눌려 있던 감정이 그 글을 읽고 다시금 되살아난 거지요. 당신 방과 내 방에는 시인들의 사진과 낯선 사람들, 여인들의 사진이 그렇게 많이 걸려 있는데 도대체 내 사진은 어디에 있는 건가요?" 헤세의 생일에 그녀가 선물한 사진뿐 아니라 그녀의 다른 사진들도 보이지 않았다. 헤세의 해명은 궁색했다. "당신이 들으면 화를 내겠지만, 저기 수많은 서류와 종이 아래 깔려 있을 겁니다." 니논은 사랑하는 여자의 사진을 "언제라도 쉽게 볼 수 있도록 위에 놓아두는" 게 당연하다고 받아쳤다.

니논은 짐을 챙겨 빈으로 떠났다. 헤세는 랑 박사에게 편지를 썼다. "사랑하는 랑 박사에게. 여름은 다 지나가버렸습니다. 올여름은 내 인생에서 가장 슬프고 힘든 시기였던 거 같습니다. 아직도 통증 때문에 힘이 드네요." 1928년 8월 6일, 랑 박사의 부인 카를리는 폐렴으로 세상을 떠났다. 헤세는 마르크발더 박사 부부의 초대를 받아 바덴으로 떠나기로 했다. 니논은 몇 주 동안 그녀의 고향을 방문하기로 했다.

*

헤세는 책과 자료들을 포장하고 발송하느라 진땀을 흘렸다. 바덴에서 요양할 때와 취리히의 샨첸그라벤에서 작업할 때 필요한 것들이었다. 니논은 빈에서 음악회와 오페라, 연극을 관람하고 박물관을 찾았다. 그리고 쇼윈도에 진열된 물건들을 구경하고, 백화점에서 새로 나온 상품들을 구입했다. 오랜만에 만난 친구들과 함께 카페에서 수다를 떨기도 했다. 작년처럼 정맥류 주사를 맞느라 고통스럽기는 했지만, 그래도 에미가 보내온 편지 덕분에 기분이 한층 좋아졌다. 에미가 그녀의 사진을 정성스레 보관하고 있다는 사실도 적지 않은 위로가 되었다. 에미의 편지에서는 에로틱한 분위기가 물씬 풍겼다. "당신을 볼 수 없어 너무 마음이 아픕니다. 하얀 베개 위에 검은 구름처럼 드리운 당신의 머리카락이 눈에 선합니다. 당신의 밝은 얼굴이 내게는 그리스입니다. 동방의 보석같이 짙은 눈. 내가 화가가 아니라는 게 너무 아쉽네요. (…) 내가 그림을 그리게 된다면, 당신을 보다 더 매력적인 모습으로 만들어낼 겁니다." 에미는 니논을 "가장 사랑스러운, 어쩌면 단 하나의 진정한 친구"라고 불렀다.

니논은 빈을 떠나 삼촌이 사는 크라카우로 향했다. 헤세는 소화가 잘되지 않는다고 투정을 부렸다. 그녀는 예전에 마리아가 그랬던 것처럼 헤세의 식이요법에 신경을 썼다. 하지만 여행을 중단하고 그에게 돌아갈 생각은 없었다. 그녀는 행복했던 어린 시절의 추억을 기록으로 남기고 싶어 했다. 크라카우를 떠나 렘베르크를 거쳐 체르노비츠에 도착한 그녀는 11월 21일부터 26일까지 그곳에 머물렀다. 그녀의 여자 친구 요하나를 만나고, 여덟 살 아래인 여동생 릴리도 만났다. 릴리는 부카레스트에서 남편과 함께 살고 있었다. 작가이자 문학비평가인 그녀의 남편 로타르 라다체아누는 루마니아 사회민주당에 소속된 국회의원이기도 했다. 릴리가 부카레스트로 되돌아갈 때만 해도 자매는 자신들이 어떤 상황에서 재회하게 될지 상상조차 하지 못했다. 얼마 뒤에 릴리는 라다체아누와 이혼하고 법률가인 하인츠 켈만Heinz Kehlmann과 재혼했다.

니논은 렘베르크와 크라카우를 지나 베를린에 도착했다. 그녀가 돌빈의 집에서 묵기로 했기 때문에 돌빈은 근처의 호텔로 잠시 거처를 옮겼다. 두 사람은 하루 종일 함께 다녔다. 니논은 대도시 베를린의 번화한 거리와 생동감 넘치는 모습에 매료되었다. 돌빈은 그녀에게 명망 있는 지인들을 소개해주었다. 두 사람은 연극을 관람하고, 버라이어티쇼도 구경했다. 니논은 초청 출연한 조세핀 베이커의 연기에 감동받았다. 헤세에게 대도시는 양철과 콘크리트 덩어리에 지나지 않았다. 그는 버라이어티쇼와 '흑인음악'을 경멸하기까지 했다.

크리스마스 직전에 니논은 취리히로 돌아왔다. 그리고 헤세와 가까운 곳에 방을 빌렸다. 베를린에서와는 전혀 다른 삶이 그녀를 기다리고 있었다. 헤세는 아니 보트머에게 편지를 썼다. "여긴 무척 한가롭습니다. 나는 10시경에 일어나 오후 2시까지 우편물을 읽는답니다. 그러고 나서 식사를 합니다. 그 후 니논이 올라와서 두세 시간가량 책을 읽어줍니다. 저녁에는 혼자 요구르트와 바나나를 먹습니다. 그러고는 좀 더 작업을 합니다." 로이트홀트 부부는 니논과 헤세를 크리스마스 파티에 초대했다.

4.

1929년은 위기의 해였다. 니논은 헤세의 은둔자적 생활과 돌빈의 열정적 생활 사이에서 갈등했다. 그녀는 시인의 애인이면서 동시에 풍자 화가의 부인이라는 이중적인 삶을 살고 있었다. 2월에는 지난해처럼 아스코나에서 헤세 곁에 머물렀다. 그리고 3월 말에는 돌빈을 만나러 프랑스 니스로 떠났다. 두 사람은 함께 열흘 동안 즐거운 시간을 보냈다. "골트문트를 정서淨書하는" 작업에 매달린 헤세는 "지긋지긋한 안질"에 시달려야만 했다. 너무 무리하다 보니 눈물샘에 염증이 생긴 것이다. 4월 6일, 니논은 루가노에서 또다시 돌빈을 만났다. 그녀의 박사 논문이나 소설은 전혀 진척을 보지 못하고 있었다.

니논은 테신의 여름 태양 아래서 헤세의 신경과민이 해소될지도 모른다고 생각했다. 집필을 마친 『나르치스와 골트문트』는 베를린의 피셔 출판사로 보내졌다. 『디 노이에 룬트샤우』에 게재된 뒤에 다음 해 책으로 출간될 예정이었다. 헤세가 산책을 하거나 그림을 그릴 시간은 충분했다. 통풍을 치유하는 데 도움이 되는 일광욕도 할 수 있었다. 니논은 에미를 다시 만날 생각에 들떠 있었다. 몬타뇰라의 더위가 극에 달하는 8월에는 발리스로 여행을 떠날 계획이었다. 니논은 헤세와의 갈등이

나 작품 집필과 논문 작성에 대한 부담감을 돌빈에게 숨김없이 털어놓았다. 돌빈이 보내온 편지들은 그녀에게 위로가 되고 용기를 북돋아주었다. 그가 보내주는 "신선한 공기"는 취리히에 있는 작은 골방이나 카사 카무치의 곰팡내 나는 방에서도 느낄 수 있었다. 그와 함께 있으면 언제나 마음이 편해지고 기분이 좋아졌다. 1929년 8월 21일, 그녀는 헤세에게 그림엽서를 보냈다. 그녀는 알프스의 자스페Saas Fee에 흠뻑 빠져 있었다. 고산 지대의 공기는 그녀의 기분을 맑게 해주는 특효약이었다. 헤세는 그녀가 돌빈과 함께 있다는 사실을 눈치챘다. 그래서 서둘러 니논에게 편지를 띄웠다. 그리고 다가오는 겨울에 장크트모리츠 위에 있는 샨타렐라로 휴가 여행을 떠날 계획이라고 말했다. 스키를 타지 않아도 아름답고 널찍한 산책로가 많기 때문에 즐거운 시간을 보낼 수 있을 거라고 덧붙였다.

1929년 7월 3일, 헤세는 랑 박사에게 편지를 보냈다. "니논은 신경이 예민해졌답니다. 그녀도 결국 나와 함께하는 인생이 쉽지 않다는 걸 깨닫게 되겠지요. 아직까지는 전혀 위축되지 않고 오히려 더 힘을 내고 있답니다. 그녀의 강한 의지와 냉철한 이성은 정말 대단한 것 같습니다. 난 아직 그녀의 정신세계를 제대로 파악하지 못했답니다. 그녀가 지닌 여성적인 정신, 그리고 유대인으로서의 정신." 헤세는 랑 박사에게 "신경 장애와 성적 장애"를 호소하면서 수면제와 진통제, 최음제를 처방해달라고 부탁했다. 그리고 그와 함께 주점에서 포도주를 들이켜며 "지구의 종말을 위한 계획"을 세우고 싶다고 말했다. "당신이 내 곁에 있는 것만으로도 행복합니다. 다른 사람들은 예술에 대해 떠들어대지만, 당신만큼 영혼의 어둡고 거친 부분을 이해하지 못합니다."

니논도 그런 부분은 이해하지 못했다. 그녀는 헤세의 정신적·육체적 고통이 그의 창작에 원동력이 된다는 사실을 깨닫지 못했다. 두 사람은 서로 오해하기도 하고 서로 마음에 상처를 입히기도 했다. 1929년 9월, 헤세는 꽃을 그려 넣은 종이쪽지를 니논에게 남겼다. "사랑하는 니논에게. 당신이 나에 대한 불만 때문에 얼굴을 붉힌 지도 벌써 며칠이 지났네요. 난 당신을 이해할 수 있어요. 하지만 당신처럼 영특한 아가씨가 그러는 게 왠지 서글프고 어리석다는 생각이 듭니다." 그러고는 또 다른 종이쪽지에 그녀를 위한 시를 적어 계단 아래로 날려 보냈다. 니논은 그 쪽지를 받아 들고는 감격에 겨워했다.

차가운 물과 뜨거운 물을 오가듯 끊임없이 감정이 교차했다. 어느 날 헤세를 흠모하는 청년이 몬타뇰라를 찾아왔다. 그의 이름은 마누엘 가서Manuel Gasser였다. 스위스 군대에서 이틀간의 휴가를 얻은 그는 "훈련 하사관의 군복"을 입고 있었다. 니논이 그를 반갑게 맞이했다. 거의 50여 년의 세월이 흐른 뒤, 마누엘은 그때의 일을 이렇게 회상했다. "그녀는 아름답고 젊은 30대 초반의 여인이었다. 강렬한 느낌을 주는 검은 눈, 짧게 자른 검은 머리, 생기 넘치는 기질, 그리고 거의 침울하다고 느껴질 만큼 진지한 분위기. (…) 그녀는 자신이 유대인 혈통과 체르노비츠 출신이라는 사실을 자랑스러워했다." 마누엘은 몬타뇰라를 방문하기 1년 전 니논에게 편지를 보냈었다.

헤세가 손님 맞을 준비가 될 때까지 니논은 마누엘과 함께 있었다. "그때 난 너무 충격을 받아 제정신이 아니었다. 니논과 함께 이야기를 나누며 한껏 부풀어 오른 나의 감정이 한순간에 식어버렸다. 헤세는 나와 인사를 나누고 나서 서재에 놓여 있는 꽃병의 위치가 달라졌다는 걸 알아차렸다. 이 사소한 일 때문에 몹시 화가 난 그는 날카롭고 매섭게 그녀를 몰아세웠다. 나로서는 평생 잊지 못할 충격적인 순간이었다. (…) 헤세는 털끝만큼도 유머나 여유를 보여주지 않았다." 마누엘이 품고 있던 "시인 헤세의 상은 산산조각이 나버리고 말았다." 하지만 그는 평정심을 잃지 않으려고 노력했다. 니논도 아무렇지 않은 표정으로 산책을 나가자고 제안했다. 작은 동굴에 도착한 일행은 돌을 세워 탁자를 만들었다. 그리고 포도주를 마시고 마른 고기와 빵, 치즈를 먹었다. 마누엘은 두 사람에게서 "마음 깊이 서로 사랑하고 보완하는 부부의 모습"을 보았다. 그는 어린아이처럼 치기 어린 헤세보다 니논이 훨씬 더 성숙하다는 느낌을 받았다. 마누엘은 그 뒤로도 여러 번 헤세를 찾아갔고, 그를 좀 더 이해하게 되었다. 니논과도 오랜 세월 동안 우정을 나누었다.

9월이 다 끝나갈 무렵, 헤세는 여느 해처럼 바덴으로 휴양을 떠날 준비를 했다. 그리고 취리히에서 겨울을 지낼 준비도 했다. 11월에 그는 슈바벤으로 작품 낭송회를 떠날 예정이었다. 니논은 그를 따라나서지 않고 몬타뇰라에 남아 자전적 수기를 집필하려고 했다. 헤세는 그녀에게 "필요하다면" 그의 서재에서 작업을 해도 좋다고 허락했다. 그리고 미리 책상을 비워놓겠다고 약속했다. 그의 서재에는 석유난로가 있었다.

니논은 두 마리 고양이와 함께 따스한 가을날의 정취를 만끽했다. 양탄자를 짜는 마리아 게로에-토블러Maria Geroe-Tobler, 그리고 그녀의 남편인 작가 마르셀 게로에Marcel Geroe와 함께 작은 동굴로 놀러 가기도 하고 루가노에 가서 영화를 보기도 했다. 에미는 다다이즘 시절의 친구인 트리스탄 차라Tristan Tzara와 에밀 스치티아Emil Szittya, 아르프Arp 부부를 만나기 위해 딸과 함께 파리로 떠났다. 니논은 사촌 여동생 넬리를 몬타뇰라로 불러들였다. 하지만 넬리는 자꾸만 돌빈과 헤세의 이야기를 꺼내 니논의 심기를 불편하게 만들었다. 주로 돌빈을 두둔하고 헤세를 비난하는 내용이었다. 1929년 10월 15일, 니논은 헤세에게 편지를 띄웠다. "그녀는 자기가 하는 말이 내 마음을 얼마나 아프게 하는지 잘 모르는 거 같아요. 그러다가 그 사실을 알게 된 그녀는 너무 미안해하고 괴로워했어요. 그래서 오히려 내가 그녀를 달래주느라 애를 먹었답니다. 우리는 헤어질 때 친한 친구처럼 인사를 나누었지요. (…) 내가 베를린에 가고 싶은데도 마지못해 몬타뇰라에 눌러앉아 있다고 사람들이 수군대는 건 정말 참지 못하겠어요."

10월, 그녀는 돌빈을 만날 생각이었다. 베를린에서 카를 크라우스Karl Kraus의 연극 〈극복하기 어려운 사람들Die Unüberwindlichen〉의 초연을 함께 관람하려고 했다. 이 작품의 무대장치와 의상을 맡은 돌빈은 그녀에게 자신의 역할에 대한 자랑을 늘어놓았다. 연극 무대는 흑백의 단순하면서도 일관된 질서를 유지했다. 소품은 의자와 클럽 소파가 전부였다. 돌빈은 하얀 장막으로 무대 전체를 꾸몄다. 그의 실험적 시도는 세간의 주목을 끌기에 충분했다. 돌빈은 또 다른 작품의 무대를 맡기로 했다. 니논은 활기와 의욕에 넘치는 마흔여섯 살의 돌빈 앞에서 자신이 너무 늙어버린 것만 같았다. 마음이 우울한 데다 습하고 차가운 가을 날씨 탓에 좌골신경이 더 아파왔다. 그녀는 어두움과 외로움 때문에 너무 힘들어했다. 극도의 불안을 느낀 나머지 죽고 싶다는 생각까지 들었다. 그러면서 지금 그녀 곁에 아이가 있다면 얼마나 좋을까 하는 상상을 해보았다.

에미가 테신으로 돌아오고 나서 니논은 11월 중순에 카사 카무치를 떠나 빈으로 향했다. 도시의 다채로운 문화를 체험하고 친구들과 마음껏 수다를 떨고 싶었다. 그녀는 자신이 한 주인만을 사랑하는 개와 같은 존재라는 생각을 했다. 그녀가 쓴 『개의 책Hundebuch』은 주인에게 충성을 다하는 개와 다른 사람들은 사랑하지만 개에게는 전혀 관심을 보이지 않는 주인에 관한 이야기다. 돌빈의 스케치가 담긴 책의 서문에는 이렇게 쓰여 있다. "개는 버림받은 존재였다. 개는 그 남자에게 헌신했다. 그게 바로 개의 강점이자 약점이기도 했다. 그렇기 때문에 개는 불행할 수밖에 없었다. 사랑하는 모든 이처럼." 니논은 돌빈에게 축하 인사를 건네면서도 그의 건강을 걱정했다. "정말 신중하게 생각해야 합니다. (…) 당신이 몇백 년을 사는 게 아니라는 사실을 잊지 마세요. 허둥지둥 쫓겨 다니는 인생이 아니라 당당하고 떳떳하게 사는 인생이기를 바랄게요. 절대 돈의 노예가 되어서는 안 됩니다." 돌빈은 그녀에게 마음에 드는 물건이 있으면 얼마든지 사서 쓰라고 돈을 보내주었다.

헤세는 슈투트가르트에서 니논에게 푸념 섞인 편지를 보냈다. 블라우뵈렌에서는 "죽고 싶을 만큼 우울한" 엽서를 띄웠다. 그는 다른 사람들이 자신을 이해해주지 못한다고 생각했다. 가족과 친지들에게도 실망하고 이복형인 카를 이젠베르크에게도 실망했다. 슈투트가르트에서 자신을 초대해준 몰트Molt 부부에 대해서도 불평을 늘어놓았다. 튀빙겐의 작품 낭송회에 참가한 청중에게도 실망하기는 마찬가지였다. 11월 8일, 그는 니논에게 편지를 보냈다. "정신을 가다듬고 열심히 작품을 읽고 있는데 누군가 내 어깨를 두드리더군요. 그래서 주위에 있는 사람들을 둘러보았지요. 그들은 커틀릿과 구운 소시지를 게걸스럽게 먹고 있었어요. 갑자기 내가 쓸모없고 낯선 존재가 되어버린 느낌이 들었어요. 마치 내 심장이 얼어버리는 것만 같았답니다." 니논은 그를 동정하고 위로했다. 그리고 독일에서 돌아오는 그를 만나기 위해 취리히에 들르겠다고 약속했다. 그녀는 호텔 방을 예약해두었다. 하지만 기차가 도착하는 시각은 알리지 않았다. 헤세가 그녀를 마중 나오지 않도록 하기 위해서였다. 헤세는 그녀와 함께 쇠크를 방문해 바흐 음악에 대해 이야기를 나누었다. 빈에 도착한 그녀는 헤세에게 편지를 띄웠다. "당신과 함께 있을수록 당신을 좀 더 이해하게 되는 거 같아요. 그리고 당신을 좀 더 사랑하게 되는 거 같아요. (…) 당신에게 말대꾸를 할 수 없기 때문에 가끔은 슬프기도 하지만요. 나는 아무 거리낌 없이 이야기를 나누는 가운데 많은 걸 배우거든요. (…) 나 혼자 삭이기보다는 당신에게 내 생각을 솔직하게 이야기할 수 있다면 정말 좋겠어요. 바로 가지 못하고 멀리 돌아가서 아쉽기는 하지만, 그래도 당신 곁으로 다가갈 수 있어서 정말 기쁘답니다."

크리스마스에 취리히로 돌아온 니논은 헤세에게 휴식이 필요하다는 걸 알아차렸다. 그와 함께 섣달 그믐날을 보내려던 계획도, 새해를 설계하려던 계획도 수포로 돌아갔다. 헤세는 "고통으로 일그러진 얼굴 표정"으로 그녀에게 넬리를 찾아가라고 말했다. 며칠 뒤에 니논은 그에게 편지를 보내 서운한 감정을 토로했다. 그리고 1929년 12월 31일이 두 사람에게 아무 의미도 없는 날이 되고 말았다고 아쉬워했다. 그녀는 결코 그에게 짐이 되고 싶지 않다고 말했다. 하지만 헤세가 『나르치스와 골트문트』를 집필할 때 그녀의 도움이 없었다고 말하는 바람에 그녀는 몹시 화가 났다. 그녀는 이제까지 그가 필요로 할 때면 언제나 그의 곁에 있었고, 그가 원하지 않을 때면 그에게 다가가지 않았다. 그런데도 얼마나 더 그의 비위를 맞추어야 한다는 말인가! 하지만 며칠 뒤 그녀는 헤세를 따라 여행길에 나섰다.

1930년 1월 10일, 두 사람은 장크트모리츠에서 해발 2000미터에 위치한 그랜드호텔 샨타렐라에 도착했다. 엥레르트와 그의 부인 게오르기네가 그들을 맞이했다. "난 스키를 탈 때와 그림을 그릴 때만 어린 시절에 느꼈던 생의 환희와 생명력을 다시금 느낀답니다." 헤세가 스키를 타는 동안, 니논은 산책을 즐겼다. 두 사람은 "갑부들이 묵는 호텔에서 베를린이나 외국에서 온 모리배와 자본가들의 틈에 끼어" 나름대로 즐거운 시간을 보냈다.

니논은 엥레르트 부부의 빌라에 자주 놀러 갔다. 그리고 그들 부부가 아이들과 행복하게 사는 모습을 유심히 바라보았다. "세 번의 결혼에서 낳은 한 떼의 어린 무리"는 평범하지 않지만 무척 정감이 가는 가족의 모습이었다. 브루노를 낳을 당시 마리아의 나이는 지금의 니논보다 많았다. 니논은 눈길을 걸으며 소담스러운 가족의 행복을 꿈꾸었다. 하지만 현실적으로는 이루어질 수 없는 꿈이라는 걸 누구보다 잘 알고 있었다.

헤세가 스키를 타고 객실에 돌아오면, 니논은 그에게 트로츠키의 비망록을 읽어주었다. 두 사람은 레스토랑이나 바에서 포도주를 마셨다. 헤세는 시가를 피우고 니논은 담배를 피웠다. 니논은 사람들에게 자신이 여비서라고 소개되는 것을 더 이상 원하지 않았다. 친구들은 두 사람이 연인 사이라는 사실을 이미 다 알고 있었다. 그녀는 헤세에게 두 사람의 관계를 공개적으로 밝혀달라고 조심스럽게 청했다. 몇 주 전에 헤세는 큰아들 브루노에게 편지를 보냈다. "결혼은 예술가나 상상력이 뛰어난 사람에게 실망을 안겨줄 뿐이란다. 기껏해야 큰 기대 없이 체념하고 사는 정도라고 할 수 있겠지. 커다란 고통을 느끼지는 않지만, 영혼과 생명력이 서서히 죽어가는 거란다. 그러다가 나중에는 가련한 존재로 전락하고 마는 거지."

장크트모리츠에서 요제프 엥레르트와 헤르만 헤세, 1930년

안질 때문에 신경이 예민해진 헤세는 검은 안경을 꼈다. 무알리에는 헤세와 함께 스키를 타고 "새가 날아가는 것처럼 아름답게 미끄러져 내려왔다." 헤세는 랑 박사에게 비상약을 보내달라고 부탁했다. 특히 강심제는 "필요하고 또 요긴하게 쓸데"가 있었다. "우리 둘 다 심장에 약간 문제가 있답니다. 니논도 그렇거든요. 가끔 우리 가운데 누군가는 아무도 모르게 진정제를 꺼내 마시곤 한답니다. 마치 늙은 영국 여인네들이 옷장에서 몰래 코냑을 꺼내어 마시듯 말입니다."

백설白雪과 태양. 옛 친구들과의 만남, 엥레르트와 무알리에, 그리고 야코프 바서만. 하지만 헤세는 차츰 갑갑함을 느꼈다. 그의 유쾌한 기분은 시간이 지날수록 수그러들었다. "심장이 마구 뛰고, 눈이 너무 아프고, 니논은 무슨 이유에서인지 한나절 내내 화를 내고 있답니다." 무알리에는 헤세와 니논에게 질스-마리아와 펙스탈로 소풍을 가자고 제안했다. 2월 말, 헤세는 스키를 타다가 발을 삐었다. 힘줄이 늘어나고 혈종이 생겼다. 니논은 얼음 주머니를 만들어 헤세의 다친 부위를 찜질해 주었다. 니논 자신도 소화가 잘되지 않아 무척 힘들어했다. 두 사람은 거의 두 달 동안의 휴가를 끝내기로 결정했다. 『나르치스와 골트문트』의 집필을 끝낸 뒤 헤세의 내면에 스며든 공허는 채워지지 않았다. 새로운 작품을 구상하기는 했지만, 시작할 엄두를 내지 못하고 있었다. "내가 새로 작업을 시작한다고 해도 그때처럼 그렇게 기쁘고 행복하게 하지는 못할 겁니다." 3월 초에 니논과 헤세는 짐을 챙겨 샨타렐라를 떠났다.

*

샨타렐라에서 니논은 헤세의 방과 가까운 1인실에 묵었다. 취리히에서는 넬리와 함께 지내거나 호텔에서 지냈다. 아니면 헤세와 멀지 않은 곳에 방을 빌려 지냈다. 그녀는 자신이 떠돌이 인생이나 다름없는 삶을 살고 있다고 생각했다. 빈에는 그녀가 쓰던 가구들이 창고에 보관되어 있었다. 몬타뇰라의 여름에 그녀가 기거하는 카사 카무치의 방은 후텁지근했다. 그녀는 외로움에 지칠 때면 자신의 삶과 헤세와 관계를 청산하고 싶은 충동에 사로잡혔다. 모든 게 의미도 없어 보이고 미래도 불투명하기만 했다. 그녀의 자전적 수기는 아직 완성되지 않았다. 그가운데서 몇 개의 단편은 집필을 끝마쳤다. 그녀는 「짧은 여행Die kleine Reise」이라는 단편을 에미에게 부쳤다. 그 글을 읽고 감명받은 에미는 적극적으로 출판을 권했다. 물론 에미에게는 자신의 글을 높이 평가하고 전폭적인 지지를 보내는 후고가 있었다. 후고는 그녀가 작품을 출간하는 데 커다란 도움을 주었다. 베를린과 뮌헨에서 보헤미안 시절을 함께했던 문필가들도 자신들이 발행하는 잡지에 에미의 글을 실었다. 쿠르트 볼프 출판사에서도 그녀의 작품을 출간했다.

니논은 용기를 내 베를린에 있는 여러 신문사에 작품을 보냈다. 사무엘 피셔에게는 「관棺, Der Sarg」이라는 단편을 보냈다. 그녀의 여동생 토카의 자살을 다룬 작품이었다. 피셔의 반응은 무척 호의적이었다. 1930년 5월 9일, 『포시셰 차이퉁Vossische Zeitung』에 그녀의 자전적 단편소설 「두려움의 끝Das Ende der Furcht」이 출간되었다. 그리고 1930년 9월 2일에는 「결정Die Entscheidung」이 아나 야코프Anna Jakob라는 가명으로 출간되었다. 가명은 그녀의 부모 이름에서 하나씩 합쳐 만든 것이었다.

니논은 헤세와의 관계를 명확하게 하기로 결심했다. 엘지 보트머와 에미의 격려가 그녀에게 큰 힘이 되었다. 3월 13일, 니논은 헤세에게 편지를 썼다. 그리고 자신이 두 번 다시 결혼하지 않겠다고 이야기한 것을 취소한다고 말했다. 그녀는 사람들 앞에서 친구나 애인이 아니라 부부로 인정받고 싶어 했다. 헤세에게는 생각할 시간을 주겠다고 말했다. 억지로 희생을 강요할 생각은 추호도 없다고 덧붙였다. 그녀는 돌빈을 만나 이혼 문제를 매듭짓기로 했다.

헤세는 점점 더 옥죄이는 느낌을 받았다. 그는 난방 시설을 갖춘, 안락하고 멋진 저택을 지어주겠다는 한스 보트머의 제안도 거절했다. 루트와 결혼할 때만 해도 새집을 짓고 정착하려고 했다. 하지만 니논과의 관계에서 일정한 거리감이 사라지면 속박의 굴레에 갇힐지도 모른다는 두려움이 점점 커졌다. 루트가 재혼했다는 소식도 그의 심기를 불편하게 만들었다. 1930년 2월, 그녀는 바젤에서 에리히 하우스만과 결혼식을 올렸다. 그녀가 연극배우인 하우스만을 처음 만난 것은 베를린에 있는 예술가 숙소에서였다. 결혼할 당시 루트는 세른세 살이었고 하우스만은 갓 서른 살이었다. 젊은 부부는 베를린과 카로나를 오가며 결혼 생활을 하기로 했다.

1930년 4월 19일, 니논은 베를린으로 떠났다. 헤세는 그녀가 떠난 뒤에야 비로소 그녀의 빈자리가 얼마나 큰지 절실하게 느꼈다. 랑 박사는 로마와 팔레르모에서 그림엽서를 보내왔다. 에미는 베를린과 피르마젠스, 칼프, 프랑크푸르트, 쾰른을 두루 방문했다. 돌빈은 베를린에서 그녀의 모습을 스케치했다. 헤세는 친구들의 집에서 라디오를 통해 그녀의 밝고도 허스키한 목소리를 들을 수 있었다. 그녀는 베를린의 라디오 방송사에서 작품을 낭송했다. 에미가 보내온 편지와 엽서들이 헤세의 책상에 놓여 있었다. 그 옆에는 니논이 보내온 편지들도 있었다. 니논은 베를린에서 전시회와 연극, 음악회, 영화를 관람했다. 그녀는 피셔 부부와 딸 브리기테Brigitte, 그녀의 남편 고트프리트

베르만 피셔Gottfried Bermann Fischer를 알게 되었다. 베르만은 5년 전부터 피셔 출판사에서 일하고 있었다. 니논은 러시아 레스토랑에서 점심 식사를 했는데, 주로 카샤와 보르슈추를 먹었다. 체르노비츠에서의 어린 시절을 떠올리게 하는 음식이었다.

취리히에서 헤세는 음습한 날씨와 안질 때문에 몹시 힘들어했다. 그는 테신의 따뜻한 날씨와 맑은 공기를 그리워했다. 그리고 마침내 보트머의 제안을 받아들이기로 했다. 전제 조건은 헤세가 임대료를 지불하지 않고 영구적으로 사용할 권리를 소유하는 것이었다. 물론 신축 가옥의 소유권은 보트머에게 있었다. 헤세는 니논에게 '유혹의 손길'을 뻗쳤다. "보트머가 대지 구입과 건물 신축에 관한 전권을 나에게 위임했답니다. 재정은 로이트홀트가 관리하기로 했어요. 금전 출납은 그를 통해 이루어질 겁니다. (…) 그제 저녁에 나는 로이트홀트와 함께 후바허가 추천한 건축가를 만나 이야기를 나누었답니다. (…) 이제 멈출 수 없습니다." 니논은 즉시 답장을 보냈다. 다행스럽게도 돌빈이 이혼에 선뜻 동의했다. 그와 엘렌 헤르츠의 관계가 생각보다 훨씬 더 친밀한 듯했다. 니논은 빈에 있는 전속 변호사에게 이혼에 필요한 자료와 절차에 관해 문의했다. 테신에 들어설 신축 가옥에 대해서는 돌빈에게 굳이 말하지 않았다.

*

몬타뇰라에 돌아온 헤세와 니논은 마음에 드는 부지를 발견했다. 남쪽으로 경사진 산 중턱이었는데, 포를레차 방향으로 루가노 호수가 환히 내려다보이는 전망이 일품이었다. 1만 1000평방미터나 되는 넓은 대지, 숲과 관목, 포도나무, 과일나무 등 정원을 꾸미고 가꾸기에 더할 나위 없이 좋은 환경이었다. 헤세는 "경제적으로나 도덕적으로" 잘해낼 수 있을지 걱정이 앞섰다. 니논과 건축 기사는 설계와 기획, 건축 일정 등에 관해 의견을 나누었다. 니논은 자신이 지금 동화 나라에 살고 있는 것만 같다고 에미에게 자랑스럽게 말했다. 반면 헤세는 "왠지 좋지 않은 일이 생길" 것만 같은 불길한 예감에 사로잡혀 있었다. 카사 카무치의 저택을 포기해야 하는 것도 적지 않게 고민되었다. 1919년에 새롭게 시작했던 순간들이 그곳에 고스란히 배어 있었다. 취리히에 있는 그의 "망명지", "은신처"와 작별을 고해야 하는 것도 두렵기는 마찬가지였다. 그곳에서 그는 『황야의 이리』와 『나르치스와 골트문트』의 원고를 대부분 집필했다.

니논은 하나의 건축물 안에 두 개의 '집'을 만들기로 했다. 출입문과 계단을 분리하고, 위층에는 하나의 문으로 두 개의 욕실이 연결되도록 했다. 작은 집은 헤세의 거주 공간으로 쓰기로 했다. 큰 집에는 공유 공간과 도서관, 식당, 다용도실, 응접실, 니논의 침실과 욕실, 아틀리에가 배치되었다.

1930년 10월, 드디어 공사가 시작되었다. 니논은 몇 달 동안 정신없이 바쁘게 돌아다녔다. 건축 현장을 살펴보고, 벽지와 타일과 가구를 고르고, 신문에 작업 인부 구인 광고를 냈다. 체르노비츠의 상류층에 속하는 니논은 자신의 신분과 시인 헤세의 명성에 걸맞은 살림을 꾸밀 계획을 세웠다. 하지만 헤세에게는 새로 지어질 보금자리에 대한 기대보다 다가올 시민 생활의 구속에 "엄청난 두려움"을 느꼈다. 시민적 규범과 풍속을 제대로 따를 수 있을지 의문이었다. 그래서 그는 문학적인 작업에서 존재의 이유를 찾으려고 했다. 노자와 모차르트, 노발리스Novalis, 세르반테스Cervantes, 그리고 파울 클레Paul Klee와 더불어 『동방 순례Morgenlandfahrt』 길을 나섰다. 헤세의 어머니는 어린 그에게 경건한 신앙을 고취하는 종교소설을 읽어주었다. 그 책은 바로 존 버니언John Bunyan의 『천로역정』이었다.

헤세의 신경과민 때문에 니논은 점점 더 힘들어졌다. 그녀는 자신이 『클라인과 바그너』의 여주인공 같다는 생각이 들었다. 헤세는 그녀에게 갑자기 소리를 질렀다. "난 죽을 날이 얼마 남지 않은 늙은이입니다. 그러니 제발 나를 좀 그냥 내버려두어요!" 하지만 니논은 마리아와 달랐다. 1907년에 가이엔호펜에서 집을 지을 때나 1912년에 베른으로 이사할 때 아무 불평 없이 남편 헤세를 따랐던 마리아가 아니었다. 니논은 헤세에게 맞설 준비가 되어 있었다. 그녀의 작품 『결정』은 예민하고 창의적인 남편과 그를 외부의 자극으로부터 보호하려는 부인 사이에서 벌어지는 이야기를 다루었다. 이 작품의 여주인공 아나는 무척 힘들어하면서도 자신의 소명을 저버리지 않는다. 니논도 그랬다. 니논은 헤세와 함께 린다우로 향했다. 그곳에서 헤세는 안과 치료를 받았다. 그러고 나서 바덴으로 휴양을 떠났다. 니논은 그와 동행하지 않고 빈으로 가서 창고에 보관 중이던 가구를 몬타뇰라로 부쳤다. 그리고 변호사를 만나 돌빈과 이혼 문제를 의논하고, 병원에 가서 정맥류 치료를 받았다. 그녀는 새집으로 이사할 날만을 손꼽아 기다렸다.

1930년 11월, 헤세는 마룰라의 쉰번째 생일에 그녀에게 편지를 보냈다. "난 아직 새로 짓는 집에 별다른 감정이 없단다. (…) 무엇보다 해결해야 할 일이 많거든. 집안 살림에 드는 비용도 만만치 않을 거야." 사람들은 그에게 축하 인사를 건넸다. 돈한 푼 들이지 않고 멋진 집을 장만한 것을 모두 부러워했다. 랑박사만이 유일하게 헤세를 이해했다. "새집을 소유한다는 건 그만큼 고통이 따르게 마련이지요. 나라면 그런 선물은 기꺼이 사양할 겁니다. 이 세상의 부자들이란 게 다 그런 거지요! 따지고 보면, 그들이 주는 선물은 그들 자신에게 기쁨을 주기 위한 거니까요. 선물을 주고 감사 인사를 받기 위해서 말입니다."

『나르치스와 골트문트』의 서평들이 나오기 시작한 지금, 헤세는 후고가 그리워졌다. 후고는 무욕無慾의 고행자, 정신적인 동반자였다. 그에게 속세의 재물은 정신적 삶을 추구하는 데 장애가 될 뿐이었다. 헤세는 이미 1928년에 『디 노이에 룬트샤우』에서 "후고와 나의 개인적인 관계는 존경과 경탄에서 시작해 내면적인 우정으로 승화된 사랑"이라고 회상했다. 『나르치스와 골트문트』에서 헤세는 그를 "엄격한 수도사" 내지 "자기 자신을 희생하는 양심적인 인간"의 모습으로 그렸다. 나르치스는 "모든 비판에 당당하게 맞설 수 있는 정신세계의 모범"을 보여주었다. 후고가 걸어간 길은 결코 평범하지 않았다. 그는 "정신 질환을 치유하는 데는 중세의 악마론과 구마술이 프로이트를 포함한 오늘날의 치료 기법보다 더 효과적"이라고 믿었다.

1930년 5월, 에미는 헤세의 작품에 대해 서평을 썼다. 그녀는 헤세와 후고의 우정이 에로틱한 매력과 지적인 논쟁 사이를 오간다는 사실을 감지했다. 『나르치스와 골트문트』뿐 아니라 헤세의 거의 모든 작품에는 동성애적 요소가 자리 잡고 있었다. 하지만 헤세 자신은 인정하려 들지 않았다. "나는 성적인 면에서 지극히 정상이다. 다른 남성들과 한 번도 에로틱한 관계를 맺은 적이 없다. 하지만 우정이 전혀 에로틱하지 않다고 주장하는 것 또한 옳지 않다고 생각한다. 나르치스의 경우를 보면, 보다 분명하게 알 수 있다. 그에게 골트문트는 우정과 예술뿐 아니라 사랑과 관능, 갈망과 금기를 의미한다." 어린 시절에 요하나 골트를 사랑한 니논에게 동성애적 감정은 낯설지 않았다. 그녀는 에미가 보내온 편지에서도 이성적 갈망을 느꼈다. 에미는 자신을 "또 다른 정부情夫"라고 불렀다. 1931년 2월, 니논은 돌빈에게 자신이 토마스 만의 부인과 사랑에 빠졌다고 고백했다.

토마스 만은 부인 카티아, 막내딸 엘리자베트와 함께 샨타렐라에서 겨울 휴가를 보냈다. 1월 중순에 장크트모리츠에 도착한 니논과 헤세는 토마스 만 가족뿐 아니라 피셔 부부, 브리기테와 고트프리트 베르만-피셔, 바서만 부부를 만났다. 니논은 이번 여행이 헤세의 기분 전환에 도움이 될 거라고 믿었다. 친구들과 어울려 이야기를 나누고 스키를 타다 보면, "가위에 눌

리듯이 그를 짓누르고 있는" 문제를 떨쳐버릴 수 있을 것만 같았다. 하지만 폭설과 강풍 때문에 헤세는 잠도 잘 이루지 못하고 "끔찍한 악몽"에 시달렸다. 그는 랑 박사에게 편지를 보내 자신이 니논과 다른 사람들을 귀찮게 하고 있다고 말했다. "신이 우리에게 제대로 된 폐렴을 선물해주기를 바라고 있습니다. 내 인생은 아무 쓸모도 없는 거 같아요. 어디서도 즐거움을 느낄 수 없네요."

1931년 2월 2일, 헤세는 하인리히 비간트Heinrich Wiegand에게 보낸 편지에 토마스 만의 딸 엘리자베트에 관한 이야기를 적었다. "그녀는 스키를 처음 타는 초보자라네. 하지만 남다른 재주가 있더군. 카를 마이Karl May의 작품을 열심히 읽는 독서광이기도 하다네. 매력적인 데다 키가 무척 커서 그런지 남자아이 같은 느낌도 든다네. 난 지금 그 아이와 함께 스키를 타고 있다네." 노년의 엘리자베트 만-보르게제는 오랜 세월이 흐른 뒤에도 그때의 기억을 떠올렸다. 그녀는 아버지 토마스 만이 스키를 타지 못했기 때문에 으레 위대한 작가들은 스키를 타지 못하는 줄 알았다. 열두 살의 소녀는 헤세와 함께 코르비글리아나 피츠 나이르 산 정상에서 스키를 타고 언덕 아래로 내려왔다. "내 앞에는 여전히 마른 몸매의 헤세가 내달리고 있었다. 그는 감색 스키복을 입고 노르웨이 각반을 차고 있었다. 그리고 눈 덮인 가파른 언덕을 우아한 자태를 뽐내며 부드럽게 미끄러져 내려왔다."

엘리자베트는 니논에 대해 이렇게 회상했다. "그녀는 스키

엘리자베트와 토마스 만, 니논 돌빈, 카티아 만, 1931년 /
샨타렐라에서 헤르만 헤세, 1931년

를 잘 타지 못했다. 높은 곳에서 스키를 타고 내려오는 걸 무척
겁냈다." 니논은 카티아가 스키를 다 탈 때까지 기다렸다가 그
녀와 함께 산책에 나섰다. 토마스 만의 부인은 니논의 고민을
금방 알아차렸다. 노벨문학상을 수상한 작가의 아내로서 그녀
는 창작하는 사람과 함께 사는 어려움을 누구보다 잘 알고 있
었다. "난 내가 하고 싶은 걸 해본 적이 단 한 번도 없답니다."
하지만 그녀는 니논에게 하고 싶은 걸 절대로 포기하지 말라
고 조언해주었다. 헤세와의 결혼도 서두르라고 말했다. 니논은
그녀의 격려에 힘을 얻었다. 취리히로 돌아온 니논은 헤세에게
다시 한 번 합법적인 부부 관계를 요구했다. 신축 건물이 완성
되는 대로 결혼식을 올리자고 졸라댔다. 헤세는 확답을 유보한
채 칼프로 떠났다. 그리고 아델레의 은혼식에 참석한 뒤에 샨
첸그라벤으로 돌아왔다.

이 시기에 헤세의 유일한 즐거움은 『동방 순례』에 대한 친구

들의 반응이었다. 작품의 등장인물들은 1인칭 서술자를 중심으로 움직인다. '잔혹한 루이', '마법사 유프', '점성가 롱구스', '타이 사람들'. 이들은 모두 '헤르만 라우셔'와 함께 순례 길에 오른다. 막스와 틸리의 브렘가르텐 성에서는 '스위스 국경일'을 기념하는 축제가 벌어진다. 이들은 신비로운 동방과 서방 세계를 오가는 일종의 비밀 동맹이다. "순례자로서, 황제로서, 그리고 십자군 기사로서." 니논은 『나르치스와 골트문트』와 달리 『동방 순례』에서 자신의 모습을 찾아낼 수 있었다. "나는 니논을 만났고, 또한 그녀를 사랑하게 되었다. 검은 머리카락 아래로 그녀의 두 눈이 짙게 빛났다. 그녀는 내 꿈속의 공주 파트메를 질투했다. 그런데 니논이 바로 그 파트메였다. 그녀는 그 사실을 전혀 알지 못했다." 니논은 동화의 짧은 만남이 현실에서는 달라져야 한다고 생각했다.

1931년 6월, 그녀는 돌빈에게 좋은 친구로 남겠다는 약속과 함께 다시 한 번 이혼을 재촉했다. 하지만 헤세는 "평온하고 소박한 삶이 완전히 깨질지도 모른다는 두려움 때문에" 여전히 결혼을 꺼렸다. 니논은 헤세를 위해 카사 카무치에서의 마지막 생일 파티를 열었다. 에미와 안네마리, 게로에 부부가 초대되었다. 마리아는 귀 수술을 받은 지 얼마 되지 않았기 때문에 참석하지 못했다. 그녀는 베른 근처의 무리에 있는 여동생 투치아의 집에서 요양을 하고 있었다. 그녀가 헤세에게 보낸 축하 엽서에는 브루노가 네덜란드 여행을 떠났다는 소식, 마르틴이 군에 입대했다는 소식, 그리고 하이너가 아내 헬렌과 딸 빔바와 함께 포지타노에 머물고 있다는 소식이 적혀 있었다. 하이너는 아버지 헤세의 반대에도 2년 전에 결혼했다. 사회주의 성향의 하이너는 보수적인 로이트홀트와 자주 갈등을 빚더니 급기야 회사를 그만두었다.

쉰네 살의 헤세는 두 번의 이혼을 경험했다. 그에게는 성장한 세 명의 아들과 한 명의 손녀가 있었다. 그리고 지금 자신보다 열여덟 살이나 어린 유부녀 니논이 그에게 결혼을 요구하고 있었다. 그녀는 신축 공사를 가급적 빨리 끝내기 위해 건축 기사와 일꾼을 숨 가쁘게 몰아붙였다. 헤세는 자신의 영혼 속에 내재한 "꿈과 시학의 영역"을 침범하지 말라고 그녀에게 경고했다. 그는 바덴으로 가서 마르트발더 박사를 만난 뒤에 베른 근처의 케르자츠에 사는 벨티 부부를 방문했다. 그리고 모든 공사가 마무리될 때까지 거기 머물러 있기로 했다.

가구를 포장하고 운송하는 작업은 마르틴과 나탈리나가 도와주었다. 7월 말, 언덕에 위치한 '붉은 집'으로 가구를 옮기는 데 꼬박 이틀이 걸렸다. 니논과 마르틴은 이삿짐을 풀고 짐을 정리했다. 7월 23일, 니논은 헤세에게 편지를 띄웠다. 그녀가 모든 일을 잘 처리하고 있으니 전혀 걱정하지 말라는 안부 편지였다. 그녀는 저녁에 수면제를 먹고 낮에는 두통약을 먹었다. 마르틴이 아스코나로 떠나기 전에 니논은 그와 함께 밤새도록 이야기를 나누었다. 그리고 스무 살의 마르틴이 지금까지도 아버지에게서 버림받았다는 느낌을 떨치지 못하고 있다는 걸 알게 되었다. 그녀는 헤세가 마음속 깊이 그를 사랑하고 있다고 말해주었다. 하지만 아버지와 아들의 관계가 원만해지기까지는 적지 않은 시간이 필요해 보였다.

8월 초, 헤세는 몬타뇰라에 돌아왔다. 작업 인부들은 마지막 작업을 하느라 여전히 바삐 움직이고 있었다. 헤세는 텅 빈 카무치의 거처로 피신했다. 그는 아르투어 슈톨에게 편지를 보내 경제적 어려움을 호소했다. "난 이 집을 꾸미는 데 제법 많은 돈을 들였다네. 출판 시장이 예전 같지 않아서 내가 버는 돈도 이전의 반으로 줄었다네. 웅장하고 화려한 저택에 살기 위해선 무엇보다 돈을 아껴 써야 할 거 같네." 니논은 안락하고 여유로운 삶을 영위하고 싶어 했다. 나탈리나 외에도 가사를 돌볼 인력을 추가로 고용했다. 8월 중순에는 에미를 초대해 정원에서 작은 파티를 열었다.

9월 10일, 마침내 이혼에 필요한 서류들이 모두 니논의 손에 들어왔다. 헤세와 니논의 결혼식은 1931년 11월 14일로 정해졌다. 결혼하기 하루 전날, 헤세는 라이프치히의 작가 하인리히 비간트에게 편지를 썼다. "내일 오후면 나는 호적 사무소에 간다네. 앞으로는 내 마음대로 살 수 없을 걸세. 결혼은 오래전부터 니논이 바라던 일이었네. (…) 그녀는 집을 짓고 꾸미는 과정에서 온갖 궂은일을 혼자 도맡아 했다네. 드디어 때가 된 것 같아." 헤세는 후바허에게도 편지를 띄웠다. "떠나기 전에 먼저 바덴의 호적 사무소에 가서 니논을 부인으로 등록하려고 한다네. 어쨌든 니논에게는 크나큰 기쁨이 될 걸세. 그녀는 신혼여행을 계획하고 있다네. 로마로 떠난다고 하더군."

결혼은 니논이 오랫동안 꿈꾸어온 이상이었다. 하지만 헤세에게는 막다른 골목에서 어쩔 수 없이 받아들인 체념의 서약이었다. 결혼한 바로 다음 날, 헤세는 류머티즘 치료를 위해 바덴으로 떠났고, 이틀 뒤 니논은 루가노 역에서 기차를 타고 '신혼여행' 길에 올랐다. 그녀는 밀라노에 잠시 머문 뒤 야간열차를 타고 로마로 향했다. "난 아직도 정신이 없답니다. 자꾸만 집 생각이 나고, 할 일도 산더미같이 쌓여 있으니까요. (…) 내일 아침이면 로마에 도착한답니다. (…) 오늘도 정말 멋지고 아름다운 날이었어요. 햇볕도 따사롭고 날씨도 화창했답니다. 지금은 눈으로 뒤덮인 산 정상이 담홍색으로 빛나고 있네요. (…) 아, 사랑스러운 우리 집!"

헤르만 헤세 부인

카사 로사의 정원에서 니논과 헤르만 헤세

1.

1932년 1월, 헤세 부부는 샨타렐라에 도착했다. 니논은 호텔 직원들에게서 더 이상 '여비서'가 아닌, 유명 작가 헤세의 부인으로 정중한 대접을 받았다. 또 다른 유명 작가 토마스 만도 부인 카티아, 딸 엘리자베트와 함께 그곳에 와 있었다. 토마스 만 부인과 헤르만 헤세 부인은 재회의 기쁨을 나누었다. 니논은 토마스 만 가족을 새로 지은 카사 로사로 초대했다. 이제 니논은 카티아와 똑같은 위치에 서게 되었다.

니논의 숙원은 이루어졌지만, 헤세의 건강 상태는 나아질 기미를 보이지 않았다. 그녀를 대하는 태도 또한 별로 달라지지 않았다. 1931년 크리스마스에 헤세는 "심각한 위기"를 감지했다. 그는 카사 로사를 "인생도, 걱정도 해결할 수 없는 가련한 집"이라고 말했다.

샨타렐라에서 보낸 5주 동안 헤세의 기분은 조금 나아졌다. 엥레르트와 무알리에, 토마스 만 같은 친구들이 있기 때문이기도 했지만, 무엇보다 화창한 날씨가 도움이 되었다. 헤세와 니논은 "아메리카 인디언처럼" 햇볕에 짙게 그을렸다. 3월 1일, 헤세 부부는 샨첸그라벤에 있는 살림을 정리하기 위해 취리히로 떠났다. "정말 즐거운 경험이었다. (…) 우리는 감사하는 마

음으로 기분 좋게 그곳을 떠날 수 있었다." 하지만 니논은 "초
조해졌다". 헤세는 독일의 정치 상황과 파시즘의 도래를 우려
했다. 1932년 3월 13일에 파울 폰 힌덴부르크가 독일제국 대
통령으로 선출되었다. 아돌프 히틀러가 정권을 장악한 게 아니
라 안도의 한숨을 내쉬기는 했지만, 전체적으로 볼 때 결코 안
심할 수 없는 상황이었다. "히틀러는 제국의 2인자가 되었다.
그는 1200만 명이 넘는 부하를 거느리고 있었다." 헤세는 경제
적인 형편을 고민할 수밖에 없었다. 독일에 계좌를 개설한 외
국인들에게는 이미 출금을 제한하는 조처가 내려졌다. "또다시
훼방꾼들이 나를 에워싸고 내 목을 누르기 시작했다. 인플레이
션 때처럼. 『나르치스와 골트문트』로 벌어들인 돈을 적어도 몇
년은 쓸 수 있을 줄 알았는데 이미 반쪽이 나버렸다." 화려한 저
택에 걸맞은 살림을 꾸리다 보니 생활비가 이전보다 훨씬 더
많이 들었다. 헤세는 거대한 정원이 자신을 "삼켜버릴" 것만 같
다고 푸념했다. 니논은 지체 없이 정원사를 고용했다.

1932년 성령강림절에 헤세는 랑 박사에게 편지를 띄웠다.
"모든 게 가이엔호펜과 베른 시절처럼 되어가고 있습니다. 전
쟁이 일어나지 않은 게 차이라고 할 수 있을지 모르겠네요." 헤
세는 창작 활동에 전념할 수 없었다. 여름이 되자 그를 찾아오
는 손님들이 줄을 이었다. 아델레를 만났을 때는 기뻤지만, 니
논의 여동생 릴리의 방문은 그를 불편하게 했다. 헤세는 아들
들과 함께 보차 놀이를 하고 야외로 그림을 그리러 나갔다. 한
스 카로사는 로마 여행을 마치고 돌아오는 길에 들렀다. 랑 박

사는 코모에서 취리히로 가는 길에 점심 식사를 함께하기 위해 잠시 들렀다. 그는 동양어를 배우기 시작했다. 카사 로사를 방문하고 취리히로 돌아온 랑 박사는 헤세에게 편지를 썼다. "당신 집은 정말 멋지더군요. 내 맘에도 듭니다. 그에 비하면 내가 사는 집은 초라하기 그지없습니다. 그래도 다시 익숙해지기 위해 노력하고 있답니다."

어느 날 에미가 한 여인을 데리고 나타났다. 니논에게는 낯선 여인이었다. 검은 머리의 아리따운 슈바벤 여인은 다름 아닌 엘리자베트 게르츠-루프였다. 헤세가 그녀와 루트와 더불어 행복한 시간을 보냈던 여름은 벌써 11년 전 일이었다. 니논은 남편 헤세와 새로 나타난 여인의 친밀감에 의혹의 시선을 보냈다. 그리고 질투를 느꼈다. 헤세와 그녀의 과거에 대한 질투도 있었지만, 무엇보다 그녀의 당당하고 활달한 모습에 대한 부러움이 더 컸다. 엘리자베트는 베를린 대학에서 법학을 전공하고 박사 학위를 취득했다. 그리고 지금은 튀빙겐 대학에서 민속학을 공부하고 있었다. 그녀는 자신의 여행담을 재미있게 들려주었다. 헤세는 그녀의 이야기에 귀를 기울였다. 헤어질 때 그는 그녀에게 또 놀러 오라고 말했다. 그로부터 6년 뒤, 그녀는 다시 한 번 테신을 찾았다. 그녀는 두 개의 박사 학위를 소지하고 있었다. 또 다른 박사 학위는 1934년에 튀빙겐 대학에서 민속학에 관한 연구로 취득한 것이었다. 그녀는 함부르크 대학에 있는 민속박물관에서 아메리카학을 담당하고 있었다.

손님과 방문객이 다 떠나면 니논은 기운이 빠졌다. 헤세의 관절염과 우울증 때문에 한층 더 힘들었다. 정원을 가꾸는 일도 힘에 부쳤다. 하지만 헤세에게는 정원 일이 "이 망쳐버린, 아무 의미도 주지 못하는 삶"을 견딜 수 있게 해주는 유일한 위안이었다. 하인들을 부리는 일도 만만치 않았다. 니논은 시골에서 온 하녀들에게 아주 상세하게 설명을 해주어야 했다. 어느 방을 언제 청소해야 하는지 가르쳐주고, 침대보는 일주일에 한 번씩 바꾸도록 했다. 니논은 검은 타일을 깐 욕실에서 매일 아침 목욕을 하고 새 옷으로 갈아입었다. 입던 옷은 밖에 걸어놓았다. 니논은 주기적으로 마을에 있는 협동조합으로 하녀를 보내 담배를 사 오게 했다. 루가노에서 쇼핑을 할 때는 짐을 든 하녀가 항상 니논보다 몇 걸음 뒤에서 따라오도록 했다. 집에 도착하면, 먼저 하녀가 작은 문으로 들어가 '여주인'이 들어올 수 있도록 정문을 열어주었다. 니논은 부모 집에서 보고 들은 대로 행동했고, 이를 당연하게 생각했다. 그녀는 동부 유럽과 스위스의 풍속이나 예절이 다르다는 생각은 하지 못했다. 과거 러시아제국이나 오스트리아헝가리제국에서는 주인과 하인의 관계가 엄격한 상하관계였다. 니논은 하인들이 그녀의 명령을 마지못해 따르고 있다는 걸 알아차렸다. 그녀를 별로 좋아하지 않는다는 사실도 알았다. 반면 하인들은 헤세를 무척 좋아했다. 헤세는 베른의 독일어나 테신의 이탈리아어 사투리로 스스럼없이 이야기를 나누었다. 나탈리나와 늙은 정원사 로렌초와는 매우 친밀한 관계를 유지했다. 으리으리한 저택과 상류사회의 분위기, 여주인 니논의 고압적 태도는 옛 친구들에게도 불편함과 거부감을 심어주었다. 랑 박사는 몬타뇰라를 잠시 방문하고는 이내 불만을 토로했다. 1933년 12월 4일, 에미는 니논에게 편지를 띄웠다. 여느 때와는 달리 무척 퉁명스러웠다. "난 지금까지 평생 나 자신만을 섬겼다고요."

니논이 새집에 들어온 지 1년이 지났다. 그녀는 "신경이 예민해지고 쇠약해졌다". 9월 중순에는 "방에서 넘어져 바닥에 얼굴을 부딪히는 바람에 치아가 부러졌다. 그녀는 3주 동안 치료를 받으며 안정을 취했다. 그러고 나서 치과 치료를 받았다." 거울로 얼굴의 멍 자국과 손상된 치아를 바라보던 니논은 전남편 돌빈을 떠올렸다. 그해 그는 오랜 연인인 엘렌 헤르츠와 결혼식을 올렸다. 니논은 자신의 결정이 잘못된 게 아닌지 회의에 빠졌다. 돌빈과 이혼하고, 박사 논문을 포기하고, 7년 동안 헤세와 함께 지내고, 마침내 그와 결혼하고 웅장한 저택을 지었다. 그러나 그녀는 점점 더 신경질적으로 변했다. 거의 광적일 정도로 청결한 상태를 유지하려고 애썼다. 그렇게 함으로써 자신의 우울한 감정과 화목하지 못한 결혼 생활을 덮으려고 했다.

헤세는 그녀의 태도를 못마땅하게 생각했다. 그녀는 취리히에 사는 엘지 보트머에게로 갔다. 1932년 10월 9일, 헤세는 편지에서 그녀를 비난했다. 그녀는 죄책감과 동시에 억울함을 느꼈다. "내가 깐깐하게 굴려고 그러는 건 아닙니다. 난 멍청이가 아니란 말이에요, 헤르만. (…) 나도 이런 상황을 원하는 게 아니라고요. (…) 당신이 그걸 병이라고 생각한다면, 나도 고치려고 노력할 겁니다. 난 병을 핑계로 도망치고 싶지는 않으니까

카사 로사의 테라스에서 니논과 헤르만 헤세, 1932년경 /
아그누초에서 에미 발-헤닝스와 엘리자베트 게르츠-루프

요. 나도 겁쟁이가 되고 싶지는 않다고요."

헤세는 매년 바덴으로 휴양을 떠났는데, 이번에는 아주 색다른 곳으로 떠날 준비를 했다. 몬타뇰라의 일상적인 갈등과 반목에서 벗어나고 싶었다. 그의 목적지는 카스탈리엔이었다. 그는 자신의 마지막 대작 『유리알 유희Das Glasperlenspiel』를 구상하고 있었다. 1932년 말에 그는 요제프 베른하르트 랑 박사에게 작품의 모토를 적어 보냈다. 헤세의 학교 친구인 고대문헌학자 프란츠 샬이 이를 라틴어로 번역해주었다. 헤세는 예수회 신자인 랑 박사가 충분히 호기심을 느낄 거라고 생각했다. 1933년 1월, 헤세는 헤르만 후바허에게 편지를 띄웠다. "어쨌든 인생은 이 거대한 저택에서도 이전과 다름없이 계속되고 있다네. 하지만 시간이 지날수록 지겨워지고 조여드는 느낌을 떨쳐버릴 수 없다네. 1년 반 전부터 난 새로운 작품을 구상하고 있다네. 아직 한 줄도 쓰지 못했지만 말일세. 내가 나이가 들어 그렇기도 하고, 너무 편하게 지내고 있어 그렇기도 하다네." 헤세는 안락하고 나태한 생활에서 벗어나고 싶었다. 하지만 헤세 부부를 샨타렐라로 초대하던 엥레르트에게서는 아무 연락도 없었다. 헤세에게는 자비로 스키 여행을 즐길 만한 여유가 없었다. 그는 톨스토이를 인생의 모범으로 삼기로 했다. "그는 죽음을 목전에 둔 순간에 떠났다. 그리고 마지막 숨을 들이켜면서 시골길과 자유, 공기와 드넓은 세상을 만끽했다."

*

크눌프의 떠돌이 인생, 골트문트의 유랑 생활은 이미 지나가버렸다. 헤세는 재앙을 예감했다. 급변하는 정치 상황이 양지바른 테신에 긴 그림자를 드리우기 시작했다. 어둠의 그림자는 「늦여름Spätsommer」이라는 시의 마지막 시구에도 드리워져 있다. "세상이 미치기 전에, 전쟁을 외치기 전에, / 아직 남아 있는 아름다운 일들을 반기며 노래하기로 하자."

헤세는 아델레에게 편지를 띄웠다. "모든 게 1914년과 똑같습니다. 내 개인적인 삶도 그렇고요. 오래전에 해결되고 극복되었다고 생각한 상황과 문제가 또다시 반복되고 있으니까요. (…) 문학과 관념에만 평생을 바쳐온 사람에게는 치졸한 결과라고 해야겠지요." 독일에서 들려오는 소식은 헤세를 점점 더 불안하게 만들었다. 1933년 1월, 나치주의자들이 권력을 장악한 뒤로 헤세는 "체포되고, 구금되고, 구타당하고, 살해당한 친구들과 동료들"을 걱정했다. 1933년 3월 중순, 혜세는 하인리히 비간트를 만났다. "라이프치히 출신의 사회주의자"인 그는 몬타뇰라의 첫번째 망명자가 되었다. 혜세는 제1차 세계대전 당시 이주자들에 대한 기억을 떠올렸다. "가까스로 국경을 넘어온 사람들은 돈 한 푼 없고 의지할 데도 없이 혼자 생존을 고민해야 한다. 그런 망명자가 점점 더 많이 생겨날 것이다." 카사 로사에도 망명자들이 지속적으로 늘어났다. 잡지 『링크스쿠르베Die Linkskurve』의 발행인 쿠르트 클레버Kurt Kläber와 그의 부인 리자 테츠너Lisa Tetzner도 독일을 떠났다. 그녀는 아동문학 작가였다. 클레버 부부는 1924년부터 가끔 카로나에 머물기도 했다. 그러다가 1933년에는 카로나에 있는 카사 판트로바, "찾아낸 빵의 집"에 정착했다. 1933년 봄, 혜세는 클레버 부부 집에서 헬레네 바이겔Helene Weigel과 베르톨트 브레히트Bertolt Brecht를 만났다. 혜세는 브레히트를 "독일 공산주의자 가운데 단 한 명의 진정한 작가"라고 치켜세웠다. 혜세는 무국적 상태의 젊은 작가 페터 바이스Peter Weiss를 물심양면으로 도와주었다. 바이스는 1939년 스웨덴으로 망명을 떠났다.

에미는 몹시 흥분한 상태로 혜세를 찾아왔다. 그리고 그녀의 옛 친구인 에리히 뮈잠의 석방을 도와달라고 부탁했다. 뮈잠은 오라니엔부르크 강제수용소에 수감되어 있었다. 혜세의 도움을 기대하기 힘들다고 판단한 에미는 직접 베를린으로 갔지만, 이미 때는 늦었다. 토마스 만 가족은 몇 주 동안 테신에 머물렀다. 그리고 루가노에 위치한 고급 호텔 빌라 카스타뇰라에 묵었다. 엘리자베트 만-보르게제는 당시의 경험을 이렇게 회상했다. "우리는 종종 몬타뇰라의 아름다운 저택에 살고 있는 헤세 부부를 방문했다. (…) 한 시간가량 차를 마시고 갓 구운 과자를 먹으며 문학과 정치 현실에 대해 이야기를 나누었다. (…) 그러고 나서 잘 꾸며진 정원으로 함께 나갔다. 보차 놀이를 하는 트랙은 반질하게 잘 닦여 있었다." 보차 놀이는 헤세의 우울한 기분을 풀어주는 유일한 즐거움이었다. 토마스 만 가족은 모두 보차 놀이를 즐겼다. 카티아와 엘리자베트는 잘하지는 못했지만 그래도 "보통의 실력"은 지니고 있었다. 토마스 만은 "실력보다는 운"을 기대하는 편이었다. 니논은 게임에 참여하지 않고 구경만 했다. 헤세는 "뛰어난 솜씨"를 자랑했다. 그는 고상하고 고루한 여느 동료들과는 달리 "수수한 차림에 셔츠 단추를 풀어헤친" 채 "승리의 기쁨"을 만끽했다. 토마스 만 가족은 "망명자들도 중립적이고 평화로운 스위스에서 잘 지낼 수 있다"라는 사실을 알게 되었다. 하지만 그들은 프랑스의 휴양지 리비에라에서 여름을 보내기로 했다. 얼마 뒤 고트프리트 베르만 피셔와 그의 장인 사무엘 피셔가 몬타뇰라를 찾아왔다. 출판에 관해 의견을 교환하기 위해서였다. 유대계 출판인은 이미 1933년 여름에 심각한 어려움에 직면해 있었다. 그로부터 2년 뒤 베르만 피셔는 독일을 떠나 망명지에 출판사를 세웠다. 독일제국에 남아 있는 출판사의 운영권은 페터 주어캄프Peter Suhrkamp가 넘겨받았다.

1933년에는 100명이 넘는 방문객이 헤세를 찾아왔다. 동료들이 보낸 안부 편지도 많이 도착했다. 스위스 체류 허가나 비자 발급을 도와달라는 편지, 영국이나 미국 입국을 위한 신원 보증을 중재해달라는 편지, 경제적 도움을 요청하는 편지도 있었다. 무정부주의자이자 정신분석가를 자처하던 요하네스 놀은 1927년부터 베를린에 거주하고 있었다. 1933년 12월, 그는 헤세에게 편지를 보내 경제적인 도움을 요청했다. 헤세로서는 뜻밖이었다. 두 사람은 1918년 이래로 단 한 번도 연락을 주고받은 적이 없었다. 놀은 마리아와 헤세가 이혼한 사실조차 모르고 있었다. "당신 부인이 어떻게 지내는지 나에게 소식을 전해주면 고맙겠습니다. 나는 아직도 그녀에 대한 좋은 기억을 간직하고 있습니다."

편지를 보내는 사람들은 헤세와 안면이 있거나 어디선가 우연히 만난 인연을 언급하며 친근감을 강조했다. 가끔 헤세가 도움을 줄 수도 있었지만, 대부분은 위로하고 격려하는 편지를 보내는 정도였다. 1938년 12월, 헤세는 망명한 동료 막스 헤르만-나이세에게 편지를 띄웠다. "올해는 참으로 힘든 해인 거 같습니다. 망명한 사람들의 고통과 불안을 그저 바라만 보고 있습니다." 나치주의자들이 오스트리아로 진격한 뒤로는 상황이 더욱 악화되었다. 헤세는 빈에 남아 있는 니논의 친구들과 친지들의 안부를 걱정했다. "빈에서 망명해 온 이주자들을 돌보느라 나 자신의 문제는 신경 쓸 겨를이 없습니다."

독일의 제국저작위원회는 유대계인 프레트 돌빈이 "문화재를 창작하는 데 필요한 신뢰성과 적성을 갖추지 못했다"라는 평가를 내렸다. 1935년에 돌빈은 재혼한 부인과 함께 뉴욕행 배에 올랐다. 엘렌 돌빈의 어머니는 미국에 거주하고 있었다. 그녀는 돌빈 부부의 신원보증을 해주고, 이들이 거처할 공간을 마련해놓았다. 돌빈은 새로운 환경에서 새롭게 시작할 기대에 부풀어 있었다. 하지만 그의 기대는 이내 실망으로 바뀌고 말았다. 미국의 언론은 스케치보다는 사진을 즐겨 사용했다. 게다가 돌빈은 영어에 그다지 능숙한 편이 아니었다. 그래서 그는 패션 디자인과 실용미술로 눈을 돌렸다. 그의 부인은 호텔에서 객실을 청소하고 상점에서는 물건을 팔았다. 니논은 돌빈 부부가 미국에서 어렵게 살고 있다는 걸 알고는 마음이 편치 않았다. 하지만 돌빈은 니논에게 투정 한마디 하지 않았다. 오히려 예전처럼 그녀에게 '신선한 공기'를 불어넣었다. 몬타놀라에서 외로움을 느끼고 있던 니논에게는 무척 고마운 선물이었다. 1936년 9월, 돌빈은 니논의 생일 때 축하 인사를 보냈다. 그녀의 답장은 과거에 대한 연민과 비애에 젖어 있었다. "아, 그래요. 당신과 함께 생일 축하 파티를 여는 건 언제나 즐거웠지요. 그렇다고 지금 내가 부족함을 느끼고 있다는 건 절대 아니에요. 전 지금 아주 잘 지내고 있어요. 헤세는 무척 사랑스럽고 자상하답니다. 나한테 부족한 건 하나도 없어요. 당신이 곁에 없어 아쉬울 뿐이에요. 사는 게 예전처럼 그렇게 즐겁지만은 않네요." 돌빈은 니논이 걱정되었다. "당신이 망설이듯이 조심스럽게 쓴 편지를 읽다 보니 당신이 정말 잘 지내고 있는지 확신이 서지 않는군요."

니논은 자신의 옆모습을 그린 군터 뵈머Gunter Böhmer의 석판화를 돌빈에게 보냈다. 하지만 돌빈은 별로 기뻐하지 않았다. "어쩌면 내가 너무 많이 기대했는지도 모르겠네요. 아니, 어쩌면 내 상상력이 나를 속였는지도 모르지요. 지금 당신을 바라보고 있는데 왠지 살아 있는 느낌이 나지 않아요. 당신의 열정, 반항심, 수다스러움, 사교성, 인내력, 진취적인 기상이 다 사라진 것만 같네요." 돌빈은 "사랑스럽고 또 사랑스러운 니논"의 바뀐 모습을 받아들이기 힘들었다. 니논도 자신의 바뀐 모습을 인정하기 싫었다. 그녀는 자신의 소명에 따라 스스로 선택한 길을 끝까지 가야만 했다. 하지만 가끔은 헤세 곁에 그녀보다 더 중요한 사람이 있다는 사실을 받아들여야 했다. 드레스덴 출신의 젊은 화가이자 디자이너 군터 뵈머가 그들 가운데 하나였다. 그는 1933년 여름 몬타뇰라에 나타났다.

그로부터 43년이 지난 뒤, 뵈머는 그때의 일을 이렇게 회상했다. "1933년에 나는 베를린에서 미술 아카데미를 졸업했다. 포격 때문에 내가 살던 미대 기숙사 옆 건물 유리창이 깨졌다. 그 방에서 나는 삽화를 그려 몬타뇰라로 보내기도 했다. 나는 몬타뇰라를 지상의 낙원이라고 생각했다. 그리고 얼마 뒤 이 '전설적인 곳'으로 놀러 오라는 초대를 받았다." 헤세는 스물두 살의 청년이 편히 머물 수 있도록 카사 카무치에 공간을 마련해주었다. 낯선 청년에게 기꺼이 자신의 보금자리를 개방한 것이다. 헤세는 뵈머의 그림 솜씨에 반했다. 그리고 그에게서 내면적인 일체감을 느꼈다. 헤세는 이 젊은 예술가에게 『헤르만 라우셔가 남긴 글과 시』 개정판에 삽화를 그려 넣는 작업을 맡았다. 이때부터 헤세가 세상을 떠날 때까지 "그림과 정원의 형제" 뵈머와 우정이 시작되었다. 니논은 뵈머에게 질투심을 느꼈다. 그녀는 헤세에게 가까이 다가가는 모든 사람을 질투했다. 니논이 로마를 여행하는 동안 뵈머는 헤세와 함께 있었다. 니논은 두 남자에 대한 질투심에 힘들어했다. 그래서 예정보다 일찍 집으로 돌아오기로 했다.

헤세의 마음을 사로잡은 남자는 또 있었다. 그는 의사이자 작가인 한스 카로사Hans Carossa였다. 카로사는 그녀가 여행을 떠난 사이에 헤세를 찾아왔다. 헤세는 알프레트 쿠빈Alfred Kubin에게 보낸 편지에서 카로사가 "현존하는 독일 작가 가운데 가장 마음에 드는 작가"라고 말했다. 헤세는 '가톨릭 신자'인 카로사가 자신을 어떻게 생각할지 궁금했다. 1929년 뮌헨에서 처음 만난 뒤로 헤세는 그와 계속 연락하고 싶어 했다. "그에게 내 사랑의 증표를 전했다. 하지만 아무 답변도 없었다." 그런데 그건 헤세의 오해였다. 카로사도 헤세에게 깊은 인상을 받았다. 1929년 4월 19일, 카로사는 여자 친구인 헤트비히 케르버에게 보낸 편지에서 헤세와의 만남을 이렇게 적었다. "우리는 한 시간가량 마주 앉아 매우 즐겁게 대화를 나누었지요. (…) 그는 여러 번 나를 포옹했답니다. (…) 그리고 무척 아름다운 여자 친구를 데려왔습니다. (…) 그녀는 체르노비츠에서 왔다고 하더군요. 난 전쟁 때문에 그 도시와 주변 지역을 잘 알고 있었는데, 그녀가 무척 놀라워하더군요."

1932년에 카로사는 이탈리아에서 돌아오는 길에 카사 로사를 처음 찾았다. 1933년 10월 그가 놀러 왔을 때, 니논은 로마 여행을 떠나고 없었다. 1935년 2월에 카로사가 다시 한 번 몬타뇰라를 방문했을 때는 니논도 함께 있었다. 헤세 부부는 그의 방문을 무척 기다렸다. "내가 도착했을 때, 날이 무척 어두워졌다. 호숫가를 둘러싸고 수많은 등불이 환하게 빛나고 있었다. 그 덕분에 호수의 윤곽을 어렵지 않게 알아볼 수 있었다. 나는 반갑게 맞이하는 여주인의 손에 튤립을 건네주었다." 카로사가 처음 방문했을 때, 니논은 그가 북부 이탈리아 출신이라는 사실을 이미 알고 있었다. 그녀는 그에게서 일종의 동지애를 느꼈다. 카로사도 그녀처럼 그리스의 아르카디아를 사랑했고 고대 문화에 조예가 깊었다. 의학과 미술사를 공부한 니논은 카로사의 자전적인 소설 『어린 시절Die Kindheit』과 『의사 기온Der Arzt Gion』을 감명 깊게 읽었다. 그가 파사우와 뮌헨에서 집필한 다른 작품들도 즐겨 읽었다.

헤세는 자신과 카로사의 관계가 나르치스와 골트문트의 관계 같다고 느꼈다. 니논은 헤세의 고백에 깜짝 놀랐다. 그녀는 나르치스처럼 고행자의 삶을 사는 헤세 옆에서 골트문트처럼 세상 물정에 밝고 활기 넘치는 삶을 사는 카로사를 그리워했다. 그녀가 동경하는 이탈리아와 그리스의 숨겨진 비밀을 푸는 데는 카로사의 말 한마디면 충분했다. "우리가 왜 때때로 아름답고 위대하고 엄격한 형태를 그토록 갈망하는지 아시나요? 왜 우리의 영혼 속에 그 잔상을 영원히 간직하려고 애쓰는

지 아시나요? 그건 우리가 우리 자신의 존재를 그 형태에 종속하려고 하기 때문이랍니다. 그렇게 함으로써 우리 인생이 좀 더 단순하고 소박하게 될 수 있도록 하기 위해서지요." 니논은 카로사가 그녀의 감정을 이해하고 공감할 수 있을 거라 믿었다. 카로사는 그녀의 보이지 않는 길동무, '그림자 애인'이 되었다. 헤세가 그녀와 동행하는 걸 꺼렸기 때문에 그녀는 거의 혼자 여행을 다녔다. 한번은 간신히 그를 설득해 함께 로마 여행에 나섰다. 하지만 파르마에서 그는 여행을 중단하고 혼자 카사 로사로 돌아갔다. 니논에게는 카로사의 존재가 더욱 절실해졌다. 그녀는 상념에 사로잡혔다. "한스 카로사와 은밀한 결합을 굳이 포기할 필요가 있을까! 나에게 무관심한 사람만 평생 바라보아야 한다는 건 세상 물정을 모르던 시절에나 가능한 잘못된 관습일 뿐이다!"

니논은 고대 사원과 극장의 유적을 돌아보며 카로사의 시를 낭송했다. 아르리젠토에서는 카로사가 바로 뒤에 있는 것 같아 고개를 돌려 그를 찾아보기도 했다. 그녀는 호텔의 방명록에서 그의 이름과 그가 쓴 시를 발견했다. 그녀는 그에게 편지를 띄웠고, 그는 바로 답장을 보내왔다. 함께하지 못해 유감이라는 말도 조심스럽게 건넸다. 몇 주 뒤 로마로 떠날 계획이라는 이야기도 전해주었다. 바로 1년 전에는 두 사람이 이틀 간격으로 서로 만나지 못했다. 그때도 니논은 몹시 아쉬워했다. 여행지에서 헤세에게 편지를 쓴다는 건 언제나 부담되는 일이었다. 혹시라도 그의 작업에 방해가 될지 모르기 때문이었다. 그래도

카사 로사의 정원에서 니논과 헤르만 헤세 / 한스 카로사

니논이 여행을 즐길 수 있는 건 헤세의 배려 덕분이었다.

1933년에 니논은 피렌체와 로마를 방문했다. 1934년에는 나폴리와 시칠리아를 여행했다. 그리고 1935년에는 파리와 런던에서 고대 박물관을 견학했다. 1936년에는 로마, 다음 해에는 "깨달음의 견문" 그리스를 찾았다. 그리고 아테네와 델포이, 펠로폰네소스, 에게 해의 여러 섬을 둘러보았다. 1938년에는 파리에서 루브르 박물관에 전시된 그리스 유적을 관람했고, 1939년에는 아테네와 아티카, 아르골리스, 오르코메노스, 델포이를 여행했다. 적어도 여행하는 동안에는 가정과 고국에 대한 고민이나 염려를 잊을 수 있었다.

1937년 여름에 몬타뇰라를 방문한 카로사는 헤세 부부의 관계가 원만치 않다는 느낌을 받았다. "헤세의 결혼 생활이 답답하고 꽉 막혀 있는 듯한 느낌을 받았다. 니논은 결코 쉽지 않은 과제를 떠안고 있었다." 니논과 카로사는 제2차 세계대전이 발발하기 전에 마지막으로 만났다. 그녀는 뉴욕에 거주하는 돌빈에게 편지를 보내 카로사와 함께 멋진 날들을 보냈다고 말했다. 그 뒤로는 카로사와 헤세 부부 사이에는 서신 교환이 이루어지지 않았다. 카로사가 나치주의자들의 정치 선전에 저항하지 않고 '내적 망명'을 택했기 때문이다. 그의 미온적인 태도에 니논도 헤세도 실망했다.

●

목소리

내 결혼은 여느 결혼하고 다를 바 없다네. 나로서는 결혼할 수밖에 없는 상황이었다네. 오랜 망설임과 저항 끝에 어찌할 수 없는 체념, 아니면 이 여인에 대한 너그러운 양보라고나 할까. 어쨌든 난 이 여인에게 고맙게 생각하고 있다네. 그녀가 다 늙어빠진 나를 유혹하고, 나의 욕망을 일깨워주고, 나를 타락시켰다네. 그리고 내 집안 살림을 성실하게 꾸려주고, 몸에 좋고 맛있는 음식을 먹여주고 있다네. 난 건강이 좋지 않아 소화가 잘되는 음식을 섭취해야 하거든. 하지만 가끔은 내가 편하게 지내는 게 오히려 비참하다는 생각이 든다네. 그럴 때면 발가벗고 밖으로 나가 비를 흠뻑 맞고 싶은 심정이라네.

1932년 3월 말, 헤르만 헤세가 알프레트 쿠빈에게 보낸 편지

헤세는 엄격한 식이요법을 따랐다. 니논은 식단을 차리면서 그녀만의 세심하고 고루한 원칙을 보여주었다. 그녀는 거의 집착에 가까울 정도로 철저하게 감독했다. 지금 나는 요리사로서 내가 경험한 걸 기록하고 있다. 나는 가끔 일반적인 식이요법에 맞추어 그에게 도움이 되고 그의 입맛에도 맞는 요리를 하고 싶었

다. 하지만 니논은 별로 탐탁지 않게 생각했다. 그래서 메뉴는 매우 제한적일 수밖에 없었다.

투르데 파인Trude Fein

예전에 그의 친구들이 나에게 이야기했던 게 놀랍게도 지금의 상황과 딱 들어맞는군요. 정말 끔찍한 일이라고 생각해요. 헤세가 니논과 결혼한 게 잘못된 결정이라는 사실이 점점 더 분명해지는 거 같습니다. 지금 헤세는 남모르게 고통을 겪고 있을 거예요. 어떻게 하면 좋을까요? 그는 고집 세고 완고한 이 여인에게 맞설 힘이 없어 보입니다. 에미가 말한 것처럼 그녀는 그의 창작 활동이 불가능해질 때까지 그를 완전히 고갈시키고 마비시켜버릴 겁니다. 얼마나 안타까운 일인지 모르겠어요. 그런데 니논도 무척 불행해 보이더군요. 그녀를 보는 사람이 연민을 느낄 정도로 늙고 지쳐 보였어요. 하지만 그건 그녀가 자초한 일이 아닐까요?

1938년 8월 12일, 엘리자베트 게르츠-루프가 아델레 군데르트에게 보낸 편지

당신의 슬픔과 불만, 집 안 청소나 식사에 대한 지나친 집착은 가끔 내가 이해할 수 없는 수수께끼였답니다.

1932년 10월 9일, 헤르만 헤세가 니논 돌빈에게 보낸 편지

마룻바닥은 투박한 걸레로 박박 문지르고, 먼지와 찌꺼기는 빗자루로 쓸어 담았다. (…) 바닥에 왁스를 바르고 편편하고 딱딱한 브러시를 대고 광이 나도록 문질렀다. (…) 엘지 보트머 부인은 집에 진공청소기가 없다는 데 매우 의아해했다. 그래서 왜 빗자루와 쓰레받기로 청소를 하는지 하녀에게 물었다. 하녀는 무릎을 꿇고 방을 청소하는 게 이곳의 규정이라고 대답했다. (…) 보트머 부인은 니논에게도 물어보았다. 니논은 하녀가 두 명이나 되는데 굳이 진공청소기를 구입할 필요가 있겠느냐고 되물었다.

카토 스테파네크-모노스Kato Stefanek-Monos

집안 살림을 깔끔하고 질서 있게 꾸려나가는 데는 상당한 노력과 비용이 듭니다. 그 점에서 니논은 누구보다 열정적입니다. 하지만 그녀는 보헤미안적인 생활에 대해서는 전혀 알지 못한답니다.

1932년 8월 15일, 헤르만 헤세가 프리츠 로이트홀트에게 보낸 편지

난 헤세의 '호화로움' 때문에 화가 난다. 모든 게 완벽하다. 부유한 시민 계급인 헤세 부인은 정말 마음에 들지 않는다. 그녀와 소통하는 게 여간 어렵지 않다. 그래서 나 혼자 생각에 잠겨 있었다.

1936년 3월 2~3일, 요제프 베른하르트 랑 박사의 일기

우리는 어제 크리스마스 선물을 주고받았어요. 크리스마스트리에는 작은 등을 매달아놓았고요. 나는 니논이 좋아할 만한 선물 몇 가지를 준비했답니다. 물론 나도 그녀가 준비한 선물을 받았지요. 지금의 내 인생처럼 그 모든 게 무척이나 아름답고, 시민적이고, 유희적이고 또 피상적이라는 생각이 들더군요. 할 수만 있다면 크리스마스트리를 치우고 싶었습니다. 선물이 수북하게 쌓여 있는 탁자 앞에 하인들이 서 있는 모습도 보고 싶지 않았어요. 2주 전부터 정성들여 준비했다더군요. (…) 마치 부유한 최고경영자라도 된 것처럼 말입니다. 정말 부끄러워 몸 둘 바를 모르겠네요.

1932년 크리스마스, 헤르만 헤세가 아델레 군데르트에게 보낸 편지

겉으로만 보면, 내가 사는 아그누초와 몬타뇰라 사이에는 매우 커다란 차이가 존재합니다. 내가 아무리 노력해도 그 차이를 극복하지 못할 겁니다. 하지만 그런 일을 굳이 자세하게 이야기하고 싶지는 않습니다.

1939년 12월, 에미 발-헤닝스가 군터 뵈머에게 보낸 편지

오늘 우체국에 갔다가 니논을 만났답니다. 그녀에게 편지를 쓰지 못해 미안하다고 이야기했지요. 그러자 그녀는 나를 차갑게 쏘아보더니 교사들이 학생들을 가르칠 때 말하는 투로 이렇게

말하더군요. "네, 나도 의아하게 생각하고 있었어요. 당신 말고는 모두 편지를 보냈거든요." 난 얼굴이 새빨개졌답니다. 그런데 사람 보는 안목이 탁월한 푸르만Purrmann 씨가 웃으며 내게 말하더군요. 후고 부인도 헤세 부부를 방문할 때면 그런 상황을 겪는다고 말이에요.

1945년 2월 23일, 마리아 게로에-토블러가 에미 발-헤닝스에게 보낸 편지

헤세를 방문했을 때 별로 즐겁지 않았어요. 그는 니논 때문에 오스트리아 이주자들 문제에 휘말려들었답니다. 그 일로 무척 힘들어하더군요. 그런데 니논이 눈치도 없이 이 달갑지 않은 주제를 끄집어내고 말았어요. 화가 난 헤세는 자리에서 일어나 방을 나가버렸답니다. 그는 자제력을 잃을 정도로 흥분했어요. 그러고는 다시 돌아오지 않았지요. (…) 물론 나는 헤세의 그런 성격을 잘 알고 있답니다.

1938년 8월 12일, 엘리자베트 게르츠-루프가 아델레 군데르트에게 보낸 편지

헤세 부인과 수많은 갈등과 다툼을 겪은 나는 루가노에 사는 미국 여성의 제안을 받아들였다. 헤세 부인은 계속 남아달라고 나에게 간청했다. 헤세 씨도 월급을 더 줄 테니 가지 말라며 나를 설득했다. 하지만 나는 다른 곳에서도 충분한 보수를 얻을 수 있다고 대답했다. 그리고 헤세 부인 때문에 힘들어하지 않아도 되

는 집에서 일하고 싶다고 말했다.

카토 스테파네크-모노스

사람들은 니논이 헌신적으로 헤세를 돌본다고 생각하지요. 희생을 감수하면서 말이에요. 하지만 그런 이유로 한 남자의 남성성은 완전히 유린되고 마는 겁니다. 그녀는 아침부터 저녁까지 헤세를 마치 갓난아기처럼 다룬답니다. 1920년에 내가 알던 헤세는 우편물이나 방문객들과 나누는 대화 내용을 통제받는 그런 사람이 결코 아니었습니다.

1938년 9월 1일, 엘리자베트 게르츠-루프가 아델레 군데르트에게 보낸 편지

2.

'붉은 집' 카사 로사로 들어가는 정원의 현관 기둥에는 '방문객 사절'이라고 쓰여 있었다. 가이엔호펜 시절에도 그랬듯이 낯선 사람이나 관광객, 호기심 많은 사람들을 멀리할 수 있는 유일한 방법이었다. 방문 허가를 받지 않고 찾아오는 손님들은 집 안으로 들어올 수 없었다. 가끔은 무턱대고 담장을 뛰어넘거나 뒷문으로 몰래 들어오는 사람들도 있었다. 아니면 뻔뻔하게도 초인종을 누른 뒤에 하녀에게 자신을 헤세의 친구라고 소개하기도 했다. 니논은 헤세가 『유리알 유희』를 집필하는 동안에는 초대받지 않은 손님들을 들여보내지 않았다. 헤세의 친구들도 쉽게 들어오지 못했다. 하지만 몇몇은 예외였다. 군터 뵈머는 자유롭게 드나들 수 있었다. 1935년에 그는 양탄자를 짜는 마리아가 남편 마르셀 게로에와 헤어지고 난 뒤 그녀와 함께 살고 있었다. 에미는 헤세 부부에게 가족 같은 존재였다. 그녀는 언제나 반가운 손님이었다. 헤세가 바덴으로 휴양을 떠날 때는 니논과 함께 지냈다.

랑 박사도 몇 안 되는 손님 가운데 하나였다. 그는 두번째 부인 게르트루트와 함께 로카르노로 거처를 옮겼다. 낙태를 방조한 혐의로 그에 대한 소송이 진행되고 있었다. 취리히에서 운영하던 병원은 문을 닫았다. 기피 인물로 낙인찍히는 바람에 아무도 그에게 치료를 받으려고 하지 않았다. 하지만 그는 자신의 이름이 잘 알려져 있지 않은 로카르노에서는 정신분석 치료를 계속할 수 있을 거라고 생각했다. 랑 박사는 자신의 변호인이 재판에서 승소하기를 바랐다. 그의 변호인은 취리히에서 개업한 변호사 중에 가장 저명한 변호사인 블라디미르 로젠바움-두코문Wladimir Rosenbaum-Ducommun이었다. 랑 박사는 카를 구스타프 융의 '심리 클럽'에서 그를 알게 되었다. 로젠바움은 1930년대에 부인과 함께 그곳을 자주 드나들었다. 그의 부인은 작가인 알린 발랑쟁Aline Valangin이었다. 랑 박사는 로젠바움 덕분에 보석으로 풀려날 수 있었다. 그는 당시의 암울했던 순간을 이렇게 회상했다. "미결 구치소에 억류되어 있던 스물네 시간은 정말 지옥 같았다. 온갖 모욕과 멸시를 당했다. (…) 하지만 나는 인류를 저버리지 않고 신념에 따라 행동했을 뿐이다. (…) 나를 향한 무례함과 야비함을 어떻게 극복해야 할지 모르겠다. 배심원들 앞에서 마치 동물원에 갇힌 짐승처럼 끌려다니는 게 너무 힘들었다." 헤세는 그에게 "안부와 악수"와 더불어 조언을 해주었다. "소송 과정 전체를 그냥 꿈이라고 생각하는 게 좋을 겁니다. 마녀와 귀신이 나오는, 공갈과 협박이 난무하는 나쁜 동화처럼 말입니다. 그리고 과정에 연연해하지 말고 좋은 결과가 나오기를 빌어야겠지요. 재판이 그렇게 합리적으로 진행되지는 않을 겁니다. 고대 종족 가운데 더러는 주사위를 던져 재판을 했다고 하더군요. 어쩌면 정의의 이름으로 자행되는 우스

몬타뇰라에서 요제프 베른하르트 랑과 헤르만 헤세, 1942년경

꽝스러운 재판보다 그게 더 나을지도 모르겠네요.”

랑 박사도 “유리알 유희자” 헤세도 소송이 어떻게 진행될지 전혀 예측할 수 없었다. 1937년 로젠하임은 변호사 자격증을 박탈당했다. 그리고 그 자신이 피의자 신분으로 법정에 서게 되었다. 그는 미심쩍은 무기 거래에 연루되었다는 의혹을 받고 있었다. 어쩌면 그가 유대계이기 때문에 여론 몰이의 중심에 서게 되었는지도 모른다. 1933년 이래 ‘전선’은 점차 확대되고 있었다. 독일과 스위스의 나치 동맹이 체결된 뒤로는 상황이 점점 더 악화되었다. 헤세의 동료이자 가이엔호펜 시절의 친구인 야코프 샤프너도 나치에 동조했다. 반유대주의가 갑자기 열병처럼 번져나갔다. 카를 구스타프 융도 나치주의자들의 노선을 추종했다. 그는 '유대적인' 정신분석을 공개적으로 비난하고 나섰다.

테신으로 이사하기 전, 랑 박사는 취리히에서 헤세에게 편지를 보냈다. "세상이 온통 음울하고 사악하게만 보이는군요. 지난주에 우리는 여기서 나치주의자들이 소란을 피우는 걸 목격했답니다. 이 모든 게 저 밖에서 벌어지고 있는 해프닝의 복제판처럼 느껴집니다." 국가사회주의의 독소가 국경 너머로 퍼져가고 있었다. 중립적인 스위스도 점차 오염되고 있었다. 몬타뇰라에 전해지는 나쁜 소식 때문에 헤세의 시름은 깊어져갔다. "독일 청소년들은 군국주의에 완전히 심취해 있었다. 예로부터 널리 알려진 슈바벤의 신학교 기숙사 마울브론도 예외는 아니었다. 나치 돌격대에 가입한 아이들은 그리스 문법과 철학을 배우는 대신 군복을 입고 반나절 내내 군사훈련을 했다." 가이엔호펜에 살고 있는 루트비히 핑크, 그리고 헤세가 경탄해 마지않던 작가 에밀 슈트라우스, 헤세의 전 부인 루트와 에리히 하우스만도 나치즘에 동조했다. 헤세는 루트가 변절했다는 사실을 그녀의 형부 에리히 오펜하임에게서 들었다. 오펜하임은 유대인이기 때문에 바덴의 슈타인에서 더 이상 병원을 운영할 수 없었다. 그래서 1934년에 가족과 함께 카로나에 있는 '앵무새의 집'으로 옮겨 왔다. 그 뒤로 루트와 연락을 끊고 지냈다. 루트는 린다우 근처에 있는 차이제르츠바일러라는 시골 마을에 9헥타르의 대지를 구입했다. 그리고 남편과 1935년에 태어난 아들 에트차르트Edzard와 함께 그곳에 살고 있었다.

헤세는 도시 생활의 화려함과 여유로움을 즐기던 그녀와 연극배우였던 남편이 농부가 되었다는 사실이 도무지 믿기지 않았다. 동물과 자연을 사랑한 그녀의 변덕스러운 기질 때문인지, 나치가 내세우는 '피와 땅의 이념'이 그녀를 동화시킨 건지, 아니면 그녀가 농부의 아내로서의 숙명을 발견한 건지 알 수 없었다. 엘리자베트 게르츠-루프도 놀라기는 마찬가지였다. 그녀는 아델레에게 루트가 시골로 이사했다는 소식을 들었다. "난 루트가 농부의 아내가 될 거라고는 생각해본 적이 없습니다. 분명히 우리가 알지 못하는 내막이 숨겨져 있을 거예요." 엘리자베트 루프가 그녀의 정적인 루트를 다시 보게 될 가능성은 없었다. 전쟁이 끝난 뒤에 루트는 헤세에게 편지로 소식을 전해 왔다. 예전에 그녀가 즐겨 찾던 카로나에서 아무도 그녀를 반기지 않는다고 하소연했다. "형부는 우리가 나치주의자가 된 걸 절대 용서하지 않을 거예요."

*

독일의 동부 국경에 위치한 오스트리아가 독일제국에 병합된 뒤로 니논은 친척들에 대한 걱정 때문에 한시도 마음이 편치 않았다. 그녀는 외사경찰外事警察에게 그들의 체류 허가를 청원했다. 돌빈에게는 미국에 입국할 수 있는 신원보증을 주선해달라고 부탁했다. 에미도 외국으로 이주한 친구들에게 도움을 청했다. 그들 가운데는 뉴욕으로 이주한 리하르트 휠젠베크도 있었다. 그는 찰스 헐벡Charles R. Hulbeck이라는 이름으로 정신분석 분야에 종사하고 있었다. 시몬 구트만은 런던으로 이주할 때까지 몇 주 동안 에미의 집에 머물렀다. 그가 머물러 있는 동안에 그녀는 신경이 무척 예민했다. 1933년 가을, 취리히 근처에 있는 퀴스나흐트에 정착한 토마스 만은 1938년에 미국으로 강연을 떠난 뒤 돌아오지 않았다. 자녀들과 그의 형 하인리히 부부도 미국으로 떠났다.

헤세는 어려움에 처한 동료들을 떠올리며 절망했다. 하루가 다르게 망명자와 도움을 요청하는 사람은 늘어만 갔다. 에미가 보헤미안 시절부터 잘 알고 지내던 하르데코프는 프랑스의 감옥에 수감되어 있었다. 나치의 박해를 피해 도피 중이던 발터 벤야민은 결국 자살을 택했다. 독일에서는 헤세에 대한 비난과 공세가 격화되었다. 여전히 그의 작품이 판매되고 있었지만, 수익금을 마음대로 처분할 수 없었다. "출판사는 폐허로 변했지만 그래도 문을 닫지는 않았다. 재정이 어려워지고 규모도 축소된 채 독립적으로 운영되고 있었다." 그의 6운각시韻脚詩『정원에서의 시간Stunden im Garten』은 베르만 피셔가 빈에 설립한 '망명 출판사'에서 출간되었다. 예순 살의 노시인 헤세는 인플레이션 때처럼 자신의 시를 필사하고 수채화를 그려 넣은 엽서를 판매하기 시작했다.

헤세는 랑 박사에게서 공짜로 시약을 얻어 복용했다. 그는 이복형 카를 이젠베르크의 죽음과 남동생 한스의 자살로 무척 괴로워했다. "난 그 뒤로 여전히 고통을 겪고 있답니다. 이제 내 곁에는 형제가 단 한 명도 없습니다. 난 외톨이랍니다." 이 시기에 니논과의 갈등은 더욱 심해졌다. 헤세는 자신이 쓸모없는 인간이라고 생각했다. 니논이 엄격하게 통제하는 식사와 하루 일과도 버거웠다. 그녀와 친분 있는 망명자들의 방문도 그의 신경을 자극했다. 헤세는 요양소로 들어갈까 생각했다. "집에서는 나 자신이 성가신 존재가 되어 있었다." 얼마 뒤 니논은 산부인과 수술을 받기 위해 빈으로 갔다. 그녀가 떠나기 바로 전, 헤세의 불편한 심기가 폭발하고 말았다. "난 외출복으로 갈아입고 니논을 루가노 역으로 바래다줄 준비를 마쳤다. 그런데 밖으로 나가려는 순간에 그녀가 또다시 내 신경에 거슬렸다. 그래서 난 그녀가 혼자 가도록 내버려두었다. 작별할 때는 악수도 하지 않았다." 랑 박사는 소송 때문에 힘든 시간을 보내고 있었다. 그의 딸 카를리는 패혈증을 앓다가 결국 세상을 떠났다. 자아 연민과 좌절감에 빠진 랑 박사는 자신이 "패배자, 아무 쓸모도 없는 인간, 난파된 존재"라고 느꼈다. 니논도 헤세에게 도움이 되지 못했다. 그녀는 1935년 늦가을에 처음 만난 남자에게 푹 빠져 있었다. 그의 이름은 요아힘 마스Joachim Maass다.

북부 독일 출신인 그는 세상 물정에 밝고 세련된 인물이었다. 함부르크의 상인들에게서 찾아볼 수 있는 자신감이 넘쳤다. 이 서른네 살의 작가는 이미 몇 편의 소설을 발표했다. 헤세는 서평에서 "인생의 체험과 정확하고 양심적으로 목격한 현실이 풍부하게 담겨 있다"라고 적었다. 1935년 늦가을에 마스는 몬타뇰라를 방문해도 좋다는 허락을 받았다. 카사 로사에서 그를 맞은 니논은 젊은 세계주의자의 매력에 푹 빠져들었다. 그는 외국 여행과 외국에서의 생활, 베를린에서 『포시셰 차이퉁』 편집을 맡았던 경험을 이야기해주었다. 니논은 예전에 그 신문에 기고한 적이 있었다. 마스는 베를린을 떠나 알토나에 머물고 있었다. 그는 두 달가량 루가노에 머무는 동안 종종 몬타뇰라를 방문했다.

프레트 돌빈이 보내오는 편지는 '붉은 집' 카사 로사의 암울한 분위기에 '신선한 공기'를 불어넣었다. 그리고 고대 예술에 대한 한스 카로사의 관심과 식견은 니논의 여행 욕구와 탐구 정신을 다시금 일깨워주었다. 그녀보다 여섯 살 아래인 마스는 그녀가 새로운 자아의식을 형성하는 데 커다란 자극과 도움이 되었다. "나는 절망에 빠진 사람들에게는 관심이 없습니다. 난 투박하고 거친 사람들의 신념을 충실히 따르려고 합니다. '인생을 걸지 않는 사람은 결코 인생을 쟁취할 수 없다.'" 니논은 그에게서 용기를 얻었다. 그리고 무엇보다 '헤르만 헤세 부인'으로서가 아니라 진정한 여성으로 인정받는다고 느꼈다.

그로부터 몇 주 뒤인 1936년 2월, 마스는 또다시 루가노에 나타났다. 그는 한밤중에 나치 돌격대원들에게 가택수색을 당했다. 독일의 정치 상황은 그가 망명을 진지하게 고민하게 만들었다. 그는 "내적 망명"이 아니라 미국에서 새로운 삶을 시작하고 싶어 했다. 니논은 내심 걱정되었다. 3월 말, 니논은 취리히에서 그에게 돌빈의 미국 주소를 가르쳐주었다. 미국에 도착하는 대로 돌빈을 한번 찾아가보라고 권유했다. 헤세는 니논이 치과 치료를 받기 위해 리마트에 갔다고 생각했다. 1936년 3월 31일, 니논은 헤세에게 편지를 띄웠다. "마스 씨가 두 번이나 보트머의 저택에 왔었답니다. 한 번은 넬리와 함께 저녁 식사를 하기 위해서였고, 다른 한 번은 식사를 마친 뒤였지요. 그는 저택의 아름다움과 웅장함에 완전히 매료되었답니다. 우리는 함께 이 방 저 방 둘러보았어요. 그리고 방마다 한참 머물러 있었답니다."

그 이상은 설명하지 않았다. 그리고 엘지 보트머와 엘스 부허러Els Bucherer에 관해서만 자세하게 이야기했다. 엘스 부허러는 색채와 음향의 대응 관계에 관한 이론을 연구하고 있었다. 니논은 마르타 바서만의 강연에 대해서도 소식을 전했다. 그 강연에서 니논은 카티아 만을 만났다. 독일에서 망명한 그녀의 "아름다운 어머니" 헤트비히 프링스하임Hedwig Pringsheim도 함께 있었다. 니논은 마스에 대한 감정을 헤세 앞에서는 전혀 드러내지 않았다. 돌빈에게 보낸 편지에서 그녀는 새로운 삶과 새로운 일자리에 도전하는 마스를 잘 챙겨달라고 부탁했다. "당신에게 그를 적극 추천합니다! 당신도 그를 만나보면 무척 좋아하게 될 겁니다. 그의 모습을 스케치해서 꼭 나한테 보내주세요." 돌빈은 함부르크 상인의 아들 마스가 그녀에게 얼마나 소중한 존재인지 이내 알아차렸다. 그는 뉴욕에 도착한 마스를 집으로 초대했다. 엘렌은 마스에게 앞으로의 계획을 물어보았다. 돌빈은 담배를 피워 문 마스를 그리기 시작했다. 몇 획만으로 얼굴의 특징을 확실하게 잡아내던 그였지만 이번에는 쉽지 않았다.

뉴욕에서 베네딕트 프레트 돌빈 / 돌빈이 그린 요아힘 마스, 1936년

1937년 9월, 돌빈은 마스의 초상화를 니논의 생일선물로 보냈다. 하지만 니논이 그림에서 발견한 사람은 그녀가 사랑한 마스와 전혀 달랐다. 돌빈은 그가 너무 평범하고 얼굴의 윤곽이 두드러지지 않기 때문에 그리기가 힘들었다고 변명했다. "그때 그는 어스름한 겨울 불빛 아래 안경도 끼지 않은 채 내 앞에 앉아 있었답니다. (⋯) 나는 당신이 바라는 대로 그 사람의 모습을 찾아내려고 애썼지요. 하지만 그의 내면을 끄집어내기도 전에 이미 외모에서부터 막히고 말았답니다." 니논은 실망했다. 그녀가 그토록 사랑하던 마스는 온데간데없었다.

1937년 1월, 마스는 미국에서 돌아왔다. 그리고 니논에게 단편 작품을 선물했다. 그가 항해 중에 집필한 「네브래스카의 눈Der Schnee von Nebraska」이었다. 아주 특별한 헌정사도 적어 넣었다. 2월 22일, 니논은 에미에게 편지를 띄웠다. 그리고 마스의 "정말 놀라운 원고"를 쥘리앵 그린Julien Green의 작품과 비교했다. 1939년 2월 21일, 마스는 다시 한 번 몬타놀라를 방문했다. 마지막 작별 인사를 하기 위해서였다. 며칠 뒤 그는 유대계 친구들과 함께 유럽을 떠났다. 이후 니논과 마스는 두 번 다시 만나지 못했다. 두 사람은 계속 편지를 주고받았지만, 니논이 그에게 보낸 편지는 남아 있지 않다. 니논의 전기를 집필한 기젤라 클라이네의 진술에 따르면, 그가 죽고 난 뒤에 그의 부인이 니논의 편지를 파기해버렸다. 니논은 남편 헤세에게 마스와 서신을 교환한다는 것을 비밀에 부쳤다. 그의 편지는 니논에게 크나큰 위로와 힘이 되었다. 1949년 10월 9일, 그녀는 일기장에 이렇게 적었다. "헤세가 슬퍼하는 건지, 기분 나빠하는 건지 도무지 알 길이 없다. (…) 차라리 죽고 싶다. 얼마나 더 이런 삶을 살아야 한다는 말인가?" 하지만 바로 다음 날, 그녀는 이렇게 썼다. "마스가 나한테 보낸 편지 가운데 가장 아름다운 편지. 나는 더 이상 외롭지 않다."

1947년, 헤세는 요아힘 마스가 니논에게 보낸 편지를 읽게 되었다. 그녀가 실수로 그 편지를 다른 우편물과 함께 헤세가 요양하던 프레파르지에로 보냈기 때문이다. 편지에는 친밀감과 유대감이 물씬 배어 있었다. 헤세는 니논에게 해명을 요구했다. 1947년 1월 24일, 니논은 헤세에게 답장을 보냈다. "사랑하는 헤르만에게. 마스와 내가 아름답고 진실한 우정을 맺었다는 사실을 당신에게 설명하지 못하고, 우연한 기회에 당신이 알게 된 걸 정말 유감스럽게 생각합니다. 우리는 가끔 편지를 주고받는 사이랍니다. 하지만 우리의 우정이 결코 당신의 영역을 침범하지는 않았어요. 내가 외로워할 때마다 그의 편지가 나에게 정말 큰 힘이 되어주었답니다. (⋯) 난 그와 쌓은 우정을 전혀 부끄러워하지 않아요. 가능하다면 당신도 우리가 편지를 주고받는 걸 인정해주기 바랍니다. 당신의 니논이."

*

1939년. 불안한 정세에도 니논은 여행을 떠나기로 마음먹었다. 어쩌면 이번 그리스 여행이 당분간 그녀의 마지막 여행이 될지도 모른다고 생각했는지도 모른다. 어쩌면 마스와 헤어진 뒤로 혼자만의 시간을 갖고 싶었는지도 모른다. 아니면 자유와 "새로운 세계"를 향한 젊은 친구의 도전에 감동을 받았는지도 모른다. 니논은 예순두 살의 노시인과 함께 은둔자 같은 삶을 사는 데 지쳐 있었다. 헤세는 『유리알 유희』의 주인공 요제프 크네히트의 일생에 깊이 빠져 있었다.

4월 8일에 니논은 몬타뇰라를 떠났다. 하루 뒤에는 나폴리에서 그리스로 향하는 증기선을 타고 있었다. 그녀는 아폴로의 신화와 본질을 연구할 계획이었다. 하지만 그녀의 앞선 연구나 작업처럼 이번에도 결실을 맺기는 힘들어 보였다. 5월 초에 몬타뇰라로 돌아온 니논은 8월에 다시 여행에 나섰다. 그녀는 테신의 여름 햇볕이 견디기 힘들었다. 그녀는 마리아 게로에-토블러와 함께 질스-바제글리아로 향했다. 그녀가 몬타뇰라에 돌아왔을 때는 이미 전쟁이 발발한 뒤였다. 하이너 헤세는 군에 입대했다. 스위스 군대는 나치 독일과 파시즘 이탈리아와 맞닿은 국경 지대를 철통같이 방어하고 있었다. 1936년에 히틀러는 베를린과 로마를 연결하는 추축樞軸을 구축해놓았다.

독일은 프랑스를 점령한 뒤로 점점 더 스위스를 압박해왔다. 헤세는 자신이 제1차 세계대전의 상황으로 되돌아간 것만 같은 느낌을 받았다. 그는 랑 박사에게 편지를 보냈다. "지금 내가 작업을 하면서 느끼는 부담은 제1차 세계대전 당시 포로들을 위해 일하던 때의 부담과 다르지 않습니다. 내가 오스트리아 출신의 유대인 여성과 결혼한 게 우연은 아니라고 생각합니다. 나는 의연히 맞설 겁니다. 내가 파멸하는 한이 있더라도 결코 물러서지 않을 겁니다." 헤세의 유대계 친구들은 불확실한 운명 속으로 빠져들고 있었다. 이들은 영국이나 남아메리카, 미국, 팔레스타인으로 망명길에 올랐다. 예전에 헤세를 찾아온 방문객 가운데는 팔레스타인으로 떠난 사람도 있었다. "1907년 아니면 1908년일 겁니다. 가이엔호펜 시절에 빈에서 젊은 유대인이 나를 찾아왔습니다. 그는 농사일 같은 단순하고 소박한 삶을 동경했지요. 몇 달 동안 우리 집에 머물렀습니다. 그는 내가 아는 지인 가운데 처음으로 시오니스트가 되었답니다. 얼마 뒤 그는 팔레스타인으로 건너갔습니다. 내 생각에는 그가 살아 있지 않은 것 같습니다. 그가 살아 있다면 한 번쯤은 나에게 소식을 전했을 겁니다."

헤세는 박해받는 사람들 편에 서려고 했다. 폭력과 억압, 반유대주의에는 반기를 들었다. 아스코나에 사는 틸리 바스머를 방문했을 때도 그랬다. 니논이 여주인의 침실에서 히틀러 초상을 발견했다. 넬리 자이들-크라이스는 수십 년의 세월이 흐른 뒤 그때의 일을 회상했다. 틸리와 막스 바스머, 헤세와 니논, 넬리는 함께 마조레 호수로 놀러 갔다가 돌아와서는 저택을 구경하고 점심을 먹었다. 그런데 욕실에 들어갔던 니논이 갑작스레 겁을 내며 뛰쳐나왔다. 그리고 히틀러 사진을 보았다고 헤세에게 속삭였다. 헤세는 틸리에게 해명을 요구했다. 그녀는 "난 히틀러를 누구보다 존경합니다"라고 당당하게 말했다. 헤세는 자리를 박차고 일어났다. "얼굴이 붉으락푸르락하고 이마에는 핏대가 솟아올랐다. 몸은 부들부들 떨렸다." 막스는 그를 진정시키기 위해 애를 썼다. 그 뒤로 헤세는 브렘가르텐의 여주인 틸리와 관계를 끊었다. 그녀는 헤세가 "동방 순례자" 대열에 합류시켰던 가까운 친구였다.

1939년 8월 말, 소송에 지친 랑 박사는 헤세에게 편지를 보내 변호인과 법정 감정인에 대한 불만을 토로했다. "마이어는 세례를 받은 유대인이랍니다. 지크와 그는 프리메이슨 단원이기도 합니다. 롬은 할례를 받은 유대인이고요. 롬과 마이어, 이 두 명의 유대계 변호사가 내 피를 다 빨아 먹었습니다. 그들과의 악연 때문에 난 반유대주의자가 되고 말았습니다." 헤세는 지체 없이 답장을 보냈다. "당신은 '반유대주의자'가 되었다는 말이 무슨 뜻인지 알기나 하나요? 당신이 한 말이 나에게 말할 수 없는 고통과 두려움을 준다는 사실을 전혀 모르는 거 같군요. 당신이 정말 반유대주의자라면, 다시는 우리 집에 얼씬거려서는 안 될 겁니다. 당신도 알다시피 내 아내는 유대인입니다. 반유대주의에 대한 당신의 고백 때문에 그녀는 크나큰 상처를 입었습니다. 물론 그녀가 너무 심각하게 받아들인 측면도 없지 않아 있을 겁니다. 난 당신이 진심으로 반유대주의를 신봉한다고는 믿지 않으니까요. 오히려 그 고백이 당신이 느끼는 두려움과 무기력함을 보여주는 것 같아 걱정이 되는군요."

헤세는 나름대로 랑 박사를 이해하려고 노력했다. 그에게 측은한 마음이 들기도 했다. 랑 박사는 두번째 부인 게르트루트와 함께 로카르노를 떠나 헤세와 가까운 루가노로 이사했다. 그는 오랜 소송과 개인적인 불행 때문에 건강이 극도로 악화되어 더 이상 진료 행위를 할 수 없었다. 그는 1940년에야 비로소 취리히 배심재판에서 무죄판결을 받았다. 그 뒤로 그는 심령술과 마술, 기이한 채색화에 빠져들었다. 급기야 헤세와 랑 박사의 처지가 뒤바뀌게 되었다. 정신분석을 주관하던 랑 박사가 오히려 헤세의 판단과 이해, 도움을 구하는 처지가 된 것이다. 1916년 이래 랑 박사는 헤세에게 상담과 조언을 해주었다. 하지만 이때부터 랑 박사가 1945년에 세상을 떠날 때까지 헤세는 그를 도와주어야만 했다. 그는 헤세의 『데미안』과 『황야의 이리』에 지대한 영향을 미쳤다. 그뿐만 아니라 헤세가 그림을 그리는 데도 영감을 주고, 마리아가 정신병원에 입원하는 데도 깊숙이 관여했다. 군터 뵈머는 두 사람의 관계를 예리하게 분석했다. "랑 박사를 통해 우리는 헤세에게서 숙명적이고 신비로운, 혼란스러운 흔적을 발견하게 된다. 그리고 헤세를 통해 랑 박사에게서 보다 안전한 흔적을 발견하게 된다." 뵈머는 헤세의 오랜 동반자가 되었고, 그가 그린 삽화는 헤세의 작품에 수록되었다.

*

전쟁. 6년간의 악몽이었다. 1942년 4월 헤세는 토마스 만에게 편지를 띄웠다. "내 아들 세 명은 3년 전부터 군대에서 복무하고 있습니다. 중간에 잠시 군 복무를 중단하기도 하고 휴가를 얻기도 했습니다. 어느 곳에서나 시민들의 인간적이고 자연적인 삶이 국가에 의해 위협받고 있습니다." 니논에게도 불행이 닥쳐왔다. 그녀는 자신이 스위스에 갇혀 있다고 느꼈다. 망명자들의 도주로는 모두 막혀버렸다. 그녀가 동경하는 이탈리아와 그리스, 빈과 베를린, 파리, 런던의 박물관에도 이제는 갈 수 없게 되었다. 사랑하는 사람들도 만나지 못했다. 프레트 돌빈과 요아힘 마스, 한스 카로사, 요하나 골트, 엘리자베트 뢰블. 뢰블은 헤세의 요청을 받아들인 슈테판 츠바이크의 도움으로 영국에 들어갈 수 있었다. 그녀는 빈에서 오랫동안 니논과 돈독한 우정을 쌓았다. 또한 런던에서 정신분석학 전문가로 활동했다. 이들은 모두 니논의 외로움을 달래주기에는 너무 멀리 떨어져 있었다.

　무엇보다 니논은 여동생 릴리의 안부를 걱정했다. 릴리는 두 번째 남편 하인츠 켈만과 체르노비츠에 살고 있었다. 니논은 베른에서 여동생 부부를 위해 백방으로 노력했다. 테신의 체류 허가, 쿠바의 입국 허가, 미국 입국을 위한 신원보증을 알아보고 다녔다. 에미도 힘든 시간을 보내고 있었다. 예전에 니논은 에미의 활달한 성격과 따뜻한 유머 덕분에 즐거움을 느낄 수 있었다. 하지만 지금은 그녀에게서 어떤 위로도 얻을 수 없었다. 에미의 딸 안네마리는 세 명의 어린 자녀와 함께 로마에 살고 있었다. 안네마리의 독일인 남편은 나치군에 편입되었다. 파시즘이 횡행하는 이탈리아에서 그녀를 테신으로 데려오는 건 불가능한 일이었다. 숙영宿營하는 군인들도 에미를 힘들게 만들었다. 시민들은 이탈리아 국경을 따라 주둔한 군인들에게 음식을 제공하고 편의를 봐주었다. 하지만 에미는 넉넉하지 않은 형편 때문에 마냥 도와줄 수만은 없었다. 헤세는 예외였다. 몬타뇰라 시장은 저명한 작가 헤세의 집에서 군인들이 숙영하지 못하도록 조처했다. 하지만 생필품 배급 같은 비상 통제는 비켜 갈 수 없었다.

　헤세는 정원에 채소 씨를 뿌리고, 잡초를 뽑고, 채소를 거두어들였다. 일손이 모자란 탓에 니논이 직접 소매를 걷어붙이고 나섰다. 하지만 그녀는 헤세와 달리 정원을 좋아하지 않았고, 정원에서 일하는 것도 즐기지 않았다. 그녀는 책상에 앉아 책을 읽고 공부하는 걸 좋아했다. 헤세는 『정원에서의 시간』이라는 전원시에서 그녀를 묘사했다. 하지만 니논은 못마땅하게 생각했다. 이 시를 읽는 독자라면 누구나 화단에서 함께 일하는 정원사 헤세와 시골 아낙네 니논을 떠올리게 된다. "여기서 우리 남녀는 우리의 날들을 보내고 있다. / 집에서 멀찌감치 떨어져, 채소 사이에 몸을 숨기고. 우리는 이 초목의 나라를 사랑한다." 하지만 그건 헤세의 일방적인 사랑이었다. 니논은 가이엔호펜과 베른에서 화단을 가꾸며 땀을 흘리던 마리아가 아니었다. "이 여인이 거의 모든 채소를 심고 가꾸었다. / 나는 가끔 여기서 모든 일이 잘되어가고 있는지 살펴본다. / 정원을 가꾼다는 건 보통 일이 아니다. / 가정주부는 정원 외에도 할 일이 너무 많다. / (…) 나는 눈을 들어 주변을 찬찬히 둘러본다. 화단의 정돈된 모습을. / 정말이지 전혀 부족함이 없어 보인다. / 시골 농부의 아내도 이보다 잘할 수는 없을 것이다."

헤세는 머리에 밀짚모자를 눌러쓴 채 "모든 게 잘되고 있는지 둘러보았다." 그러고는 마른 줄기를 잘라내 갈퀴로 긁어모은 뒤 전부 태워버렸다. 헤세는 불길이 활활 타오르는 걸 보며 희열을 느꼈다. 바스락거리는 소리, 나무 타는 냄새, 연기를 뿜어대는 회색빛 잿더미. 허리의 통증을 느낀 니논은 몸을 일으켜 세웠다. 거칠어진 손에는 흙먼지가 달라붙어 있었다. 그녀는 채소와 잡초의 틈바구니에서 벗어나고 싶었다. 책상에 앉아 그리스의 서정시인 핀다로스Pindaros의 책을 읽고 싶었다. 그리고 시내에 나가 쇼핑을 하고 싶었다. 그녀는 돌빈에게 『정원에서의 시간』을 보내주었다. 그리고 포도를 수확한 경험을 들려주

정원에서 니논과 헤르만 헤세 /
몬타뇰라에서 포도를 수확하는 모습

었다. "오늘은 청소하는 날이랍니다. 요즘에는 책을 읽는 것도
힘이 들고 재미가 없네요. 싱싱한 포도뿐 아니라 썩어버린 포
도도 무척 많답니다. (…) 손가락마다 흙먼지가 달라붙어 끈적
끈적하고 지저분하답니다. 퀴퀴한 곰팡이 냄새도 나는군요."

　1942년 7월, 헤세 부부는 베른 근처에 있는 케르자츠의 별
장으로 벨티 부부를 찾아갔다. 그런데 헤세 부부가 도착한 날
저녁에 갑자기 헬레네 벨티가 세상을 떠났다. 헤세 부부는 커
다란 충격을 받았다. 그들은 장례를 마칠 때까지 베른에 있는
호텔에 머물렀다. 장례식이 끝난 뒤에는 바스머 부부를 만나러
브렘가르텐으로 향했다. 그 뒤로는 바스머 부부의 초대가 점차
뜸해졌다. 요리사들과 하인들이 군대에 징집되는 바람에 손님
들을 보살필 인력이 부족했기 때문이다. 대저택을 소유한 다른

친구나 후원자의 사정도 마찬가지였다. 카사 로사도 예외는 아니었다. "우리는 이 저택을 포기해야 하는 건 아닌지 줄곧 고민하고 있습니다." 일흔네 살의 나탈리나가 세상을 떠난 뒤로 상황은 더 나빠졌다. 1919년 카사 카무치에서 일을 시작한 그녀는 언제나 충직한 살림꾼이었다. "집과 정원에서 그녀는 천사 같은 존재였습니다."

봄과 가을, 헤세는 바덴에서 휴양을 했다. 카사 로사로 돌아오는 길에 취리히에 들러 로이트홀트 부부와 보트머 부부를 방문하고 함께 음악회에 갔다. 하지만 그에게는 여행이나 문화 생활이 별다른 감흥을 주지 못했다. 반면 니논은 사람들을 만나고 문화와 다양한 체험을 즐겼다. 몬타뇰라에서는 집과 정원, 헤세의 우편물에 항상 신경을 써야만 했다. 그래서 가끔은 루가노로 가서 기분을 전환하고 돌아오기도 했다. 1940년 4월 26일, 그녀는 헤세에게 편지를 띄웠다. 그리고 호텔 콘티넨탈에서 열린 댄스파티에 대해 이야기했다. 호텔은 니논의 여자 친구 카를라 파스빈트의 소유였다. 니논은 음악과 무용수들의 율동을 감상하며 추억에 잠겼다. 1919년 그녀는 빈에서 프레트 돌빈을 만났다. 그의 매력적인 미소, 부드러운 매너, 그의 소개로 알게 된 문학가들과 음악가들, 그리고 화가들.

갑자기 사이렌이 울렸다. 그녀도 울고 싶어졌다. 그녀는 히틀러와 그를 추종하는 독일인들에 대한 혐오 때문에 분노가 치밀어 올랐다. 이번 전쟁은 제1차 세계대전과 달리 전쟁에 참전한 군인뿐 아니라 민간인에게도 엄청난 고통과 피해를 주었다.

생각이 여기에 미치자 그녀는 독일인에 대한 증오를 어느 정도 누그러뜨릴 수 있었다.

니논은 집중적으로 고대 문화를 연구하기 시작했다. 고고학과 철학과 문학. 헤세는 그녀가 연구에 몰두하는 모습을 흐뭇하게 바라보았다. 그는 여류 작가 루이제 린저Luise Rinser에게 말했다. "사람들은 일반적으로 여성들을 정신적 영역에서 떼어내려고 합니다. 하지만 나는 그러고 싶지 않아요. 나의 아내는 한때 미술사를 전공했답니다. 건강이 허락하는 한, 그녀는 그리스 연구에 전념할 겁니다. (…) 내가 바덴에 머물 때면 그녀는 취리히에 가 있습니다. 오전에는 도서관에 앉아 책을 읽고, 오후에는 바덴으로 나를 만나러 옵니다. 바덴은 취리히에서 그리 멀지 않답니다."

1942년 3월, 헤세가 휴양하는 동안 니논은 처음으로 헝가리 출신의 종교학자이자 신화 연구가인 카를 케레니Karl Kerenyi의 디오니소스에 관한 세미나에 참석했다. 청중은 대부분 카를 구스타프 융의 모임에 속한 사람들이었다. 취리히의 호텔 성 페터에서 개최된 학회에서 니논은 루트의 조카딸 크리스티네 오펜하임을 만났다. 예전에 루트는 크리스티네를 끔찍하게 아끼고 정성껏 보살펴주었다. 크리스티네가 이모인 루트에 대해 니논과 이야기를 나누었는지는 알 길이 없었다. 니논이 바덴에 휴양 중이던 헤세에게 보낸 편지에는 그 내용이 적혀 있지 않다. 어쩌면 루트의 존재가 니논에게는 더 이상 중요하지 않았는지도 모른다. 루트는 남편 에리히 하우스만이 나치군에 입대한 뒤로 혼자 농장을 꾸려나갔다.

니논은 고대문헌학을 연구하는 여성 학자 파울라 필립슨Paula Philippson을 알게 되었다. 파울라는 그리스 신들의 계보에 관한 논문을 여러 편 발표했다. 그리고 제례와 신전의 역사적·공간적 배경을 입증하는 데 주력했다. 니논은 그리스로 여행을 떠나기 전에 이미 그녀의 논문을 읽었다. 니논은 자신을 인정하고 존중해주는 말동무를 얻었다. 그녀가 독학으로 공부한 아폴로에 관해서도 진지하게 의견을 나누었다. 두 사람은 1942년 8월 2일에 아스코나-모시아에서 개최될 예정인 에라노스 학술대회에서 다시 만나기로 약속했다. 카를 케레니가 주도한 세미나의 주제는 '신화와 직관, 연금술의 은밀한 원칙'이었다. 니논은 헝가리에서 이주한 젊은 학자 케레니에게 깊은 인상을 받았다. 1942년 8월 5일, 그녀는 헤세에게 편지를 썼다. "내가 그토록 감명받은 건 고대 문화를 우리의 삶 속에 끌어들인다는 점입니다. 그게 바로 내가 부족한 재능과 학식에도 열정과 애정으로 추구하고 있는 겁니다. 내게는 그 모든 게 현실이고 사실입니다. 그건 유산이고 뿌리이며 과제이지요."

니논은 바로 이 과제를 소명으로 받아들였다. 파울라를 몬타뇰라로 초대해 그녀와 함께 그리스의 비극, 핀다로스의 철학과 송가를 원전으로 읽었다. 산책에 나선 니논과 케레니는 몬테 베리타를 넘고 마리아의 저택을 지나 마돈나 델라 폰타나의 예배당에 이르렀다. 교회의 멋진 외관과 마기아탈, 로소네가 한눈에 바라다보이는 조망에 경탄을 금하지 못했다. 니논은 젊은 학자의 폭넓은 식견에 매료되었다. 케레니는 그녀를 자신의 세계로 초대했고, 그는 그녀의 정신적인 고향이 되었다. 니논에게는 몬타뇰라도, 헤세도 멀게만 느껴졌다. 몬타뇰라에서 헤세는 요리사와 가정부의 보살핌을 받고 있었다. 랑 박사는 노익장을 과시했다. 그는 에라노스 학회에서 '사제司祭 법전의 조물주 데미우르고스'에 관해 강연했다. 몬타뇰라에 돌아온 니논은 여전히 흥분해 있었다. 그녀는 다시금 그리스 연구에 몰두하기 시작했다. 1942년 8월 18일, 헤세는 랑 박사에게 편지를 썼다. "니논이 내 작업을 도와줄 수 없게 된 뒤로 나는 가장 필요한 부분만 간신히 해내고 있습니다."

헤세는 첫번째 시 전집을 편찬하는 데 주력했다. 집필을 마친 『유리알 유희』는 베를린으로 보냈다. 9월에 니논은 파울라의 방문을 받았다. 두 사람은 니논의 아틀리에에서 그리스 연구에 몰두했다. 11월에 헤세가 바덴에 머무는 동안, 파울라는 다시 한 번 카사 로사를 찾았다. 헤세는 페터 주어캄프에게서 『유리알 유희』 원고를 돌려받았다. 그의 원고는 "7개월 동안 무의미하게 베를린에 처박혀 있었다. 거기서는 출간이 이루어질 수 없게 되었다. 내 노년의 작품이 화재나 폭격으로 훼손되는 것을 막기 위해서는 스위스에서 또 다른 출판사를 알아보아야 할 것 같다". 『유리알 유희』뿐 아니라 『시집Die Gedichte』도 취리히에 있는 프레츠 운트 바스무트 출판사에서 출간되었다.

니논은 1942년 이후에도 에라노스 학회에 꾸준히 참가했다. 그녀는 학문 연구에 한층 더 열심히 노력하기로 마음먹었다. 그녀의 롤 모델은 두 개의 박사 학위를 취득한 엘리자베트 루프였다. 헤세는 엘리자베트 루프가 튀빙겐 대학에서 강의를 하고 있다고 자랑스럽게 말했다. 1943년 8월에 열린 아홉번째 에라노스 학회에는 올가 프뢰베-카프테인, 카를 구스타프 융, 카를 케레니, 파울라 필립슨 등이 참가했다. 콜리네타에 있는 인지학 요양소에서 '고대의 태양 숭배와 직관에서 불이 가지는 상징적 의미'라는 제목으로 강연이 이루어졌다. 니논은 실망했다. 학회를 마친 뒤에 그녀는 케레니에게 편지를 보내 자신이 "그리스 문화, 혹은 로마 문화에만 공감할 수 있다"라고 말했다. 요한복음이나 헤르메스 문서, 비잔틴 문화에는 별로 관심이 없었다. 1944년 8월에 개최된 에라노스 학회는 '신비'를 주제로 다루었다. 니논은 미로의 의미를 파헤치는 강연에 커다란 자극을 받았다. 강연이 없을 때는 론코 방향으로 마조레 호수를 끼고 산책로를 따라 걸었다. 벤치에 앉아 휴식을 취하기도 하고, 횔덜린의 「엠페도클레스의 죽음Der Tod des Empedokles」을 읽기도 했다. 그녀는 브렘가르텐에 머물고 있던 헤세에게 안부를 전했다. 니논이 학회에 참석하는 동안, 헤세는 바스머의 두번째 부인 마르그리트Margrit의 접대를 받고 있었다. 8월 초반에는 친구들과 함께 지냈다. 친구들은 그를 위해 만찬을 베풀었다. 만찬에서는 오트마르 쇠크의 가곡이 공연되었다. 펠릭스 뢰펠이 노래를 부르고, 프리츠 브룬이 피아노를 반주했다. 그야말로 '동방 순례자'들의 멋진 향연이었다. 마리아뿐만 아니라 결혼한 아들들도 부인과 함께 초대를 받았다.

헤세는 베른에서 사진 아틀리에를 운영하는 마르틴을 만나러 갔다. 마르틴은 1944년 7월 22일 이자벨레Isabelle와 결혼했다. 요하나 렝지에는 양아들 마르틴을 위해 키르히도르프에서 결혼 축하연을 열었다. 하지만 헤세는 참석하지 않았다. "내 인생과 개성에 비추어볼 때, 참석하지 않는 게 나의 특기라는 생각이 드는군요."

*

니논은 가족을 멀리하던 헤세가 이제는 아들들과 며느리들, 손자들에게 점점 더 애착을 느끼고 있음을 알아챘다. 큰아들 브루노는 농부의 딸인 클레리 프리틀리Kläri Friedli와 결혼해 스피크에서 살고 있었다. 두 사람 사이에는 크리스티네Christine와 지몬Simon이 태어났다. 작은아들 하이너는 헬렌 구겐뷜이라는 여성과 결혼한 지 얼마 지나지 않아 이혼했다. 그리고 이자Isa와 결혼해 질버Silber와 에바Eva를 낳았다. 그녀는 예술가 부부인 슈테피 폰 바흐Steffi von Bach와 그레고르 라비노비치Gregore Rabinovitch의 딸이었다. 헤세는 며느리 가운데 특히 이자를 예뻐했다. 그녀는 상상력과 창의력, 가족을 부양하는 경제적 능력까지 갖춘 여성이었다. 그녀는 패션 잡지와 광고 홍보 디자이너로 일했다. 헤세는 그녀가 요가와 명상에 관심이 많다는 걸 알고 있었다. "원래 인도에서 유래한 요가는 구루라고 하는 스승에게 배우는 게 가장 좋단다. (…) 나도 호흡하는 법과 명상하는 법 사이의 유기적인 관계를 제대로 배우지는 못했단다. (…) 그래도 예전에 옆집에 살던 친구에게 나름대로 호흡하는 법은 익혔단다. (…) 다음에 만나면, 내가 알고 있는 걸 너한테 가르쳐주마." 헤세는 편지의 말미에 "너의 아버지 헤세"라고 적었다. 마르틴에게 보낸 편지에도 애정이 듬뿍 담겨 있었다. 시간이 지날수록 헤세와 마르틴의 관계는 점점 더 친밀해졌다. 니논이 여행을 떠나면 마르틴이나 하이너, 브루노가 몬타뇰라를 찾아왔다. 헤세의 우편물을 정리해주고, 서재와 정원에서 헤세의 모습을 사진에 담았다.

처음에는 니논이 자리를 비울 때만 몬타뇰라를 방문했다. 하지만 이제는 니논이 집에 있을 때도 방문을 마다하지 않았다. 니논은 헤세가 손자, 손녀와 즐겁게 노는 모습을 물끄러미 바라보았다. 헤세에게는 두 명의 손녀와 세 명의 손자가 있었다. 아이들의 이름을 지을 때도 헤세가 거들었다. 1941년 12월, 헤세는 임신 중이던 이자에게 편지를 보냈다. 그리고 다비드라는 이름이 "오늘날에는 아이에게 부담이 될 수도 있고, 인생을 살아가는 데 어려움을 야기할 수도 있다"라고 조언해주었다. "반유대주의 물결이 여전히 가라앉지 않고 있단다. 스위스에서는 오히려 더 거세지는 것만 같구나." 1942년 1월 2일, 하이너 부

몬타뇰라에서 (왼쪽부터) 이자, 질버, 하이너, 헤르만 헤세, 1942년 /
지빌레와 헤르만 헤세, 1946년

부의 아들이 태어나자 헤세는 질버라는 이름을 지어주었다. 그
아이의 출산 예정일이 섣달 그믐날이었기 때문이다. 1954년,
하이너 부부는 헤세의 동의를 얻어 두번째 아들의 이름을 다비
드라고 명명했다. 헤세가 아들들과 그들의 가족에게만 애정을
느끼는 건 아니었다. 세월이 흐르면서 마리아와의 관계도 점
차 호전되었다. 마리아와 헤세는 자주 편지를 주고받았다. 가
이엔호펜과 베른 시절의 친구들에 대한 소식을 서로 전해주었
다. 1938년 6월에 마리아가 아스코나의 요양소 카사 모데스타
에 입원했을 때, 헤세는 그녀의 건강을 걱정했다. 그녀는 우울
증을 앓고 있는 일흔 살의 노인이었다. 그녀가 7월에 퇴원하기
전, 헤세는 취리히에 있는 마르틴에게 편지를 보냈다. "엄마 때

보차 놀이를 하는 헤르만과 마리아, 브루노, 마르틴 헤세

문에 너한테 편지를 쓰는 거란다. 혹시 네가 아스코나에서 정원 일을 할 날품팔이꾼을 얻을 수 있을지 모르겠구나. 품삯은 내가 보내주마. 네 엄마가 잡초로 뒤덮인 정원을 보지 않았으면 좋겠구나."

마리아는 1918년에 정신분석 때문에, 그 뒤로는 헤세와의 이혼 때문에 신경쇠약에 걸렸다. 뤼테에서 아이들을 집으로 데려올 때, 그녀의 큰오빠 아돌프가 갑작스럽게 세상을 떠났을 때도 그랬다. 헤세는 마리아의 예민한 신경이 쉽게 자극받을 수 있다는 걸 누구보다 잘 알고 있었다. 1942년 11월, 마리아의 저택에 화재가 발생했다. 화재 당시 그녀는 아를레스하임에 머물고 있었다. 그녀의 남동생 프리츠는 혼자 집에 남아 있었지만, 다행히 화를 면할 수 있었다. 헤세는 그녀가 이 위기를 어떻게 극복해낼지, 또다시 신경 발작을 일으켜 정신병원에 입원하는 건 아닌지 걱정스러웠다. 헤세는 그녀에게 곧바로 편지를 띄웠다. 11월 21일, 그녀는 답장을 보냈다. 그녀의 글은 명쾌하고 분명했다. 그녀는 헤세의 "동정하는 글"에 감사의 인사를 전하고 그를 안심시켰다. "수많은 사람이 경험해야 했던 걸 난 지금 경험하고 있는 거라고 생각해요. 모든 게 파괴되고 모든 걸 빼앗기는 아픔 말이에요." 그녀는 참혹한 전쟁으로 고통을 겪는 사람들에 대한 연민의 정을 보여주었다. 그리고 헤세가 "프리츠를 염려해주고 그에게 당신의 물건을 보내준" 데 고마워했다. 그녀는 자신의 안위보다 독신으로 살고 있는 남동생을 걱정했다. 아스코나에 사는 사람들은 세탁부가 부주의로 사고를 냈다고 "떠들어댔다". 하지만 마리아는 그런 뜬소문에 개의치 않았다. "결국은 운명이라고 생각해요." 헤세가 그녀에게 보낸 편지와 스케치, 수채화, 책은 모두 소실되었다. 마리아는 "인쇄되지 않은 다양한 원고" 때문에 마음이 너무 아프다고 말했다.

그녀는 화재로 불탄 정든 물건들을 찬찬히 살펴보았다. 가이엔호펜과 베른 시절에 쓰던 가구들, 그녀의 피아노, 바젤의 부모 집에서 가져온 식기들. 하지만 그녀는 용기를 잃지 않았다. 우선 브루노와 그의 가족이 살고 있는 스피크로 갔다. 그러고는 베른에서 혼자 살고 있던 마르틴에게로 갔다. 마리아는 화재의 손실과 배상에 관해 보험회사와 협상을 벌였다. 바덴에서 헤세를 만나 앞으로 어떻게 해야 할지 대책을 논의했다. 마리아가 새집을 지어야 할지, 계속 휴가객들에게 방을 빌려주어야 할지, 아니면 대지를 매각하고 새로 시작해야 할지는 미지수였다. 언제 보험금을 수령하게 될지도 알 수 없었다. 1943년 5월 7일, 헤세는 마르틴에게 편지를 썼다. "네 엄마 때문에 조금 걱정이 되는구나. 베른 체류 허가가 곧 끝나거든."

하이너의 처부모인 슈테피와 그레고르 라비노비치는 테신으로 거처를 옮길 생각을 하고 있었다. 그들은 마리아가 새로 짓는 집에 세 들어 살 수도 있었다. 그렇게 되면 굳이 휴양객들에게 방을 빌려줄 필요가 없었다. 마르틴은 건축 구상을 하고, 하이너는 "지붕을 떼어낼 수도 있는" 목조 모형을 만들었다. 1944년 말, 마리아는 확신에 차 있었다. "라비노비치 부부와 함께 산다는 건 나에게도 즐거운 일입니다. 그렇게 되면 나는 더 이상 외롭지 않을 겁니다." 마리아는 예술가 부부를 잘 알지는 못했다. 그녀와 절친했던 마리안네 폰 베레프킨 같은 친구들은 이미 세상을 떠났다. 앙투아네타 폰 성 레제는 인트라냐에 있는 양로원에 들어갔다. 테신은 더 이상 그녀의 고향이 아니었다. 그녀의 고향은 고트하르트의 이쪽 편에 있었다. 투치아와 브루노, 하이너, 마르틴이 가족과 함께 살고 있는. 그녀의 나이는 일흔일곱 살이었다.

헤세는 마리아에게 어떤 조언을 해줄지 고민에 빠졌다. 1944년 12월 28일, 그가 마르틴에게 보낸 편지에는 니논에 대한 불만과 마리아에 대한 경탄이 담겨 있다. "올해 같은 힘든 시기에는 니논이 별로 도움이 되지 못하는구나. 돈을 아껴 쓰는 지혜도 부족하고, 문제를 원만하게 해결하는 능력도 부족하단다. 집과 정원, 서재, 아틀리에가 내게는 무의미하고 비현실적이라는 생각이 드는구나. 인생 자체도 그런 거 같고. (…) 네 엄마가 그 어려운 상황을 극복해내고 새로 집을 지으려고 한다는게 정말 놀랍기만 하다.”

헤세는 마리아의 현실적인 감각과 적극적인 의지를 잘 알고 있었다. 그녀는 언제나 안주하기보다 위기를 개척하려고 노력했다. 하지만 헤세는 그녀의 불안정한 심리 상태를 걱정했다. 1945년 1월 3일, 헤세는 마르틴에게 편지를 썼다. “나도 네 엄마를 걱정하고 있단다. 그녀는 건축을 포기할 수 없다고 말하더구나. 그 이유는 네가 힘들여 건축설계를 했기 때문이라고 하더구나. 하지만 집을 안 짓는 게 오히려 너를 위하는 길이라는 것을 그녀도 알아야 하지 않겠니. 하이너의 처부모에게 그렇게까지 신경을 써야 하는지는 나도 잘 모르겠다. 하지만 더 이상 개입하고 싶지는 않단다.” 그러면서도 헤세는 “그녀가 원하는 걸” 하게 해야 한다고 몇 번이나 강조했다.

1945년 초, 마르틴이 살고 있는 셋집의 임대계약이 끝났다. 마리아는 아스코나에 집을 지으려던 계획을 접었다. 그리고 그녀 자신과 마르틴, 그의 임신한 아내 이자벨라를 위해 주택을 사기로 결정했다. 이번에도 그녀는 추호의 망설임이 없었다. 아스코나에 있는 대지를 처분하고, 매각 대금 가운데 6000프랑씩 아들들에게 나눠주었다. 화재 때문에 수령한 보험금은 마르틴의 주택을 구입하는 데 사용했다. 그녀의 새로운 보금자리

아스코나에서 프리츠와 마리아 베르누이 /
마리아, 질버를 안고 있는 그레고르 라비노비치, 1943년경

는 베른의 뮈슬린베크 4번지였다. 1946년 7월 30일, 마리아는
보덴 호숫가에 사는 여자 친구 이다 후크에게 편지를 띄웠다.
"얼마 전에는 하이너 가족과 함께 테신에 갔어. (…) 올봄엔 내
가 소유하던 대지를 팔아버렸어. 아주 잘한 거 같다는 생각이
들어. 경제적으로도 조금 여유가 생겼고. 내가 돈을 허투루 쓰
지 않으면, 이전처럼 그렇게 악착같이 저축하지 않아도 될 거
야. 아스코나에 완전히 작별을 고했어. 모든 게 옛날하고는 많
이 달라진 거지." 마리아는 아들과 며느리, 손자, 손녀를 데리고
테신에 사는 친구들을 방문했다. 그곳에는 그녀의 친구들이 얼
마 남아 있지 않았다. 테신 근교의 아르셴고에 살고 있는 마르
틴의 개인 교사였던 '쾨비' 플라흐도 만났다. "그곳 집 근처에는
실개천이 흐르고 있었단다. 아이들이 돛단배를 만들어 냇물에
띄워놓고 놀았지."
　　마리아가 마르틴과 투치아와 함께 있다는 사실만으로도 헤

세의 마음은 한결 가벼워졌다. 투치아는 그녀의 가족과 함께 베른 근처의 무리에 거주하고 있었다. 화재를 당한 뒤로 마리아는 건축 구상과 대지 매각, 주택 구입 같은 문제에 신경 쓰느라 매우 지쳐 있었다. 1945년 4월 29일, 마리아는 슈피츠 근처에 있는 요양소 존넨펠스에서 헤세에게 편지를 띄웠다. "투치아가 어디서 나를 구해냈는지 모르겠어요. 난 우리가 차를 타고 이곳으로 온 것밖에 기억이 나지 않아요. (…) 벽지는 내가 베른에서 고른 거랍니다. 부엌 색깔도 내가 정했지요. 회색빛이 나는 암갈색과 검은색이에요. 브루노의 벽난로 타일은 이전보다 훨씬 멋있어졌답니다." 헤세는 1907년에 가이엔호펜에서 집을 짓던 시절로 되돌아간 느낌이 들었다. 그는 마르틴에게 300프랑을 보내주었다. "그 돈을 네 엄마를 위해 쓰기 바란다." 마리아는 병이 재발했는데도 언제나처럼 확신에 차 있었다. "내가 병에 걸려도 다시 건강해질 수 있다는 건 이미 오래전에 내 운세를 보고 알았답니다." 이번에도 마리아는 건강을 회복했다. 그녀는 마르틴과 이자벨라에게로 갔다. 1945년 8월, 마르틴 부부에게서 딸 지빌레Sybille가 태어났다.

헤세는 오슈반트에 사는 아미에 부부를 방문할 때나 브렘가르텐에 사는 바스머를 방문할 때면 언제나 베른에 들러 마리아를 만났다. 헤세는 마리아의 인생에서 큰 비중을 차지하고 있었고, 마리아 또한 헤세의 인생에서 빼놓을 수 없는 부분이었다. 두 사람은 서로 격려하거나 위로하는 편지를 자주 보냈다. 1944년 6월에는 바젤 방송사에서 헤세가 자작시를 낭송하는 프로그램이 방송되었다. 마리아는 곧바로 헤세에게 편지를 띄웠다. 그리고 그의 시는 좋았는데 배경음악이 마음에 들지 않았다고 말했다. 헤세도 그녀와 같은 생각이었다. "나도 당신과 똑같은 생각을 하고 있답니다. 방송을 들어보니 특히 내가 낭송한 텍스트와 슈베르트의 4중주가 서로 맞지 않아 귀에 거슬리더군요. (…) 차라리 안 하는 게 낫지 않았을까 후회도 됩니다."

하지만 그 방송을 들은 청취자는 대부분 감동했다. 헤세의 장손녀인 열다섯 살의 헬렌Helen은 할아버지가 "위대한 시인"이라며 무척 좋아했다. 또 한 명의 여인이 그에게 편지를 보냈다. "엘리자베트, 카멘친트 시절의 바로 그 엘리자베트"였다. 몇 년 전 헤세는 바젤의 음악회에서 그녀를 만났다. 공연이 끝난 뒤 두 사람은 청중으로 북적이는 복도에서 서로 알아보았다. 후고가 쓴 헤세 전기를 읽은 엘리자베트 라 로슈는 헤세가 그녀를 짝사랑했다는 사실을 알고 있었다. 당혹스러움과 반가움이 교차되었다. "그는 언제 어디서 다시 만날 수 있을지 나에게 물었다. 옛 시절의 추억을 되새기기 위해서라고 했다. 나는 저녁 식사를 마친 뒤 내가 묵고 있는 호텔로 찾아오라고 그에게 말했다. 놀랍게도 나는 그에게서 내 이야기에 귀를 기울이는 다정한 말동무를 발견했다." 그 뒤로도 두 사람은 가끔씩 편지를 주고받았다. 헤세는 그녀에게 자신이 쓴 작품에 헌정사를 적어 보내주었다.

●

목소리

사랑하는 마르틴에게.

네가 아버지를 만나러 간다고 하니 기쁘구나. 아버지 집에 묵는 사람들이 너무 많으면, 별로 친하지 않은 사람들은 모두 호텔 벨라 비스타로 쫓아내거라. 니논도 좀 쉬어야 하지 않겠니. 네 아버지도 그렇고. 어쩌면 나도 하이너와 함께 조만간에 그리로 갈지 모르겠구나.

1938년 성령강림절 일요일, 아스코나에서
마리아 베르누이가 마르틴 헤세에게 보낸 편지

사랑하는 이자에게.

요즘 작업 때문에 너무 바쁘단다. 네가 보낸 사랑스러운 편지에 이렇게 엽서만 보내는 걸 용서해다오. 코른탈에서 온 손님들이 아직 여기 머물러 있단다. 사랑하는 질버가 빨리 나았으면 좋겠구나. 너희가 이쪽으로 올 기회가 생기면 우리한테 전화를 주렴. 하지만 내 생일을 전후한 시기는 가급적 피했으면 좋겠구나. 벌써부터 생일을 어떻게 치러야 할지 걱정이 된단다.

1949년 6월 말, 몬타뇰라에서 헤르만 헤세가 이자 헤세-라비노비치에게 보낸 편지

혹시 이번 여름에 브렘가르텐을 방문할 계획은 없나요? 결혼식은 7월 22일로 정해졌답니다. 키르히도르프에서요.

네가 한 여자의 남편으로서 첫 생일을 맞게 되었구나. 결혼하기 전까지는 누구나 부모의 자식으로서 생일을 보내잖니. 부모 생각도 하고 어린 시절의 즐거웠던 생일 파티를 떠올리면서 말이다. 하지만 결혼을 하면 모든 게 달라진단다. 생일도 이전과 다른 모습을 띠게 되는 거지. (…) 결혼을 통해 많은 걸 배우도록 하렴. 여자들에게서는 참으로 많은 걸 배울 수 있단다. 네가 처음 마련한 아담한 집에서 사랑이 넘치는 행복한 가정을 꾸리도록 해라. 거실과 작업실을 분리해놓은 건 정말 잘한 일 같다. 그래야 사업 문제나 성가신 일들을 가정으로 끌어들이지 않을 수 있으니까 말이다. (…) 아버지는 너와 이자벨라의 행운을 빈단다.

사랑하는 헤르만에게.

당신과 니논이 베풀어준 극진한 환대에 다시 한 번 고맙다는 인사를 해야겠네요. 마치 고귀한 손님을 맞이하듯이 성대하고 정성스럽게 음식을 차려주었지요. 모든 게 멋지고 사랑스러웠습니다. 더군다나 루가노에서 니논은 나에게 여행하다가 배고플 때

먹으라고 음식까지 싸주었답니다. 그녀에게는 정말이지 아주 특별한 감사를 해야 될 거 같아요.

1954년 11월 1일, 베른에서 마리아 베르누이가 헤르만 헤세에게 보낸 편지

3.

헤세는 『유리알 유희』를 "추악한 시간을 향해 돌진하는 전차"라고 불렀다. 그리고 "현실 세계에서 생겨나는 소리가 닿지 않는 마법의 피난처"라고 정의했다. 안질과 류머티즘, 관절염 등으로 그는 또다시 육체적 고통에 시달렸다. 위도 더부룩하고 교감신경도 자주 경련을 일으켰다. 헤세는 "엄청난 두려움"을 느꼈다. 그는 눈에 띄게 마르고 수척해 보였다. 1941년 7월 중순, 그는 취리히의 주 병원에서 건강진단을 받았다. 니논이 그의 건강 상태를 "무척 궁금해했기 때문"이다. 우려할 만한 증상은 발견되지 않았지만, 마땅한 처방이나 치료 방법도 찾지 못했다. "어떻게든 방법을 찾아보아야 할 것 같다. 비싼 돈을 들여 전문적인 검사를 했는데도 전혀 도움이 되지 않았다." 진통제도 별로 효과가 없었다. 그래서 그는 루가노에서 유사요법類似療法으로 치료하는 의사를 찾아갔다. 하지만 콜키쿰을 복용하고 밀독蜜毒 주사를 맞았는데도 좀처럼 나아질 기미가 보이지 않았다.

　가끔 독일에서 들려오는 우울한 소식도 헤세의 건강에 악영향을 미쳤다. 그의 친구들과 친지들은 지속적인 공습과 부족한 생필품 때문에 힘겨운 나날을 보내고 있었다. 그의 조카 카를로 이젠베르크는 목숨을 잃었다. 카를로는 『유리알 유희』에서 카를로 페로몬테라는 인물로 등장했다. 다른 조카들도 불행을 비켜 가지는 못했다. 실종된 사람이나 강제로 끌려간 사람도 많았다. 독일 비밀경찰인 게슈타포는 페터 주어캄프를 구금했다. 헤세의 여동생 마룰라는 슈투트가르트에서 헤세에게 편지를 보냈다. 그녀는 야간 공습 때문에 잠자리에 들 때마다 아침에 눈을 뜨지 못할까 봐 두려워했다. 아델레의 남편 헤르만 군데르트는 더 이상 목회 활동을 할 수 없었다. 헤세와 그녀의 서신 교환도 두절되고 말았다.

테신의 상황은 점점 더 긴박하게 돌아갔다. 북부 이탈리아에 진입한 독일군을 피해 유대계 이탈리아인 수천 명이 스위스로 몰려들었다. 피에몬테와 롬바르디아를 출발한 망명자들은 샛길을 따라 이동했다. 산을 넘고 호수를 가로질렀다. 몬테 베리타에는 난민 수용소가 설치되었다. 급기야 스위스 주 경찰은 피난민들을 돌려보내라는 훈령을 받았다. 아스코나와 로카르노, 루가노에 임시 거처를 마련한 낯선 이방인들은 미국 입국 비자나 신원보증이 나오기를 애타게 기다렸다. 그들은 신변의 위협을 느끼고 있었다. 이탈리아 파시스트와 히틀러를 추종하는 사람들은 그들을 "추방하라!"라고 외쳐댔다. 하지만 브리사고 섬의 여송연 공장에서 일하는 여성 노동자들은 "망명을 허용하라!"라고 목소리를 높였다. 그 섬에는 이미 고인이 된 막스 제임스 엠덴의 웅장한 저택이 있었다. 그런데 그곳에 밀수품을 보관하는 창고가 지어졌다는 소문이 퍼져 나갔다. 마을 사람들은 밀수품이 몰래 국경을 넘어 이탈리아로 운반되거나 아니면 이탈리아에서 테신으로 넘어온다고 수군거렸다. 하지만 그건 밀거래가 아니라 인도적 차원의 교역이었다. 테신의 여송연과 담배, 생필품과 더불어 의약품과 무기도 운반되었다. 심지어 이탈리아 반군의 신분을 위장하기 위해 독일군의 군복도 건네졌다. 탈영한 이탈리아군 장교들은 스위스의 신분증명서를 소지하고 있었다. 게릴라군이나 바돌리오 장군이 이끄는 로마의 임시정부와도 접촉했다.

1944년 겨울, 테신에도 혹독한 추위가 엄습했다. 샛길은 눈으로 뒤덮여 제대로 걸을 수조차 없었다. 그래도 공작원들은 부상당한 군인에게 의사를 데려다주고, 연합군 요원을 이탈리아로 밀입국시켰다. 체력이 고갈된 저항군은 테신의 비밀 숙소로 옮겨졌다. 그리고 원기를 회복할 때까지 그곳에서 충분한 휴식을 취했다. 1945년 봄 중립국 스위스에서는 미국의 앨런 델레스Allen Dulles와 독일 친위대장 볼프가 회동을 가졌다. 미국 대표는 독일 대표에게 무조건 항복을 요구했다. 4월 29일, 카세르타에 주둔한 독일군이 항복했다. 무솔리니와 그의 정부 페트라치가 살해당한 뒤 이탈리아에서 도망쳐온 파시스트들이 목숨을 부지하기 위해 테신으로 몰려들었다.

1945년 4월, 정국은 매우 불안정했지만 니논은 아스코나에서 개최된 에라노스 세미나에 참석했다. 그녀는 헤세에게 보낸 편지에서 카사 로사에 도둑이 침입해 "돈을 몽땅 훔쳐 가는" 꿈을 꾸었다고 말했다. 그녀의 꿈 이야기를 들은 헤세는 또 다른 형태의 도둑질이 벌어질 거라고 예감했다. 얄타에서는 루스벨트와 처칠, 스탈린이 전쟁이 끝난 뒤에 독일을 어떻게 처리할지 논의했다. 헤세는 니논에게 편지를 띄웠다. "세상이 칠흑같이 어두워 보입니다." 1945년 5월 8일, 마침내 독일이 항복했다. 포츠담에 모인 연합국 대표들은 패전국 독일의 분할을 의논했다. 헤세는 마르틴에게 보낸 편지에서 신랄하게 현실을 비꼬았다. "이제 무솔리니와 히틀러는 사라져버리고, 사람들은 그들에게 관심조차 두지 않는구나. 세상을 뒤집어보려던 멍청이들이 그렇게 쉽게 잊히고 있단다."

*

1945년 8월, 니논은 남편 헤세가 그토록 사랑했던 여인을 만났다. 해발 1400미터 높이에 위치한 호텔 리기-칼트바트에서였다. 니논은 테신의 뜨거운 태양을 피해 이곳에서 휴양을 하고 있었다. 8월 11일, 헤세는 마르틴에게 편지를 보냈다. "우리는 지금 이 황량한 그랜드 호텔에서 비바람을 맞으며 추위에 떨고 있단다. 나로서는 이곳 생활이 힘들지만, 고지대의 신선한 바람이 니논의 건강에는 도움이 된단다. 그래서 나도 그녀를 위해 버틸 수 있을 만큼은 버텨보려고 한단다." 헤세는 밝은 태양과 따뜻한 날씨를 그리워했다. 그리고 산 아래 깊은 골짜기를 내려다보며 지난 추억을 떠올렸다. "지금 내가 서 있는 언덕 아래 비츠나우와 청록색 호수가 펼쳐져 있단다. 내가 1899년에 페터 카멘친트의 영감을 얻고, 라우셔의 일기를 썼던 곳이란다." 8월

20일, 헤세는 마르틴에게 다시 편지를 띄웠다. "바젤에서 내가 젊은 시절에 사랑의 시를 써주었던 바로 그 여인이 지금 나를 만나기 위해 하루 여정으로 이곳에 올라왔단다." 헤세는 엘리자베트 라 로슈가 묵을 방을 예약해놓았다. 그리고 갑작스러운 고도 변화로 힘들어할까 봐 편히 쉬라고 권했다. 저녁에 두 사람은 함께 식사를 했다. 그러고 나서 호텔 여주인 카를라 파스빈트의 "아담한 개인 살롱"에서 옛 추억을 떠올리며 오랫동안 이야기를 나누었다. 바커나겔 부부의 가정음악회와 바젤의 선교재단, 친분을 나누던 목사 가족들, 군데르트, 헤세, 라 로슈, 슈톡마이어, 사라신 부부 집에서의 휴가. 엘리자베트 라 로슈는 헤세와의 만남을 이렇게 회상했다. "헤세는 놀라울 정도로 생기발랄하고 친절했다. 우리는 바젤 시절에 함께 만났던 친구들에 대해 오랫동안 이야기를 나누었다. 헤세는 전혀 피곤해하지 않았다." 두 사람의 이야기를 조용히 듣고 있던 니논이 짧은 질문을 던졌지만, 헤세는 귀찮다는 듯 퉁명스럽게 대꾸했다. "그건 지금 중요하지 않아요." 니논이 두 사람의 대화에 끼어들 여지는 전혀 없었다.

다음 날 아침 헤세는 엘리자베트 라 로슈와 함께 산책에 나섰다. 니논은 동행하지 않았다. 엘리자베트는 그때의 상황을 이렇게 기록했다. "그는 경치가 좋은 곳으로 나를 안내했다. '켄첼리'라는 곳에 이르자 나에게 이렇게 말했다. '저 아래 비츠나우가 보이나요? 옛날에 내가 그토록 절망에 사로잡혀 있었던 곳이지요." 그녀는 고개를 끄덕였다. 그녀도 헤세처럼 그곳을 바라보았다. 헤르만 라우셔가 "고문 같은 절망과 비애"에 몸부림 치던, 그리고 "말할 수 없는 육체적 고통에 괴로워하던" 곳이었다. 당시 그녀는 헤세의 절규를 듣지 못했다. 지금은 두 사람 모두 아무 말도 하지 않았다. 그 뒤로 두 사람은 두 번 다시 만나지 못했다.

1965년 4월 15일, 니논은 이름가르트 군데르트에게 편지를 보냈다. 그리고 그녀가 엘리자베트 라 로슈의 부음을 듣고 무척 슬퍼했다고 말했다. 니논이 1945년 여름에 만났던 아름다운 여인은 그 당시 이미 예순아홉 살이었다. 그녀와 첫 만남 이래로 니논은 그녀와 자주 전화 연락을 주고받았다. 1964년에 개정 증보판으로 출간된 『서간 선집Ausgewählte Briefe』도 보내주었다. 니논이 편찬한 『유고 산문집Prosa aus dem Nachlass』은 엘리자베트가 세상을 떠난 해에 발행되었다. 이 책에는 『게르트루트』의 단편斷編 두 편이 처음으로 실렸다. 니논은 시인 헤세의 발전 양상이 분명하게 드러나도록 전체 맥락에서 그의 미완성 원고를 정리하려고 했다. 그녀는 자신의 기획 의도를 이렇게 설명했다. "작가가 스스로 자신의 작품을 생각하는 부분과 그 작품이 나중에 독자에게 수용되는 부분은 다른 문제라고 생각합니다. 『게르트루트』를 재구성하려는 작가는 자신이 쓴 초고를 최선이라고 생각하지는 않습니다. 하지만 첫번째 미완성 단편이 최종 원고보다 더 나을지도 모릅니다." 1919년 가을에 헤세는 정신분석을 시작했다. 그는 초기 작품에서 만들어낸 세계가 "거짓된 세계"였다는 사실을 깨달았다. 랑 박사와 함께 정신분석을 하는 동안에 "영혼의 어둡고 거친 측면"이 자연스럽게 작품 속에 녹아들었다. 1919년에 헤세는 카를 젤리히 ^{Carl Seelig}에게 보낸 편지에서 자신이 초기 작품에서 "순수하고 선량한 세계"를 강조하고, 카멘친트와 게르트루트 같은 인물을 창조했다고 말했다. 그리고 "고귀함과 정숙함, 도덕성을 내세우면서 수많은 진실을 외면했다"라고 고백했다. 니논은 헤세의 두번째 단편에 등장하는, 생명력이 충만하고 독립심이 강한 여류 화가 게르트루트 플락스란트가 엘리자베트 라 로슈의 실제 모습에 훨씬 더 가깝다고 느꼈다. 최종본 『게르트루트』에 등장하는 가수 무오트의 부인은 또 다른 성격의 소유자였다. 이 소설에서 헤세는 자신의 억압된 갈등을 형상화하려고 했다. 그리고 여자 주인공을 운명에 순응하는, 소심하고 수동적인 여성으로 묘사했다.

*

1945년 가을. 니논은 여동생 릴리와 폴란드에 거주하는 친지들의 소재를 파악할 수 있게 되었다. 헤세도 누이들을 만날 수 있다는 기대에 부풀어 있었다. 하지만 아직 서신 연락망이나 교통망이 완전히 복구되지는 않았다. 헤세는 아델레와 마룰라가 살아 있다는 소식을 듣고 안도의 한숨을 내쉬었다. 나치 수용소에 수감되어 있던 페터 주어캄프는 석방되었다. 그는 허약해진 몸을 추스르고 출판사를 재건할 의지를 불태웠다. 엘리자베트 루프의 로이틀링겐 저택은 폭격을 당해 소실되었다. 그녀의 남편 요하네스 게르츠는 전쟁이 끝나갈 무렵에 스스로 목숨을 끊었다.

1945년 11월 말, 니논은 여동생 릴리의 생존 소식을 전해 들었다. 몬타뇰라에는 오랜만에 기쁨의 환호성이 울려 퍼졌다. 하지만 세상을 떠난 친구나 친지도 적지 않았다. 슈테판 츠바이크는 브라질에서 생을 마감했다. 전쟁이 끝나자 헤세에게 친한 척하거나 과거의 인연과 우정을 되살리려는 사람들이 늘어났다. 루트비히 핑크는 헤세에게 보낸 편지에서 젊은 시절 함께했던 시간들을 떠올렸다. 하지만 헤세는 그가 내미는 화해의 손길을 뿌리쳤다. "지금 우리가 서로 이해할 수 있다고는 생각하지 않네. 난 자네의 투쟁 이념에 동조할 수 없다네. 자네는 의식하지 못했겠지만, 난 자네 때문에 여러 번 마음이 아팠다네. 더 이상 시비를 따지기보다는 그냥 조용히 기다려보는 게 낫겠다는 생각이 드네. 인생은 계속되는 거니까 말일세. 언젠가는 우리도 다시 만날 날이 있겠지. 하지만 마치 아무 일도 없었던 것처럼 그렇게 덮어둘 수는 없는 거라네."

핑크와 마찬가지로 에밀 슈트라우스도 일찍이 나치당에 가입했다. 1936년 괴벨스는 슈트라우스를 문화평의회 위원으로 임명했다. "독일 생활 공동체의 민족주의적 사고" 덕분에 그는 제3제국에서 가장 많이 읽힌 작가 가운데 한 명이 되었다. 1946년 9월, 빌헬름 셰퍼는 "배척당하고 경제적인 어려움에 처한" 슈트라우스를 돕기 위해 헤세에게 편지를 보냈다. 헤세는 셰퍼의 간청을 받아들이지 않았다. "나도 슈트라우스를 생각하면 마음이 아픕니다. 한때는 나도 그를 무척 좋아했습니다. 하지만 스위스에서 그를 위해 나설 생각은 추호도 없습니다. 그는 1914년에 전형적인 독일국가주의자가 되었습니다. 1919년부터는 파업을 일삼고 새로 세워진 공화국을 조롱했습니다. 그 뒤로는 광적인 히틀러 추종자가 되었습니다. 심지어 나치당에서 명예직을 맡기도 했습니다. 그건 노르웨이 작가 크누트 함순Knut Hamsun의 매국 행위와 다르지 않습니다. 여기서 내가 그를 위해 할 수 있는 건 아무것도 없습니다. 더군다나 그는 지독한 반유대주의자였습니다. 우리는 벌써 오래전에 눈물을 머금고 그와 작별을 고했습니다." 헤세는 "독일 민족 가운데 나치주의에 물들지 않은 국민"에게 연민의 정을 느꼈다. 하지만 나치의 극악무도한 만행에는 여전히 치를 떨었다. "독일의 불행과 치욕은 고통을 감수하고 과거를 극복해야 한다는 데 있는 게 아니라 독일이 수년에 걸쳐 이러한 끔찍한 만행을 저질러왔다는 데 있습니다. 당신의 신참 병사들은 1939년 이전부터 이렇게 노래를 불렀습니다. '오늘은 독일이 우리에게 속해 있지만, 내일은 전 세계가 우리에게 속할 것이다.' 우리는 그들의 노래를 들으며 분노에 못 이겨 이를 갈아야만 했습니다. 당신 민족이 무슨 일을 저질렀는지 아직도 알지 못하는 것 같아 정말 마음이 아픕니다."

헤세는 스위스 국민이었다. 1946년 12월, 그는 토마스 만의 추천을 받아 노벨문학상을 수상했다. 헤세의 작품을 "달갑지 않게" 여기던 독일인들은 서둘러 그에게 프랑크푸르트에서 제정한 괴테상을 수여했다. 그리고 노벨상을 수상한 그를 독일 작가로 받아들였다. 헤세는 링엔바흐 박사가 운영하는 프레파르지에 요양소에 들어갔다. 스톡홀름에서 개최되는 노벨상 시상식에 참석할 생각도 없었고 인터뷰에 응할 생각도 없었다. 니논은 보트머 부부의 초대를 받아 취리히에 머물고 있었다. 헤세의 노벨상 수상 소식을 전해 들은 그녀는 헤세에게 편지를 띄웠다. 하지만 그는 분명하게 선을 그었다. "당신의 편지는 나와 더 이상 상관없는 세계에서 온 겁니다. 그 세계에서는 당신이 옳다고 생각하는 걸 하면 됩니다. 굳이 나한테 물어볼 필요는 없습니다." 헤세는 스톡홀름으로 떠나지 않았다. 스위스 외교사절이 그를 대신해 노벨상을 받았다. 1946년 12월 10일에 열린 기념 만찬에서는 헤세가 미리 작성한 메시지가 낭독되었다. 헤르만 헤세 부인은 취리히에서 축하 인사를 받느라 정신이 없었다.

*

니논은 이제 노벨상 수상자의 부인이 되었다. 1929년에 노벨문학상을 수상한 토마스 만의 부인과 동등한 반열에 오르게 된 것이다. 그 전까지는 카티아 만과의 신분 격차를 인정해야만 했다. 1936년 3월, 토마스 만 부인과 헤르만 헤세 부인은 "매우 품위 있는 청중, 유명 인사들로 가득 찬" 강연장에서 만났다. 토마스 만은 부인과 딸, 장모 헤트비히 프링스하임과 함께 강연회에 참석했다. 니논은 취리히에서 헤세에게 편지를 띄웠다. "토마스 만 부인이 나를 그녀의 어머니에게 소개해주었답니다. 그리고 오랫동안 당신에 대해 이야기했지요. 당신의 건강을 걱정하며 안부를 전해달라고 부탁했습니다. 하지만 집으로 놀러 오라고 초대하지는 않더군요. 내가 그들에게 한 번도 연락을 취하지 않은 게 아주 잘했다는 생각이 든답니다." 토마스 만 가족은 퀴스나흐트에 있는 빌라를 빌려 살고 있었다. 니논은 그들과 친하게 지내고 싶었지만, 카티아는 헤세의 안부를 묻기만 했다.

헤세와 토마스 만은 서로 존중했다. 두 사람의 친밀한 우정은 그들이 주고받은 편지에도 잘 나타나 있었다. 그런데도 왜 카티아는 니논과 거리를 두려고 했을까? 두 여인은 신경이 예민한 작가와 함께 살았고, 남편의 창작에 방해가 되지 않기 위해 나름대로 최선을 다했다. 카티아는 미국에서 망명 생활을 할 때도 가정주부의 역할에 충실했다. 두 여인 사이에는 결정적인 차이가 있었다. 니논은 카사 카무치에서 헤세를 돌보는 게 전부였다. 남는 시간에는 얼마든지 그녀가 하고 싶은 걸 할 수 있었다. 여행도 다니고, 책도 읽고, 산책도 즐겼다. 반면 카티아는 여섯 명이나 되는 자녀를 키웠다. 나중에는 사위와 며느리, 손자에게도 신경을 써야 했다. 토마스 만 가족은 캘리포니아의 퍼시픽 팰러세이즈에 빌라를 지을 때까지 호텔과 셋방을 전전했다. 그 와중에도 카티아는 '마법사' 토마스 만에게 편안하고 쾌적한 환경을 만들어주었다. 1952년에 토마스 만은 미국 생활을 청산하고 다시 독일어권으로 돌아가고자 했다. 카티아는 프린스턴에 정착하고 싶었지만 기꺼이 남편의 뜻에 따랐다. 그리고 스위스의 에를렌바흐에 임시 처소를 마련했다. 나중에는 취리히 호숫가에 있는 킬히베르크의 알테 란트슈트라세 39번지에 새로운 보금자리를 꾸몄다. 니논은 집안 살림과 하인들과의 관계에서 어려움을 겪었지만, 카티아는 별다른 문제 없이 원만히 가정을 꾸려나갔다.

'붉은 집' 카사 로사에서 니논이 어떻게 하인들을 대하는지는 널리 알려져 있었다. 몬타뇰라를 찾는 손님들도 우호적이지 않은 분위기를 느낄 때가 많았다. 그녀는 원하지 않는 손님에게는 쌀쌀맞게 대했다. 헤세의 옛 친구들에게는 거부감을 보이고, 그의 아들들과 손자들에게는 질투심을 느꼈다. 헤세는 낮에 아들들과 함께 보차 놀이를 하거나 야외로 나가 그림을 그렸다. 저녁에는 가족과 함께 단란한 시간을 보내고 싶어 했다. 니논은 에미에게 보낸 편지에서 자식을 낳지 않은 게 얼마나 다행인지 모르겠다고 말했다. 그러면서 에미의 임신한 딸 안네마리에게는 편지를 보여주지 말라고 당부했다. 1961년 12월 8일, 니논은 그리스 여자 친구 리스 안드레아Lis Andreae에게 보낸 편지에서 크리스마스에 헤세의 아들, 며느리, 손자들에게 선물을 주지도 않고 그들에게서 선물을 받지도 않는다고 말했다. 헤세의 아들들도 니논의 심기가 불편하다는 사실을 눈치챘다. 헤세의 며느리와 손자들은 카사 로사를 방문할 때면 가까운 호텔 벨라 비스타에 묵어야 했다.

하지만 가끔은 반가운 손님들도 찾아왔다. 출판사를 운영하

하인츠와 릴리 켈만, 니논과 헤르만 헤세

는 페터 주어캄프, 헤세의 후원자들, 동시대의 유명 인사들이 노벨상을 수상한 헤세에게 축하 인사를 건네기 위해 카사 로사를 방문했다. 헤세의 누이 아델레와 마룰라도 다시금 몬타뇰라를 찾았다. 헤세는 무척 행복해했다. 하지만 "헤세의 누이들이 니논 부인에게 호의적으로 대하는데도 그녀는 그들을 따뜻하게 대하지 않았다". 헝가리 출신의 하녀 카토 스테파네크-모노스는 니논과 그녀의 여동생에게서도 "참다운 자매의 정"을 느끼지 못했다. 릴리와 하인츠 켈만은 1948년에 루마니아를 떠나온 뒤 1년 동안 몬타뇰라에 머물렀다. 켈만 부부는 "두 개의 침대가 마련된 1층 방에서 검소하고 조용하게" 지냈다. 그리고 식사 시간에만 헤세 부부를 마주했다. 그런데도 니논은 종종 조바심과 짜증을 냈다. 카토는 "헤세 씨가 그들에게 무척 다정하게 대했다"라고 회상했다. "릴리 부인은 가끔 나에게로 와서 눈물을 흘리곤 했다."

엘리자베트 뢰블, 파울라 필립슨, 넬리 자이들-크라이스 같은 친구들은 언제나 대환영이었다. 그들은 주말에 카사 로사로 놀러 왔다. 그리고 헤세가 작업하는 데 방해되지 않도록 그의 일과표에 따라 움직였다. 헤세와는 식사할 때 인사를 나누는 정도였다. 하지만 가끔 헤세는 손님들과 함께 드라이브나 산책을 하고 보차 놀이를 했다. 저녁에는 니논이 헤세에게 책을 읽어주어야 했기 때문에 손님들은 조용히 각자의 방으로 들어갔다. 1929년부터 그녀는 자신이 낭송한 책들을 비망록에 적어두었다. 헤세가 세상을 떠날 때까지 그녀가 읽은 책은 무려 1447권이나 되었다!

*

헤세는 나이가 들면서 점점 더 부드러워지고 너그러워졌다. 반면 니논은 점점 더 예민하고 신경질적으로 변해갔다. 1949년 7월과 8월, 헤세 부부는 질스-마리아에 있는 호텔 발트하우스에서 휴가를 보냈다. 가이엔호펜과 베른 시절에 헤세는 친구들과 어울려 엥가딘을 찾곤 했다. 그는 "아마도 가장 아름다운, 나에게 가장 강렬한 인상을 심어준" 이곳의 정취를 사랑했다. 헤세 부부는 스톡홀름에서 받은 상금 덕분에 후원자들의 도움을 받지 않고서도 발트하우스 같은 그랜드 호텔에서 휴가를 즐길 수 있게 되었다. 니논은 좀 더 독립적인 생활을 영위하기 위해 운전을 배웠다. 1948년에 헤세는 그녀에게 자동차를 선물했다. 개폐식 지붕이 있는 은회색 스탠더드 퍼틴 리무진 승용차였다. 니논은 루가노와 로카르노, 아스코나, 호수에 인접한 마을로 헤세를 태우고 다녔다. 때로는 베르겔과 말로야 산길을 넘어 질스로 갔다. 거기서 토마스 만 부부와 테오도어 아도르노, 독일의 연방 대통령 테오도어 호이스를 만났다. 호이스는 오래전 잡지『메르츠』에서 헤세와 함께 편집 일을 본 적이 있었다. 그로부터 거의 50여 년의 세월이 흘렀다. 헤세는 마리아에게 보낸 편지에서 자신과 슈바벤 친구인 호이스를 "늙은 남자들"이라고 불렀다.

니논은 높은 산에서 불어오는 신선한 공기를 마음껏 들이마셨다. 호텔의 우아하고 멋진 분위기가 그녀의 마음에 들었다. 발트하우스에 묵고 있는 예술가와 음악가, 작가와의 교류도 만족스러웠다. 마리-안네 슈티벨Marie-Anne Stiebel은 질스에서의 여름을 이렇게 회상했다. "흰색 페인트를 칠한 멋진 레스토랑에서 우리는 창가에 자리를 잡고 앉았다. 옆에는 헤세의 식탁이 놓여 있었다. (…) 식당 홀의 구석에 아늑하게 차려진 둥근 탁자였다." 당시 슈티벨은 아직 문단에서 인정을 받지 못한 풋내기 여류 작가였다. 그녀는 그토록 경탄해마지않던 작가를 가까이에서 지켜보았다. "니논 부인은 식사를 마친 뒤 함께할 대상을 물색했다." 헤세 부부와 함께 자리한 어느 부부는 "매년 여름 호텔 측의 극진한 대접을 받는 손님이었다. 화려하게 차려

입은, 키가 훤칠한, 하지만 왠지 속물 같은 인상을 풍기는 부부였다. 헤세는 그들과 이야기를 나누면서도 가끔 무료함을 느끼는 것 같았다. 하지만 그 부부는 비굴한 태도로 니논에게 잘 보이기 위해 애를 썼고, 니논은 그들에게 호감을 보였다."

누구나 쉽게 헤세에게 다가갈 수 있는 건 아니었다. 질스뿐 아니라 몬타뇰라에서도 그랬다. 니논은 헤세의 교제와 교류를 통제했다. 중요하다고 생각되는 사람들은 환대하고, 별로 중요하지 않은 사람들은 무시했다. 1954년부터 1961년까지는 마리-안네 슈티벨도 중요하지 않은 사람들의 범주에 속했다. 1956년 여름, 그녀는 호텔에서 우연히 헤세와 단둘이 마주쳤다. 그리고 헤세의 초대를 받았다. 다음 날 저녁 그녀는 헤세 부부 앞에서 자신이 쓴 시를 낭송했다. "지금까지 내가 보아온 젊은 시인들의 시 가운데 가장 아름다운 시라는 생각이 드는군요. 앞으로도 계속 열심히 하기 바랍니다." 슈티벨은 날아갈 듯이 기뻤다. 하지만 니논은 몹시 기분이 상했다. 헤세가 호텔 종업원들과 자유분방하게 이야기하는 것도, 다른 휴양객들과 격식을 차리지 않고 어울리는 것도 그녀의 마음에 들지 않았다. 급기야 그녀는 예정보다 일찍 짐을 꾸려 호텔을 나섰다. 슈티벨 옆에 놓여 있던 식탁은 어느 날 갑자기 텅 비게 되었다. 그녀는 헤세 부부가 서둘러 떠난 이유가 자신 때문이라는 사실을 당시에는 알지 못했다. 1957년 7월 2일, 헤세의 여든번째 생일에 슈티벨은 그에게 음반을 선물했다. 하지만 헤세는 그녀의 선물을 돌려보냈다. 헤세는 동봉한 편지에서 1956년 여름에 있었던 일에 대해 언급했다. 헤세 부부가 예정보다 일찍 질스를 떠난 건 니논이 "갑자기 당신에 대한 반감을 가졌기" 때문이라고 했다. 그녀가 "질투심에 사로잡힌 나머지 어리석게도 사려 깊지 못한 행동을 했던" 것이다. 슈티벨이 헤세에게 보낸 생일 선물은 다시 한 번 "그녀를 완전히 미치게 만들고 말았다." 헤세는 또 다른 갈등을 피하기 위해 마리-안네 슈티벨을 멀리하는 수밖에 없었다. 그 뒤로도 슈티벨은 여름마다 어김없이 헤세 부부를 만났다. 하지만 헤세는 그녀와 그녀의 가족에게 의례적 인사만 건넸다. 개인적인 대화는 더 이상 이루어지지 않았다. 니논은 헤세를 "다가갈 수 없는 영역으로" 멀찌감치 옮겨놓았다. 그녀는 슈티벨이 인사를 건넬 때도 "노골적으로 고개를 돌려버렸다."

*

니논은 헤세의 아들 가운데 막내 마르틴을 가장 좋아했다. 1953년 여름, 헤세 부부는 질스에서 휴가를 보내고 있었다. 마르틴은 헤세를 찾아가 우편물 정리를 도와주려고 했다. 하지만 헤세는 아들의 호의를 받아들이지 않았다. 8월 21일, 그는 발트하우스에서 마르틴에게 편지를 띄웠다. "네 편지를 잘 받았다. 네가 나를 도와주겠다니 참으로 고맙구나. 네가 미안해할 필요는 전혀 없단다. (…) 내가 너와 함께 멋지게 일할 수도 있었을 텐데 니논이 워낙 심하게 질투하는 바람에 너의 호의를 받아들이지 못한 거란다." 1949년에 몬타뇰라를 방문한 아델레는 엘리자베트 루프에게 편지를 보내 헤세의 안부를 전했다. 니논은 엘리자베트 루프가 헤세에게 답장을 보낼 거라는 생각에 심기가 불편해졌다. 엘리자베트 루프가 서정시집 『호토마』를 출간했을 때도 니논은 질투심에 사로잡혔다. 시집에는 엘리자베트 루프가 헤세에게 헌정한 시가 수록되어 있었다. 엘리자베트 루프는 여전히 아름답고 자신감 넘치는 여인이었다. 그녀의 남편 요하네스 게르츠는 이미 세상을 떠나고 없었다. 테신에서 엘리자베트 루프는 마리아 게로에-토블러와 우르줄라 뵈머Ursula Böh-mer를 만났다. 니논은 엘리자베트 루프가 몬타뇰라에 오래 머무르지 않도록 하기 위해 신경을 곤두세웠다. 그녀는 엘리자베트 루프에 대한 열등감에서 벗어나지 못했다. 전쟁이 끝난 뒤 니논은 고대 유적지를 탐방하고 고대 문화 연구에 열정을 쏟았다. 하지만 뚜렷한 연구 성과를 내지는 못했다. 반면 엘리자베트 루프는 여러 편의 연구 논문과 박사 학위 논문으로 자신의 학문적 능력을 충분히 입증했다. 그녀는 독일대학에서 여성 최초로 민속학을 강의했다. 퇴직하기 전 그녀는 헤세에게 편지를 보냈다. 보덴 호수 근처의 라돌프첼에 집을 지을 거라고 말했다. 헤세가 마리아와 함께 결혼 생활을 했던 가이엔호펜에서 그리 멀지 않은 곳이었다. 엘리자베트 루프는 테신에 머물 때면 종종 아스코나-모시아에 사는 마리아를 찾아가기도 했다. 엘리자베트 루프는 라돌프첼의 사진을 헤세에게 보내주었다. 붉은색을 칠한 수수한 외관은 놀랍게도 카사 로사와 무척 닮아

라돌프첼에 있는 엘리자베트 루프의 저택

있었다. 엘리자베트 루프가 새집으로 이사한 1958년 가을, 니논은 엘지 보트머와 함께 보덴 호수로 놀러 갔다. 헤세는 바덴에서 요양을 하고 있었다. 10월 12일, 니논은 고트리벤에서 그에게 그림엽서를 보냈다. 그녀는 폭우 때문에 가이엔호펜이 희미하게 보인다고 적었다. 하지만 가이엔호펜보다 가까운 라돌프첼에 대해서는 전혀 언급하지 않았다.

　전쟁이 끝난 뒤 헤세가 편지를 주고받은 사람은 엘리자베트 게르츠-루프만이 아니었다. 루트와도 서신 교환이 이루어졌다. 헤세는 친구들로부터 하우스만 부부가 수감되어 있다는 소식을 들었다. 11월 17일, 그는 마르틴에게 편지를 썼다. "한때 나의 아내였던 루트가 남편과 함께 아직 감옥에 갇혀 있다고 하는구나." 헤세는 루트가 편지를 보내올 거라고는 전혀 생각하지 못했다. 1947년 7월 2일, 헤세는 자신의 일흔번째 생일을 축하하는 수많은 우편물 가운데 루트가 보낸 편지를 발견했다. 발신지는 뵈겐로이틴-차이제르츠바일러였다. 편지에서 그녀는 20년 넘게 소식을 전하지 못해 미안하다고 말했다. 그리고 헤세의 생일과 더불어 그가 "최고의 업적과 최고의 명예"를 성취한 것을 축하했다. 기회가 되면 꼭 한 번 만나고 싶다는 바람도 덧붙였다. 그와의 결혼 생활이 실패한 것에 책임을 느낀다고도 말했다. 헤세는 즉시 답장을 보냈다. "난 아직 수많은 생일 축하 편지를 뜯어보지 못했답니다. (⋯) 하지만 당신이 보낸 편지에 지체 없이 감사를 전하고 싶었습니다. (⋯) 기념일이라고 해서 이런저런 신경을 쓰다 보니 무척 힘이 드는군요. (⋯) 나에게는 당신의 편지가 최고의 선물이었습니다." 짧지만 애정이 담긴 편지였다. 헤세의 편지를 받아 든 루트는 용기를 얻었다. 그 뒤로도 매년 헤세의 생일 때마다 축하 편지를 보냈다. 그의 아들들의 안부를 묻기도 하고 아델레의 소식을 묻기도 했다. "에미 발은 어떻게 지내고 있나요? (⋯) 당신의 첫번째 부인은 아직 살아 있나요?" 루트는 헤세에게 사진과 시, 정물화를 보냈다. 그녀의 아들 에트차르트에 대해서도 이야기했다. 그녀뿐만 아니라 그녀의 남편 에리히 하우스만도 헤세에게 편지를 보내왔다. 헤세는 답례로 자신의 단편소설을 모은 별책을 선물했다. 1952년에는 여섯 권으로 된 『전집 Gesammelte Dichtungen』을 보내주었다. 이 책은 페터 주어캄프가 자신의 이름을 본떠 설립한 출판사에서 출간되었다.

루트는 과거에 대해서는 별로 언급하지 않았다. 헤세 가족과 옛 친구들의 안부를 묻는 게 고작이었다. 헤세도 그녀의 질문에 짧게 답변했다. 카로나에 거주하는 그녀의 언니 에바 오펜하임을 몇 년 동안 만나지 못했다는 소식도 전해주었다. 니논은 헤세가 루트와 접촉하는 게 달갑지 않았다. 루트가 스위스 여행을 위해 출국 허가를 신청했다는 소식을 들은 니논은 또다시 불안해졌다. 1949년 6월 28일, 루트는 헤세에게 편지를 썼다. "당신을 만날 수 있을 거라고 생각했답니다. (…) 그런데 여행 허가뿐 아니라 입국허가도 거절당하고 말았네요. 왜 그런지는 나도 잘 모르겠어요. 난 나치당에 가입한 적이 없거든요. 더군다나 난 영문도 모른 채 9개월이나 감금되어 있었답니다. 자유와 인도주의의 이름으로 말이에요."

나치 이념을 신봉했던 루트와 에리히 하우스만은 1946년 프랑스 점령군의 고발로 체포되어 발링겐 수용소에 감금되었다. 루트는 그 일에 대해서는 이야기하지 않았다. "당신을 방문하려던 계획이 수포로 돌아가고 말았네요. 우리가 언제 다시 만날 수 있을지 모르겠네요." 그녀의 예감은 틀리지 않았다. 하우스만 부부의 삶은 점점 더 팍팍해졌다. 그들은 돈을 아끼거나 불리는 법을 알지 못했다. 처음에는 농장을 매각하더니, 곧 살던 집마저 처분하고 다른 곳으로 이사했다. 1952년 3월 24일, 그녀는 헤세에게 편지를 띄웠다. "우리는 지금 에글로프스에 살고 있답니다. 여긴 인적이 매우 드문 곳이에요. 숲과 나무들에 둘러싸여 있답니다." 어느 외과의사가 알고이의 방겐과 가까운 곳에 지어놓은 사냥용 오두막집이었다. 하우스만 부부는 이곳에서 포도주 전문주점을 운영하려고 했다. 그들은 돈이 필요할 때마다 루트가 상속받은 그림이나 가구, 장신구, 골동품 등을 내다 팔았다. 급기야는 헤세가 그녀에게 보낸 연애편지를 담보로 지인에게서 돈을 빌렸다. 기일 내 채무를 상환하지 못하자 채권자는 그 편지들을 다른 사람에게 팔아넘겼다. 1955년에 하우스만 부부는 서독을 떠나 동독으로 이주했다. 1957년 1월, 헤세는 주어캄프 출판사에 자신의 편지를 되찾기 위해 4000마르크를 "바칠" 용의가 있다고 밝혔다.

에리카 만은 1955년에 아버지 토마스 만이 세상을 떠난 뒤에도 헤세와 서신 교환을 이어갔다. 헤세는 그녀에게 "유쾌하지 못한 일"에 대해 이야기했다. "한때 내가 사랑했던, 그리고 나의 아내였던 그녀는 나치주의자와 결혼했답니다. 그녀는 오래전부터 매우 곤궁한 상황에 처해 있었지요. 그러다가 그녀의 남편이 내가 그녀에게 보낸 편지 70통을 팔아버린 겁니다. 거기에는 수채화가 그려진 편지들도 적지 않게 들어 있답니다. 듣기로는 4000마르크를 받고 팔았다고 하더군요." 그런데도 루트에게는 "유쾌하지 못한 일"에 대해 언급하지 않았다. 루트는 남편을 따라 자주 이사를 다녀야 했다. 헤세가 세상을 떠나기 얼마 전 루트는 그에게 장문의 편지를 보냈다. 그리고 그와의 결혼 생활을 회고하면서 자신의 행동을 변명했다. 헤세도 답장을 보내 자신의 견해를 밝혔다. "난 그 모든 걸 당신과는 다르게 보고 있답니다. 그렇다고 해서 당신을 비난하거나 당신에게 죄책감을 느끼거나 하지는 않아요. 내가 당신에게 보낸 연애편지들을 돈을 주고 다시 찾은 것도 그 당시에만 잠시 마음이 아팠을 뿐입니다. 난 언제나 즐거운 마음으로 당신을 생각하고 있어요. 우리가 함께 사랑을 나누었던 아름다운 시간에 대해서도 감사하게 생각하고 있답니다." 그녀를 안심시키기 위해 헤세는 아무도 편지를 들여다본 사람이 없다고 말해주었다. 하지만 니논은 내심 불안해했다. 헤세의 여든다섯번째 생일을 축하하기 위해 보낸 편지에는 궁색한 변명이 담겨 있었다. "슈미트가 그 편지들을 보관하기로 분명히 약속했었답니다. 그가 약속을 어기고 당신 앞에서 나를 헐뜯은 건 정말 비열한 짓입니다. (…) 난 당신이 누구보다 나를 잘 알고 있기 때문에 내 말을 믿을 거라고 생각해요."

1962년 8월 9일, 루트는 헤세가 세상을 떠났다는 소식을 들었다. 그녀는 베를린에서 살고 있었다. "내 남편이 베를리너앙상블에 취직했답니다. 내 아들은 베를린에 있는 독일 극장에서 젊은 주인공 역을 맡았고요." 하우스만 부부는 베를린-비스도르프에서 1600평방미터나 되는 넓은 대지에 방갈로를 지었다. 그리고 거의 20여 년 동안 전원적인 환경에서 지냈다. 루트는 예전처럼 개와 고양이를 키울 수 있게 되었다. 그녀는 시간 날 때마다 그림을 그리고 글을 썼다. 그리고 델스베르크와 카로나에서 그랬던 것처럼 작은 동물원을 꾸렸다. 하지만 두 번 다시 그곳으로는 돌아가지 못했다. 그 시절, 카로나의 '오페라'에서 헤세와 '산의 여왕' 루트는 주연을 맡고, 파울 바르트와 랑 박사,

바이마르에서 루트와 에리히 하우스만, 1976년

카를 호퍼는 조연을 맡았었다. 랑 박사는 1945년에, 그녀의 사
랑을 얻기 위해 경쟁하던 바르트와 호퍼는 1955년에 세상을 떠
났다. 카로나의 아담한 공동묘지에는 루트의 어머니와 언니가
잠들어 있었다. 루트는 거기에도 가보지 못했다. 에리히 하우스
만은 여든 살이 되어 베를리너앙상블에서 은퇴했다. 그들 부부
는 바이마르에 있는 배우 전용 양로원에서 방 두 개가 딸린 아
파트를 얻었다. 그녀는 1994년 5월 30일 세상을 떠날 때까지 그
곳에 살았다. 하우스만 부부의 거실 벽에는 테신의 풍경을 그린
헤세의 수채화가 걸려 있었다.

4.

체르노비츠에서 열네 살의 김나지움 여학생이 바라던 꿈은 현실이 되었다. 니논은 자신의 우상을 만났을 뿐 아니라 그와 함께 살아가고 있었다. 노벨문학상 수상 작가의 아내가 되었고, '붉은 집' 카사 로사의 여주인이 되었다. 헤세는 마리아 게로에-토블러가 짠 벽걸이 양탄자를 구입했다. 〈연인 2 Liebespaar II〉라는 작품이었다. 사랑하는 연인들이 마법의 가면을 쓰고 윤무輪舞하는 모습을 "비단과 직조 기술"로 형상화한 작품이었다. 상상 속의 동물과 이국적인 식물도 묘사되어 있었다. "섬세한 색채감각뿐만 아니라 문학적인, 비범한 영혼의 창조적인 환희와 욕망, 호기심, 환상, 동경으로 만들어진" 예술 작품이었다. 헤세는 마리아의 작품이 니논을 기쁘게 해줄 거라고 믿었다. 마리아는 에미를 포함해 테신에서 만날 수 있는 몇 안 되는 절친한 친구였다. 1945년 9월 18일, 니논의 쉰번째 생일 때 헤세는 그녀에게 특별한 선물을 했다. 에른스트 모르겐탈러Ernst Morgenthaler가 그린 헤세 자신의 초상화였다. 그리고 2년 뒤에는 한스 푸르만Hans Purrmann을 통해 구입한 '고대 그리스인의 두상'을 선물했다. 전쟁의 여파로 니논이 몇 년 동안 그리스 여행을 하지 못한 데 대한 보상이었다. 그녀는 헤세가 사준 자동차를 타고 여름마다 리기-칼트바트와 질스-마리아로 휴가를 떠났다. 예전에 헤세는 테신의 여름 태양 아래 벌거벗은 채 휴식을 즐겼다. 관절염 때문에 차갑고 음습한 곳을 꺼렸지만, 니논을 위해서는 희생을 마다하지 않기도 했다. 1953년 8월 21일, 헤세는 마르틴에게 편지를 띄웠다. "테신의 불볕더위가 한풀 꺾이면 집으로 돌아가려고 한단다. 니논 때문이야. 우리는 벌써 5주나 이곳에 머물고 있단다. 다행히 날씨가 좋아 어느 정도 견딜 만하지만, 그래도 난 집에 가고 싶구나." 헤세에게는 발트하우스에서 옛 친구들과 재회하는 기쁨도 적지 않았다.

에리카 만은 헤세 부부와의 만남을 이렇게 회상했다. "레스토랑에서 헤세와 그의 부인은 우리와 가까운 식탁에 자리를 잡았다. 그들 부부가 주위의 구애를 받지 않고 편안하게 식사를 하는 건 공공연한 사실이었다." 하지만 저녁 식사를 마친 뒤에는 다른 친구들과 함께 바에 앉아 포도주를 마시며 담소를 즐겼다. 남자들은 시가를 피워 물었다. "헤세는 잘 웃는 편이었다. 말투는 순박하면서도 여유로웠고, 손놀림은 유연하면서도 정확했다. (…) 느긋함과 수다스러움, 사교성과 예의를 갖춘 모습. 적어도 우리가 아는 '황야의 이리'는 그런 모습이었다. 그가 친구들과 이야기를 나눌 때면, 세상을 싫어하고 고독한 삶을 원하는 은둔자의 모습은 어디에서도 찾아볼 수 없었다." 누이와 아들, 식구들, 군터 뵈머와 함께할 때도 그랬다. 1944년부터 화가 한스 푸르만도 헤세와 가깝게 지냈다. 그는 나치의 박해를 피해 몬타놀라로 이주했다. 헤세는 에미가 카바레 쇼를 선보일 때면 무척 즐거워했다. 그녀의 노래를 따라 부르며 화음을 넣기도 했다. 보차 놀이를 할 때 헤세는 가장 즐거워 보였다. 손자들과 어울려 놀 때는 어린아이처럼 땅바닥에 쪼그리고 앉았다. 며느리들과도 즐겁게 이야기를 나누었다. 헤세는 이자가 선물한 부드러운 색깔의 꽃 그림을 정성스레 보관했다. 아들들과 손자들의 사진도 잘 간직했다. 니논과 달리 헤세는 포도를 수확할 때면 마냥 즐거워했다. 피곤한 기색도 없이 땀을 흘리며 열심히 일했다. 헤세의 아들과 가족도 그를 돕기 위해 달려왔다.

하지만 헤세 부부가 단둘이 있으면 분위기는 어느새 냉랭해졌다. 1945년 1월 3일, 헤세는 마르틴에게 편지를 썼다. "여긴 우울한 분위기가 감돌고 있단다. 삶의 의미와 가치를 잃어버린 것만 같은 생각이 드는구나. 니논과 나는 서로 힘들게 하고 괴롭힐 뿐이란다. 하루 종일 혼자 있다 보니 집중력도 떨어지는 것 같구나. 사는 게 넌더리가 날 지경이란다." 니논은 헤세의 신경질을 감당하기 힘들었다. 그녀 대신에 차라리 점토로 만든 인형이 그에게 어울릴 것 같다는 생각이 들었다. 그녀는 헤세의 말 한마디에도 쉽게 마음에 상처를 입었다. 1949년 10월에 쓴 일기에서 그녀는 일상의 괴로움을 털어놓았다. "헤세는 무척 우울해 보였다. 거의 아무것도 먹지 않았다. 일그러진 표정을 짓고 아무 말 없이 걷기만 했다. (…) 나는 그에게 책을 읽어주고 방에서 나왔다." 헤세는 화가 풀리면 가끔 그녀에게 미안하다고 사과했다. 하지만 대부분 며칠 동안 말 한마디 건네지 않고 눈길 한 번 주지 않았다. 그럴 때면 그녀는 얼마나 더 오랫

지빌레와 헤르만 헤세 / 마리아 베르누이

동안 견뎌야만 하는지 자신에게 물었다. 그녀가 할 수 있는 일
이 무엇인지, 그녀가 해야 할 일이 무엇인지 알 수 없었다. 헤세
와 헤어지면 어떻게 살아가야 할지도 막막했다. 그녀는 50대
중반의 나이에 직업도 없었다. 그녀를 도와줄 가족도 없었다.
그녀가 스스로 목숨을 끊는다면, 헤세의 인생은 어떻게 될까?

　헤세는 안질과 두통, 소화 장애, 그리고 집안 살림에 드는 과
도한 지출 때문에 항상 투덜거렸다. 그건 어느 정도 참을 만했
지만, 그녀를 마리아와 비교하는 건 견디기 힘들었다. 그녀는
자존심에 상처를 입었다. 헤세는 마리아와 함께 살 때는 지금
과 전혀 달랐다고 말했다. 가이엔호펜과 베른에서의 생활은 전
통이나 규범에 얽매이지 않았다. 아이들은 벌거벗은 채 정원을

뮈슬린베크에서 헤세 가족. (왼쪽부터) 지빌레를 안고 있는 이자, 질버, 마리아, 그리고 에바를 안고 있는 하이너 헤세, 1948년경

뛰어다녔고, 마리아와 헤세 역시 벌거벗은 채 호수에서 수영을 했다. 집안 살림이나 정원 일은 마리아에게 어려운 게 아니었다. 그녀는 찾아오는 손님들을 극진히 대접했다. 체면치레 따위는 하지 않았다. 자연스럽게 몸에 밴 품위는 베르누이 가문의 전통이라 할 수 있었다. 한번은 손녀 지빌레가 통학 버스를 놓친 적이 있는데, 마리아가 지나가던 자동차를 불러 세워 함께 타고 가기도 했다. 여든 살의 마리아는 여전히 툰 호수에서 핑크색 수영복을 입고 수영을 즐겼다. 헤세가 마리아의 그런 모습을 좋아한다는 사실을 니논도 모르지 않았다. 헤세는 평생 자유로운 자연의 삶을 추구했다. 마리아는 피아노 치는 실력도 남달랐다. 뮈슬린베크에 있는 마르틴의 집에는 피아노가 한 대

놓여 있었다. 어린 지빌레가 아프거나 잠을 이루지 못할 때면, 마리아는 그녀가 잠이 들 때까지 피아노를 연주해주었다. 지빌레는 그때의 추억을 잊지 못했다.

*

카사 로사의 하인들은 니논을 별로 좋아하지 않았다. 일부는 오래 버티지 못하고 카사 로사를 떠났다. 니논은 하인들이 헤세를 좋아하는 모습을 볼 때마다 질투를 느꼈다. 그녀가 여행을 떠나면 헤세는 요리사와 하녀를 초대해 아들들과 함께 야외 드라이브를 즐겼다. 자동차를 타고 테신의 골짜기를 따라 이곳저곳 돌아다녔다. 예전에 그가 배낭을 메고 회화 도구를 들고 찾았던 발레 마기아, 라베르테초, 나무로 뒤덮인 말칸토네의 구릉 등도 빼놓지 않았다. 빠르게 흘러내리는 에메랄드빛 강물 위에는 로마인들이 건설한 다리가 놓여 있었다. 헤세는 그의 생일에 막스 바스머 가족과 함께 루가노의 작은 동굴과 멘드리지오, 미속스에 놀러 갔다. 여든번째 생일에는 고트하르트의 암브리-피오타에 갔고, 여든다섯번째 생일에는 발 레반티나에 있는 파이도에 갔다. 헤세는 일행과 농담을 주고받으며 즐거운 시간을 보냈다.

몬타뇰라를 방문한 엘리자베트 루프는 작은 동굴로 놀러 가거나 아틀리에에서 친구들을 만났다. 마리아 게로에-토블러와 푸르만, 뵈머, 그의 아름다운 부인 우르줄라도 함께했다. 카사 카무치에서 헤세가 엘리자베트 루프와 담소를 나눌 때면 니논은 혼자 차 탁자에 앉아 있었다. 니논의 얼굴에는 못마땅한 기색이 역력했다. 헤세는 마지못해 대화를 멈추고 손님과 작별 인사를 나누었다. 니논은 헤세에게 오는 우편물과 헤세를 찾는 방문객을 통제했다. 헤세는 그녀의 태도가 못마땅했지만, 나이가 든 탓에 "그녀의 지배"를 받아들일 수밖에 없었다. 1962년에는 페터 바이스가 다시 한 번 헤세를 방문했다. 헤세가 세상을 떠나기 얼마 전이었다. 바이스는 "존경해마지않는 명인" 헤세를 무척 만나고 싶어 했다. 하지만 정작 그에게 하고 싶었던 말은 꺼내지도 못했다. 헤세와 마음 편히 대화를 나눌 수 있는 분위기가 아니었던 것이다. "식사하는 동안 니논 부인은 문제가 될 만한 건 모두 차단했다. 특히 늙은 헤세의 일거수일투족을 감시했다. (…) 나는 내가 말하려고 했던 것을 입 밖에 낼 수조차 없었다." 루가노로 돌아온 바이스는 "눈물을 흘리지 않을 수 없었다. 나는 수많은 방문객 가운데 하나일 뿐이었다".

손님들이 떠나고 나면 헤세는 아무 말 없이 자신의 서재로 들어가거나 정원으로 나갔다. 니논은 자신이 외롭고 불행하다고 느꼈다. 그럴 때면 그녀는 카사 로사를 벗어나 여자 친구를 만나러 갔다. 처음에는 에미를 자주 찾았지만, 나중에는 취리히에 사는 엘지 보트머에게로 갔다. 한때 매우 절친했던 에미와 니논의 관계는 서로 다른 생활환경과 사회 신분 때문에 점점 멀어져갔다. 몬타뇰라에 있는 대저택의 여주인과 "힘겹게 살아가는 과부" 에미 사이에는 극복하기 힘든 괴리가 생겼다. 하지만 1948년 8월 에미가 세상을 떠났을 때 니논은 무척 슬퍼했다. 그로부터 1년 뒤에는 파울라 필립슨이 세상을 떠났다. 마리아 게로에-토블러는 그녀와 만나는 것을 피했다. 카사 로사를 짓기 전에 니논은 마리아의 따뜻한 집에서 혹독한 겨울 추위를 피할 수 있었다. 예전에는 거의 모든 축제를 함께 즐겼다. 일요일에는 점심 식사를 함께했다. 전쟁이 끝난 뒤로 니논은 관청에 용무가 있거나 쇼핑을 해야 할 때만 그녀에게 부탁을 했다. 마리아는 니논의 태도가 못마땅했다. 니논이 하인들을 대하는 태도도 그녀의 눈에는 좋게 보이지 않았다. 헤세를 방문할 때마다 모든 걸 통제하는 모습도 신경에 거슬렸다. 노벨상 수상자의 저택에는 공식적으로 초대된 손님들만 드나들었다. 예전처럼 이웃에 사는 지인들이 잠깐 방문하는 일은 더 이상 허용되지 않았다.

1947년 말에 마리아는 뇌졸중으로 병석에 누웠다. 1948년 1월, 니논은 그녀를 카사 로사로 초대했다. 마리아와 함께 사는 푸르만은 일흔 살이 다 된 노인이었기 때문에 그녀에게 별로 도움이 되지 못했다. 하지만 마리아와 니논 사이에 생긴 간극은 쉽게 메워지지 않았다. 마리아의 건강 상태는 갈수록 악화되었고, 두 사람 사이의 긴장감은 더욱 커져갔다. 더욱이 마리아는 니논이 푸르만과 자신을 이간질하기 위해 계략을 꾸미고 있다고 의심했다. 니논이 푸르만에게 보낸 편지에는 "사랑하고 존경하는 교수님"에 대한 친근한 감정이 짙게 배어 있었다. 두 사람은 고대 문화에 대한 관심과 열정을 공유했다. 니논은 어쩌면 마리아와 푸르만의 행복한 모습에 질투를 느꼈는지도 모른다.

1951년 6월 초, 헤세 부부는 푸르만을 카사 로사로 초대했다. 마리아는 초대되지 않았다. 얼마 뒤에 그녀는 니논에게 전화를 걸어왔다. 두 사람은 심하게 다투었고, 그들의 우정은 완전히 깨져버렸다. 헤세는 푸르만에게 편지를 보내 마리아의 "어리석은, 심지어 분노를 야기하는 비난"에 대해 이야기했다. 그리고 "다시는 게로에 부인을 보지 않을" 거라고 단언했다. 푸르만은 즉시 답장을 보내 여자 친구 마리아의 "유감스러운 건강 상태"에 대한 이해와 용서를 구했다. 자신에게도 일말의 책임이 있다고 고백했다. 푸르만은 니논이 심부름을 시킬 때마다 마리아에게 가지 말라고 만류했다. "그녀가 관청에 가서 당신 부인이 원하는 업무를 처리하기에는 정말 힘에 부쳤기 때문입니다." 1944년에 푸르만은 마리아를 통해 헤세를 처음 만났다. 그는 마리아와 니논 사이의 갈등을 "해소"하기 위해 모든 노력을 아끼지 않겠다고 다짐했다. 이틀 뒤에 그는 헤세의 편지를 받았다. 편지에서 헤세는 푸르만에게 무척 호의적이고 관대한 모습을 보여주었다. "몸이 아픈 사람을 사랑과 인내로 돌봐주는 데에서는 당신은 나보다 훨씬 훌륭합니다." 헤세는 자신의 아픈 경험을 스스럼없이 털어놓았다. "나는 첫번째 부인이 정신병에 걸리는 바람에 그녀와 헤어졌습니다. 아주 가깝다고 생각했던 사람이 어느 날 갑자기 이상한 행동을 하는 걸 감당하기가 힘들었습니다. 그녀는 나의 신뢰를 저버리고 사악한 성격의 소유자로 변해버렸습니다. 아내는 여러 해 동안 정신병원에

작업실에서 마리아 게로에-토블러 / 이자 헤세-라비노비치

입원해 있었습니다. 몇 년 뒤 나는 그녀와의 결혼 생활을 청산
했습니다. 당시 내가 받았던 상처는 아직도 치유되지 않고 있
답니다."

하지만 실제로 신경 발작이 일어날 때면 마리아는 몇 주 동
안 병원에 입원해 있었다. 담당 의사는 그녀가 충분한 휴식과
안정을 취하면 건강을 회복할 수 있다고 진단했다. 그런데도
헤세는 마리아가 "수년간 정신병원에 입원해 있었다"라고 주
장했다. 그만큼 그가 받은 상처가 컸다는 사실을 보여주는 것
인지도 모른다.

그 뒤로도 푸르만은 카사 로사를 방문했다. 하지만 마리아
는 더 이상 초대를 받지 못했다. 니논은 그녀와 화해하려고 하
지 않았다. 마리아는 작업실에서 여전히 환상적인 고블랭Gobelins
직물을 만들었다. 우르줄라가 가까이에서 그녀를 도와주었다.
마리아는 1963년에 세상을 떠났다. 그로부터 몇 년 뒤, 이자 헤세-라비노비치는 마리아의 작품 〈연인 2〉를 영상으로 만들었다. 영상에는 매우 인상적인 해설과 더불어 헤세의 텍스트 「양탄자에 관하여 Über einen Teppich」가 삽입되었다.

*

헤세는 니논을 '코이퍼'라고 불렀다. 사암과 이회암, 석고, 알록달록한 점토로 만들어진, 지질학적으로는 중생대에 형성된 광물 말이다. 이 애칭은 헤세의 "은어" 가운데 하나였다. 『유리알 유희』에서도 카스탈리엔의 여러 교명校名 가운데 하나로 등장한다. "코이퍼하임." 이 학교에서는 주로 고대문헌학을 가르치는데, 요제프 크네히트가 다니던 '발트첼'과는 대비되는 학교다. 발트첼에서는 전통적으로 학문과 예술 사이의 보편성과 연계성을 추구한다. 그리고 "정교한 재능을 지닌 유리알 유희자들"을 양성한다. 다른 학교에서도 이러한 기술을 가르치기는 하지만, 소수 정예학생을 선발해 교육하는 발트첼이 가장 독보적이다. "엘리트 가운데 최고의 엘리트"를 배출하는 이 학교에서 요제프 크네히트는 '유희의 명인' 자리에 오른다.

그리스 문화를 연구하는 니논은 고대문헌학에 애정을 느꼈다. 그런데 그녀는 크네히트가 고대문헌학자들을 배제했다는 사실을 알고 있었을까? 헤세는 발트첼의 학자들에게 철학적 유연성과 창의적 연계 능력을 부여했다. 그렇다면 고대의 신과 영웅의 세계에 빠져 있는 니논에게는 해당되지 않는 걸까? 헤세는 카스탈리엔에서 남성들의 세계를 창조했다. 수도원 같은 학문의 세계에는 여성이 발붙일 공간이 없다. 크네히트가 외교 사절로 파견된 베네딕트 교단의 수도원도 마찬가지다. 이곳은 나르치스와 골트문트의 이야기가 펼쳐진 마리아브론 수도원처럼 속세에서 벗어난 영적인 삶의 공간이다. 방랑 생활과 사랑의 모험을 경험한 골트문트는 속세를 떠나 수도원 원장인 나르치스에게로 돌아간다. 골트문트는 여성들보다 그를 더 사랑한다. 그리고 그에게서 정신적인 깨달음을 얻으려고 한다. 예술가 골트문트의 방황은 "순수하고 감각적인 것에 대한, 그리고 비정상적이고 위험한 것에 대한 탐닉"과 "영적인 승화를 추구하는 고행" 사이의 갈등이다. 그것은 또 다른 자아 헤르만 헤세의 갈등이기도 하다. 다음은 헤세의 고백이다. "나는 평생 나에게 걸맞은 종교를 찾기 위해 노력했다." 프로이트의 정신분석은 인간의 갈등과 모순을 해결해주지 못했다. 그래서 헤세는 예전에 후고와 함께 찾아 나섰던 바로 그 길을 선택한 것이다. "시간으로부터의 도피." 유혹의 대명사인 여성은 남성들의 극기를 장려하는 수도원에서는 환영받지 못한다. 카스탈리엔의 남학생들은 "유혹과 위험이 도사리고 있는 결혼"에 대해 알지도 못하고 "지나간 시대의 새침함"도 알지 못한다. 그런데 헤세는 '수업 시대'라는 장에서 모든 성 윤리를 뛰어넘는 섹슈얼리티에 대해 간결하게 묘사했다. "카스탈리엔에는 '그가 나를 사랑할까?'라는 질문은 존재하지 않는다." 젊은 엘리트 학생들은 가난하기 때문에 여성들에게 장밋빛 미래를 약속할 수 없다. 작가의 의도를 제대로 이해하지 못한 독자들, 특히 여성 독자들은 헤세에게 물었다. "왜 『유리알 유희』에는 여성이 등장하지 않는가?"

1945년 2월 16일, 헤세는 취리히의 『벨트보헤Weltwoche』에 「독자에게」라는 글을 게재했다. 그리고 독자의 질문에 답변하고 싶지 않다고 잘라 말했다. "그런 질문을 하는 독자는 대부분 첫번째 유희의 규칙을 지키지 않는 겁니다. 독자는 소설에 쓰인 그대로를 읽고 받아들여야 합니다. 그리고 자신이 생각하거나 기대하는 대로 판단해서는 안 됩니다. (…) 당신들의 질문에 답변하는 건 거의 불가능한 일입니다." 헤세는 작품이 만들어진 배경과 조건에 대해 설명했다. 그리고 노년의 작가로서 자신이 지니고 있는 한계를 토로했다. "작가는 자신이 명확하게 알고 있는 사실에 대해서만 이야기해야 합니다. 그런데 남자들은 나이가 들면서 점점 더 여자에게서 멀어지고 여자를 이해하기도 힘들어집니다. 젊은 시절에는 여자에 대해 충분히 알고 있었더라도 말입니다. 늙은 남자들은 여자들의 본질을 알 수 없을뿐더러 알려고 하지도 않습니다. 하지만 남자들의 유희는 정신적 영역에서 이루어지기 때문에 속속들이 알 수 있는 겁니다." 헤세는 독자에게 공을 넘겼다. 그리고 상상력이 풍부한 독자라면 그의 카스탈리엔에서 충분히 "아스파시아처럼 정신이 고양된 현명한 여성들을 만들어낼 수 있고 상상해볼 수도 있다"라고 주장했다.

*

시간이 지날수록 니논은 헤세와의 나이 차이를 실감했다. 헤세가 『유리알 유희』를 집필하기 시작했을 때 니논의 나이는 서른일곱 살이었다. 집필이 끝났을 때는 마흔일곱 살이었다. 노쇠하고 무기력해진 헤세는 누구보다 오래 살아남았다. 그가 오랫동안 의지했던 의사들은 이미 세상을 떠났다. 가이엔호펜 시절의 카를 후크와 알프레트 슐렝커, 그의 오랜 친구인 요제프 베른하르트 랑, 헤르만 보트머. 헤세는 보트머가 운영하는 로카르노의 요양소에 자주 입원했다. 헤세가 바덴에서 요양할 때 돌보아주었던 요제프 마르크발더 박사도 세상을 떠났다. 카사 로사에는 검은 테를 두른 부고장이 하나둘 쌓여갔다. 헤세와 인생길을 함께한 친구들도 거의 모두 세상을 떠났다. 음악가 프리츠 브룬, 일로나 두리고, 오트마르 쇠크, 헤세와 함께 인도 여행에 나섰던 한스 슈투르체네거, 브루노를 돌봐준 양부모 아나와 쿠노 아미에. 리하르트 볼테렉은 쿠노 아미에보다 거의 20년 먼저 세상을 떠났다. 헤세는 볼테렉과 함께 전쟁 포로들을 위한 독서 사업을 했고, 잡지 『비보스 보코』를 공동으로 발행했다. 테신에 거주하는 친구의 수는 갈수록 줄어들었다. '클링조어'를 함께 경험한 친구 가운데 살아남은 사람은 찾아보기 힘들었다. 헤세와 절친한 '마법사 유프' 요제프 엥레르트도 1957년에 프랑스의 생장카프페라에서 숨을 거두었다.

헤세는 마리아와 슬픔을 함께 나누었다. 그녀의 큰언니 베르타, 작은언니 아나, 여동생 에마, 남동생 프리츠와 모험심이 강한 제부 "지미" 뵈링거 모두 세상을 떠났다. 니논은 헤세의 이복형제인 카를과 테오도어 이젠베르크의 죽음을 함께 슬퍼했다. 헤세의 조카 카를로와 남동생 한스, 여동생 마룰라, 누나 아델레도 세상을 떠났다. 헤세는 아델레의 죽음으로 감당하기 힘든 충격을 받았다. 1954년에는 프리츠 로이트홀트, 1955년에는 게오르크 라인하르트와 토마스 만, 1956년에는 한스 보트머와 한스 카로사, 1957년에는 알리체가 세상을 떠났다. 1959년에는 페터 주어캄프도 세상을 떠났다. 헤세는 자신의 유고를 어떻게 처리할지 진지하게 고민하기 시작했다. 이미 1929년에 니논을 유산 관리인으로 지정해놓았지만, 유고를 보관할 장소는 아직 정하지 않았다. 그의 고향 슈바벤에서는 베른하르트 첼러Bernhard Zeller가 마르바흐에 위치한 실러 국립박물관 관장을 맡고 있었다. 첼러는 헤세의 첫번째 사진 전기를 편찬하기도 했다. 베른의 시민권자인 헤세는 스위스연방 재단에 자신의 유고를 맡기는 방법도 생각해보았다.

한편 니논이 헤세를 벨린초나 병원의 클레멘테 몰로 박사에게로 데려가는 일이 잦아졌다. 헤세는 자신이 백혈병에 걸린 사실을 알지 못했다. 기운이 빠지고 저항력도 약해졌기 때문에 외출이나 여행을 하는 대신 집에 머물러 있는 시간이 많아졌다. 니논은 1950년대 초반부터 다시금 여행에 나섰다. 1951년 6월 12일부터 18일까지는 로마를 여행했고, 1952년 8월 28일부터 10월 13일까지는 여신 헤라 연구에 필요한 자료를 수집하기 위해 그리스에서 보냈다.

니논은 습진에 걸리는 바람에 여행을 포기할 생각도 했지만, 간신히 고통을 참아가며 예정대로 여행을 끝마쳤다. 그녀는 몬타놀라에 도착하자마자 벨린초나의 병원에 입원했다. 습진이 온몸으로 퍼져 나갔기 때문에 치료가 쉽지 않았다. 그래서 제네바에 있는 주 병원의 피부과 의사를 찾아갔다. 1953년 2월 5일, 그녀는 헤세에게 편지를 보내 몸이 많이 좋아졌다고 말했다. 하지만 담당 의사는 여전히 정확한 발병 원인을 밝혀내지 못하고 있었다.

헤세는 니논이 오랫동안 집을 비우고 있는데도 불쾌한 내색을 하지 않았다. "당신이 그리스의 짙푸른 하늘 아래서 고대 문화를 연구하는 데 쏟은 열정의 반만이라도 병을 치유하는 데 쏟는다면, 분명히 완치될 겁니다. 시간이 얼마나 걸리든지, 돈이 얼마나 들든지 전혀 걱정하지 마세요. 당신의 건강은 그만큼 소중하니까요." 1953년 봄, 니논은 퇴원했다. 에게 해를 거쳐 소아시아와 이스탄불로 여행하려던 계획은 잠정적으로 보류되었다. 그녀는 7월과 8월을 질스에서 보냈다. 거기서 또다시 병이 재발했다. 1953년 8월 21일, 헤세는 발트하우스에서 마르틴에게 편지를 띄웠다. "니논의 병은 엥가딘에서 충분한 휴식을 취하고 극진히 간호를 받았는데도 전혀 호전될 기미를 보이지 않는구나." 가을에 니논은 그림 형제의 『동화집Kinder- und Hausmärchen』을 선집으로 출간했다. 그 뒤로 그녀의 건강 상태는 호전되었다. 그녀는 1954년 4월 4일부터 21일까지 소아시아로

단체 여행을 떠났다. 남부 이탈리아와 파에스툼, 피렌체도 여행
했다. "이제 니논은 여행을 떠났습니다. 그녀가 무사히 여행을
마치고 돌아왔으면 좋겠습니다. 그리고 함께 여행하는 사람들
과 마찰을 일으키지 않았으면 좋겠습니다. 그래야 그녀의 알레
르기가 재발하지 않을 테니까요."

1955년 초, 니논은 그리스 여행을 준비하고 있었다. 1월
31일, 헤세는 마르틴에게 편지를 보냈다. "출발 일이 확정되면,
니논이 너나 하이너에게 전화로 알려줄 거다. 부활절에는 네 가
족들과 함께 보내도록 해라. 여기 걱정은 하지 않아도 된단다."
4월 초 니논은 여객선 필리포 그리마니에 올랐다. 나폴리를 경
유해 시칠리아를 돌아보고, 코린트 운하를 지나 피레우스로 향
했다. 아테네에서 며칠 묵고 미케네와 아르골리스, 크레타를 방
문했다. 그리고 마침내 터키에 도착했다. 4월 20일, 니논은 들뜬
기분으로 이스탄불에서 헤세에게 편지를 띄웠다. "소아시아의
최고 전문가인 고고학자 쿠르트 비텔Kurt Bittel 교수가 학생들과
함께 트로이 답사를 가자고 나한테 제안을 했답니다. 5월 12일
부터 15일까지 진행되는 일정이에요. 난 즉시 그렇게 하기로 결
정했답니다." 비텔 교수는 이스탄불에 있는 독일 고고학연구소
소장이었다. 니논은 그에게서 자신의 능력을 인정받았다고 생
각했다. 헤세가 마르틴에게 보낸 편지에는 약간 불편한 심기가
드러나 있었다. "물론 나는 니논이 여행을 다니는 게 별로 마음
에 들지 않는단다. 하지만 그렇다고 가지 말라고 할 수도 없는
거잖니. 그녀가 하고 싶은 대로 내버려두는 게 좋겠다는 생각이

드는구나. 그런데 단체 여행만으로는 부족했는지 돌아오는 길에 열흘가량 남부 이탈리아를 혼자서 여행했다는구나." 하지만 니논에게는 불평 한마디 하지 않았다. 그리스 여행이 그녀에게 얼마나 중요한지 누구보다 잘 알고 있었기 때문이다. "편안하게 여행을 잘 마무리하기를 바랍니다. 하지만 너무 자신을 혹사하지는 마세요. 최후 심판의 날에 당신이 79개의 교회를 구경했는지 아니면 67개의 교회를 구경했는지는 묻지 않을 겁니다." 니논은 여행을 할 수 있다는 게 너무 감사하기 때문에 한층 더 열심히 답사 "작업"을 하고 있다고 답변했다.

1955년 9월에 니논은 예순번째 생일을 맞았다. 그녀는 유적 발굴지를 돌아보고, 박물관과 도서관에서 고고학 연구를 계속하기로 마음먹었다. 1956년에 그녀는 또다시 그리스 여행에 나섰다. 그리고 이탈리아의 토스카나와 움브리아를 둘러보았다. 1959년에 또다시 그리스를 찾았다. 1960년에는 파리에 있는 박물관을, 1961년에는 런던의 대영박물관을 방문했다. 그해 가을, 그녀는 다시금 그리스로 향했다. 하지만 이번에는 혼자 여행을 떠나려고 하지 않았다. 그래서 여자 친구 두 명에게 함께 여행하자고 제안했지만 거절당하고 말았다. 다행히 리스 안드레아가 동행하겠다고 나섰다. 리스는 헤세의 친구 폴크마르 안드레아의 며느리였다. 그녀는 피아노를 연주하고 음악도 가르쳤다. "고대 그리스에 심장을 빼앗긴" 리스는 현대 그리스어도 공부했다. 두 사람은 주로 선박이나 기차를 타고 여행을 다녔다. 섬에는 나룻배로 이동하고 유적지까지는 버스나 택시를 이용했다. 니논보다 열네 살 아래인 리스는 그녀에게 활력을 불어넣었다. 심장 질환으로 힘들어하는 니논에게는 리스가 곁에 있다는 것만으로 큰 힘이 되었다.

1961년 11월 2일, 니논은 "사랑하는 안드레아 부인"에게 감사의 인사를 전했다. 그리고 둘이서 함께한 여행이 무척 즐거웠고, 그 추억을 떠올릴 때마다 마냥 행복하다고 말했다. 하지만 친구들과 하는 여행이 언제나 좋았던 것만은 아니었다. 5년 전인 1956년 4월, 니논은 케레니 부부와 함께 그리스의 보이오티아와 펠로폰네소스 반도를 여행했다. 여행 도중에 니논과 카를 케레니는 심한 말다툼을 벌였다. 에라노스 학회에서 니논이 그토록 경탄해마지않던 카를 케레니는 신화 연구에 몰두했다. 하지만 파울라 필립슨의 영향을 받은 니논은 그의 연구 방법을 신뢰하지 않았다. 헤세도 니논의 견해에 동조했다. "문헌학적인 접근으로는 아무것도 이루어낼 수 없습니다." 카를 케레니는 고대 사상의 종교학적 개관을 강조했고, 니논은 관련 문헌을 면밀하게 분석했다. 헝가리 교수는 니논이 너무 지엽적인 문제에 매달린다고 비난했다. 감정이 상한 니논은 정면으로 맞섰다. 고대 신전과 유적 발굴지를 돌아보다가 논쟁이 벌어지고, 급기야 그 자리에서 서로 결별했다. 니논은 혼자 여행을 계속했고, 한 달 뒤에 몬타뇰라에 돌아왔다. 헤세도 더 이상 케레니 부부와 접촉하지 않았다. 그들 때문에 공연히 니논과 갈등이 생기지 않도록 하기 위해서였다.

*

니논은 고대 유적지를 여행하고, 호메로스의 『일리아드』에 주
석을 붙이는 작업을 했다. 파리와 런던의 도서관에 틀어박혀
메두사를 연구하기도 하고, 동화와 모티브를 탐구하기도 했다.
1960년에 그녀는 『노이에 취르허 차이퉁』에 에세이 「암송아
지 Das Erdkühlein」를 게재했다. 헤세는 마리아와 아들들에게 예전
과는 다른 관심과 애정을 보였다. 그는 아들들에게 "그가 받은
노벨상의 상금을 한 무더기씩 나누어주었다". 마르틴은 새집을
짓는 데 그 돈을 요긴하게 사용했다. 하이너와 이자는 "취리히
호수 근처의 퀴스나흐트에 아담한 저택을 구입했다". 마리아는
이다 후크에게 보낸 편지에서 새집이 무척 마음에 든다고 적었
다. "정원이 무척 넓단다. 숲가에 위치해 있는데 목가적인 분위
기가 물씬 풍겨난단다." 브루노는 폴크스바겐 승용차를 구입
했다. 1951년 예수 승천일에 그는 마리아를 태우고 자동차 여
행을 떠났다. 헤세는 바덴으로 휴양을 가는 길에 하이너 가족
을 방문했다. 전통에 얽매이지 않고 자유분방하고 예술가적인
생활양식이 그의 마음에 들었다. 카사 로사보다 훨씬 더 편안
함을 느꼈다. 하이너 부부는 헤세에게 이스라엘 여행담을 들려
주었다. 헤세는 그가 쓴 단편 작품의 삽화를 그려달라고 이자
에게 부탁했다. 그 책은 출판 조합 구텐베르크에서 출간하기로
되어 있었다. 노벨상을 수상한 헤세는 『가제트 드 로잔 Gazette de
Lausanne』에 실린 사설에서 오자를 발견했다. "원래는 내가 선교

브루노, 하이너, 마리아, 마르틴 헤세, 1958년 / 베른에서 마리아 베르누이

사의 가정에서 자랐다고 해야 하는데, 선교사Missionar 대신에 부
호富豪, Millionär라고 썼단다.”

1950년대에 마리아는 고령임에도 여전히 여행을 즐겼다. 보
덴 호숫가에 거주하는 이다 후크를 만나러 가기도 하고, 작고
한 아나 그멜린의 가족이 사는 튀빙겐을 찾기도 했다. 그곳에
서는 손녀 ‘빔바’가 배우로 활동하고 있었다. 여든 살을 훌쩍 넘
긴 마리아는 바젤이나 콘스탄츠에서 열리는 음악회에 다녔다.
아흔한 살 때는 음악 주간이 열리는 아스코나에 가기도 했다.
하지만 거의 시력을 잃은 바람에 더 이상 여행을 할 수 없게 되
었다. 그래서 양로원에서 라디오로 음악을 들었다. 그리고 열정
적인 라디오 청취자인 헤세와 음악에 관해 이야기했다. 옛 친
구들과의 추억, 둘이 함께했던 아름다운 시간을 회상하기도 했
다. 1956년 1월 10일, 투치아가 사는 무리를 방문한 마리아는
헤세에게 편지를 띄웠다. 크리스마스에 헤세가 단행본 『후기

마리아 베르누이

산문―새로운 결과Späte Prosa– Neue Folge』를 보내준 데 대해 감사를 전했다. "잘 읽었어요. 당신이 늙은 고서점 주인 율리우스 바우어를 묘사한 대목이 특히 흥미로웠답니다. 바젤 시절에 플룩게슬라인에 있던 고서점이 우리에게는 가장 안전한 밀회 장소였지요. 그곳에서는 아무도 우리를 방해하지 않았으니까요. 그 선량한 주인은 우리에게 반갑게 인사를 건네고는 곧바로 자리를 양보해주곤 했지요. 아틀리에에서는 우리 둘만의 시간을 갖기가 어려웠잖아요." 그녀는 헤세의 여든한번째 생일에 무라노 안경을 선물로 보냈다. "우리가 함께했던 이탈리아 여행을 기억할 수 있도록" 하기 위해서였다. 이미 55년 전 일이지만, 마리아는 여전히 그때의 추억을 간직하고 있었다.

1958년 8월, 그녀는 아흔번째 생일을 맞아 아들들과 함께 며칠 동안 자동차 여행에 나섰다. 하지만 그녀는 기력이 약해지고 삶의 의욕도 잃어가고 있었다. 헤세에게 보낸 편지에서 그녀는 이제 그만 "떠나고" 싶다고 토로했다. 헤세가 세상을 떠난 지 1년 뒤인 1963년, 마리아는 아흔다섯 살의 나이로 숨을 거두었다. 그녀의 유해는 베른에 있는 쇼스할덴-공동묘지에 안장되었다.

*

1961년 11월 1일, 그리스 여행에서 돌아온 니논은 헤세의 건강 상태가 심상치 않다는 사실을 알아차렸다. 12월, 헤세는 독감에 걸렸다. 1962년 1월에도 여전히 병이 낫지 않았다. 니논은 리스 안드레아에게 보낸 편지에서 헤세가 매우 병약하고 지쳐 있다고 말했다. 니논은 주기적으로 헤세를 벨린초나 병원으로 데려갔다. 몰로 박사는 그에게 수혈을 해주었다. 1963년에 니논은 그리스 여행을 떠나지 못했다. 테신의 뜨거운 여름 햇살에서도 벗어나지 못하고, 헤세와 함께 발트하우스로 휴양을 가지도 못했다. 그래도 헤세는 에리히 케스트너Erich Kästner와 젊은 동료 작가 우베 욘존Uwe Johnson의 방문을 반갑게 맞이했다.

헤세는 1946년에 프랑크푸르트에서 수여하는 괴테상을, 1955년에 독일 출판 협회에서 수여하는 평화상을 수상했다. 베른 시민권자인 그는 여든다섯번째 생일을 기념해 몬타뇰라 명예시민권을 얻었다. 헤세는 몹시 기뻐했다. 7월 말, 그는 푸르만에게 편지를 보냈다. "내 생일 이틀 전에 우리 집 현관 앞에 있는 작은 광장에서 24인조 취주악단이 한 시간가량 소야곡을 연주했답니다. (…) 다음 날 아침에는 몬타뇰라 시장과 교구위원, 협회 대표들이 찾아왔습니다. 서재는 발 디딜 틈 없이 사람들로

몬타뇰라에서 니논과 헤르만 헤세, 엘지 보트머, 1962년 7월 1일

꽉 찼습니다. 증서가 수여되고 축하 연설도 있었습니다. 나는
종이에 적어놓은 토스카나어로 차분하게 감사 인사를 했습니
다." 그는 이날 아침에 음악을 연주한 사람들에게도 이탈리아어
로 감사 인사를 했다. 그 전까지만 해도 헤세는 시상식이나 기
념식에 참석하지 않고 자신이 작성한 연설문을 대신 읽게 했다.
프랑크푸르트 파울 교회에서 열린 평화상 시상식에도 니논이
대신 자리했었다. 몬타뇰라에서 그는 43년 동안 이웃 가운데 또
다른 이웃으로 살아왔다. 1919년에 허름한 옷차림으로 카사 카
무치로 이사 왔을 때도, 1946년에 노벨상을 수상했을 때도, 그
를 축하하기 위해 수많은 저명인사가 몰려왔을 때도 마을 사람
들은 법석을 떨거나 소란을 피우지 않았다. 그동안 조용하기만
했던 카사 로사에는 흥겨운 잔치 분위기가 연출되었다. 손님들

은 백포도주를 마시고 햄을 넣은 롤빵, 치즈 조각을 먹었다. 헤세는 유쾌하게 손님들과 담소를 나누었다. 그리고 이 순간을 영원히 간직하려는 듯 단체 사진을 찍자고 제안하기도 했다.

다음 날인 7월 2일 아침에 막스 바스머가 찾아왔다. "그가 다시 한 번 우리를 위해 멋진 파티를 열어주었답니다. 파이도의 호텔 강당을 예약해놓았더군요. 나는 아들 세 명과 며느리 두 명, 내 담당 의사와 함께 파티에 참석했습니다. 아마 다섯 시간가량 자리를 같이했을 겁니다. 바스머가 데려온 베른의 현악 4중주단이 모차르트를 멋지게 연주했습니다. 식사도 일품이었고요. 정말 아름다운 마무리였습니다."

헤세는 산책할 때마다 아카시아의 부러진 가지를 찬찬히 들여다보았다. 그리고 자신이 얼마나 더 오래 버틸 수 있을지 생각했다. 그는 이번이 그의 마지막 생일이 될 거라는 사실을 예감했을까? 손님들과 헤어질 때 지상에서의 마지막 작별 인사라고 생각했을까? 7월 말, 헤세는 푸르만에게 늦게나마 감사를 전했다. 푸르만은 헤세의 생일에 자신의 고향인 라인란트팔츠에서 만든 포도주를 보냈다. "늙은 머리가 말을 들으려고 하지 않네요. 두통과 현기증으로 계속 반항한답니다. 어젯밤에 잠을 잘 잔 덕분인지 오늘은 머리가 한결 맑아졌어요. 그래서 이제야 비로소 당신에게 감사의 인사를 전합니다."

헤세의 생일을 축하하는 편지와 엽서, 전보는 900통이 넘었다. 니논은 헤세를 도와 우편물을 분류하고 정리했다. 그리고 그에게 무리해서 답장을 쓰지 말라고 조언했다. 10년 전 헤세는 며느리 이자에게 이렇게 말한 적이 있다. "난 누군가가 고귀한 이상 때문이 아니라 타고난 성향과 재능 덕분에 훌륭한 성과를 얻는다면, 세상이 그에게 기대하거나 반응하는 것 또한 받아들여야 한다고 생각한단다. 노벨상 같은 세계적인 명성을 얻고서도 귀찮다는 이유만으로 자신의 책임을 소홀히 한다면, 그건 부당한 일일뿐더러 자신이 평생 쌓아 올린 업적을 스스로 무너뜨리는 꼴이 되는 거란다."

지젤 프로인트는 몇 주 전 정원에서 헤세의 사진을 찍었다. 그리고 그의 생일 때 그에게 사진을 보내주었다. 헤세는 시를 쓰고 작은 수채화를 그려 넣은 답장을 그녀에게 부쳤다. 8월 8일 오후에는 프랑스에서 방문객이 그를 찾아왔다. 『게르트루트』를 프랑스어로 번역한 에드위주 프리트랜더라는 젊은 여자였다. 저녁에는 니논이 그에게 책을 읽어주었다. 그리고 두 사람은 라디오에서 흘러나오는 모차르트의 피아노 소나타를 함께 들었다. 모든 게 여느 때와 다르지 않았다. 아침에 그녀와 함께 가까운 숲으로 산책을 나선 헤세는 부러진 가지를 집어 들고는 이렇게 중얼거렸다. "아직도 싱싱하네." 저녁에 니논은 헤세의 침대 곁에서 그가 쓴 시 「부러진 가지의 삐걱거리는 소리Knarren eines geknickten Astes」를 보았다. 그 시의 마지막 절은 한 가닥 희망을 담고 있었다. "그의 노래가 딱딱하고 거칠게 들려온다. / 고집 세고 비밀스럽고 불안스럽게 들려온다. / 또 한 번의 여름, / 또 한 번의 겨울 동안." 다음 날인 1962년 8월 9일 아침, 헤세는 숨을 거두었다. 그렇게 니논은 홀로 남겨졌다.

임종 침대에 누운 헤르만 헤세. 이자 헤세-라비노비치가 그린 소묘

1962년 8월 11일에 성(聖) 아본디오 묘지에서 열린 장례식
(왼쪽부터 시계방향으로: 헬렌 헤세, 지크프리트 운젤트,
클레멘테 몰로, 엘지 보트머, 니논 돌빈, 막스 바스머)

5.

성 아본디오의 공동묘지에 헤세의 매장지가 마련되었다. 에미와 후고의 무덤에서 그리 멀지 않았다. 니논은 헤세와 함께한 지 30여 년이 지난 최근 몇 년 동안 처음으로 평안한 나날을 보낼 수 있었다. 헤세는 이전보다 훨씬 더 밝아지고 원만해졌다. 오랫동안 그를 괴롭혔던 자살 충동도 사라지고, 건강과 작업에 대한 불평도 수그러들었다. 더 이상 사소한 문제로 다투려고 하지 않았다. 그야말로 평화로운 공존이었다. 그리고 바로 그 때, 헤세가 세상을 떠난 것이다.

니논은 자제력을 잃지 않기 위해 노력했다. 몰로 박사가 그녀 곁에서 헤세의 시신을 지켰다. 하이너와 마르틴, 손자들도 한걸음에 달려왔다. 시신이 관에 들어가기 전에 이자는 헤세의 얼굴을 그렸다. 엘지 보트머는 니논을 따뜻하게 위로했다. 엘지의 남편도 6년 전에 세상을 떠났다. 거동이 불편한 푸르만은 붉은 장미를 보내왔다. 페터 주어캄프의 후계자인 지크프리트 운젤트 Siegfried Unseld 는 헤세의 무덤에 붉은 장미를 엮은 화환을 가져다 놓았다. 운젤트는 성 아본디오의 공동묘지에 모인 조문객들이 '클링조어의 여름'을 떠올리게 했다고 회상했다. 괴핑겐과 마울브론에서 헤세와 함께 수학했던 학장 한스 푈터가 추도사를 낭독했다. 그리고 몬타뇰라 시장과 출판업자 운젤트가 고인의 넋을 기렸다. 아들들과 손자들이 헤세의 관을 예배당에서 묘지로 운반했다. "장례식에 참석한 사람은 그리 많지 않았다. 밝고 다채로운 여름옷을 입은 휴양객들이 조문객 주위에 모여들었다." 실러가 태어난 슈바벤의 마르바흐에서 온 베른하르트 첼러도 함께 조문했다.

장례식이 끝나자 모두 떠나버렸다. 텅 빈 카사 로사에는 생일을 축하하는 우편물 옆으로 조문 편지가 쌓여갔다. 니논은 그가 생전에 하던 대로 답장을 쓰기 시작했다.

자유로운 삶을 원했던 그녀는 이제 자유로운 몸이 되었다. 그녀는 그리스 여신들에 관한 연구 조사를 위해 대영박물관을 둘러보았다. 1962년 크리스마스에는 로마 여행을 하기도 했다. 하지만 여행은 더 이상 즐겁지 않았다. 니논은 남편 헤세가 그녀의 여행과 연구에 중요한 자극과 동기부여가 되었다는 사실을 깨달았다. 헤세가 세상을 떠난 뒤 몇 달 동안 그녀는 삶의 의미를 찾지 못했다. 스스로 목숨을 끊고 싶은 충동에 사로잡혔다. 1963년 5월 30일, 니논은 리스에게 편지를 보냈다. 남편이 죽으면 아내를 함께 태워 죽인 인도의 풍습을 따르고 싶다고 말했다. 하지만 마냥 슬픔에 잠겨 있을 수만은 없었다. 운젤트는 헤세의 유고를 정리해 출간하자고 제안했다. 니논의 학문적 엄밀성과 경험은 적지 않은 도움이 되었다. 『헤르만 헤세의 후기 시Späte Gedichte von Hermann Hesse』(1963년), 『서간 선집』(1964년), 『유고 산문집』(1965년), 『1900년 이전의 청소년 시기, 1877년부터 1895년까지 편지와 증언을 통해 본 헤르만 헤세Kindheit und Jugend vor 1900, Hermann Hesse in Briefen und Lebenszeugnissen 1877~1895』(1966년) 가 차례로 출간되었다. 그리고 그해 그녀는 세상을 떠났다.

　니논은 헤세의 아들들과 심한 갈등을 겪었다. 그의 유고를 어디에 보관할지 서로 의견이 달랐기 때문이다. 브루노와 하이너, 마르틴 헤세는 태어날 때부터 스위스 국적을 지니고 있었다. 그들은 아버지의 유고를 스위스 재단에 맡겨야 한다고 주장했다. 헤세가 의식적으로 독일을 거부했다는 이유에서였다. 막스 바스머는 독립적인 재단을 설립하고, 카사 로사에 있는 작업실과 서재를 "영원한 헤세-유적"으로 만들자고 제안했다. 하지만 니논은 그의 제안을 받아들이지 않았다. 그녀의 바람은 박물관을 세우는 것이 아니라 학문 연구에 도움이 되도록 헤세의 유고를 잘 보관하고 관리하는 것이었다. 니논은 베른에 있는 스위스 국립도서관과 네카 강변에 위치한 마르바흐의 독일 기록 보관소를 면밀하게 검토했다. 그리고 헤세의 유고를 마르바흐의 재단에 위탁하기로 결심했다. 재단 책임자는 베른하르트 첼러였다. 그는 헤세가 살아 있을 때부터 지금까지 헤세 부부와 우호 관계를 유지해왔다. 하지만 헤세의 아들들은 유산 관리인으로 지정된 니논의 결정을 받아들이지 않았다. 스위스 연방 의원 추디Tschudi도 이 문제에 끼어들었다. 그는 헤세가 스위스 국민으로 노벨상을 수상했다는 사실을 상기시켰다. 그리고 스위스가 제1차 세계대전 당시 그에게 영주권을 주고, 그가 포기했던 시민권을 다시 취득하게 해주었다는 사실도 덧붙였다. 뷔르템베르크 국립도서관 관장이자 독일 실러 학회 회장인 빌헬름 호프만Wilhelm Hoffmann은 헤세의 유고를 베른과 마르바흐에 따로 보관하자는 타협안을 제시했다. 하지만 니논은 그의 제안을 일축했다. 1966년, 그녀는 호프만을 만나려고 하지 않았다. 그가 헤세의 아들들과 함께 음모를 꾸미고 있다고 의심했기 때문이다. 그녀는 호프만 때문에 자신이 "죽을 뻔했다"라고 말하기까지 했다. 그레테 군데르트는 그녀에게도 니논이 화를 내고 있다고 느꼈다. "나는 협상과 전혀 관련이 없는데도 니논은 나에게 화가 나 있었다. 아마도 내가 빌헬름과 친척 관계이기 때문에 그런 것 같았다."

1964년 5월, 마침내 모든 당사자를 만족시킬 만한 해결 방안이 제시되었다. 베른에 '헤르만 헤세 재단'을 설립해 헤세의 유고 가운데 상당 부분을 보관하기로 했다. 그리고 마르바흐에 있는 실러 국립박물관의 독일 기록 보관소에 유고를 기탁하는 방식으로 연구를 돕기로 했다. 니논은 여러 기록과 원고, 편지를 검토하고 정리해 목록을 작성했다. 그리고 온 힘을 쏟아 필사본과 비망록, 복사본을 만들었다.

1964년 11월 18일, 화물차가 카사 로사에 도착했다. 운반 차량에는 베른하르트 첼러와 두 명의 여자 사서, 짐 꾸리는 인부가 타고 있었다. 헤세의 책은 알루미늄 바구니에 담겨 차량으로 옮겨졌다. 서재에는 텅 빈 책장만 덩그러니 남았다. 첼러는 니논을 차량으로 안내했다. "우리는 책과 원고, 편지를 꾸러미에 묶어 짐차에 가득 싣고 떠날 준비를 마쳤다. 그때 그녀가 차량의 칸막이를 다시 한 번 열어보아달라고 부탁했다." 힘겹게 차에 오른 니논은 헤세의 유고가 들어 있는 상자 앞에 서서 아무 말 없이 물끄러미 바라만 보고 있었다.

*

마르바흐에는 헤세의 유고만이 보관되어 있는 게 아니었다. 니논이 그의 유고를 독일 기록 보관소로 맡기는 데 결정적인 역할을 한 남자의 무덤도 있었다. 그의 이름은 쿠르트 볼프Kurt Wolff이다. 그는 부인 헬렌과 함께 미국에서의 망명 생활을 청산하고 돌아와 1953년에 로카르노에 정착했다. 헤세와는 주기적으로 서신 왕래를 했다. 두 사람은 서로 존중했다. 출판업자인 볼프는 헤세의 작품을 출간하지는 않았지만, '최후 심판의 날Der jüngste Tag' 총서를 통해 아방가르드 문학작품을 널리 소개했다. 프란츠 베르펠Franz Werfel과 프란츠 카프카의 작품, 표현주의 문학, 그리고 에미의 시집도 그의 출판사에서 발행되었다. 헤세가 죽고 난 뒤 니논은 볼프 부부와 한층 더 가까워졌다. 니논은 볼프가 유고를 출간한 경험이 풍부하다는 사실을 알고 있었다. 볼프는 기록 보관소 담당자들과도 친분이 두터웠다. 니논은 그의 자문과 조언에 귀를 기울였다. 그는 일흔다섯 살의 고령임에도 매우 열정적이었다. 니논은 리스에게 보낸 편지에서 자신이 헤세의 죽음을 받아들이고 그를 "묻기로" 했다고 말했다. 그녀는 헤세가 자신의 결정을 기꺼이 받아들일 거라고 믿었다.

니논은 한편으로 볼프와 운젤트의 도움을 받아 헤세의 유고를 펴내고, 다른 한편으로는 고대 그리스 연구에 박차를 가했다. 1963년 4월, 그녀는 리스와 그리스로 여행을 떠났다. 테신에서는 볼프가 그녀의 편지를 기다리고 있었다. 두 사람의 관계가 얼마나 친밀했는지는 명확하게 알 수 없다. 그들이 주고받은 편지가 모두 파기되어버렸기 때문이다. 1963년에 니논이 쓴 비망록도 남아 있지 않다.

니논은 볼프 덕분에 생의 활력을 되찾고 연구에 전념할 수 있었다. 아테네에서 그녀는 고대문헌학을 전공하는 스물두 살의 여대생 이름가르트 군데르트를 다시 만났다. 이름가르트는 1958년 10월에 할아버지 빌헬름 군데르트와 함께 몬타뇰라를 처음 방문했다. 1963년 봄 이름가르트는 독일 학술교류처 장학생으로 아테네에서 공부하고 있었다. 니논은 그녀와 함께 페라코라의 헤라이온을 방문했다. 그리고 코린트에서 가까운 루트라키에서 하룻밤을 보냈다. 니논은 고대 문화에 관심을 가진 동반자를 만났다는 사실에 무척 고무되었다.

리스와 이름가르트는 니논이 분류하는 "엘리트" 여성에 속했다. 니논은 엘리트 여성만 존중했다. 예전부터 그녀는 여성들을 별로 좋아하지 않았다. 1961년 11월 2일, 리스에게 보낸 편지에서 그녀는 그리스의 선거제도에 대해 자신의 견해를 밝혔다. 당시 그리스에서는 스위스와 달리 여성에게도 참정권이 주어졌다. 니논은 여성들이 너무 감정적이고 외부의 영향에 취약하고 무비판적이라고 비난했다. 그녀는 여성들이 정치적인 판단을 할 정도로 성숙하지 못하기 때문에 교양을 갖춘 엘리트에게만 소극적인 의미에서의 선거권을 부여하는 게 마땅하다고 주장했다.

파울라 필립슨이 세상을 떠난 뒤로 니논은 "홀로 그리스 세계에 남겨져 있었다". 하지만 이제는 이름가르트가 그녀의 동행인이 되었다. 두 사람은 빈번하게 편지를 주고받았다. 니논은 그녀에게 독서 목록을 추천해주고 전시회에 관한 정보를 알려주었다. 그녀와 학문적인 토론을 벌이기도 했다. 니논은 그녀를 몬타뇰라에 초대했다. 1963년 8월 초, 이름가르트는 카사 로사를 방문했다. 두 사람의 관계는 점점 더 친밀해졌다. 니논은 자신보다 마흔여섯 살이나 어린 여대생을 친구처럼 살갑게 대해주었다.

니논은 그리스 문화와 여신 헤라의 연구뿐 아니라 헤세의 유고를 출간하는 일에도 전력을 기울였다. 1963년 7월, 그녀는 릴리와 하인츠 켈만과 함께 브르타뉴로 여행을 떠났다. 8월 초에는 헤세의 기일에 맞춰 몬타뇰라로 돌아왔다. 이제 그녀 곁에는 쿠르트 볼프가 있었다. 하지만 서로에 대한 호감과 존경은 비극적 결말로 끝이 나고 말았다. 볼프는 마르바흐에 있는 독일 기록 보관소로 가는 도중 자동차 사고를 당했다. 그리고 1963년 10월 21일에 세상을 떠났다. 니논은 장례식에 참석하기 위해 마르바흐로 떠나면서 볼프의 죽음을 신의 계시로 받아들였다.

니논은 기록 보관소에 소장된 볼프의 데스마스크를 청동 모

헤르만 헤세의 흉상 / 청동으로 만든 쿠르트 볼프의 데스마스크

형으로 만들게 해달라고 부탁했다. 헬렌 볼프는 기꺼이 그녀의 부탁을 들어주었다. 1964년부터 니논이 세상을 떠난 1966년까지 그녀의 아틀리에에는 오토 베닝거Otto Bänninger가 만든 헤세의 흉상과 쿠르트 볼프의 청동 데스마스크가 나란히 자리 잡고 있었다.

볼프의 죽음과 함께 니논의 활력은 한풀 꺾였다. 볼프의 장례식에 참석한 니논이 터져 나오는 '비명'을 참느라 횡격막에 이상이 생겼다고 기젤라 클라이네는 기술했다. 1963년 11월 22일, 니논은 몰로 박사가 그녀의 요추가 부러졌다고 진단했다는 사실을 리스에게 적어 보냈다. 그녀는 두 달가량 심한 통증을 견디어야만 했다. 그리고 '정형외과적인 코르셋'을 허리에 동여매고 책상에 앉아 헤세의 우편물을 정리했다. 헤세의 아들

들이 보낸 편지도 있었다. 니논은 헤세의 유고 문제로 그들과
여전히 갈등을 겪고 있었다. 드디어 재단과 협약하는 날이 이
틀 앞으로 다가왔다. 니논은 합의가 이루어지지 않으면 자살할
거라고 브루노를 협박했다. 그리고 바로 다음 날인 1964년 5월
14일, 헤세의 아들들은 니논의 뜻을 존중하기로 했다. 베른하
르트 첼러가 유고의 운반을 맡았다. 그런데도 그녀는 '정신적
으로' 안정을 찾지 못했다. 몬타뇰라를 떠나고 싶은 생각도 사
라져버렸다. 파리와 런던, 취리히 같은 대도시에서 살고 싶어
했던 그녀였다. 도서관과 박물관을 수없이 둘러보며 고대 문화
를 탐닉하던 그녀였다. 그녀가 얼마나 간절하게 테신의 무더위
와 고독에서 벗어나고 싶어 했던가? 그런데 헤세가 떠난 지금,
아이러니하게도 그녀는 몬타뇰라를 고향으로 받아들였다. 그
녀는 마을에서도 골목에서도 헤세가 살아 숨 쉬고 있다고 믿었
다. 1963년 크리스마스에 그녀는 혼자 지냈다. 해가 바뀌자 엘
리자베트 뢰블이 그녀를 찾아왔다. 이름가르트는 봄에 카사 로
사를 방문하기로 했다.

1965년 2월 23일, 마르바흐에서 '헤르만 헤세 기록 보관소'
개관식이 열렸다. 그런데 니논은 개관식에 참석하지 않았다. 브
루노와 하이너, 마르틴 옆에 마련된 니논의 자리는 비어 있었
다. 그녀는 헤세의 아들들이나 빌헬름 호프만과 마주치고 싶지
않았다. 자칫 자신의 감정을 제어하지 못할까 봐 두려워했다.
몇 주 뒤 그녀는 첼러의 안내를 받아 기록 보관소를 둘러보았
다. 그러고 나서 쿠르트 볼프의 무덤을 찾아가보았다. 여자 친

구들에게 보낸 편지에서 그녀는 외로움을 호소하고 헤세의 부재를 아쉬워했다. 헤세가 떠난 자리에는 헤세에 대한 변용된 추억만이 남았다.

1965년 5월, 니논은 우울한 감정을 떨쳐내고 피렌체로 여행을 떠났다. 새롭게 태어난 느낌이었다. 전혀 지친 기색도 없이 도시를 돌아다니며 미술관과 성당, 박물관을 둘러보았다. 1966년 봄에 그녀는 이름가르트와 함께 그리스로 여행을 떠날 계획을 세웠다. 엘리자베트 뢰블과 엘지 보트머, 리스 안드레아, 이름가르트 군데르트 등 여행을 함께할 수 있는 친구들이 있다는 게 무척 행복했다.

1964년에 니논과 켈만 부부는 또다시 브르타뉴를 여행했다. 여동생 릴리는 여전히 미국 생활에 적응하지 못하고 있었다. 1965년 8월, 니논은 테신의 불볕더위를 피해 플림스의 숲 속에서 산책을 즐겼다. 1966년 봄으로 예정된 그리스 여행에 대한 기대는 점점 커졌다. 시인 헤시오도스와 역사가 투키디데스, 여신 헤라를 연구할 계획이었다. 1966년 2월, 드디어 여행 일정이 확정되었다. 4월 4일에 밀라노에서 출발해 침대 열차를 타고 파리로 이동한 다음, 배를 타고 코르푸 섬으로 들어가는 일정이었다. 니논은 여행을 떠나기 전에 『1900년 이전의 청소년 시기, 1877년부터 1895년까지 편지와 증언을 통해 본 헤르만 헤세』의 정리를 끝마치려고 했다. 그녀는 이름가르트에게 편지를 보내 자신이 얼마나 시간에 쫓기고 있는지 호소했다. 그녀는 하루도 거르지 않고 아홉 시간씩 작업에 매달렸다. 그녀는 독감과 정맥염 때문에 고생했다. 항상 그녀를 괴롭히는 치통도 더 심해졌다. 그녀는 연대표와 색인, 후기를 차례로 작성해나갔다. 그녀는 헤세가 무척 가까이 있다고 느끼면서도 선교사 가정의 절대적이고 경건주의적인 분위기가 낯설게 느껴졌다. 슈바벤 여인들이 무조건 남편에게 복종하는 권위적인 가족 문화도 받아들이기 힘들었다.

이름가르트 유-군데르트는 니논이 군데르트 가문과 헤세 가문에서 '특별한 정신'을 발견했다고 평가했다. 할아버지 헤르만 군데르트 이래로 가족 구성원 모두 그 정신을 따랐다. 그것은 기독교적이며 신비주의적인 전통에 대한 영혼의 경험이었다. 이름가르트는 니논이 경건주의에 정통하게 되었다고 치켜세웠다. 하지만 니논은 작업하는 가운데 몇몇 경건주의자를 알게 되었을 뿐이라고 말했다. 마침내 그녀는 원고를 완성하고 출판사에 넘겼다. 그리고 홀가분한 마음으로 그리스로 여행을 떠났다.

그리스에 도착한 니논은 다시금 활력과 생기가 넘쳐났다. '슈바벤의 경건주의'를 뒤로하고 마음 편하게 여행을 즐겼다. 젊은 여행 동반자 덕분에 자신 역시 더욱 젊어지는 느낌이었다. 니논은 여신 헤라에 관한 연구를 마치고 고대문헌학 연구를 다시 시작하기로 마음먹었다. 5월 9일, 니논은 몬타뇰라에 돌아왔다. 그리고 출판사에서 보내온 교정쇄를 읽어보았다. 이름가르트는 자신이 여행 중에 쓴 세 권의 '그리스 일기'를 니논에게 보내주었다. 니논은 일기장을 넘기며 그녀와 함께한 행복한 순간들을 떠올렸다. 일생의 즐거움을 재발견한 니논은 새로운 여행을 구상했다. 여름에는 이름가르트가 몬타뇰라를 방문하기로 되어 있었다. 가을에 니논은 엘지 보트머와 함께 미국 여행을 떠나기로 했다. 10월 11일 뉴욕으로 출발하는 배편을 예약해두었다. 그녀는 미국에서 릴리와 하인츠 켈만이 어떻게 살고 있는지 직접 보고 싶었다. 전남편 프레트 돌빈도 만나고 싶었다.

하지만 테신의 불볕더위가 시작되고 헤세의 생일이 다가오자 니논의 건강은 급격히 악화되었다. 또다시 심장에 이상이 생겼다. 질스로 휴양을 떠나려고 했지만, 발트하우스에서 헤세와 함께했던 추억이 떠오를 것 같아 그냥 몬타뇰라에 있기로 했다. 니논은 우울하고 힘들 때마다 헤세의 무덤을 찾아갔다. 얼마 뒤에는 『1900년 이전의 청소년 시기, 1877년부터 1895년까지 편지와 증언을 통해 본 헤르만 헤세』가 출간될 예정이었다. 니논은 독자와 비평가들이 몬타뇰라의 은둔자 헤세가 아닌 또 다른 헤세를 어떻게 받아들일지 걱정했다. 헤세의 사생활이 너무 노출된 게 아닌지 두렵기도 했다.

니논은 볼차노 주에 있는 클로벤슈타인으로 바람을 쐬러 갔다. 그녀는 호텔 베멜만스에서는 켈만 부부와 영국 의사 에트빈 골트Edwin Gold를 만났다. 에트빈은 니논이 체르노비츠에서 친하게 지낸 요하나 골트의 아들이었다. 그런데 갑자기 켈만이 위장염에 걸렸다. 전염성 황달을 의심한 골트는 로마에 있는 미국 '국제병원'으로 환자를 이송했다. 에트빈의 '까다로운 성격' 때문에 니논은 그와 단둘이 여행하고 싶지 않았다. 남부 티롤에서는 수많은 오스트리아인이 휴가를 보내고 있었다. 1966년 8월 10일, 니논은 이름가르트에게 편지를 띄웠다. 그녀는 그들을 만나게 될 줄 알았더라면, 결코 클로벤슈타인에 오지 않았을 거라고 말했다.

몬타뇰라에 돌아온 니논은 찌는 듯한 더위 때문에 기운을 차릴 수 없었다. 그리고 헤세의 기일이 다가오자 극도의 공포에 휩싸였다. 몬타뇰라에 놀러 오기로 했던 이름가르트는 약속을 지키지 못했다. 니논의 우울증은 점점 더 심해졌다. 9월 18일, 니논은 일흔한번째 생일을 혼자 조용히 보냈다. 다음 날 몬타뇰라를 방문한 엘지 보트머는 미동도 없이 누워 있는 니논을 발견했다. 그녀의 다리는 통통 부어 있었다. 9월 22일에 의사 진료를 받기로 예약되어 있었다. 하지만 22일 아침에 니논은 심장마비를 일으켰다. 루가노의 의사가 몬타뇰라에 도착했을 때는 이미 숨을 거둔 뒤였다.

나흘 뒤, 쌀쌀하고 청명한 가을날 니논의 시신은 성 아본디오에 묻혔다. 헤세의 무덤에서 약간 떨어져 있는 그녀의 무덤에는 그녀의 이름을 새긴 비석이 세워졌다. 지크프리트 운젤트는 그녀가 "헤세의 왕국 한가운데서 그녀의 고유한 세계를 창조했다"라고 추모했다. 하지만 니논은 생전에 자신의 작품을 대중에게 제대로 선보이지 못했다. 몇 편의 비평과 논문, 자전적 단편소설, 그리고 그녀가 선별하고 편찬한 『그림 형제 전후의 독일 동화Deutsche Märchen vor und nach Grimm』가 전부였다. 1927년부터 집필하기 시작한 소설이나 그리스 신들에 대한 수많은 연구도 결실을 맺지 못했다. 아폴로와 헤라에 관한 연구도 마찬가지였다. 왜 그랬을까? 무엇이 그녀로 하여금 결과물을 내놓지 못하게 만든 걸까? 그녀의 완벽주의 때문일까, 아니면 독학으로 일궈낸 자신의 연구 결과를 확신하지 못해서일까, 자신의 자의적인 해석이 대중의 호응을 얻지 못할 거라고 생각했기 때문일까, 아니면 전문가들의 날카로운 비판을 두려웠던 것일까?

니논이 죽은 뒤 이름가르트는 잡지 『고대와 서양Antike und Abendland』에 그녀의 유고를 게재했다. 「까다로운 성격자 혹은 인간 혐오자?Dyskolos oder Menschenfeind?」라는 제목의 에세이였다. 고대 그리스의 작가인 메난드로스Menandros가 쓴 『까다로운 성격자Dyskolos』를 읽고 니논이 열정적으로 집필한 글이었다. 1961년에 돌빈에게 보낸 편지에서 니논은 자신의 작품이 미완성이기 때문에 출간할 수 없다고 말했다. 그녀는 연구를 통해 인간 혐오자가 생겨나는 원인을 규명하려고 했다. 그리고 메난드로스가 '인간에 대한 증오'가 아니라 '군중의 공격 성향으로 인한 개인의 고통'을 전하려고 했다고 분석했다. 어쩌면 그녀는 헤세를 떠올리면서 그러한 결론에 도달했는지도 모른다. 그녀가 자신의 상처받기 쉬운 개성을 드러내려고 했는지는 영원한 비밀로 남았다.

연보

1868년 마리아 베르누이가 바젤에서 태어나다.

1875년 아델레 헤세가 칼프에서 태어나다.

1876년 엘리자베트 라 로슈가 바젤에서 태어나다.

1877년 헤르만 헤세가 칼프에서 태어나다.

1880년 마리(마룰라) 헤세가 칼프에서 태어나다.

1881년 요하네스 헤세가 가족과 함께 바젤로 이사하다.

1883년 헤세 가족이 러시아 국적을 포기하고, 스위스 국적을 취득하다.

1886년 헤세 가족이 칼프로 돌아오다.

1888년 엘리자베트 루프가 로이틀링겐에서 태어나다.
헤르만 헤세가 칼프의 학교에 입학하다.

1891년 헤르만 헤세가 주州 시험을 치르다.
헤르만 헤세가 마울브론 기숙학교의 장학생이 되다.

1892년 헤르만 헤세가 바트 볼에서 엘리제와 첫사랑을 하다.
헤르만 헤세가 자살을 시도하고, 슈테텐의 정신병원에 입원하다.

1893년 헤르만 헤세가 칸슈타트의 김나지움에 들어가다.
오이게니 콜프가 그의 사랑을 거절하다.

1894년 헤르만 헤세가 칼프에 있는 하인리히 페로의 탑시계 공장에서 철물 수
습공으로 일하다.

1895년 니논 아우슐렌더가 체르노비츠에서 태어나다.
헤르만 헤세가 튀빙겐에 있는 헤켄하우어 서점에서 수습을 시작하다.

1897년 루트 벵거가 바젤에서 태어나다.
오이게니 콜프가 세상을 떠나다.
헤르만 헤세와 헬레네 포이크트-디더릭스가 서신 교환을 시작하다.

1898년	헤르만 헤세가 수습을 마치고, 튀빙겐의 서점에서 계속 일하다. 『낭만적인 노래들』이 출간되다.
1899년	헤르만 헤세가 율리 헬만(룰루)을 처음 만나다. 헤르만 헤세가 바젤로 이사하다. 헤르만 헤세가 라이히 서점에서 판매점원으로 일하다. 『자정이 지난 시간』이 출간되다.
1900년	헤르만 헤세가 바젤에서 마리와 엘리자베트 라 로슈를 만나다. 『헤르만 라우셔가 남긴 글과 시』가 출간되다.
1901년	헤르만 헤세가 서점 일을 그만두다. 헤르만 헤세가 처음으로 이탈리아로 여행을 떠나다. 헤르만 헤세가 바젤에 있는 고서점 바텐빌에서 점원으로 일하다.
1902년	『시집Gedichte』이 출간되다. 헤르만 헤세의 어머니 마리 헤세가 세상을 떠나다. 헤르만 헤세가 마리아 베르누이의 사진 아틀리에에서 그녀를 만나다.
1903년	4월에 헤르만 헤세가 마리아 베르누이와 함께 이탈리아를 여행하다. 5월 31일에 헤르만 헤세가 프리츠 베르누이의 반대를 무릅쓰고 마리아와 약혼하기로 하다. 헤르만 헤세가 칼프에 사는 헤세 가족을 방문하다.
1904년	2월에 『페터 카멘친트』가 출간되다. 5월 18일에 헤르만 헤세와 마리아 베르누이가 공식적으로 약혼하다. 8월 2일에 헤르만 헤세가 바젤의 호적사무소에 혼인신고를 하다. 헤세 부부가 가이엔호펜으로 이사하다.
1905년	10월에 『수레바퀴 아래서』가 출간되다. 12월 9일에 큰아들 브루노가 태어나다. 헤르만 헤세가 수도원에서 휴양을 하다. 루트 벵거가 가족과 함께 바젤에서 델스베르크로 이사하다.
1906년	3월에 헤르만 헤세가 프리츠 비트만과 함께 이탈리아로 여행을 떠나다. 6월에 헤르만 헤세가 뮌헨에 머물다. 마리아가 브루노를 데리고 그녀의 가족이 휴가를 보내고 있는 툰 호수 근처의 슈피츠로 놀러 가다.
1907년	2월에 헤세 부부가 '암 에를렌로'의 대지를 구입하고 신축 공사를 하다.

4월에 헤르만 헤세가 로카르노에 있는 휴양소 몬티와 아스코나에 있는 몬테 베리타에 머물다.

가을에 헤세 부부가 새집으로 이사하다.

1908년 1월에 헤르만 헤세가 뮌헨에 머물다.

5월에 헤르만 헤세가 베른에 거주하는 알베르트 베티를 방문하다.

9월에 헤르만 헤세가 코른탈에 있는 아버지 집에 머물다.

10월에 헤르만 헤세가 빈과 제머링, 뮌헨을 방문하다.

니논 아우슬렌더가 요하나 골트를 만나다.

1909년 2월에 헤르만 헤세가 빌헬름 셰퍼를 방문하고, 프랑크푸르트로 가다.

마리아가 바젤로 가다.

3월 1일에 작은아들 하이너가 태어나다.

4월에 헤르만 헤세가 첼에 머물다.

6월과 7월에 헤르만 헤세가 바덴바일러에서 알베르트 프랭켈 교수에게서 심리 치료를 받다.

9월에 마리아가 아이들을 데리고 슈피츠로 가다.

요하네스 골트가 니논에게 『페터 카멘친트』를 선물하다.

10월에 헤르만 헤세가 강연을 위해 북부 독일을 여행하다.

11월에 헤르만 헤세가 프랑크푸르트에서 맹장 수술을 받다.

12월 2일에 헤르만 헤세가 가이엔호펜으로 돌아오다.

1910년 1월에 헤르만 헤세가 뮌헨을 방문하다.

2월에 헤르만 헤세가 니논 아우슬렌더와 서신 교환을 시작하다.

3월에 헤르만 헤세가 작품 낭송회에 참석하기 위해 여행하다.

5월에 헤르만 헤세가 프랭켈 교수에게서 다시금 심리 치료를 받다.

여름에 헤르만 헤세가 발렌제에 있는 암덴에서 휴가를 보내다.

마리아가 아이들을 데리고 슈피츠에 머물다.

10월에 『게르트루트』가 출간되다.

1911년 1월에 헤르만 헤세가 뮌헨과 바덴바일러를 방문하다.

2월에 헤르만 헤세가 그라우뷘델에서 스키 휴가를 보내다.

4월과 5월에 헤르만 헤세가 프리츠 브룬, 오트마르 쇠크와 이탈리아를 여행하다.

헤르만 헤세가 일로나 두리고를 알게 되다.

7월에 막내아들 마르틴이 태어나다.

9월 4일부터 12월 11일까지 헤르만 헤세가 한스 슈트르체네거와 함께 인도를 여행하다.

1912년   봄에 헤르만 헤세가 집을 처분하기로 결정하다.

헤르만 헤세가 드레스덴을 포함해 몇몇 도시에서 강연하다.

7월에 헤르만 헤세가 질스-마리아에서 휴가를 보내다.

마리아가 바젤에서 병든 아버지를 돌보다.

8월에 헤르만 헤세가 바덴바일러에서 프랭켈 박사를 만나다.

마리아가 이사를 준비하다.

9월 15일에 헤르만 헤세가 가족과 함께 베른 근처에 있는 오스터문딩 젠의 멜헨뷜베크 26번지로 이사하다.

1913년   1월에 헤르만 헤세가 그린델발트에서 스키 휴가를 보내다.

헤르만 헤세가 아르가우와 브루게에서 작품 낭송회를 열다.

헤르만 헤세가 콘스탄츠에서 슐렝커 박사를 방문하다.

3월에 니논이 고등학교 졸업 시험에 합격하다.

4월에 『인도에서』가 출간되다.

4월 2일부터 19일까지 헤르만 헤세가 오트마르 쇠크와 프리츠 비트만과 함께 이탈리아를 여행하다.

7월에 헤르만 헤세가 피어발트슈타트 호수에 있는 브루넨에 머물다.

마리아가 아이들을 데리고 슈피츠와 브리엔츠 호수에 놀러 가다.

8월에 니논이 어머니와 함께 장크트모리츠, 루체른, 보덴 호수를 여행하다.

헤르만 헤세가 마리아와의 만남을 거절하다.

10월에 니논이 빈에서 의학 공부를 시작하다.

1914년   1월에 헤르만 헤세가 프랑크푸르트와 에센, 바이마르, 코른탈을 방문하다.

마리아의 아버지가 세상을 떠나고, 마리아가 바젤에 머물다.

3월에 마르틴이 뇌막염에 걸리다.

『로스할데』가 출간되다.

헤르만 헤세가 콘스탄츠에 있는 슐렝커 박사에게로 가다.

4월에 헤르만 헤세가 가르도네 리비에라를 방문하고, 마조레 호수를 거쳐 집으로 돌아오다.

7월에 헤르만 헤세가 마울브론과 콘스탄츠를 방문하다.

마리아가 브루노와 하이너를 데리고 툰 호수로 놀러 가다.

7월 28일에 제1차 세계대전이 발발하다.

헤르만 헤세가 약시 때문에 복무 부적격 판정을 받다.

10월에 헤르만 헤세가 보덴 호수와 슈투트가르트를 방문하다.

루트 벵거가 1년 동안 로잔에 있는 가정 학교를 다니다.

12월에 마르틴이 키르히도르프에 사는 렝지에 자매에게 맡겨지다.

1915년	1월에 헤르만 헤세와 마리아가 그스타드로 스키 여행을 떠나다.

마리아가 스키를 타다가 사고를 당하다.

3월부터 4월 중순까지 마리아가 바덴에서 치료를 받다.

그리고 나서 루체른에 있는 임 베르글리 병원으로 옮기다.

6월에 『크눌프』가 출간되다.

7월에 『길가에서Am Weg』가 출간되다.

헤세 부부가 칸더슈테크로 가족 여행을 떠나다.

9월에 헤르만 헤세가 포로들을 위한 도서 업무를 떠맡다.

11월에 헤르만 헤세가 취리히와 슈투트가르트, 아이제나흐를 방문하다.

1916년	1월에 헤르만 헤세가 신체검사에서 야전 근무에 부적합하다는 판정을 받다.

2월 중순까지 헤르만 헤세가 다보스에서 스키 휴가를 보내다.

3월 8일에 헤르만 헤세의 아버지 요하네스 헤세가 세상을 떠나다.

헤르만 헤세가 장례식에 참석하기 위해 코른탈로 떠나다.

헤르만 헤세가 베른에서 신경 발작을 일으키다.

3월 20일부터 헤르만 헤세가 로카르노-미누시오에서 휴양하다.

5월에 헤르만 헤세가 루체른 근처의 요양소 존마트로 들어가다.

헤르만 헤세가 요제프 베른하르트 랑 박사의 정신분석을 받다.

여름에 헤르만 헤세가 베른과 루체른을 방문하다.

마리아가 아이들을 데리고 아델보덴으로 소풍을 가다.

9월에 헤르만 헤세가 로카르노-몬티에 있는 호텔 노이게보렌에 묵다.

9월 18일부터 27일까지 마리아가 로카르노에서 헤르만 헤세와 함께 지내다.

그리고 나서 베른으로 떠나다.

니논이 빈의 여러 병원에서 간병을 맡다.

루트가 정신분석 치료를 받다.

루트가 바젤에서 파울 바르트에게 그림을 배우다.

엘리자베트 루프가 헤르만 헤세에게 시집 『초원의 노래』를 보내다.

두 사람이 서신 교환을 시작하다.

1917년	2월에 헤르만 헤세가 징집 명령을 받았지만, 랑 박사를 포함한 여러 의사의 진단서를 제출하고 면제받다.
	헤르만 헤세가 장크트모리츠의 샨타렐라에서 스키 휴가를 보내다.
	3월에 헤르만 헤세가 장크트모리츠를 떠나 취리히를 거쳐 로카르노-몬티로 가다.
	5월 중순에 헤르만 헤세가 베른으로 돌아오다.
	여름에 헤르만 헤세가 루체른과 취리히에서 랑 박사와 정신분석을 진행하다.
	7월 말에 마리아가 아이들을 데리고 아델보덴으로 소풍을 가다.
	9월에 헤르만 헤세가 베른에서 카를 구스타프 융을 처음 만나다.
	10월에 헤르만 헤세가 『데미안』 원고를 에밀 싱클레어라는 가명으로 출판사에 보내다.
1918년	3월에 니논이 빈에서 미술사를 공부하다.
	니논이 프레트 돌빈을 처음 만나게 되다.
	3월 22일에 헤르만 헤세가 브루노와 함께 루체른을 거쳐 로카르노-몬티로 가다.
	4월 9일에 헤르만 헤세가 마리아를 만나기 위해 브루노를 브루넨으로 데려다주다.
	마리아가 브루노와 함께 루체른을 거쳐 베른으로 가다.
	헤르만 헤세가 로카르노로 돌아오다.
	4월 말에 랑 박사가 로카르노에 머물던 헤르만 헤세를 방문하다.
	5월에 헤르만 헤세가 아스코나에서 요하네스 놀과의 정신분석을 시작하다.
	7월에 헤르만 헤세가 베른에 머물다.
	마리아가 우울증과 과로로 힘들어하다.
	8월 7일에 마리아가 쉰번째 생일을 맞다.
	9월에 요하네스 놀이 베른에서 헤르만 헤세와 마리아와 함께 열흘 동안 정신분석을 진행하다.
	10월 5일에 마리아가 마르틴을 데리고 요하네스 놀을 만나기 위해 아스코나에 가다.
	10월 24일에 마리아가 아스코나를 황급히 떠나다.
	마리아가 발작을 일으켜 퀴스나흐트에 있는 브루너 박사의 요양소에 입원하다.
	11월에 제1차 세계대전이 끝나다.

스위스에서 총파업이 벌어지다.

헤르만 헤세가 퀴스나흐트를 방문하다.

11월 7일에 니논이 빈에서 프레트 돌빈과 결혼하다.

12월에 헤르만 헤세가 루이 무알리에의 집에서 크리스마스를 보내다.

하이너가 퀴스나흐트에 입원해 있는 마리아를 찾아가다.

1919년   1월과 2월에 헤르만 헤세가 베른에 머물다.

헤르만 헤세가 아이들을 다른 사람들에게 위탁하다.

3월에 마리아가 루체른에 있는 브룬 박사의 집에 머물다.

그러고 나서 보덴 호수에 있는 후크 박사의 집으로 가다.

4월 중순에 헤르만 헤세가 루가노-소렌고로 가다.

마리아가 베른으로 돌아와 아이들을 데려오다.

5월 11일에 헤르만 헤세가 몬타뇰라의 카사 카무치로 거처를 옮기다.

헤르만 헤세가 엘리자베트 루프와 서신을 교환하다.

루트의 아버지 프리츠 벵거가 카로나에 별장을 구입하다.

6월에 『데미안』이 출간되다.

마리아가 아스코나에서 집을 살 집을 구하다.

7월에 헤르만 헤세가 처음으로 루트 벵거를 만나다.

마리아가 아스코나-모시아의 콜리네타에서 저택을 구입하다.

7월 24일에 헤르만 헤세가 친구들과 함께 카로나 사는 벵거 가족을 방문하다.

헤르만 헤세가 루트와 지속적인 만남을 갖다.

『클링조어의 마지막 여름』을 집필하다.

9월에 마리아가 베른에서 아스코나로 이사하다.

마리아가 다시 신경 발작을 일으켜 킬히베르크에 있는 후버 박사의 요양소에 입원하다.

랑 박사가 헤세 부부의 아이들이 머물 곳을 마련하다.

12월에 엘리자베트 루프의 시가 수록된 헤세의 시선집 『알레마넨부흐』가 출간되다.

1920년   1월에 브루노와 하이너가 뤼테에 사는 암뷜에게, 마르틴이 키르히도르프에 사는 렝지에 자매에게 맡겨지다.

마리아가 툰 호수에 머물다.

2월에 마리아가 아스코나로 돌아가다.

3월에 마리아가 아이들을 뤼테에서 데려오다.

4월에 마리아가 또다시 신경 발작을 일으켜 하이너와 함께 멘드리지오에 있는 요양소에 입원하다.

6월에 마리아가 킬히베르크에서 후버 박사에게 진료받다.

그러고 나서 몬타뇰라에 머물다.

마리아가 헤르만 헤세에게 아이들을 돌려달라고 간청하다.

『클링조어의 마지막 여름』과 『혼돈에 대한 성찰』이 출간되다.

루트가 카로나에 머물며 헤르만 헤세를 만나다.

7월부터 9월까지 마리아가 아스코나에 머물다.

엘리자베트 루프가 카사 카무치로 헤르만 헤세를 방문하다.

10월에 『화가의 시Gedichte des Malers』와 『도보여행Wanderung』이 출간되다.

헤르만 헤세가 뤼슐리콘과 루체른, 바젤, 취리히, 델스베르크를 방문하다.

니논이 돌빈 곁을 떠나 베를린으로 거처를 옮기다.

12월에 헤르만 헤세가 에미와 후고를 처음 만나다.

헤르만 헤세가 크리스마스를 델스베르크에서 보내고, 새해를 브렘가르텐에서 보내다.

1921년 2월에 헤르만 헤세가 퀴스나흐트에서 융 박사와 정신분석을 진행하다.

3월에 루트가 바젤에서 엘리자베트 라 로슈를 만나다.

5월에 헤르만 헤세가 취리히에서 융 박사에게 진료받다.

8월에 루트가 카로나에 머물다.

테오 벵거가 결혼을 독촉하다.

9월에 루트가 취리히로 거처를 옮기다.

헤르만 헤세가 루트와 함께 에어마팅겐을 방문하다.

그러고 나서 10월에 혼자 슈투트가르트와 칼프, 마울브론, 호파우를 방문하다.

11월에 『시선집Ausgewählte Gedichte』이 출간되다.

12월에 헤세 부부의 아들들이 아스코나에 있는 마리아를 방문하다.

헤르만 헤세가 델스베르크에 있는 벵거 가족을 방문하다.

1922년 엘리자베트 루프가 아르헨티나에서 가정교사로 일하다.

그녀의 작품 『말렌과 에오바르』가 출간되다.

1월에 헤르만 헤세가 루트와 함께 바젤과 취리히에 머물다.

3월에 헤르만 헤세가 다보스와 취리히에 머물다.

4월에 루트가 카로나에 머물다.

5월에 루트가 슈타이넨과 델스베르크에 머물다.

6월부터 8월까지 루트가 카로나에 머물다.

9월에 『픽토르의 변신Piktors Verwandlung』이 출간되다.

10월에 헤르만 헤세가 데거스하임에 있는 요양소 센뤼티에 머물다.
『싯다르타』가 출간되다.

11월에 헤르만 헤세가 브렘가르텐과 올텐, 베른, 취리히를 방문하다.

12월에 헤르만 헤세가 크리스마스를 델스베르크에서 보내다.

헤르만 헤세가 오슈반트로 가서 브루노와 아미에 부부와 함께 새해를 보내다.

마리아가 하이너와 마르틴과 함께 아스코나에 머물다.

1923년 3월에 엘리자베트 루프가 아르헨티나에서 돌아와 요하네스 게르츠와 결혼하다.

4월에 루트가 카로나에 머물다.

5월과 6월에 헤르만 헤세가 바덴에서 휴양하다.

7월 14일에 헤르만 헤세가 마리아와 이혼하다.

7월과 8월에 루트가 카로나에 머물다.

9월에 루트와 리자 벵거가 바젤에서 거처를 물색하다.

9월 18일부터 10월 15일까지 헤르만 헤세가 바덴에서 병후 요양을 하다.

11월 말에 헤르만 헤세가 바젤에서 루트가 묵고 있는 호텔 크라프트로 들어가다.

1924년 1월 11일에 헤르만 헤세가 바젤에서 루트와 결혼하다.

3월 27일에 헤르만 헤세가 카사 카무치로 돌아오다.

5월에 헤르만 헤세가 다시 스위스 국적을 취득하다.

7월과 8월에 루트가 카로나에 머물다.

10월에 헤르만 헤세가 바덴에서 휴양하다.

11월에 헤르만 헤세가 바젤의 로트링거슈트라세 7번지로 이사하다.

니논이 돌빈 곁을 떠나다.

니논이 박사 논문을 준비하기 위해 파리로 가다.

12월에 헤르만 헤세가 루트와 함께 그의 가족이 사는 회펜과 슈투트가르트, 루트비히스부르크를 방문하고, 크리스마스를 델스베르크에서 보내다.

마리아가 마르틴과 함께 징겐에 사는 후크 박사 가족을 방문하다.

1925년 겨울에 헤르만 헤세가 바젤에 머물다.

3월에 헤르만 헤세가 몬타뇰라로 돌아가다.

4월에 『요양객: 바덴에서의 요양에 관한 기록Kurgast: Aufzeichnungen von einer Badener Kur』이 출간되다.

4월에 루트가 병에 걸리다.

5월에 아돌프 베르누이가 자살하다.

마리아가 신경 발작을 일으키다.

6월과 7월에 마리아가 멘드리지오에 있는 요양소에 입원하다.

루트가 카로나에서 안정을 취하다.

엘리자베트 루프가 튀빙겐 대학에서 여름 학기부터 민속학과 지리학, 종교학을 공부하다.

8월에 마리아가 아스코나에 머물다.

10월에 헤르만 헤세가 바덴에서 휴양하다.

루트가 1926년 3월까지 아로사에 머물다.

11월에 마리아가 바젤과 취리히를 방문하다.

헤르만 헤세가 작품 낭송회를 떠나다.

12월에 헤르만 헤세가 취리히의 샨첸그라벤 31번지로 거처를 옮기다.

프레트 돌빈이 빈에서 베를린으로 거처를 옮기다.

1926년 겨울에 루트가 아로사에 머물다.

마리아가 아스코나에 머물다.

헤르만 헤세가 취리히에서 랑 박사와 함께하다.

2월에 헤르만 헤세가 취리히에서 가면무도회에 참석하다.

3월에 루트가 바젤에 머물다.

니논이 돌빈과 함께 제네바에 머물다.

3월 21일에 니논이 취리히에 있는 헤르만 헤세를 만나러 가다.

5월에 헤르만 헤세가 바젤에서 루트와 함께 지내다.

니논이 빈에 머물다.

7월에 루트가 카로나에 머물다.

루트가 카를 호퍼와 애정을 키우다.

8월과 9월에 니논이 잘츠부르크와 몬타폰에 머물다.

10월에 헤르만 헤세가 바덴으로 휴양을 떠나다.

11월에 헤르만 헤세가 마르부르크와 프랑크푸르트, 다름슈타트, 슈투트가르트, 루트비히스부르크에서 작품 낭송회를 열다.

헤르만 헤세가 취리히에서 후고를 만나다.

12월에 니논이 베를린에서 돌빈과 지내다.

마리아가 아스코나에 머물다.

루트가 바젤에 머물다.

헤르만 헤세가 취리히에서 랑 박사와 로이트홀트 부부를 만나다.

헤르만 헤세가 『황야의 이리』를 집필하다.

1927년 1월에 루트가 헤르만 헤세에게 이혼을 요구하다.

니논이 돌빈과 완전히 헤어지다.

2월에 헤르만 헤세가 바덴에서 병에 걸리자 니논이 그를 간호하다.

3월에 니논이 취리히에서 헤르만 헤세와 함께 지내다.

3월 18일에 루트가 이혼소송을 제기하다.

4월에 니논이 빈으로 떠나다.

4월 24일에 바젤의 주 법원에서 이혼 판결이 나다.

6월에 마리아가 몬타뇰라로 헤르만 헤세를 방문하다.

니논이 카사 카무치로 거처를 옮기다.

『황야의 이리』와 후고가 쓴 헤세 전기가 출간되다.

7월 2일에 헤세가 쉰번째 생일을 보내다.

9월에 니논이 빈으로 떠나다.

10월과 11월에 헤르만 헤세가 바덴에서 휴양하다.

12월에 헤르만 헤세가 취리히에 머물다.

니논이 그의 가까이에 머물다.

1928년 1월에 헤르만 헤세가 니논과 함께 6주 동안 아로사에서 스키 휴가를 보내다.

3월에 헤르만 헤세가 니논과 함께 슈바벤과 바이마르, 베를린을 방문하다.

4월에 『위기』가 출간되다.

3월 28일부터 4월 6일까지 헤르만 헤세가 베를린의 랑크비츠에서 라이헨바흐 박사에게서 불임수술을 받다.

니논이 두 달 동안 파리를 여행하다.

5월 말에 니논이 몬타뇰라로 돌아오다.

여름에 헤르만 헤세가 몬타뇰라에서 『나르치스와 골트문트』를 집필하다.

10월부터 12월까지 헤르만 헤세가 바덴과 취리히에 머물다.

니논이 빈에 머물다.

크리스마스에는 니논이 취리히에, 마리아가 아스코나에 머물다.

1929년	2월에 니논이 헤르만 헤세와 함께 아로사에 머물다.
	3월에 헤르만 헤세가 취리히에 머물다.
	니논이 프랑스 니스에서 돌빈을 만나다.
	5월에 헤르만 헤세와 니논이 몬타뇰라에 머물다.
	8월에 니논이 알프스의 자스페에서 돌빈을 만나다.
	헤르만 헤세가 리기-클뢰스틸리에 머물다.
	10월에 헤르만 헤세가 바덴에서 휴양하다.
	니논이 몬타뇰라에 머물다.
	11월에 헤르만 헤세가 슈바벤에서 작품 낭송회를 열다.
	11월 말에 니논이 빈으로 가다.
	12월에 헤르만 헤세가 취리히에 머물다.
	니논과 헤르만 헤세가 취리히에서 크리스마스를 함께 보내다.
	루트가 베를린에서 에리히 하우스만을 처음 만나다.
1930년	1월과 2월에 헤르만 헤세와 니논이 장크트모리츠의 샨타렐라에서 스키 휴가를 보내다.
	2월에 루트가 에리히 하우스만과 결혼하다.
	3월에 헤르만 헤세와 니논이 취리히에 머물다.
	4월에 니논이 이혼 문제를 매듭짓기 위해 베를린으로 돌빈을 찾아가다.
	헤르만 헤세가 바젤에 머물다.
	헤르만 헤세가 엘리자베트 라 로슈를 만나다.
	헤르만 헤세가 취리히에서 새집을 짓기 위한 계획을 세우다.
	6월에 한스 보트머가 1만 1000평방미터나 되는 대지를 매입하다.
	7월부터 9월까지 헤르만 헤세가 『동방 순례』를 집필하다.
	8월에 『나르치스와 골트문트』가 출간되다.
	그러고 나서 헤르만 헤세가 린다우와 바덴에 머물다.
	니논이 빈에 머물다.
	11월에 헤르만 헤세가 취리히에 머물다.
	니논이 계속 빈에 머물다.
1931년	1월과 2월에 샨타렐라에서 스키 휴가를 보내다.
	2월 말부터 5월 중순까지 헤르만 헤세와 니논이 취리히에 머물다.
	5월에 마리아가 베른에서 중이염 수술을 받다.
	6월에 마리아가 무리에 있는 투치아의 집에 머물다.
	헤르만 헤세와 니논이 몬타뇰라에 머물다.

7월에 마리아가 아스코나에 머물다.

헤르만 헤세가 바덴과 베른 근처에 있는 케르자츠를 방문하다.

니논이 마르틴과 함께 카사 로사로 이사하는 일을 처리하다.

9월에 니논이 돌빈과 정식으로 이혼하다.

11월 14일에 헤르만 헤세와 니논이 결혼하다.

그러고 나서 헤르만 헤세가 바덴으로 휴양을 떠나다.

니논이 로마 여행을 떠나다.

1932년   1월과 2월에 헤르만 헤세와 니논이 샨타렐라에서 스키 휴가를 보내다.

3월에 헤르만 헤세가 취리히의 샨첸그라벤에서 마지막으로 머물다.

『동방 순례』가 출간되다.

3월 10일에 니논이 헤세의 유고 관리인으로 지정되다.

여름에 엘리자베트 루프가 테신에 머물다.

8월 24일부터 26일까지 한스 카로사가 몬타뇰라를 방문하다.

10월과 11월에 니논이 취리히에, 헤르만 헤세가 바덴에 머물다.

1933년   2월에 랑 박사가 구급되다.

이주자들이 몬타뇰라를 방문하기 시작하다.

3월 19일에 브레히트와 바이겔이 몬타뇰라를 방문하다.

3월과 4월에 토마스 만 가족이 몬타뇰라를 방문하다.

10월에 니논이 피렌체와 로마를 여행하다.

하이너와 마르틴이 몬타뇰라를 방문하다.

11월과 12월에 헤르만 헤세가 바덴에 머물다.

1934년   엘리자베트 게르츠-루프가 튀빙겐 대학에서 박사 학위를 받고, 1939년까지 함부르크 대학의 민속박물관에서 아메리카학을 담당하다.

10월부터 11월 초까지 니논이 나폴리와 시칠리아, 로마를 여행하다.

니논이 한스 카로사를 연모하다.

11월과 12월에 헤르만 헤세가 바덴에서 휴양하다.

니논이 취리히에 머물다.

1935년   루트와 하우스만의 아들 에트차르트가 태어나다.

2월에 한스 카로사가 몬타뇰라를 방문하다.

10월에 랑 박사가 로카르노로 이사하다.

니논이 고고학 연구를 위해 런던과 파리에 머물다.

아델레가 몬타뇰라를 방문하다.

요아힘 마스가 몬타뇰라를 방문하다.

11월에 헤르만 헤세가 바덴에서 휴양하다.

11월 27일에 남동생 한스가 자살하다.

1936년 루트가 차이제르츠바일러에 있는 농가를 매입하다.

2월에 요아힘 마스가 몬타뇰라를 방문하다.

3월에 니논이 취리히에서 마스를 만나다.

5월에 니논이 수술을 받으러 취리히로 가다.

8월에 헤르만 헤세가 슈투트가르트와 바트 아일젠을 방문하다.

헤르만 헤세가 페터 주어캄프를 만나다.

9월에 헤르만 헤세가 누이들을 방문하다.

9월에 『정원에서의 시간』이 출간되다.

10월에 니논이 로마로 여행을 떠나다.

마스가 미국으로 떠나다.

마스가 뉴욕에서 프레트 돌빈을 만나다.

11월 중순부터 12월 중순까지 헤르만 헤세가 바덴에서 휴양하다.

니논이 취리히에 머물다.

1937년 2월에 『신시집』이 출간되다.

3월에 헤르만 헤세와 니논이 취리히와 베른 근처의 케르자츠에 머물다.

카를 이젠베르크가 세상을 떠나다.

마스가 미국에서 돌아오다.

마스가 니논에게 단편소설 『네브래스카의 눈』을 증정하다.

4월과 5월에 니논이 처음으로 그리스로 여행을 떠나다.

아델레와 레네 군데르트, 마르틴이 헤르만 헤세를 방문하다.

9월에 돌빈이 마스를 그린 초상화를 니논에게 보내다.

10월에 랑 박사가 루가노로 이사하다.

11월에 헤르만 헤세가 바덴에서 휴양하다.

니논이 취리히에 머물다.

12월 1일에 헤르만 헤세가 퀴스나흐트에 사는 토마스 만을 방문하다.

1938년 3월에 오스트리아가 독일에 병합되다.

4월에 니논이 파리를 여행하다.

6월과 7월에 마리아가 한 달가량 아스코나에 있는 요양소 카사 모데스타에 입원하다.

8월에 엘리자베트 게르츠-루프가 몬타뇰라로 헤르만 헤세를 방문하다.

11월에 헤르만 헤세가 바덴에서 휴양하다.

니논이 취리히에 머물다.

1939년 2월 20일부터 3월 1일까지 마스가 루가노에 머물다.

수많은 손님이 몬타뇰라를 방문하다.

4월과 5월에 니논이 그리스를 여행하다.

8월에 니논이 마리아 게로에-토블러와 함께 질스-바제글리아를 여행하다.

9월에 제2차 세계대전이 발발하다.

에리히 하우스만이 독일군에 입대하다.

루트가 혼자서 농장 일을 보다.

엘리자베트 게르츠-루프가 로이틀링겐으로 이사하다.

엘리자베트 게르츠-루프가 튀빙겐 대학의 민속학 연구소에서 명예직으로 일하다.

1940년 4월에 헤르만 헤세가 바덴에서 휴양하다.

니논이 몬타뇰라에 머물다.

8월에 니논이 질스-바제글리아를 여행하다.

11월에 헤르만 헤세가 취리히와 바덴을 방문하다.

1941년 하이너 헤세가 이자 라비노비치와 결혼하다.

7월에 헤르만 헤세가 취리히의 주 병원에서 진찰을 받다.

1942년 1월에 손자 질버 헤세가 태어나다.

3월에 니논이 취리히에서 카를 케레니의 세미나에 참석해 파울라 필립슨을 알게 되다.

3월 20일부터 4월 중순까지 헤르만 헤세가 바덴에서 휴양하다.

헤르만 헤세가 니논과 함께 『시집 Die Gedichte』을 준비하다.

독일에서 『유리알 유희』 출판이 금지되다.

8월에 니논이 아스코나에서 개최된 제9회 에라노스 학회에 참가하다.

9월에 파울라 필립슨이 몬타뇰라를 방문하다.

11월에 파울라 필립슨이 몬타뇰라를 다시 방문하다.

아스코나에 있는 마리아의 저택에 화재가 발생하다.

11월 16일부터 헤르만 헤세가 바덴에서 휴양하다.

마리아가 헤르만 헤세를 방문하다.

1943년 8월에 니논이 아스코나에서 개최된 제10회 에라노스 학회에 참가하다.

11월에 『유리알 유희』가 출간되다.

11월 중순부터 12월 중순까지 헤르만 헤세가 바덴에서 요양하다.

1944년	마리아가 마르틴과 함께 베른에 거주하다.
	5월에 브루노 가족이 몬타뇰라를 방문하다.
	7월에 헤세 특집 라디오 프로그램이 방송되다.
	마르틴이 이자벨라와 결혼하다.
	8월에 니논이 아스코나에서 개최된 제11회 에라노스 학회에 참가하다.
	8월 2일부터 18일까지 헤르만 헤세가 브렘가르텐에 사는 바스머 부부를 방문하다.
1945년	2월에 마르틴이 베른의 뮈슬린베크 4번지에 있는 저택을 구입하다.
	마리아가 마르틴의 집으로 들어가다.
	4월에 니논이 아스코나에서 개최된 제12회 에라노스 학회에 참가하다.
	5월에 마리아가 슈피츠에 있는 요양소에 입원하다.
	제2차 세계대전이 끝나다.
	8월에 헤르만 헤세와 니논이 리기-칼트바트에서 휴가를 보내다.
	엘리자베트 라 로슈가 헤세 부부를 찾아오다.
	9월에 『꿈의 발자국Traumfährte』이 출간되다.
	11월에 니논이 여동생 릴리의 생존 소식을 듣다.
	헤르만 헤세가 바덴에서 휴양하다.
1946년	루트와 에리히 하우스만이 나치 활동을 한 전력 때문에 프랑스 점령 지역에 있는 교도소에 수감되다.
	봄에 마리아가 아스코나에 있는 부동산을 처분하다.
	7월에 아델레가 몬타뇰라를 방문하다.
	마리아가 이자와 하이너, 손자들과 함께 아스코나에서 휴가를 보내다.
	8월에 헤르만 헤세와 니논이 브렘가르텐과 베른을 방문하다.
	헤르만 헤세가 프랑크푸르트에서 수여하는 괴테상을 수상하다.
	10월 28일부터 1947년 2월 12일까지 헤르만 헤세가 링엔바흐 박사가 운영하는 프레파르지에 요양소에 머물다.
	니논이 취리히에서 엘지 보트머의 집에 묵다.
	12월에 헤르만 헤세가 노벨문학상을 수상하다.
	헤르만 헤세가 시상식에 참석하지 않고 요양소에 머무르다.
1947년	1월에 프레파르지에 요양소에 머물던 헤르만 헤세가 니논과 요아힘 마스의 서신 교환에 대해 알게 되다.
	2월 13일부터 3월 18일까지 헤르만 헤세가 바덴에서 휴양하다.
	3월 31일부터 4월 2일까지 니논이 아스코나에서 개최된 제15회 에라

노스 학회에 참가하다.

6월에 루트가 헤르만 헤세의 일흔번째 생일을 축하하다.

루트와 헤르만 헤세가 다시금 서신 교환을 시작하다.

7월에 헤르만 헤세가 베른 대학에서 명예박사 학위를 받다.

헤르만 헤세가 브렘가르텐과 벵겐에서 휴가를 보내다.

9월에 니논이 자동차 운전을 배우다.

11월과 12월에 헤르만 헤세가 바덴에서 휴양하다.

11월 20일에 니논이 운전 시험에 합격하다.

1948년   2월에 릴리와 하인츠 켈만이 몬타뇰라에 도착하다.

4월에 헤르만 헤세가 자동차를 구입하다.

8월에 마리아가 여든번째 생일을 맞아 아들들과 함께 자동차 여행을 하다.

아델레와 마룰라가 몬타뇰라를 방문하다.

8월에 헤르만 헤세가 베른에서 마리아를 만나다.

헤르만 헤세가 브렘가르텐으로 바스머 부부를 방문하다.

니논이 아스코나에서 개최된 제16회 에라노스 학회에 참가하다.

10월 중순부터 12월 중순까지 헤르만 헤세와 니논이 바덴에 머물다.

1949년   2월에 켈만 부부가 몬타뇰라를 떠나다.

아델레가 몬타뇰라를 방문하다.

헤르만 헤세가 엘리자베트 게르츠-루프와 서신 교환을 재개하다.

6월에 루트가 스위스 입국을 거부당하다.

9월에 아델레가 세상을 떠나다.

1950년   1월에 니논이 베른에서 고대 유물 전시회에 참석하다.

5월에 루가노에 머물던 토마스 만 부부와 에리카 만이 여러 번 몬타뇰라를 방문하다.

7월 20일부터 8월 17일까지 헤르만 헤세와 니논이 질스-마리아에서 휴가를 보내다.

9월에 마리아가 아스코나에 사는 마르게리타 오스발트-토피를 방문하고, 카사 산 크리스토포로에 머물다.

10월에 마리아가 취리히와 보덴 호수를 방문하다.

11월 13일부터 12월 14일까지 헤르만 헤세가 바덴에서 휴양하다.

1951년   3월에 『후기 산문』이 주어캄프 출판사에서 출간되다.

헤르만 헤세가 아들들에게 노벨상 상금을 나누어주다.

5월에 마리아가 튀빙겐을 여행하다.

마리아가 보덴 호수로 이다 후크를 방문하다.

이자와 하이너가 이스라엘을 여행하다.

『서간 선집』이 출간되다.

6월에 니논이 로마를 여행하다.

마르틴이 몬타뇰라를 방문하다.

7월 17일부터 8월 16일까지 헤르만 헤세와 니논이 질스-마리아에서 휴가를 보내다.

그러고 나서 브렘가르텐을 방문하다.

11월과 12월에 헤르만 헤세가 바덴에서 휴양하다.

니논이 취리히에 머물다.

1952년 1월에 루트가 하우스만과 함께 알고이의 방겐 근처에 있는 에글로프스로 이사하다.

6월에 6권으로 된 『전집』이 출간되다.

7월 18일부터 8월 12일까지 헤르만 헤세와 니논이 질스-마리아에서 휴가를 보내다.

그러고 나서 브렘가르텐을 방문하다.

9월과 10월에 니논이 그리스를 여행하다.

몬타뇰라에 돌아온 니논이 벨린초나 병원에 입원하다.

1953년 1월에 니논이 제네바의 피부 전문 병원에 입원하다.

2월에 니논이 몬타뇰라로 돌아오다.

마룰라가 세상을 떠나다.

7월 20일부터 8월 25일까지 헤르만 헤세와 니논이 질스-마리아에서 휴가를 보내다.

여름에 엘리자베트 게르츠-루프가 테신에서 마리아 게로에-토블러와 우르줄라 뵈머를 방문하다.

9월에 하이너가 몬타뇰라를 방문하다.

토마스 만 부부가 여러 차례 몬타뇰라를 방문하다.

10월에 니논이 아이들을 위한 동화 선집을 펴내다.

11월에 케레니 부부가 몬타뇰라를 방문하다.

1954년 4월에 니논이 소아시아로 답사 여행을 떠나다.

그러고 나서 파에스툼, 피렌체를 여행하다.

7월 22일부터 8월 7일까지 헤르만 헤세와 니논이 질스-마리아에서 휴가를 보내다.

헤세 부부가 호텔 발트하우스에서 처음으로 마리-안네 슈티벨을 만나다.

루트가 헤세의 편지를 담보로 지인에게 돈을 빌리다.

11월에 헤르만 헤세가 성 아본디오의 공동묘지에 있는 매장지를 구입하다.

1955년 루트가 가족과 함께 서독을 떠나 동독의 슈텐달로 이주하다.

4월과 5월에 니논이 그리스와 소아시아를 여행하다.

7월 21일부터 8월 23일까지 헤르만 헤세와 니논이 질스-마리아에서 휴가를 보내다.

9월에 니논이 예순번째 생일을 맞다.

10월 9일에 니논이 독일 출판협회에서 수여하는 평화상을 헤르만 헤세를 대신해 수상하다. 그 자리에서 니논이 헤세의 감사 인사를 대독하다.

1956년 4월과 5월에 니논이 케레니 부부와 함께 그리스를 여행하다.

그들과 의견 충돌을 빚은 니논이 관계를 단절하다.

7월 24일부터 헤르만 헤세와 니논이 질스-마리아에서 휴가를 보내다.

헤세 부부가 예정보다 일찍 몬타뇰라로 돌아오다.

9월에 니논이 취리히에 사는 엘지 보트머를 방문하다.

1957년 1월에 니논이 엘지 보트머를 방문하다.

헤르만 헤세가 루트가 팔아버린 연애편지를 다시 구입하려고 하다. 그 일로 헤르만 헤세가 루트를 몹시 원망하다.

5월에 니논이 취리히에 머물다.

6월에 7권으로 된 『헤세 전집Gesammelte Schriften』이 출간되다.

7월에 헤르만 헤세가 여든번째 생일을 맞다.

고트하르트의 암브리-피오타에서 축하 파티가 열리다.

7월 22일부터 8월 22일까지 헤르만 헤세와 니논이 질스-마리아에서 휴가를 보내다.

에리카 만이 헤세 부부를 방문하다.

8월에 루트가 하우스만과 함께 치타우로 이사하다.

1958년 루트가 하우스만과 함께 드레스덴으로 이사하다.

엘리자베트 게르츠-루프가 보덴 호숫가의 라돌프첼에 새로 지은 저택으로 이사하다.

7월에 마리아가 베른에 있는 양로원 조넨블릭으로 들어가다.

9월과 10월에 니논이 엘지 보트머와 함께 움브리아와 토스카나를 여행하다.

그러고 나서 취리히와 보덴 호수를 여행하다.

10월에 빌헬름 군데르트와 그의 손녀 이름가르트가 몬타뇰라를 방문하다.

그러고 나서 헤르만 헤세가 바덴으로 요양을 떠나다.

1959년 7월 23일부터 8월 24일까지 헤르만 헤세와 니논이 질스-마리아에서 휴가를 보내다.

10월 3일부터 11월 7일까지 니논이 그리스를 여행하다.

1960년 7월 25일부터 8월 28일까지 헤르만 헤세와 니논이 질스-마리아에서 휴가를 보내다.

8월에 루트가 하우스만과 함께 츠비카우로 이사하다.

10월 26일부터 11월 8일까지 니논이 파리에서 고고학을 연구하다.

1961년 4월 12일부터 27일까지 니논이 런던에서 고고학을 연구하다.

7월 21일부터 8월 21일까지 헤르만 헤세와 니논이 질스-마리아에서 휴가를 보내다.

10월 1일부터 11월 1일까지 니논이 그리스를 여행하다.

부분적으로 리스 안드레아가 동행하다.

1962년 6월에 루트가 베를린-비스도르프로 이사하다.

7월 1일에 헤르만 헤세가 몬타뇰라 명예시민이 되다.

7월 2일에 헤르만 헤세가 여든다섯번째 생일을 맞다.

발 레반티나에 있는 파이도에서 축하 파티가 열리다.

8월 9일에 헤르만 헤세가 세상을 떠나다.

8월 11일에 헤르만 헤세의 장례식이 열리다.

니논이 헬렌과 쿠르트 볼프와 가까워지다.

니논이 헤세의 유고를 보관할 장소를 물색하기 위해 12월 4일에 마르바흐를 방문하고, 12월 8일에 베른을 방문하다.

니논이 크리스마스에 로마를 여행하다.

1963년 니논이 『전조前兆의 일기Tagebuch der Zeichen』를 집필하다.

니논이 헤르만 헤세의 유고를 정리하다.

4월에 니논이 그리스를 여행하다.

부분적으로 리스 안드레아가 동행하다.

니논이 아테네에서 이름가르트 군데르트를 만나다.

4월 18일과 19일에 니논이 그녀와 함께 페라코라와 루트라키를 여행하다.

7월에 니논이 켈만 부부와 브르타뉴를 여행하다.

8월 3일과 4일에 이름가르트가 몬타뇰라를 방문하다.

마리아가 베른에서 숨을 거두다.

10월에 니논이 편찬한 『헤르만 헤세의 후기 시』가 출간되다.

쿠르트 볼프가 세상을 떠나다.

11월에 리스 안드레아가 몬타뇰라를 방문하다.

12월 20일부터 1964년 1월 3일까지 마리아가 로마를 여행하다.

1964년   니논이 헤르만 헤세의 유고를 어디에 보관할지를 두고 그의 아들들과 갈등을 빚다.

니논이 편찬한 『서간 선집』이 출간되다.

5월 13일에 니논이 베른에서 헤세 재단에 관한 계약을 하다.

8월과 9월에 니논이 켈만 부부와 함께 다시 한 번 브르타뉴를 여행하다.

11월에 헤세의 유고가 마르바흐로 이송되다.

1965년   2월 23일에 마르바흐에서 헤세 기념관이 개관하다.

니논이 『유고 산문집』과 『요제프 크네히트의 네번째 이력서Vierter Lebenslauf Josef Knechts』를 편찬하다.

4월에 엘리자베트 라 로슈가 세상을 떠나다.

6월 10일부터 20일까지 니논이 피렌체를 여행하다.

8월에 니논이 플림스에서 휴가를 보내다.

1966년   니논이 『1900년 이전의 청소년 시기』의 출간을 준비하다.

4월 4일부터 5월 9일까지 니논이 이름가르트와 함께 그리스를 여행하다.

7월 22일에 니논이 켈만 부부와 에트빈 골트와 함께 클로벤슈타인으로 여행을 떠나다.

8월 7일에 니논이 골트와 함께 몬타뇰라로 돌아오다.

8월 26일에 엘리자베트 뢰블이 몬타뇰라를 방문하다.

9월에 니논이 『1900년 이전의 청소년 시기, 1877년부터 1895년까지 편지와 증언을 통해 본 헤르만 헤세』 1권을 교정하고 색인을 작업하다.

9월 20일에 엘지 보트머가 몬타뇰라를 방문하다.

9월 22일에 니논이 숨을 거두다.

9월 26일에 니논이 성 아본디오의 공동묘지에서 헤세 옆에 묻히다.

1968년 마르틴이 자살하다.

1972년 '룰루'라고 불린 율리 헬만과 엘리자베트 게르츠-루프가 숨을 거두다.

1979년 루트가 에리히 하우스만과 함께 바이마르의 마리-제바흐-슈티프트로 이사하다.

1984년 에리히 하우스만이 세상을 떠나다.

1994년 루트가 세상을 떠나다.

1999년 브루노가 세상을 떠나다.

2003년 이자 헤세-라비노비치와 하이너 헤세가 숨을 거두다.

2010년 에트차르트 하우스만이 세상을 떠나다.

감사의 글

우선 질버 헤세(취리히), 지빌레와 한스페터 지겐탈러-헤세(보트밍겐)에게 감사 인사를 전하고 싶다. 그들은 이제까지 공개되지 않은 편지들을 인용하고 가족사진을 게재할 수 있도록 허락해주었다. 그리고 그들의 조부모인 마리아 베르누이와 헤르만 헤세, 그리고 니논 돌빈에 관한 이야기를 들려주었다.

폴커 미헬스(오펜바흐의 헤세 간행물 보관소)는 헤세를 연구하고 자료를 분석하는 작업에 기꺼이 조언해주었고, 헤세의 서신과 사진을 제공해주었다. 독일 기록 보관소(마르바흐)와 독일 예술원의 '놀-벤처 기록 보관소'(베를린), 스위스 국립도서관(베른)에서 일하는 직원 여러분의 도움도 빼놓을 수 없다.

마르크 안드레아(소렌고)는 니논 돌빈이 그의 어머니 리스 안드레아에게 보낸 편지를 보여주었다. 기젤라 켈러-폰 브룬(취리히)은 할머니 마리아 베르누이의 추억을 생생하게 들려주었다. 바젤에 정착한 베르누이 가문의 계보에 대해서도 자세하게 설명해주었다. 에미-발-헤닝스의 손녀인 프란체스카 쉬트-하우스비르트(프랑스 비리)는 니논과 헤르만 헤세가 살던 카사 로사를 1948년부터 드나들었던 경험을 이야기해주었다. 이름가르트 유-군데르트 박사(대한민국 경기도)는 니논의 그리스 고대 문화 연구, 그녀와 함께한 그리스 여행, 그리고 헤세 가족과 군데르트 가족에 대해 매우 흥미롭고 유익한 정보를 제공해 주었다. 에바 에버바인은 친절하게도 1907년부터 1912년까지 마리아와 헤르만 헤세가 살았던 가이엔호펜의 저택과 정원을 볼 수 있게 해주었다.

　마지막으로 나에게 용기와 격려를 아끼지 않은 모든 분에게 진심으로 감사를 드린다.

2012년 봄 베를린에서

베르벨 레츠

옮긴이의 말

헤르만 헤세는 평범하지 않은 삶을 살았다. 그는 세기말과 두 차례의 세계대전을 겪었다. 어려서부터 그는 서양의 기독교적 경건주의와 동양의 신비로운 정신세계를 체득했다. 여러 차례에 걸쳐 자살을 시도했고, 두 번의 이혼과 세 번의 결혼을 경험했다. 그의 삶은 시민적인 모범과는 거리가 멀었다. 그는 어머니의 장례식에도 참석하지 않은 불효자였다. 따뜻한 남편도 아니었다. 자상한 아버지는 더더욱 아니었다.

작가로서의 숙명을 지닌 채 시민적인 삶을 살아야 했던 헤세는 언제나 갈등하고 고뇌했다. 그의 또 다른 이름은 잃어버린 고향을 찾아 나선 황야의 이리였다.

헤세는 전통과 규범, 구속을 거부했다. 벌거벗은 채 수영을 하기도 하고, 자연 속에서 산책을 즐기기도 했다. 한여름의 무더위에도 아랑곳하지 않고 정원에서 꽃과 나무를 정성껏 돌보았다. 전쟁과 이념을 혐오하고 평화와 고양된 정신세계를 추구한 그는 진정 자유로운 영혼의 소유자이고 싶어 했다.

헤세는 다양성에 내재된 단일적 가치의 존재를 굳게 믿었다. 그렇기 때문에 그는 궁극적 진리에 다다를 수 있는 내면으로의 길을 찾기 위해 숨 가쁘게 달려왔는지도 모른다. 그는 현실의 모순과 갈등에도 희망을 저버릴 수 없었던 현대판 돈키호테였고, 어린 시절의 꿈과 환상을 품고 동화처럼 살다 간 어린 왕자였다.

헤세 전기를 번역하면서 내내 마음 한편이 아렸다. 헤세가 사랑했던 여인들, 그리고 헤세를 사랑한 여인들. 그들의 사랑은 해피엔드가 아니었다. 일상의 삶의 무게에 짓눌리고 창작의 늪에서 헤어나지 못한 작가 헤세에 대한 연민도 있었지만, 동시에 가정을 내팽개치고 가장으로서의 책임을 저버린 인간 헤세에 대한 원망도 있었다. 두 가지의 상반된 감정, 어쩌면 그것이 헤세 전기의 실체인지도 모르겠다.

이 책이 출간될 수 있도록 힘써준 자음과모음의 황광수 대표님, 정은영 주간님, 편집부 여러분에게 감사하는 바이다. 특히 애정 어린 눈으로 졸고를 살피고 다듬어준 임채혁 편집자에게 진심으로 감사의 인사를 전하고 싶다.

2014년 7월
김이섭

헤르만 헤세의 사랑

: 순수함을 열망한 문학적 천재의 이면

© 베르벨 레츠, 2014

초판 1쇄 인쇄 2014년 7월 18일
초판 1쇄 발행 2014년 8월 1일

지은이   베르벨 레츠
옮긴이   김이섭
펴낸이   강병철
편집   임채혁, 이수경
저작권   김지영
제작   이재욱
마케팅   이대호, 최형연, 전연교
홍보   김선미, 김선우

펴낸곳   자음과모음
출판등록   1997년 10월 30일 제313-1997-129호
주소   121-840 서울시 마포구 서교동 396-33번지
전화   편집부 02) 324-2347 경영지원부 02) 325-6047
팩스   편집부 02) 324-2348 경영지원부 02) 2648-1311
이메일   inmun@jamobook.com
커뮤니티   cafe.naver.com/cafejamo

ISBN 978-89-5707-810-5 (03990)

이 도서의 국립중앙도서관 출판예정도서목록(CIP)은 서지정보유통지원시스템 홈페이지
(http://seoji.nl.go.kr)와 국가자료공동목록시스템(http://www.nl.go.kr/kolisnet)에서
이용하실 수 있습니다.(CIP제어번호: CIP2014021460)